创新创业与数字管理系列教材

E-COMMERCE:
A BLENDING OF SHARING, CROSSOVER AND INTEREST

电子商务
分享、跨界
与兴趣的融合

范春风 蒋明琳 吴良平 丁嘉 编著

中国财经出版传媒集团

经济科学出版社
Economic Science Press

图书在版编目（CIP）数据

电子商务：分享、跨界与兴趣的融合 / 范春风等编
著 . —北京：经济科学出版社，2021.12
创新创业与数字管理系列教材
ISBN 978 - 7 -5218 - 3317 - 1

Ⅰ.①电…　Ⅱ.①范…　Ⅲ.①电子商务 - 高等学校 -
教材　Ⅳ.①F713.36

中国版本图书馆 CIP 数据核字（2021）第 252929 号

责任编辑：杜　鹏　刘　悦
责任校对：刘　昕
责任印制：邱　天

电子商务：分享、跨界与兴趣的融合
范春风　蒋明琳　吴良平　丁嘉　编著
经济科学出版社出版、发行　新华书店经销
社址：北京市海淀区阜成路甲 28 号　邮编：100142
编辑部电话：010 - 88191441　发行部电话：010 - 88191522
网址：www. esp. com. cn
电子邮箱：esp_bj@ 163. com
天猫网店：经济科学出版社旗舰店
网址：http：//jjkxcbs. tmall. com
北京时捷印刷有限公司印刷
787 × 1092　16 开　18.75 印张　450000 字
2022 年 1 月第 1 版　2022 年 1 月第 1 次印刷
ISBN 978 - 7 - 5218 - 3317 - 1　定价：59.00 元
印数：0001 - 4000 册

前　言

2020 年，突如其来的新冠肺炎疫情让人们不得不在家里隔离，经济受到了巨大的冲击。在各种不确定中，首先直播电商"出圈"，某些网络主播"红得发紫"；其次跨境电商迅猛发展，带动中国外贸"V"型反转，使中国在 2020 年交出了一份满意的外贸成绩单。但随着 2020 年支付宝上市中止、2021 年阿里与腾讯被罚款、滴滴出行被中止海外上市，工信部要求阿里、腾讯、头条走向互联互通，告别流量割据时代、《中华人民共和国个人信息保护法》正式生效等的出现，又引发了人们对"电子商务"的深思，仿佛"电子商务"又回到了"实体经济"的对面。

很多人都在观望，他们拿不定主意。少部分人却利用机会加快布局：新产业、新业态、新经济发展一日千里，疫情催生了人们更多的需求，当人们自然的流动被病毒限制，许多供应链几近瘫痪、一时无法制造出更多供给时，恰恰加速了万物互联、万物虚拟——区块链的应用更广泛了、电子竞技俱乐部（EDG）在"英雄联盟"总决赛中夺冠了、"元宇宙"的概念也出来了……

当中国境内的互联网生态圈互联互通、没有流量割据且相互支持时；当清洗过后除去隐私的数据资源可以在中国境内自由流通、大数据"杀熟"销声匿迹时；当跨境电商一如我们境内传统电商有统一标准时；当新能源汽车成为主流，车联网已经成型并开始发挥主力作用时；当"城市大脑"帮助城市治理实现精准决策时；当无数我们想象之内和想象之外的东西借助互联网成为现实时……一个率先跨入"信息文明"的国家将在世界东方崛起。

率先实现数字经济、实现信息文明，是需要几代人坚持不懈地开拓、投入的，首先需要有大量基础人群；其次要有广泛存在的、开放的应用，深入社会、生活各个方面；最后在科技上要持续投入、开发。只有做到以上三点，才有可能成功，但现在世界上能够做到以上三点的国家凤毛麟角。而电子商务，不过是事物演化过程中的一个阶段、一个业态、一个持续的过程而已。

电子商务的出现，冲击了原有的商业形态，它缩短了供应链的环节，从生产端到消费端几乎是以点对点的形式呈现，电子商务的威力先在零售端爆发。电商零售通过数据大量的沉淀和积累，它又开始反哺制造业，帮助制造业升级为"智能制造"；相应地，电子商务在一个又一个的行业中制造颠覆，升级出智能物流、智能医疗、智慧教育、智慧社区、智慧城市等，最终小河汇聚成大江，融汇成建立在新生产资料"数据"之上的数字经济。

2021 年"双 11"大促销，天猫的销售总额为 5 403 亿元，京东的销售总额为 3 491 亿元；有 698 个中小品牌的成交额实现从百万元级到千万元级的跨越；78 个品牌的成交额从千万元级实现了亿元级的跨越；31 个品牌销售破 10 亿元；苹果则破了百亿元；43 000 多家商家成交额同比增长超 200%；中小品牌新增数量同比增长超 4 倍——果然还是电商的"双 11"让大家的消费情绪高涨。新冠肺炎疫情之下的全球经济复苏是如此艰难，但来自 C 端的消费数据简直让人精神一振。

每一个人都有"追求美好生活"的向往，这种向往值得被不断满足。所以电子商务业态的发展呈现两极化：一极向硬、重的方向下沉，特指高科技加持下的所有，例如大数据、区块链、超算等；另一极向柔、轻的方向上升，特指对人性探索的部分，例如人性中社交的本能、兴趣、爱好等。

电商对人性的探索，终于走出生硬的图片、文字，出现了抖音这样的兴趣电商，出现了自带粉丝现象的淘宝直播，出现了各种定制商品平台，出现了逻辑思维、樊登读书这样只服务特定人群的知识平台。

"元宇宙"是电商绕不开的一个话题。按照元宇宙粉丝的想象，今后人类将有两套生存体系，一套是现实生活中，另一套是虚拟生活中，而且虚拟生活中的"自己"将更加多姿多彩，释放自己更多的可能，每个人都将生活成独一无二的自己，这是很令人期待的未来。

电子商务如何实现这些期待？本教材将带领大家系统地理解电子商务本身以及电子商务加持下各行各业的发展。

本教材共分三篇。

一是导论篇，帮助大家重新认识互联网和"技术—经济的变迁"，从而引出电子商务的定义、内涵、形式、表达以及演变等。

二是理论篇，分别介绍了信息经济、电子商务发展所依仗的经济理论和技术基础，还介绍了电子商务自身的机理以及电子商务的基本商业模式。

三是应用篇，介绍了互联网技术加持下演化出来的各行各业电子商务的形态，例如，互联网技术和零售业结合，出现了电子商务零售；互联网技术和制造业融合，出现了智能制造；互联网技术和服务业结合，出现了电子商务服务业；还有智能物流和互联网金融。本篇最后介绍了跨境电子商务、分享经济和兴趣电商。

本教材是《电子商务：分享、跨界与电商的融合》第二版，也是升级版，这 4 年来，技术发展日新月异，新概念越来越多，电子商务呈现的形态也越来越多样。得益我们对电子商务持续的跟踪和研究，我们希望能够在第一版的基础上，结合这 4 年行业的发展，给大家呈现更好的内容。限于本教材作者能力有限，如有不恰当之处，还请广大读者朋友指正。

作者

2021 年 11 月 20 日

目 录

导论篇

第1章 认识电子商务

【本章要点】

☆ 理解互联网的本质；
☆ 理解电子商务的本质；
☆ 掌握电子商务的定义；
☆ 掌握电子商务的内容；
☆ 探讨电子商务的发展与未来。

【开章案例】

雅戈尔：服装大亨的数字化转型之道

一、雅戈尔集团简介

雅戈尔集团创建于1979年，总部位于东海之滨的浙江省宁波市，是全国纺织服装行业龙头企业。2020年度实现销售收入1 048亿元，利润总额105亿元，实缴税收40亿元，位居中国民营企业500强第47位。截至2020年底，雅戈尔集团总资产955亿元，净资产306亿元。旗下雅戈尔集团股份有限公司于1998年11月19日在上海证券交易所挂牌上市，股票代码：600177，股票简称：雅戈尔。

经过42年的发展，雅戈尔已形成以品牌发展为核心，多元并进、专业化发展的综合性国际化企业集团。下设时尚、房地产、投资、康养、文旅和国贸六大产业。

42年来，雅戈尔始终把打造国际品牌作为企业发展的根基，围绕转型升级、科技创新，砥砺前行，确立了高档品牌服饰的行业龙头地位，品牌价值295.38亿元，男衬衫品类连续24年获得全国市场综合占有率第一，男西服品类连续21年获得全国市场综合占有率第一。YOUNGOR主品牌持续保持国内男装领域主导品牌地位，形成了以YOUNGOR品牌为主体，MAYOR、Hart Schaffner Marx、HANP、YOUNGOR LADY为延伸的立体化品牌体系。公司已经与LORO PIANA、CERRUTI 1881、ALUMO、ALBINI等五大国际面料商建立战略合作联盟，共同发布建设全球时尚生态圈倡议，与世界共建MAYOR，以"全球面料、红帮工艺、高性价比"打造中国自主高端男装品牌"MAYOR"。收购拥有130多年历史的美国男装品牌Hart Schaffner Marx大中华区经营权，重新定位美式休闲，强调轻商务、重户外、类运动，将产品年轻化、休闲化，在发展的同时融入女装，实行男装、女装并行的策略，塑造全新的Hart Schaffner Marx品牌形象。

雅戈尔以标准化、自动化、信息化、智能化、数字化、平台化"六化合一"的建设理念，全面打造拥有花园式生产环境、人性化管理、智能化流水线、信息透明化的中国智能制造精品工厂。并通过强有力的品牌、有竞争力的成本、快速反应的体系、良好的体验平台、高科技手段的应用以及线上线下融合，助力雅戈尔智慧营销体系的建设。

未来，雅戈尔集团将继续秉承"建时尚集团，铸百年企业"的企业愿景，践行"让人人变得更美好"的企业使命，传承"诚信、务实、责任、奉献、正直、有为、勤俭、共享"的企业宗旨，力争通过30年的努力将雅戈尔建设成"时尚王国"。

二、疫情之下雅戈尔的逆袭

2020～2021年新冠肺炎疫情期间，服装行业受到不小的冲击，主要表现在消费需求下降导致的库存问题、延迟复工和招工难导致的生产压力以及疫情在全球蔓延对外贸市场的打击等，很多服装企业因为产能不足、市场需求压抑等困难，经营举步维艰，多家服饰品牌商2021年销售额一落千丈。这波疫情冲击使服装行业企业纷纷进入"冰河期"。

对于雅戈尔这种"41岁"的中国服装业龙头来说，疫情仿佛是突如其来的中年危机，俗话说"四十不惑"，但应对疫情雅戈尔真的做到了突破自我，其自我革新的速度和决心令所有人惊讶。甚至在市场上众多企业的"关门潮"中逆势开店，顶住压力度过危机的同时还实现了业绩增长。

2020半年财报显示，雅戈尔集团上半年实现营收69.58亿元，同比增长51.83%，实现净利润28.76亿元，同比增长41.88%。那么疫情之下，雅戈尔到底使用了哪些招数，实现逆势增长的？

雅戈尔先是快速转战线上营销，其成功的背后离不开企业前几年对数字化转型的探索与积累，在生产制造端，打造智能工厂；在技术研发领域，打造新的科技生态化应用。智慧营销、智能制造、生态化应用"三驾马车"齐头并进，令同一跑道上的企业望其项背。

1. 智慧营销

第一，全员营销共渡难关。2020年2月13日，雅戈尔召开了全员营销动员大会，所有员工都携手参与"营销大战"。甚至是雅戈尔首席执行官（CEO）李成如在朋友圈发布了产品照片和相关介绍。经过直播形式不断地推陈出新，雅戈尔私域流量客户不断积累，2020年3月7日这天，"男人节"的直播高达33万人，营业额500余万元，这跟雅戈尔庞大的员工数量是密不可分的，雅戈尔遍布全国的2万多名员工，每人每次只需拉动10人，观看人数就能保证在20万人以上。从雅戈尔的实践经验中可以看出，充分利用巨大的员工数量优势可以在较短的时间内构建公司的私域流量池，更容易获得用户的信任和强关系链接，转化率和用户黏性自然会提高。

第二，差异化直播，线上开花。雅戈尔在内容创新和差异化直播构建上，对于其他企业的智慧营销也起着借鉴和参考意义。雅戈尔直播带货与众不同，另辟蹊径，每期都会策划新颖的主题以增强观看直播的吸引力。从明星带参观西服工厂，到动物园内请动物明星代言产品，再到本次2020年"五一节"开启"云游中国"巡回直播福州站，可以说雅戈尔的每次线上直播都充分融合了其线下资源，使直播不仅仅是一个带货现场，更是一个大型秀场。

第三，逆势开店　重整蓄势。雅戈尔在开店上践行"线上、线下融合"的战略，在2020年5月的时候，全国六店齐开。雅戈尔大举开店，除了践行其战略以外，另有两层深意：其一是优胜劣汰，化零为整，在开大店的同时，雅戈尔也在加速关闭年营业额不到100万元，甚至亏损的小店，这类店铺以往存在着营业额考核、去库存、租金未到期等问题，实际上既无法贡献盈利，又影响品牌口碑，疫情之下，顺势剪除；其二是采取"多点拓展，择优自持"的布局思路。开业的六家大店之中，有三家是商场集合厅（福州东百中心、福州宝龙新华都、湖南衡阳步步高），两家是购物中心店（宁波世纪东方广场、安徽宿州万达广场），而一家最大的店是自持。可见疫情之下，看似逆势开店的冒险做法，实则是经过深思熟虑，为适应"后疫情"市场的顺势布局。相继关闭了198家效益不佳、形象不好的门店。同时，雅戈尔计划把每家门店都打造成智慧门店，为VIP会员带去交互现实与虚拟的购物体验。在2020年10月23日，雅戈尔第001号时尚体验馆开业。该馆融入大量新科技，5G AR试衣镜、5G智能导购机器人、3D量体，这些技术将共同营造"5G＋VR/AR"的沉浸式购物体验。

2. 智能制造

第一，智慧工厂。2018年7月21日，雅戈尔斥资1亿元改造的西服智能制造工厂正式亮相。雅戈尔的智能工厂中最引人注目的是智能车间门口的数据大屏和全国唯一联通了缝制和整烫的西服生产吊挂系统。

在雅戈尔智能车间门口，一块长约7米的显示屏上，密密麻麻地显示着各种数字、图表和指示灯，它们代表着整个车间的订单、产量和生产、质检情况。

雅戈尔工厂车间内全吊挂系统的使用解决了人工负责各工序流转效率低下和西服、西裤无法自动匹配的问题。每个吊挂架上的编号包含着诸如面料、尺寸、工艺标准等所有信息。而这些信息通过每个工位前的一个专属平板电脑显示给工人。这样，在布料到达工位的同时，工人已经了解了这套西服的工艺要求，在缝制的时候就不会出现偏差。

智能工厂上线后，一套雅戈尔定制西服的生产周期从15日缩短到2日，年产量可达15万套以上，产能同比提高25%。雅戈尔的智能工厂也因而被中国纺织服装联合会评为"2019年纺织企业智能制造试点示范"项目。

第二，5G助力智能制造。智能制造不是简单地用机器替代部分劳动力，而要让智能化融入企业订单、供应链、生产、销售、服务的每一个环节，打造柔性供应链。企业不能仅仅满足于购入一批新设备，更重要的是要用"工业互联网思维"做好设备之间的互联互通。5G低时延、大带宽的特点给工厂内实现物联网布局，打造智能生产车间提供了便利。

采用5G网络后，各类能耗设备、AGV自动运料小车、缝纫机、裁床、整烫机以及吊挂线等生产要素互联后，系统获得完整、动态、实时的数据，实现能耗、运行状态、产能等生产数据上云，再通过相关的分析辅助工具进行在线分析和诊断。

整套生产体系都依赖于设备的正常运行，设备一旦出现故障就会影响生产计划。雅戈尔通过5G实现设备的数据采集及远程监控后，大大降低了现场生产故障，提高了生产效率，从而实现设备精细化及生产透明化管理。

第三，智慧中台。近年来，雅戈尔建立了"智慧中台"，从 2018 年 8 月起步构建，到 2018 年"双 11"已全面上线。雅戈尔智慧中台助力打通线上、线下库存，买家可以在线上下单，线下离他最近的店会进行配送，并享受一样的价格。同样，当买家在线下店看到一件心仪的衣服，但店里没有尺码时，也可以在线下下单，由线上或线下有货的其他门店配送。库存问题的解决带来了货品周转的加快和营销效率的提升，使企业具有更优的成本竞争力，从而保证其盈利能力（见图 1-1）。

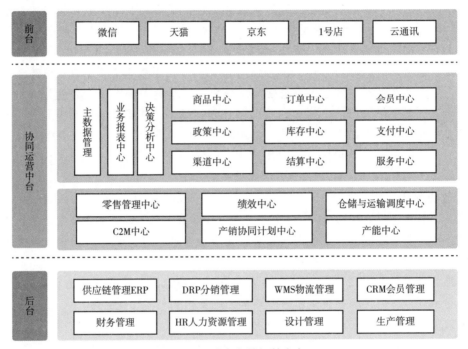

图 1-1　雅戈尔的智慧中台

在组织上，雅戈尔发挥自身全产业链优势，在品类上力求开发、试销和上新实时紧密结合，形成网格化架构，打破部门之间的壁垒，建设业务中台以及数据中台提高协同效率。

而在营销服务上，雅戈尔转变思维，借助了全链路赋能，将数字化消费者与现实中的消费者结合在一起，让数据成为核心的生产要素，调配生产资料，调整生产关系。同时，雅戈尔在新零售下的"场"融合了全渠道，运用营销技术让销售效率更高，客户体验更好。实现了以消费者运营为核心，数据驱动业务发展。

雅戈尔作为阿里在全球第一家签署的服饰行业 A100 战略合作单位，在智能制造、供应链、新零售等方面与阿里开展全方位合作，并独家落地阿里巴巴商业操作系统，在 2019 年 12 月，雅戈尔启动数据中台项目，探索服饰行业线上线下新零售实践。在 2020 年 10 月，数据中台一期业务应用在线试运行，主要包括以下六个模块：数据门户、分析工具、实时数据大屏、超级店铺、便签体系、全域营销。

基于数据中台，雅戈尔聚焦会员服务，打通线上、线下升级用户服务水平，从而实现人效的提升。在数据中台框架中，雅戈尔打通了门店管理、会员管理、会员服务、精准营销等各环节链路。通过精准的会员需求洞察和营销方案，实现了会员拉新转化、资产沉淀以及消费裂变，打造出会员增长的闭环（见图 1-2）。

数据门户	分析工具 QuickBI	实时数据大屏	超级店铺	标签体系	全域营销
• PC端总部、区域人员场景化主题分析平台	• 总部及区域数据自助分析工具	• 实时数据统计与分析	• 移动端总部区域人员场景综合分析和预警平台	• 会员画像、会员精准营销、智能推荐、智能组货	• 以雅戈尔现有会员数据为基础，借助全域营销工具实现全域营销

图 1-2　雅戈尔的数据中台一期业务

在贯穿整个 2020 年的数字化浪潮洗礼下，大多数企业已经达成了这样的共识：开网店、做直播等业务线上化措施，只是企业转型最表层的内容。数字化运营的目的，并非是以线上销售作为线下销售的补充，而是在获得新增量的同时加强数据沉淀，然后深度挖掘数据对业务的驱动能力，实现价值增量。

数据是企业发展的重要驱动力，这是各行各业既定的共识。但数据之间相互独立割裂了企业的价值链，无法形成合力向业务端口赋能。数据中台紧密衔接业务前台与技术后台，聚合的数据可快速响应业务端口的需求，并针对市场和行业变化来优化业务内容和流程，达到以数据资产驱动业务增长，全方位、多角度重塑企业价值链（见图 1-3）。

图 1-3　数据中台对新零售企业价值链的重塑

3. 生态科技

雅戈尔联合宜科科技、总后汉麻研究所，投资研究汉麻研发及产业化。经过 10 多年坚持不懈的投入，历经汉麻改良、培育、纤维提取、纤维优化及应用等环节，雅戈尔研发出全套用于麻纤维提取和改良的设备，掌握了汉麻脱胶、蒸煮、漂洗、液氨整理和纤维分级梳理等核心技术。2009 年，雅戈尔在云南西双版纳开设了国内首条汉麻纤维生产线，年产汉麻纤维 5000 吨。

在汉麻产业化历程中，雅戈尔有 20 多项自主知识产权和核心技术获国家授权发明专利，一项获美国专利。2018 年，雅戈尔在汉麻时尚（服装）应用的基础上，成立了汉麻家装和汉麻家居事业部，着重发力汉麻的应用市场。此外，还拓展在食品、化妆品、医疗以及能源等方面的汉麻应用。

三、结论与启示

作为传统的服装制造业大亨，雅戈尔在新冠肺炎疫情压力之下的转型令人称道：其高瞻远瞩的视野，积极寻求数字化转型的探索都值得学习。总结雅戈尔的数字化转型之道如下。

1. 智慧新零售重构人货场

人的变化：由被动变为主动。新零售先是以消费者为中心和出发点的，作为厂商想要更好地实现消费者的需求，就要以客户需求为驱动力，从引导消费者的需求变为充分挖掘客户的行为数据价值，让消费者"主动"参与到品牌商的研发生产中。雅戈尔品牌首席执行官徐鹏对此给出了进一步解释："传统零售讲的是渠道，新零售讲的是用户，但新零售不是传统零售的代替版，而应该是它的升级版，因此，渠道加用户才是我们要走的路。"

货的变化：由单一的有形商品，向有形与无形相结合的"产品＋"转变新零售下的货体现了消费者需求的变化，更加具有个性化和差异化，其最显著的变化特征为：由单一的有形、实体商品向"产品＋体验""产品＋服务""产品＋社交"等结合有形与无形双重形式的"产品＋"转变。

场的变化：从单一渠道向全渠道融合，激发全场景消费体验。经过单一线下渠道、线上线下多渠道的变革历程，新零售下"场"的变化体现在消费旅程各个环节上的全渠道融合。对此雅戈尔"掌舵人"李如成给出了"线上、线下融合"的定义，"线上推广，线下体验；线上销售，线下服务"。

2. 积极谋求数智化转型

雅戈尔之所以有能力在周围各大品牌关店的形式下反其道而行之，利用数字化工具进行线上、线下的整合并使用一系列的招数应对疫情，并且表现优异，原因是早在2018年便开始与阿里云合作进行数智化转型。2018年，雅戈尔智能工厂上线，打造数字化西服车间并建设智慧销售平台；2019年初，加入阿里A100战略计划，从业务、技术和智能化三条主线展开合作；2019年5月，与杉杉商业签订战略合作协议，意在优化零售渠道、提升品牌价值、探索零售新场景……时装大亨，早已在数字化转型中轻装上阵。

（资料来源：雅戈尔官网、《中国服饰报》、《时尚北京》）

1.1 对互联网的认识

自互联网进入中国30多年以来，互联网给我们的生活带来翻天覆地的变化：比如说，年轻人出门不带现金而带手机，大部分支付活动都可以用支付宝、微信支付、NFC近场支付完成；比如说，年轻人出去约饭不再开车，"滴滴"一下，专车就到，安全又方便；再比如说，家里长辈过年发红包不再是用传统的红包，而是微信组建家族群，在微信群里发红包，小辈们"抢"得不亦乐乎……以此种种，数不胜数。这些都是互联网带给我们的变化。

电子商务应用的快速发展、网上支付厂商不断拓展和丰富线下消费支付场景，以及实施各类打通社交关系链的营销策略，带动非网络支付用户的转化。互联网理财用户规模不断扩大，理财产品的日益增多、产品用户体验的持续提升，带动大众线上理财的习惯逐步养成。

各类互联网公共服务类应用均实现用户规模增长，在线教育、网上预约出租车、在线政务服务用户规模均突破 1 亿个，多元化、移动化特征明显。在线教育领域不断细化，用户边界不断扩大，服务朝着多样化方向发展。

由此可见，互联网改变着人们的生活方式，方便着人们的衣食住行。

互联网从 20 世纪 60 年代至今的飞速发展，是这一段时间 IT 技术的飞速发展及影响所致。尤其在当下，微电子技术已经进入纳米级，超级计算机计算能力已经达到百亿亿次以上，光纤数字传输技术已经达到千兆的速率，智能软件技术以及大数据分析技术的发展，使互联网从门户网站演变成当今的移动互联网状态，变成各种服务型网站以及各种新的服务模式。它既改善了人们的生活和工作方式，也颠覆性地冲击着各行各业的生存命脉。

截至目前，人们对互联网的认识也没有达成共识，但在认知上大致经历了三个阶段，如图 1 - 4 所示。

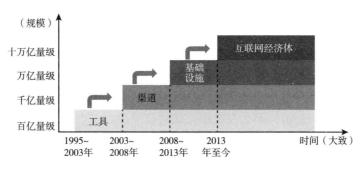

图 1 - 4　人们对互联网认识的发展

1.1.1　互联网是工具

20 世纪 90 年代初，互联网在国外开始普及时，人们普遍认为互联网只是一个工具，人们利用它上网、收发邮件、跟远方的人沟通、在网上买点小东西。直到现在，还是有很多人依旧认为它只是个工具。

例如一些专家表示，作为互联网来讲，它只是一种工具，它替代不了物质资料的生产，它解决不了人类赖以生存的物质消费，不能过分地夸大它的作用。互联网作为一种工具，它促使了社会生产的变革、社会消费的变革，以及人类生活质量的提高。

1.1.2　互联网是渠道

当电子商务零售发展起来的时候，人们发现互联网不仅是工具，同时还是渠道。传统渠道日渐式微，互联网渠道风生水起，碎片化、数据化、O2O、供应链重构、厂商新关系……一堆又一堆闻所未闻的新词汇，不断地冲击着我们对渠道的固有认知。一般认为的互联网渠道特指以下三种。

第一，货源渠道，商品渠道。可以是 B2B，可以是商贸站，也就是网上货源。

第二，销售渠道。可以是 B2B，可以是 B2C，也可以是 C2C，这就是最普遍的销售渠道。

第三，推广渠道。互联网是载体，许多信息或者商品都需要在互联网上进行宣传与推广，而推广使用的各种渠道就是推广渠道，常见的有贴吧、论坛、博客、分类信息站、SEO 等。

1.1.3　互联网是基础设施

当互联网发展到移动互联网和物联网时代，人们对互联网的看法又发生了变化，现在有一种观点认为互联网是基础设施。

当人类从 IT 时代步入 DT 时代，数据和计算能力则成为普惠经济的基础。

互联网发展到今天成为国家社会经济发展的基础设施，它的渗透性远远超出其他的基础设置。例如我国西部，那里可能有不少地方尚未被电网和公路完全覆盖，但却可以访问互联网，这就是互联网无比强大的渗透性。

互联网、移动互联网、物联网，称谓的变化其实反映的是基础设施的变化。一般意义上的互联网是传统的互联网，把全世界的个人计算机联系在一起。当互联网这个基础设施把全世界的手机都联系在一起的时候，便出现了移动互联网。物联网实际上就是设想未来世界里所有的东西都会被连到互联网上，这个时代叫作"万物互联网"。

互联网作为基础设施，为整个社会经济划了一条分水岭——在互联网成为基础设施以后，大家讲的互联网公司都变成了另外一种意义上的传统公司，所有其他跟互联网看起来没有关系的产业、公司，都会变得跟互联网有关系。

100 多年前铁路在美国成为基础设施，为美国带来翻天覆地的变化。今天互联网作为基础设施，对中国未来发展的推动绝对不会亚于当年铁路给美国带来的变化。

1.1.4　互联网经济体

随着互联网在中国的深入发展，互联网正在成为传统产业连接器，进一步促进和带动经济整体转型升级。自 20 世纪 90 年代初萌芽至今，互联网经历了从工具（点），到渠道（线）再到基础设施（面）这三个不断扩展和深化的发展过程，2020 年互联网在基础设施上进一步催生出新的商业生态和新的商业景观，进一步影响和加速传统产业的互联网化，进一步拓展其经济和社会影响，互联网经济体开始兴起。互联网经济体是指具有互联网属性的经济活动的集合，包括互联网应用、互联网服务、相关互联网基础设施和相关互联网设备制造四个方面（见图 1-5）。

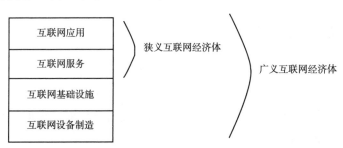

图 1-5　互联网经济体

第一，互联网应用：包括企业、消费者和政府互联网应用等。

第二，互联网服务包括电子商务交易服务业、电子商务支撑服务业、电子商务衍生服务业。

第三，互联网基础设施，包括宽带、IDC 和云计算运营等。

第四，互联网相关设备制造，包括计算机、手机、服务器和路由器制造等。

"认识电子商务"专栏一

米哈游：技术宅拯救世界

一、公司介绍

米哈游成立于 2011 年，致力于为用户提供美好的、超出预期的产品与内容。米哈游陆续推出了多款高品质人气产品，包括崩坏学园2、崩坏3、未定事件簿、原神，动态桌面软件人丁桌面以及社区产品米游社，并围绕原创 IP 打造了动画、漫画、音乐、小说及周边等多元产品。

秉承着"技术宅拯救世界"的使命，米哈游始终致力于技术研发、探索前沿科技，在卡通渲染、人工智能、云游戏技术等领域积累了领先的技术能力。

米哈游总部位于中国上海，并在新加坡、美国、加拿大、日本、韩国等国家和地区进行全球化布局。目前，公司有员工 3 500 人，来自世界顶尖高校和知名科技公司。

二、火爆的"原神"

提起原神，想必大家都不陌生，这是由米哈游开发的一款开放世界冒险游戏，原神作为米哈游旗下最新制作的 RPG 式手游，自上线就呈现火爆现象，预约时人气第一。推出半年多，原神越来越火，火出海外，有了 27 国同时登顶的强大成绩；2021 年 7 月 27 日中国商务部服贸司发布了《2021～2022 年度国家文化出口重点的企业和重点项目名单的通知》，其中就有由上海米哈游公司制作的游戏——原神。是何种原因导致了一款游戏可以得到国家层面的认可，入选国家文化出口重点项目。很多人更是好奇原神火爆的原因。

第一，非快餐游戏。近几年来，随着经济发展，无论是 PC，还是各种家用游戏机，例如 PS、xbox，又或者是 switch 之类的大行其道。伴随着这些渠道和平台，各种高质量游戏也逐渐进入大家的生活，例如育碧的各种游戏、B 社的开放世界、GTA、荒野大镖客系列等。而在米哈游的核心群体中，这样的用户就占了很大一部分，他们吃惯了高质量单机，对那些充满了公式化 UI，满是充值诱导的手游感到不屑。但国产又没有一个能够完美承载这些玩家期望的作品。直到原神的问世，这款游戏虽然明面上是手游，但实际上制作标准是按照 PC 游戏来的，哪怕不如大厂的 3A，但在技术上碾压国产氪金游戏是没有问题的，更没有那满屏幕的氪金按钮，显得极为清爽。

第二，米哈游深耕技术。虽然常有人说米哈游的游戏各种媚宅，画面也是讨好二次元的，但实际上，现在这个时代不是仅有一个好看的立绘就能成功，原神中蕴含的技术实力也是取得成功的重要因素。首先是动作，在动作捕捉下，人物的行动与衣物碰撞都显得极为自然，反观其他手游，时不时地穿模，僵硬的动作，只有在创建人物时发挥作用，而到了实际体验中噱头大于体验的"捏脸"功能，让人难以想象这是同一个时代的游戏。其次是卡通渲染，原神是属于卡通风格的3D游戏，这种风格是经过多年的经验才能调教出来的，属于技术的积累。至于其他的美工之类的，米哈游美工实力在国内是顶级团队。所以在各种快餐游戏包围下审美疲劳的玩家便迅速地投入了原神的怀抱。

第三，敢于大投入。为什么其他大厂没有仿造一个原神来捞钱？因为相比于成型快、成本低，可以批量产出还回本快的套皮游戏，类似原神这种长期投资，回报不定的游戏，并不是大厂们的目标。原神投资级别的游戏企划，在大厂绝对不会通过预算，就像是那句话说的：大厂能躺着赚钱，就不站着了。只要"换皮"游戏还能赚钱，那么就不会让各个大厂放弃"换皮游戏海"的策略。可以说这绝对给原神火爆创造了机会。不过好在原神的出现，或许能够倒逼国产游戏走向精品化。

第四，中国元素的应用。原神成功的原因不仅包含其精美的制作水准，还包括其能够彰显中国的传统文化美学，囊括了音乐、地理、美术、政治等领域。原神中的璃月音乐专辑，为玩家呈现了独特的东方韵律，中式美学。璃月的音乐创作是在西方管弦乐的基础上，融入了中国元素、中国乐器。笛子、二胡、古筝、琵琶等民族乐器完美地融入管弦乐之中，创造了独特的曲风，让国外玩家们如痴如醉。原神璃月地区的地形完美地还原了中国部分地区的地形地貌，例如酷似张家界的"华光林"、有桂林山水之韵的"狄花洲"、形似九寨沟的"绿华池"以及红砖白瓦的璃月港等。这些美景无一不在向不同国家的人介绍中国的地大物博，使国外玩家对中国山水产生了浓厚的兴趣！另外，饱含中华哲思的人物塑造，例如以"魈"这个角色为例，这是在国外文化中绝对没有的角色，并且形式蕴含中国人的处事之风，颇有情致。

第五，社会化的营销。米哈游旗下为游戏玩家打造的社区"米游社"，现在已经是三周年了，在米游社三周年庆祝活动中，其每日签到、战绩观测等功能先后上线，原神玩家也可以在这里领取到不少福利，同时也尊重玩家在"米游社"提出的各种反馈和建议。这种深耕玩家的策略深得人心，"米游社"中有不少来自海外的用户，这些用户也为原神贡献了自己的智慧。

三、结论

原神是中国游戏真正的出海之作，国外无数玩家为之疯狂。总结下来无非是故事＋美工＋技术＋文化＋营销，在这五个模块中做到足够尊重玩家，足够用心，再加上中国古老文化的加持，不管你喜不喜欢原神，它都火爆了。

（资料来源：《上海企业》、《上海证券报》、上海社会科学院相关数据）

1.2 电子商务引发的"技术—经济大变迁"

英国演化经济学家卡洛塔·佩雷斯（Carlota Perez）认为，技术革命始于大爆发，前半阶段是安装阶段，先后经历剧增繁殖期与狂热期，后半阶段是部署阶段，先后经历协同效应期与成熟期（见图1-6）。

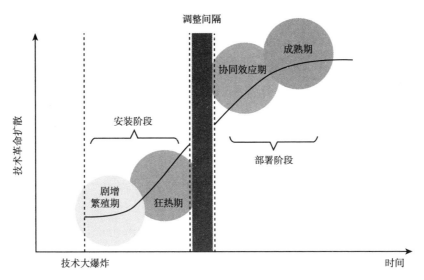

图 1-6　技术革命的演化路径

根据卡洛塔·佩雷斯的理论，第一次技术革命是工业革命，第二次技术革命是蒸汽与铁路时代，第三次技术革命是钢铁、电及重型工业时代，第四次技术革命是石油、汽车及大规模制造时代，第五次技术革命——就是现在，是信息技术革命。

每一次革命均发端于金融泡沫，从而推动了新技术的快速"安装"。然后泡沫破裂，紧接着是恢复期，之后，随着新技术更广泛地"部署"到其他行业及社会，进入很长一段时间的生产力增长期。最终这轮革命走完历程，新的技术革命又开始了。

创业和创投圈的精英查里斯·迪克森（Chris Dixon）认为，技术—经济变迁的模式在计算及互联网革命中会再次重演。我们正处新一波计算技术革命的部署阶段。20 世纪 90 年代，大部分成功的初创企业做的都是核心基础设施的建设，比方说光交换。然而此后，大部分取得成功的初创企业从事的是在这些基础设施上的应用开发（如搜索引擎）。下一阶段应当会看到初创企业致力于在更高层面的建设上。以史为鉴，这将会要求更深层的文化变革，或者更深入地集成到已有的行业中。

哪些产业是下一个部署阶段的最佳候选？有可能是那些信息密集型的大产业，迄今为止，互联网对这些产业的影响只是表面上的，例如教育、医疗以及金融。注意，部署并不仅仅意味着创建医疗或教育应用。而是利用新技术重新再造整个行业，将整个产业重构到"最优结构"。

部署阶段会持续多久？大多数人——至少在技术界，认为现在还刚刚开始。从内部来看，这似乎是由众多较小的、发生于产业内部的革命（PC、互联网、移动等）构成的大革命。每一项较小的革命都会延长核心革命的持续时间并扩大其影响。

创新会在哪里发生？历史模式表明，创新日益呈现出地理的分散性。底特律是汽车革命第一阶段的主要受益者。而第二阶段（部署）则令许多地方受益。这也正是纽约和洛杉矶等"应用层"城市看涨的原因。历史经验还表明，创业者越发呈现出拥有多学科知识的特质。

第一，科技发展促进商业变迁。这一波计算技术革命最大的成就是创造了互联网，而互联网的出现恰恰是电子商务出现的前提。电子商务以及完备的双向信息沟通，灵活的交易手段，快速的交易方式，给社会带来巨大的经济效益，促进社会生产力大幅提高，电子商务的推行，打破了时空界限，改变了贸易形态，大大加速了整个社会的商品流通，有助于降低企业的成本，提高企业的竞争力，催生了一大批新的商业模式，改变了商业的形态。

第二，商业变迁推动科技消费升级。而电子商务的出现又推动了科技消费的升级。人们通过电子商务，通过自己在互联网上虚拟交易等各种行为沉淀了大量的数据。通过数据分析和数据挖掘衍生出了个人推荐系统、普惠金融等新的消费领域。不仅在形式上推动消费升级，也催生了科技消费的升级。例如无人驾驶汽车，就是建立在互联网技术和大数据技术上的新科技消费领域。

第三，电子商务促进技术和商业的融合。电子商务的出现，使技术和商业能够更好地融合。电子商务本质上是用互联网技术去改造，去融合传统商业，从而出现了在线教育、在线政务、在线零售等新的商业形式。但无论是教育还是零售，其核心本质并没有变，只是利用电子商务，去改变服务形式和表现形式，使之更加符合时代客户的需求。

1.3　互联网发展对电子商务形式的影响

从点击时代到触摸时代，再到人网一体时代，互联网迎来了加速度裂变式的新一轮革命，它使社会各方面发生了许多颠覆性变化，改变了人类世界的空间轴、时间轴和思想维度。近年来，随着智能手机和移动互联网的普及，以及大数据、云计算的出现和运用，互联网迎来了加速度裂变式的新一轮革命。这场革命不仅使社会的各个方面发生了许多颠覆性的变化，而且改变了人类世界的空间轴、时间轴和思想维度。

第一，基础互联和电子商务平台。基础互联指的是互联网有线连接阶段，这一阶段人们主要用计算机和个人计算机来上网。电子商务在商业形态上更多地表现为购物平台。有专业人士把互联网智能化进程划分为三个时代：第一个时代为点击时代。1964年美国人道格·恩格尔巴特发明了具有实际意义的鼠标，20世纪90年代微软公司推出了windows系统。世界从此变成了地球村，自媒体的大幕也由此历史性地开启了。

第二，移动互联和智能手机App。移动互联指的是互联网以无线连接形式出现，技术上有Wi-Fi和3G、4G和5G的形式。这一阶段人们主要用智能手机、"平板"及笔记本计算机连入网络。电子商务在商业形态上更多地表现为各类小巧的适合在智能手机上实现功能的App，包括接入万物的"微信"。这个时代也称为触摸时代。乔布斯向全世界推出了iphone—触摸屏幕智能手机，这个天才的创造，不仅颠覆了手机的使用方法，甚至可以说改变了世界。

第三，物联网与人工智能时代。在不久的将来，人们很快就会进入万物相连的物联网阶段。简单来说，物联网就是每个物体都有自己的IP地址，物体和物体相连接，通信，服务人类。互联网智能化的第三个时代是智能语音时代，不用动手只要说话就可以控制一切。电子商务将以生态圈的方式呈现在世人眼前，用带宽更宽的网络，智能化电子商务将把人类从繁重的体力劳动中解放出来，一脚踏入工人智能社会。

综上可知，互联网技术的演变对电子商务形态的演变起着至关重要的作用。电子商务从购物平台向人工智能产品和服务演变，互联网技术的演化起着根本性的作用。

"认识电子商务"专栏二

亲宝宝：母婴领域低调的"头号玩家"

一、公司介绍

杭州点望科技有限公司成立于 2012 年 7 月 18 日，公司经营范围包括一般经营项目：计算机软硬件、网络技术的技术开发等。亲宝宝是杭州点望科技有限公司旗下数字时代的育儿品牌，致力于为中国家庭提供全新的育儿方式。亲宝宝 App 为亲宝宝旗下核心产品，于 2013 年正式上线，以成长记录、智能育儿助手为核心功能，有效联结家人共同参与孩子成长。2021 年 1 月，亲宝宝宣布已完成 2.5 亿元 D 轮融资，投资方为达晨财智和深创投。

二、点望科技的"育儿经"

杭州点望科技有限公司最著名的产品是亲宝宝系列 App，亲宝宝诞生于移动互联网时代，在去中心化、碎片化、重度垂直化、手机终端成为主流的时代，选择了一条与 PC 互联网时代不同的模式和道路。亲宝宝选择以记录宝宝成长足迹、分享宝宝的动态变化为切入口，通过一键上传照片，与家人私密分享，同时学习科学育儿知识来聚拢用户，迅速成长为母婴赛道的头部平台。亲宝宝的成功，很大程度上是因为抓住了高频、刚需宝宝照片的分享需求，以点带面，拉动全家庭成员的注册和使用。

亲宝宝首创的私密云相册功能是国内最大的私密亲子空间，亲宝宝构筑了核心功能之一——"宝宝成长记录"。在亲宝宝的家庭私密亲子空间里，用户上传到平台上的照片，系统会自动识别并智能地按拍摄时间进行排序。2019 年初，亲宝宝 App 升级核心功能"宝宝成长记录"，提高智能化程度，全新上线人脸识别功能。这项功能开放后，在用户授权的情况下，系统能智能识别用户手机相册中和宝宝相关的历史照片，并可一键选中上传，真正实现一步到位。据悉，该功能开放后，亲宝宝 App 上用户照片的上传率至少提高了一倍。此外，亲宝宝还定制了多种图片合集 MV 模板。例如通过照片识别和人脸识别，便可找出历年同一天宝宝的照片形成 MV；而且可以通过照片的场景检测，将用户在外出旅游或者去海边的照片集锦推荐给用户，制作成 MV。目前，此项智能化的功能使照片合集 MV 点击率提高了 60%。

但亲宝宝 App 功能不止于上传私密云相册，亲宝宝 App 在满足年轻家庭记录需求之后，亲宝宝关注到另一个刚需——育儿。这一点对于不同家庭、不同月龄的孩子来说需求并不统一。为保证真正满足用户的育儿需求，亲宝宝成立了一个以妇科、产科、心理学、营养学等专业人员组成的育儿团队，构建了一套系统的育儿体系，紧紧围绕不同月龄家庭的育儿需求，生产了上万篇科学育儿内容。而把以上专业性的内容和用户个性化需求匹配则用到大数据＋AI 技术。除了宝宝月龄、生长情况等维度，亲宝宝还通过发起宝宝能力评测的方式，全面评估用户需求，以给予家长更准确、更贴近需求的专属育儿指导。2021 年 10 月，亲宝宝 App 8.0 版本推出的"亲子任务"，在支持家长自定义的同时，也采用了智能化推送的方式，目的是让家长不错过宝宝成长的敏感期。

2018 年亲宝宝开始发力商业化，至今在电商方向获得了不错的成绩。在电商方面，亲宝宝没有以 CPS 平台导流或 POP 商家入驻的方式变现，而是选择了与公司文化更符合的产品化路线。团队认为，前两者都是对流量的消耗，品控难以保障，而且平台优势不明显。对此亲宝宝推出自有品牌商品"QINBAOBAO"，基于宝宝成长必备清单，自主研发设计，品类包括童装、奶瓶、玩具、孕产、纸尿裤等。由于亲宝宝直达用户，省去了第三方渠道成本，相比市场同品质的产品价格可以便宜 20% ~ 30%。两年的摸索之后，"QINBAOBAO"现在更聚焦于"成长必备"概念，已精简至 130 多款核心单品。

电商更多是育儿需求的延伸，亲宝宝品牌商品其实是在家庭育儿场景下的一个服务延伸。在未来，一个新兴的品牌一定会基于某种场景去解决用户核心需求，并不单纯提供一项服务或是一个产品。亲宝宝通过成长相册、育儿服务和用户建立深度链接，然后在此基础上提供实物产品。最主要的是用户不依赖第三方平台和渠道来收集，全部来自自有流量，这是亲宝宝做 DTC 的逻辑所在。

三、结论

作为国内领先的家庭育儿平台，亲宝宝凭借"用户第一"的理念，以核心产品"亲宝宝 App"，为年轻家庭提供私密亲子空间、线上早教、专业养育知识、社区交流、母婴商品等一站式育儿服务。而亲宝宝也已经交出了"漂亮"的成绩单：截至目前，亲宝宝累计注册用户超 1 亿个，服务家庭数超 5 000 万个。面对庞大的用户群体，亲宝宝瞄准家庭育儿场景来满足用户越来越多元化的需求，用户价值得到进一步实现。

近几年，互联网技术迅猛发展，母婴行业开始出现更多的细分领域，尤其是 85 后、90 后成为育儿主力人群后，对孩子的消费观念转变很大，消费水平也得到很大的提升，母婴行业的家庭育儿领域或将迎来消费潮。相信在未来的母婴市场中，亲宝宝会通过不断围绕用户"家庭育儿"更加满足用户的核心需求。

（资料来源：亲宝宝官网、《21 世纪商业评论》、艾瑞咨询）

1.4　电子商务推动产业融合变迁

互联网技术出现以后会推进经济的变迁。经济变迁大致上分为三个阶段。

第一阶段是工业经济的边缘，出现了以电子商务为主体的互联网经济，并逐渐发展壮大，形成互联网经济增量的崛起。

第二阶段是互联网向各个产业的蔓延和扩散，电子商务快速渗透经济的各个领域，对传统产业加以改造升级、赋能、盘活和变革，也可以理解成现阶段的互联网 + 。

第三阶段是新经济基础设施基本成型，全面促进数据要素的流通，电子商务走出产业和经济的边界，所有产业部门管理制度，文化和人都要适应新经济的塑造，经济整体转型成功。

"认识电子商务"专栏三

新氧：让医美更简单

一、公司介绍

新氧（SoYoung），是北京新氧轻漾医疗器械有限公司开发的一款美容微整形医美App。2019年5月2日，新氧在美国纳斯达克成功上市。新氧App首页，是各类医美关键词的分区，例如面部轮廓、玻尿酸、除皱瘦脸、眼部等，用户可根据自身需要，选择不同分区，进而在分区内进一步细化选择具体的消费项目。2020年，获评艾媒金榜（iiMedia Ranking）发布的《2020"新冠疫期"医药健康行业上市企业公益声誉排行榜》TOP30。

二、新氧的商业模式创新

新氧定位于公开、中立的第三方信息源提供方，其商业模式创新主要集中在三个方面。一是内容产生的"去中心化"。用户通过"日记"和"圈子"主动分享和交流有关整形的话题，从而迅速积累起大量的活跃用户。二是线下资源入驻。用户可以与医生、医院建立直接的联系，可以有效消除双方的信息不对称、消除误解，同时也降低了医院的营销成本。三是社区、电商和点评高度融合，形成闭环的O2O模式。用户在线交流并付费预约医生和医院，线下接受整形治疗，然后回到线上进行点评和分享整形效果，从而影响他人决策（见图1-7）。

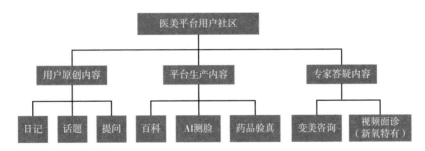

图1-7　新氧的平台用户社区框架

作为医疗美容O2O行业中的领先者，新氧运用互联网的手段解决传统医疗美容行业中的种种弊端。新氧搭建了一个针对有整形需求以及已整形人群的社区。这是新氧整体商业生态的重要切入口。用户可以阅读他人的整形日记、参与话题讨论甚至直接与整形医生和医院沟通，从而消除对整形的误解，深刻挖掘自身需求。在主动了解和在线交流的基础上，用户可以结合点评体系选择适合自身的整形产品和项目，从而提高决策效率。据新氧创始人介绍，一般整形消费决策需要3~6个月时间，而新氧50%的订单用户注册后7日以内做出购买决策。在接受线下治疗之后，用户可以返回新氧，通过写日记和发帖的形式分享整形经历、追踪整形效果，从而获得积分奖励和现金返现；还可以对所选的产品或项目进行点评，帮助他人决策。

三、结论

新氧抓住了医美行业快速发展的风口，从用户"痛点"出发，以社交为切入口，用互联网方式改造传统医疗美容行业，已经显现出用户规模上的"马太效应"，在互联网O2O遍地哀鸿的情况下仍能获得医疗领域顶尖投资的青睐，可以预测未来"颜值经济"效应将进一步爆发，医疗美容行业仍将是投资追捧的热点，未来随着传统美容行业互联网化转型，整体医美行业线上竞争将进一步加剧。

（资料来源：新氧官网、《国际商报》、《中国医疗美容》）

1.5　电子商务的定义和相关概念

什么是电子商务？电子商务就其性质和应用的领域来讲是个复杂的系统工程，绝不能单纯理解为"电子"加"商务"或者"互联网技术"与"商务"概念的简单叠加。

1.5.1　电子商务的定义

电子商务作为一个随着互联网发展起来的并且还在不断发展中的新领域，它没有一个统一的定义，但目前存在普遍流行的几个版本概念都得到了不同程度的认可。下面是不同的组织、个人对电子商务的解释。

世界电子商务会议给出的定义：电子商务（electronic commerce，EC），是指对整个贸易活动实现电子化。政府认为，电子商务是通过数字方式进行的商务活动的过程。IBM认为，电子商务（electronic business，EB），即"Web + IT + Business"；HP认为，电子商务以现代扩展企业为信息技术基础结构，是跨时域、跨地域的电子化世界。美国学者瑞维·卡拉科塔和安德鲁·B. 惠斯顿在他们的专著《电子商务的前沿》中提出："广义地讲，电子商务是一种现代商业方法。这种方法通过改善产品和服务质量、提高服务传递速度，满足政府组织、厂商和消费者降低成本的需求。"

综上所述，电子商务就是建立在电子技术和网络技术基础上的商业运作，是利用电子技术所提供的工具手段实现其操作过程的商务。当企业将它的主要业务通过企业内部网、外部网以及互联网与企业的职员、客户、供应商以及合作伙伴直接相连时，其中发生的各种活动就是电子商务活动；当我们把生活里的许多事情通过互联网去办妥，例如通过网络学习、娱乐、约车等，其中发生的各种活动，就是电子商务活动。

电子商务作为专有名词被提出传播并推广，虽然是在1996年前后才开始的，但在现实意义上，电子商务实践早在20世纪60年代就在美国诞生了，这就是电子数据交换EDI。EDI是指以电子形式在不同系统之间进行数据交换，以支持商务处理。

电子商务的概念可以作广义和狭义上的研讨。狭义上的电子商务有些人把它称作"电子商贸"，是指通过互联网、内部网或增值网以电子方式进行的各种交易与管理活动。它既包括传统商贸活动在各个环节的电子化、网络化，也包括通过互联网创新的商业模式和新业态。

这些商贸活动，既可以是通过互联网买卖产品和提供服务，产品可以是实体化的，例如汽车、电视，也可以是数字化的，例如新闻、录像、软件等基于知识的产品。此外，还可以提供各类服务，例如安排旅游、远程教育等。因此，电子商务是掌握信息技术和商务规则的人们系统地运用电子工具，高效率、低成本地从事以商品交换为中心的各种活动的总称。

广义上的电子商务，包括应用计算机网络技术与现代信息通信技术，并按照一定的标准利用电子化工具来实现包括电子交易在内的商务和行政作业等商业活动的全过程。

因此，一方面电子商务指通过互联网进行交易的电子交易，也包括政府职能部门所提供的电子服务、网络银行以及跨企业共同运作，覆盖与商业活动有关的所有方面；另一方面，电子商务还包括企业内部的商务活动，像生产、管理、财务等，也包括企业间以及企业与客户之间的商务活动。它不仅是硬件和软件的结合，更是把买家、卖家、厂家和合作伙伴，在互联网上利用网络技术与现有的商业设施结合起来进行运营的活动。

"认识电子商务"专栏四

Keep：互联网健身的领跑者

一、公司介绍

Keep 所属于北京卡路里科技有限公司，成立于 2014 年 9 月 26 日。Keep 是一款具有社区属性的移动健身工具类产品。用户可利用碎片化的时间，随时随地选择适合自己的视频健身课程，进行真人同步训练。同时还可以在社区中找到志同道合的小伙伴一同记录自己的健身时光。

二、keep 的产品功能

第一，运动。作为一个线上运动平台 App，Keep 最核心和基础的功能就是满足用户的运动需求，Keep 的运动功能栏非常的齐全，涵盖了基本课程、跑步、瑜伽、冥想、行走、骑行、Keep 单车、keep 跑步机、keep 健走机，以及最新上线的 keepland。满足了用户方方面面的运动需求，同时在搜索栏可以单独搜索各个部位和动作的单独训练。并且这些功能之下又有具体的难度等级和训练分类，适合不同程度运动者来进行选择。

以基本的跑步运动为例，其功能内容涵盖了显示用户的累计跑步距离；进行跑步类型的选择：燃脂跑、户外跑、跑步机；跑步精选活动和跑步辅助训练；一周好友跑步排名情况显示。显示用户累计的跑步距离能够给用户带来更大的自信心，并且更易于让用户分享自己的跑步里程，从而让产品得到一定的传播。进行跑步类型的选择满足了用户多样的跑步需求，并且在不同的跑步类型选择下都可以记录当前的跑步数据、速度、时间、消耗的热量以及户外跑步的路线，这可以让用户更加直观地看到自己的运动量，也增加了用户分享跑步情况的欲望。除此之外，在显示跑步路线的时候用户可以选择看到附近跑步的人，这样增加了这一运动的社交性，减少了独自一人跑步的孤独感，带来更多的动力。运动作为 keep 的核心功能，涵盖的运动形式非常广泛，在每种运动形式之下，又细分了不同的类型可供用户选择，每一种运动都做到了尽可能详细和对应的训练课程。

第二，训练计划。在 Keep 发展的早期就有训练计划的功能，训练计划的周期可以根据自身的需要进行调整，训练的内容可以根据自身的健身需要和身体所能承受的运动强度进行评估之后制定。早期的训练计划是免费的，现阶段的训练计划，则是开通会员之后可以进行训练的。训练计划是非常好的一个功能，首先，训练计划具有一定的个性，根据每个用户的需求进行定制；其次，训练计划体现了 keep 的专业性，用户可以对自己的身体有一定了解，可以记录自己的饮食并进行分析；最后，训练计划提高了用户黏性，训练计划的时长多为四周，在四周的时间内，进行不间断的运动，有助于用户养成良好的运动习惯和使用 keep 进行运动的习惯。

第三，Keep 商城。运动和其他的产品不同，运动最终还是需要用户动起来，是一种线上和线下相结合的形式。另外，随着人们对于运动专业性的要求增加，以及科技的不断发展。运动相关的科技产品和运动基础产品都非常受欢迎，好看又专业的运动服饰，可以监测心率的运动手环，需要增加强度的哑铃，以及健康轻食的食品等产品，都为 keep 的商城建立提供了基础。keep 商城就围绕运动健康方面，进行健康产品的售卖，不时推出各种促销活动和 keep 专属的款式，这种专属定制款激起了 keepers 的情怀，穿着印有 keep 的瑜伽服进行运动，标注自己属于 keep 的用户，增加了用户的归属感和对于产品的情感和自豪感。

keep 还进行了 "K-partners" 的品牌联盟，与众多品牌进行合作，入驻 keep 商城，K-partner 可以得到 Keep 整合生态体系的优质资源，而 keep 也可以通过品牌授权跨界共赢等深度合作形式，扩宽品牌营销。一起为消费者提供更加丰富且高质量的商品和活动。

第四，社区动态。Keep 的产品定位当中便是带有一定社交属性的运动健身产品，因而社交也是 keep 非常重要的功能构建。健身和减肥的用户，大部分都很乐于分享自己的健身成果和健身方法，因此，keep 的社交功能建设是非常合理的，另外在短视频发展迅速的今天，带有话题和视频的动态分享，更有利于用户进行传播和分享。

三、结论

keep 作为一个具有一定社交属性的运动健身平台，成长非常迅速，现在 keep 已经拥有了两亿个用户，也在不断地吸引运动达人的入驻，和更多的品牌合作，给用户更多更好的体验，其全面的运动训练课程和各式各样的运动训练形式是 keep 的优势，但同时随着产品的成长，如何保持用户的活跃度，让用户可以在使用 keep 的同时，源源不断地产生内容，是 keep 需要完善和思考的。

（资料来源：keep 官网、《中国商报》、《中国消费报》）

1.5.2　电子商务内容

要明确电子商务的概念，就要进一步考察它的内容，包括内涵与外延。从电子商务的定义可知，完整的电子商务内涵包括：前提条件、信息内容和集成信息资源、人的知识和技能、系列化系统化的电子工具，及以商品交易为中心的各种经济（商业）事务活动。

第一，电子商务的前提条件就是信息化。而以计算机技术和互联网技术为代表的电子信息技术的发明、创造和利用，则主要针对的是人的知识获取、智力延伸，它是对自然界信息和人类社会信息进行采集、存储、加工、处理、分发、传输的工具。在它的帮助下，人类可以走出一条内涵化、集约化发展社会物质、文化的理想之路。

第二，信息的采集，加工和处理以及信息内容合理、准确是电子商务发展，推广应用的根基。在一个信息不发达的社会里，全面实现电子商务是难以设想的，真正的信息内容是由核心商务系统产生出来的，这些信息应该能为更多的人所使用。

第三，人是电子商务的核心。首先，电子商务是一个社会系统，社会系统的中心必然是人；其次，商务系统实际上是由围绕商品交易的各方面代表和各方面利益的人所组成的关系网；最后，在电子商务活动中，虽然常强调工具的作用，但归根到底起关键作用的仍然是人，因为电子商务系统和工具的制造发明，工具应用效果的实现都是靠人来完成的，所以必须强调人在电子商务中的决定性作用。

第四，电子商务的支撑是电子商务的工具。电子工具指的是能跟上时代信息发展步伐的系列化，系统化的电子工具，例如基础互联时代的 PC 和笔记本，移动互联时代的智能手机，万物相连的物联网时代，什么样的电子工具会脱颖而出？我们对此充满期待。

第五，电子商务的中心是商务活动。从社会再生产发展的环节来看，在生产、流通、分配、交换和消费这个链条中，发展变化最快，最灵活的就是流通、分配和交换这三个中间环节。这些中间环节又可以看作以商品交换为中心来开展的，即商品的生产，主要是为了交换——用商品的使用价值去换取商品的价值，交换连接了生产和消费等活动，以商品交易为中心的各种经济事务活动通称为商务活动。以电子为工具进行商务活动，我们统称为电子商务。

1.5.3　电子商务的外延

电子商务的外延主要体现在电子商务工具的发展、商品范畴和商务活动的扩展三个方面。

从电子工具的发展来看，以计算机和互联网为核心的电子信息技术，是当今发展最为迅速的技术，由此形成的新工具也是更新换代最快的工具，主要体现在三个方面，第一，计算机的发展呈现出多样性和多面性的特性；第二，电子工具网络化、智能化是当今 IT 发展的主要特色；第三，随着电子元件开发技术的迅速发展，光学元器件正在逐渐实用化。电子工具的发展方向是数字化、网络化、智能化、集成化。

从商品范畴的扩展来看，现在社会的一个重要特点就是商品的多样性，一方面社会生活与生产必需品由供不应求到供需基本平衡，再到大部分商品供大于求，人们在生活中可选商品已经多种多样；另一方面，许多以前不当作商品，而是作为产品的物品已经变为商品，例如各种生产原材料、物资等，现在都已归属商品的范畴。另外，在市场经济中，商品的范畴还有一般商品向生产要素扩展，向劳动力商品、技术商品、科技商品、资本金融商品和商标商品等有形、无形商品扩展。

从商务活动的扩展来看，第一，商务活动一体化。由于电子商务是基于信息网络和信息社会的，所以电子商务的活动领域可以形成从政府到市场，从市场到生产，从市场到消费者的多方面网络化联系，各地的市场互联，就可以形成全国统一规范的、竞争有序的大市场，形成花费少、见效快、效率高的商务活动网络，最大可能地实现需求生产和交换的透明化、一体化，形成以现代商务活动为中心的社会再生产新秩序。在电子商务的引导下，通过需求与生产的对话，可以大幅度促进生产的集约化和虚拟化，并超前探索，减少风险，提高整个社会再生产的效率和效益。第二，市场建设一体化。将散布在全国的各类批发、零售市场，用互联网结合起来，形成统一、规范、竞争和有序的商品大市场，让电子商务活动在其间充分的开展，发挥其有效作用。第三，市场监督强制化。电子商务快速、虚拟、隐蔽等特性，使市场监督显得更加重要，例如对电子期货市场、电子股票证券发行交易市场等，证监会就发挥着非常重要的作用。由于隐蔽的特点，其公开性和透明性必然要有强有力的组织机构来保障，以保证市场秩序、交易过程、交易行为的正确，交易商品的保质保量。

1.6　电子商务的演变

20世纪70年代，电子商务应用的雏形出现了，那时人们首次使用电子资金划拨这种形式，将资金从一个企业转移到另一个企业，接着就出现了电子数据交换EDI，它是用电子的方式传输各类文件。

电子商务发展的重要里程碑是20世纪90年代互联网的出现，因为企业可以利用这一网络，将文本和照片放到网络上。20世纪90年代初，越来越多的人使用互联网，互联网的商业化应用出现了一个全新的词汇，电子商务也应运而生。人们对电子商务的应用突飞猛进，大批的网络新兴企业如雨后春笋般冒出来，催生这一现象的主要是新的网络、新的标准，以及不断开发出来的电子商务软件，当然竞争以及经营压力也是电子商务迅猛发展的因素之一。

1995年以后，全球几乎所有的大企业和组织都有自己的网站，美国的大公司都利用公司网站方便员工、商业伙伴以及公众，让公众可以方便地获取公司信息。1999年电子商务的重头戏从B2C转向B2B，2001年开始转向B2E以及协同商务、电子政务、远程教育、移动商务。2005年社交网络开始进入人们的视线，后来又有了移动应用。2009年，电子商务大家族中增添了新成员，那就是社会化网络，有人将其称为社交网络。

随着越来越多的人使用互联网和计算机技术，电子商务必将继续发展、变化、成长，这是毋庸置疑的。随着移动互联时代的爆发，电子商务也从1.0时代的网络交易平台、网络服务以及公司为主导的在线合作，延伸到如今的第二代电子商务，也就是电子商务2.0时代。它主要表现在Web工具2.0、移动商务、社交网络、虚拟世界等。

在中国，一提起电子商务或者互联网企业，人们都会想到BAT，就是百度、阿里和腾讯。当然除了它们也有顺应着时代浪潮迅速成长起来的各类电子商务公司，有互联网原生的，例如京东；也有传统企业转型的，例如苏宁云商；还有一些在垂直领域做得很出色的，例如唯品会、美团等；还有一些是开放融合的新生代企业，例如滴滴、小米等。这些企业的存在形态和商业模式与传统企业有很大的不同，它们不仅是现在互联网公司电子商务的佼佼者，也必将引领未来公司的发展。

1.7　电子商务的未来

因为人们对电子商务认识层次的不同，人们对电子商务的理解也不同。电子商务也一直在"摧毁中前行"。

其一，电子商务的兴起，对传统商业形成巨大冲击。昔日一些门庭若市的大商场也顾客锐减，有的实体店被迫倒闭，有的被迫同互联网结合起来，实行线上、线下的O2O经营模式。其二，互联网金融的兴起，对传统的金融业构成了巨大的威胁。2004年12月，阿里巴巴创立了首家定位于电子商务支付的第三方支付公司"支付宝"，拉开了网络金融的序幕。截至2020年，全国有众筹网站500多家，还不包括各种平台自有的众筹渠道。其三，3D打印和德国工业4.0革命，将使整个制造业向以用户为导向的个性化定制转变。3D打印将颠覆传统制造业的标准化、规模化、同步化特征。如果3D打印这项技术进一步成熟，从现在打印小产品发展到将来可以打印大产品和构造复杂的高端产品，那生产流水线将彻底消失，规模化的大工厂也可能彻底消失。至于被称为德国工业第四次革命的4.0，则一改过去分工明确的生产流程，用大数据和云计算将人、机器设备、产品、销售和服务联系在一起并不断产生新数据，相互交流，高效分析，实时整合，优化资源和生产链，并根据用户需求进行生产。其四，云计算大数据的运用，可使宏观经济的情况一目了然，并根据数据的变化随时调整，从而避免市场的盲目性。从这个角度来说，互联网有可能改写现在被人们誉为金科玉律的经济学理论，产生新的经济学理论。

总而言之，电子商务因为技术和商务的完美融合，正在越来越深层次地改变着我们的未来。

【章末案例】

樊登读书成功的秘密：线上产品＋线下代理

你是否总为没时间读书而感到焦虑？你是否也曾面对浩瀚的书籍无从下手？你是否也常常苦恼读书总不得书中精髓？或许解决这些问题，你只需要加入樊登读书。

一、樊登读书简介

樊登在成为专职的"讲书人"之前，他的职业是大学讲师，给大学的MBA学员以及EMBA学员和其他培训机构讲课。2013年樊登发现"很多人读书意愿强，但是没时间看"，这是一个社会问题，某种意义造成了巨大的浪费。他提出了"一年（帮助他人）阅读50本书"的想法，这个想法得到了西安交通大学管理学院教授王永军的呼应，2013年6月他们一起在线下做了一个读书会，这个读书会只有30多个人参加，但其是"樊登读书"的基础和母体。微信群普及后，除了线下的读书会，樊登又把学员拉到微信群，用语音的方式给大家讲书，一年讲50本，一年每个人收300元的会员费。"樊登读书"最原始的"线上"＋"线下"的商业模式初步奠定。

2013年10月，樊登去上海为一些企业家做口才分享，台下的郭俊杰和田君琦深受触动，决定加入樊登读书会，结果这4人成了"樊登读书"的联合创始人。为了更好地承载用户，这4人决定用微信公众号图文的方式解读书籍，并着手App的制作。2014年7月，这4人带着读书项目参加了一个创业比赛，获得了联通新沃（上海）300万元的投资，于是在2015年上海黄豆网络科技有限公司应运而生，旗下主打产品就是"樊登读书"App。

"樊登读书"是基于移动互联网的学习型社区应用，是"全民阅读"的先行者，致力于帮助3亿国人养成阅读习惯，并身体力行实践通过知识的传播去改变社会。在"樊登读书"App上，以樊登这个大IP为中心，结合各行业知名人士，做到每年拆解50本书籍，提供这50本书籍的精华解读书摘，帮助那些没有时间读书或者读书效率低的人每年吸收50本书的精华内容。精华解读书摘的内容均由知名导师创作，用10~15分钟快速解读一本书的精华内容，以图文消息、音频、视频等多种形式在多个平台上进行分享传播，以帮助没有时间读书的人"听书"。

经过7年的发展，"樊登读书"打造了囊括全年龄段、线上和线下相结合的知识平台矩阵：樊登读书个人版、一书一课（企业版）、年轮学堂、樊登小读者、樊登书店、我是讲书人、樊登渠道云以及核桃书店等多达11款以"樊登读书"为母体的产品，内容全面覆盖企业、管理、职场、创业、家庭、心灵和人文等众多知识领域，全方位推动全民阅读的学习浪潮。截至2021年11月，"樊登读书"会员人数已超过3 400万人，在抖音上有几百个矩阵账号，"粉丝"超1亿人，累计播放8亿次，最大的账号"樊登读书"已经有802.4万名"粉丝"，在国内拥有8 000多个授权点，海外拥有117家授权点。

二、"樊登读书"的互联网特质

首先，"樊登读书"的产品带有天然的互联网特质，是"纯电子商务产品"的经典之作。

（1）"樊登读书"的产品边际成本几乎为零。所谓边际成本，指的是企业生产产品时，每多生产一个，需要额外产生的成本。过去很多时候，知识服务都是以面对面服务为主，例如樊登之前给学生上MBA、EMBA课程或者做培训，都是面对面服务。而"樊登读书"用了互联网的方式交付产品之后，意味着不论获取多少新用户，它的成本都不会增加。不管是音频、视频、文字讲解、思维导图，1个人、10个人，还是100万个人听，这其中的人力、物力成本都是一样的，樊登只需要讲一次。而且"樊登读书"的产品是基于互联网的，没有时间、空间、地域、人群、仓储、物流等限制。这也就保证了"樊登读书"有足够高的利润，来做后续的营销推广工作。

（2）"樊登读书"产品内容品质足够高。"樊登读书"从一本书挑选、研读、录制到制作完成，大约需要1个月的时间。关于如何选书更是有诸多的前提——关于这一点，"樊登读书"在他的《读懂一本书》里提到TIPS原则：

T = Tools，就是书里面有工具，可以学到一些能够去实践的东西；

I = Ideas，这本书有没有新的理念、新的概念、新的想法或者新的发展，如果没有，就不选；

P = Practicability，就是实用型，能够给我们的工作和生活带来改变；

S = Science，就是科学性，有严谨的科学文献支撑，有相应的经验，具备一定的可证伪性。

一本书能够经得起TIPS的验证，才是"樊登读书"选择的范畴，尤其是科学性和建设性。"樊登读书"做到现在，其内容已经不再是过去所设定的事业、家庭、心灵三个模块了，受众和知识的广度都变大了。在音频、视频的长度和形式上，"樊登读书"也有自己的坚持。与大多数知识付费平台20~30分钟的解读长度相比，"樊登读书"一条音频的长度大多数在40~55分钟，以求讲透彻、讲明白。

（3）用户画像不同，行为不同。作为众多知识付费产品中的一款，"樊登读书"的内容选择塑造了用户画像：70%的用户都是女性消费人群，以中高端为主。樊登读书最火的书，基本上都是和家庭、育儿、沟通相关的，相对来说关注这些的都是女性，而且以年轻妈妈居多。

其次，"樊登读书"的营销带有强烈的互联网特质：以增长为中心的线下分销逻辑。

与得到、混沌大学等定位不同，"樊登读书"一开始就考虑了做下沉市场。辽宁、河北甚至是黑龙江一个名为宝清县的边境县，都有"樊登读书"的分会，并且有3 000多人是会员，第二年续费率高达80%以上。对于任何创业者而言，推广都不是一件容易的事，"樊登读书"考虑过买流量，结果并不理想，最后通过实践他们总结出"熟人代理模式+扫二维码下载+7天免费体验时间"的推广模式。"樊登读书"是一个需要深度体验的产品，指望没有体验的人主动下载是不容易的，通过线下熟人推广+7天免费使用，"樊登读书"很快在全国推广开来。代理也从最初的一个个会员，变成了"樊登读书"的流量共同体，把彼此要负的责任都背负起来，彼此受益和守护。这种推广方式其实就是口碑传播，让客户带来客户，成本极小。"樊登读书"用了宝洁卖洗衣粉的模式，把代理分为三级：省代、市代、县代。宝洁是区域代理、地区经销，分销批发（见图1-8）。而"樊登读书"最初的省代、市代、县代就相当于宝洁的一级、二级和三级渠道。

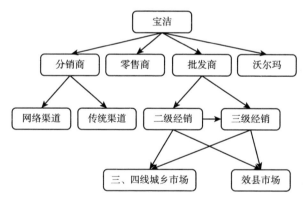

图1-8　宝洁的分销体系

在"樊登读书"中，省分会是以一个大城市为基础，想要签约做省分会先做一个市，这个市运营好了才能省分会，而县分会是为了辅助市分会做的。因为边际成本为零，所以代理商的分润特别高，而代理商又可以给自己下层的人分润。例如我现在是"樊登读书"的阅读大使，有人通过我的二维码购买，我就有分润。最初一批代理商是樊登给企业讲课的学生，他们自愿到线下推广。通过一边授课，一边推销课程，"樊登读书"积累了1 000多人的初始会员，正是因为这1 000多"铁粉"的帮助，"樊登读书"慢慢推广到全国各地。樊登说过：最初推广"樊登读书"的一批人全都发了财（见图1-9）。

为什么一定要走线下分销？因为樊登有很多朋友在宝洁工作，"樊登读书"的联合创始人王永军曾经就是其中一个，他深深懂得"中国所有的商品只要能下到县里，绝对

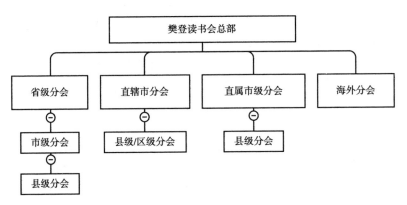

图1-9　"樊登读书"的销售代理层次

过 10 亿"的朴素道理。再加上樊登自己就是 MBA 和 EMBA 的讲师，对商业逻辑的理解也比一般人更深刻，所以他下决心学习宝洁，把代理体系弄起来。

三、结论与启示

"樊登读书"自互联网创业走到现在，不仅业绩稳稳增长，同时口碑也随着业绩一起成长，相关产品还进驻"学习强国"，真正做到业绩、口碑两手抓。总结"樊登读书"的成功之道，具体如下。

第一，高质量的互联网产品输出。每一条音频和视频都是符合"樊登读书"的 TIPS 选书原则、成熟的拆书体系、精良的制作过程，始终把用户体验和用户口碑放在心上。

第二，设计精良的线上线下营销方式结合：线上良好的 App 体验 + 线下成熟的代理规则借鉴、构建庞大的线下推广代理人群。借鉴宝洁的代理规则、设计自己的代理规则，只是"樊登读书"的第一步，让下一级或者终端代理轻松把产品卖出去才是最终目标。为此，"樊登读书"的打法是——依旧帮助所有代理机构办线下读书会，通过线下的互动和交流，增加用户信任和黏度，完成销售和品牌口碑传播双项任务。让"樊登读书"的注册会员、付费会员们"可以在一起喝茶、聊书、交友"，这样的活动，每年有 8 万场。从 2016 年开始，"樊登读书"在全国开设樊登书店，目前已经有 400 多家樊登书店在全国开设，成为仅次于新华书店的国内第二大书店体系。

当然，随着"樊登读书"名气越来越大，外界也出现了质疑的声音，质疑最大的莫过于对樊登产品和模式的质疑——"樊登读书是不是传销"？在实际的操作上，"樊登读书"也做规避，例如每家授权点都必须是独立法人的工商注册机构，它们直接和"樊登读书"总部合作，没有层级之分。

总之，"樊登读书"作为互联网知识分享创业成功的代表，在其发展中会继续接受各种质疑，但这并不影响"樊登读书"帮助中国 3 亿人养成阅读习惯的使命。

（资料来源：樊登读书 App、《出版人》、《中国出版传媒商报》）

【本章小结】

电子商务在中国已经有近 30 年的历史，从最开始谁都不了解它到现在它已经影响我们生活、工作的方方面面——某种意义上说，这是一个伟大的发展经历。借助电子商务在中国蓬勃发展的势头，各行各业呈现出创业、创新的良好势头。

本章首先从"雅戈尔"案例开始、以"樊登读书"结束，让大家了解电子商务可以涉及的广度和深度；其次具体介绍了电子商务发展的基础、电子商务的概念、电子商务的内涵和外延，帮助我们理解电子商务；最后讲述了电子商务的未来，并用米哈游、亲宝宝、新氧、keep 等有代表性的案例让大家更全面、清晰地了解、学习电子商务的内容。

【问题思考】

1. 电子商务在中国发展的基础是什么？
2. 电子商务的概念是什么？
3. 电子商务的内涵和外延是什么？
4. 未来电子商务如何演变？
5. 简述你对电子商务的理解。

理论篇

第2章 电子商务的理论基础与常见模式

【本章要点】

☆ 了解电子商务理论基础；
☆ 掌握几个关键的电子商务理论；
☆ 了解新兴技术及其发展趋势；
☆ 掌握电子商务发展的新动力因素；
☆ 掌握电子商务机理、结构、系统；
☆ 掌握电子商务的常见模式。

【开章案例】

浪潮信息：大数据应用的建设者

2021年10月31日，杭州确诊的一名新冠肺炎病例曾在上海迪士尼乐园游玩了一天。31日是周末，迪士尼乐园爆满。其在上海的行踪是31日傍晚6点开始的：在接到杭州的协查通报后，园方立刻发了两则通知，一则是闭园，通知园内游客即刻开展核酸检测；另一则是公布退改票细则。前者是针对园内游客；后者主要针对网上预先购票，或尚未进园的人。随后，上海交通部门发布消息，迪士尼站临时封站。交通部门安排220辆临时接驳公交车至迪士尼西公交枢纽，转送迪士尼游客。与此同时，傍晚6点园内开始有序核酸检测，到深夜11点30分，迪士尼乐园内的游客基本做完检测。他们乘坐上海方面安排的车辆，被有序接离。短短三个小时，数万人的核酸检测已经完成。11点30分后，针对园内职工的核酸检测，继续有序开始。迪士尼发布公告后一个小时，30日和31日的游客，已经纷纷收到学校或者单位发布的通知。他们被要求核实，有没有去过迪士尼。同时，上海通过大数据形式，整理出本市30日、31日去过迪士尼园区的人员名单。然后，名单迅速下发至居委会、学校和村委，要求第一时间通知和督促进行核酸检测。随后，上海市政府新闻办公室官微"上海发布"，公布了本市可24小时核酸检测的医疗机构。这份医疗机构名单翔实而具体。不仅有详细地址，联系或预约的方式，还有提供服务的时间。对上海再不熟悉的外地人，也能找到离自己最近的检测医疗机构。半个小时后，上海街头，前往医院进行核检的民众排起了长队。8个小时后，11月1日上午8点12分，"上海发布"公布了相关的核酸检测结果。迪士尼乐园和迪士尼小镇33 863名相关人员，核酸检测结果均为阴性，可见杭州确诊病例带来的外溢风险已经不大。上海的迅速行动，把一场可能的"疫情"消灭在了萌芽状态。才用了12个小时，它就完成了相关人员的核酸检测，切断了所有可能传播的渠道。处变不惊，紧张而又有序。媒体与自媒体，分分大赞上海的精准防疫和人文关怀。

实际上，"温暖"的底层逻辑是冰冷、理性的大数据，是上海持续不断深耕的"智慧城市"起到的作用。

上海的武宁路桥、曹杨路桥在前几年冬天，曾路面结冰，带来安全隐患。2020 年开始以至未来很多年，它们冬天不会再结冰了。不是冬天会变暖，而是桥上安装了结冰传感器。温度一旦降到 2 度，应急人员和工程车辆就会收到报警，清理积水等措施马上跟上。报警、派单动作，完全自动，不需交管局说一个字、打一个电话、行一个文。传感器就是神经元。在上海，有"遍布全城的泛感知设备和千万级的城市治理'神经元'24 小时工作，为城市时时体检。测到信息、预判危险只是第一步，接下来城市运行"一网统管"系统就要发挥作用了。统管，即统一管理。50 多个部门 198 个系统、1 000 多个应用，联到同一个网上。以前跨部门作业，需要"协调"（电话、行文、私交沟通等），现在是"协同"。举个例子：交管部门电子眼发现，某路的消防通道，刚停了私家车，2 秒内，系统已把单子派给此路附近的街区了，几分钟就处理完。总之，一件事情发生、一项任务决策后，各部门很快明白自己该干啥，知晓轻重缓急，很快协同起来。除了城市运行"一网统管"，上海还有政府服务"一网通办"（通，就是通通）。前者是高效处置一件事，后者是高效办好一件事。都说上海城市治理是"绣花"，用什么绣花呢？用的是大数据、云计算，超算基础上"城市大脑"的精准决策。

而浪潮集团，恰恰是"城市大脑"的承载者。

一、企业介绍

浪潮集团的前身是成立于 20 世纪 60 年代的山东电子设备厂。经过 50 多年的发展，浪潮一直秉承创新的理念，数次在中国信息产业发展的重要历史阶段，通过提供领先技术，提升竞争实力，成为新一代信息技术领军企业，全面服务经济社会的数字化转型和高质量发展。

浪潮集团作为云计算、大数据服务商，旗下拥有浪潮信息、浪潮软件、浪潮国际三家上市公司，业务涵盖云数据中心、云服务大数据、智慧城市、智慧企业等业务板块，形成了覆盖基础设施、平台软件、数据信息和应用软件四个层面的整体解决方案服务能力，全面支撑政府、企业数字化转型，已为全球 120 多个国家和地区提供 IT 产品和服务。

二、浪潮再转型：从数据公司到智慧计算公司

浪潮一直致力于成为世界一流的新一代信息技术产业龙头企业，经济社会数字化转型的优秀服务商，新型基础设施建设的骨干企业。在浪潮集团的发展中，有过几次大的转型。第一次转型是 20 世纪 90 年代，从电子仪器厂转型成为生产 PC 的科技公司；第二次转型是 2010 年开始，从科技公司转型成为大数据服务商；这一次的转型是 2015 年开始，从大数据服务商聚焦到智慧计算上。

社会智能化发展一直都在稳步的进行中，但随着新冠肺炎疫情的突然出现，人与人之间失去了面对面的机会，加快了社会智能化的脚步。传统的信息社会开始向智慧社会进行升级。想要达到智慧发展等级，需要的是海量的计算力支持。步入智慧时代，计算力就像是我们日常所用的水电一样成为基本需求。浪潮通过对未来趋势的判断，率先提出"智慧计算"。

"智慧计算"是浪潮提出的一项业务战略，是实现智能社会的重要技术手段，高度整合了各类计算技术，以云计算为基础平台、大数据为认知方法、深度学习为优化工具，简称 CBD（cloud computing，big data，deep learning）。云计算、大数据、工业互联网、物联网、AI 是五个最典型的智慧计算应用场景。

转型第一步："云"上诞生的智慧计算。

2015 年，信息技术向以云计算为基础的智能化发展，浪潮提出"计算"战略，实现数据中心级别的弹性伸缩和超大规模扩展，让数据中心像计算机一样运行和管理，完成云计算时代的业务创新。中国也正成为全球最大服务器市场，浪潮明确了"五年进入全球前三"目标。

实施"计算"同时，浪潮一直在思考计算发展的未来：人类社会正从信息时代向智能时代过渡，智慧计算将成为整个社会智能化发展的推动力。智慧计算需要什么？谷歌 16 000 个处理器，学习 1 000 万帧图片，10 天学会认识一只猫，说明智慧计算离不开云计算，也离不开大数据平台；但认识一张猫图片对人类来讲只需 13 毫秒，这也表明，智慧计算的发展不仅仅是云计算的累积，还需要有更加智能的算法和智能工具，是云计算、大数据、深度学习的深度融合产物。

转型第二步：AI 元年，智慧计算清晰落地。

浪潮通过系统的总结，将计算形态分为科学计算、关键计算和智慧计算三类，其中，智慧计算预测占比从 2015 年的 1/4 左右到 2020 年将超过 1/2，到 2025 年或许超过 2/3，成为计算产业里面最重要、最主要的组成部分。

2016 年，浪潮首次明确"智慧计算"战略，这一年也是 AI 走向大众的元年。同年，国内市场浪潮服务器、AI 市场、互联网市场都有较高的增长。

2017 年，浪潮将智慧计算定义为以云计算为基础平台、大数据为认知方法、深度学习为优化工具的技术，简称 CBD，三大支柱是计算、数据和算法。这一年，浪潮智慧计算在产业加速落地，研发最多种类 AI 服务器，包括全球最高密度 AI 服务器和全球最大规模 AI 服务器阵列，浪潮 AI 服务器增长 600%，四五倍于全球平均增长。至此，浪潮进入全球前三，提前 3 年实现目标。

转型第三步：AI 内核引爆智慧计算。

浪潮联合 IDC 发布的《中国人工智能计算力发展评估报告》预测，2025 年以后，AI 在新兴经济和数字经济中的应用场景将越来越多，尤其是数字经济的应用潜力会更大。2018 年浪潮继续深化智慧计算战略，提出"计算力是生产力"、传统 IT 基础设施将呈现融合、开放、敏捷等全新特点，同时明确了新的 5 年目标"实现服务器全球第一"。2018 年末，中央经济工作会议正式提出新基建，新基建在 IT 领域内容与浪潮智慧计算基本吻合。

浪潮是全球增长最快的主流服务器厂商，在支持其高速发展的众多因素中，AI 发挥了重要作用。2018 年浪潮成为全球最大 AI 服务器供应商，在中国以超过 50% 的份额保持第一，超过所有其他厂商份额总和，BAT、中国移动、中国电信、平安科技等都是浪潮 AI 产品的客户。2019 年，浪潮提出"AI 计算是智慧未来核心动力"，发布元脑计划，打破制约产业 AI 化的瓶颈，积极推动 AI 在各行业的应用。

转型第四步：产业新格局下的元脑布局。

浪潮集团执行总裁、首席科学家王恩东院士指出，2020 年以 GPU 为代表的 AI 加速芯片所交付的计算力总和已经超过了通用 CPU，智算成为智慧时代的核心动力。面对指数级增长的计算需求，计算技术、产品与产业也面临着新的挑战，一是多元化的挑战，也就是计算场景的复杂、计算架构的多元；二是巨量化的挑战，也就是由巨量模型、巨量数据、巨量算力以及巨量应用引发的对现有计算机体系结构的挑战；三是生态化的挑战，智算正处于群雄并起、自成体系、生态离散阶段，产业链上、下游呈现出明显的脱节现象。王恩东表示，智算需求蓬勃发展带来巨大的机遇，多元化、巨量化、生态化的挑战和困难急需解决。计算技术与产业需要构建一个新的发展格局，加速"计算到智算"转型、多元算力融合是关键，通过推动算力供给基建化，为社会创新提供基础设施支撑。

围绕产业新格局，2021 财年浪潮全面布局元脑，从创新智算体系结构、构建智算产品体系、推动智算中心落地、建设元脑产业链生态四个维度着手，以技术、产品、方案和生态四个方面不断创新，解决智慧转型面临的多重挑战，推动智算成为智慧进化的核心引擎。与此同时，浪潮升级元脑生态 2.0，以合伙人理念构建新型智算伙伴关系。同时浪潮重磅发布元脑产品体系新品，最强效能视频 AI 加速器 M10A、与寒武纪联合打造的 AI 服务器"扬子江"、超强性能 AI 服务器 NF5488、业界首款智算操作系统元脑 OS、算力最强可编程智能网卡 N20X、边缘计算微服务器 EIS800 等。

落地智算中心，推动算力供给基建化，将成为浪潮创新算力供给模式的重要一环。智算中心通过降低算力成本为各类创新企业和应用提供关键基础设施支撑，加快区域产业创新集群形成。我国数字经济尚处于起步拓展阶段，智算中心不是传统数据中心和计算中心的简单升级，而是构建未来智慧社会和智能经济的关键性公共算力基础设施，是新一代智能技术和智慧产业的发展起点，是算力供给模型精细化、算法智能化、场景普适化以及能力基建化的范式创新。

浪潮通过元脑生态 2.0 高效聚合产业力量，秉持合伙人理念，与伙伴共建、共享元脑生态平台 AIStore，促进智算创新技术、场景应用与交付服务的融合落地，为创新者提供成长的平台，为合作伙伴提供开放和易用的商业发展平台，为客户创造更大的价值。全新元脑生态平台 AIStore 将成为元脑伙伴能力的"聚合器"和"孵化器"。一方面，AIStore 聚合了芯片和算法公司等左手伙伴优质的技术和产品，通过 ISV、SI、分销商等右手伙伴强大的解决方案和渠道能力，快速推动各类智慧场景解决方案的行业落地和复制；另一方面，伙伴间的能力融合将有助于孵化出更多的多元复合场景智慧解决方案，加速 AI 全场景融合进程。

三、小结和启示

作为智慧计算的首倡者，智算产业的引领者，智算力的供给者，浪潮坚持通过"智慧计算"战略推动业务的快速增长。IDC 数据显示，浪潮服务器 2020 年蝉联全球前三，中国第一，增速全球第一；浪潮 AI 服务器在 2020 年上半年跃居全球第一，市场份额达 16.4%，并在中国市场连续 4 年市场份额超 50%；浪潮存储 2020 年销量中国第二，增速第一，入围 Gartner 主存储魔力象限，实现到挑战者的跨越。未来，浪潮将继续深化"智慧计算"战略，作为产业变革和社会创新加速的内生动力，支撑数字经济快速发展，促进新时期的发展。

从 2015 年到 2020 年，不变地是，浪潮始终坚持"智慧计算"战略，高举 AI 大旗，推进产业 AI 化；变化地是，浪潮致力于构建新型合作伙伴关系，将松耦合的商务合作模式升级为涵盖技术、研发等全业务链的紧耦合价值合作模式，持续赋能合作伙伴实现共赢发展。

新基建机遇下，相信计算力将成为更多高科技企业所关注的话题，在人工智能的推动下，计算力的输出也会变得更高效更高质。其间，浪潮信息也会紧跟大势，面向更多场景及客户输出更高性能的计算力，让智慧计算普惠更多合作伙伴。

（资料来源：浪潮官网、《中国科学报》）

2.1　电子商务的经济理论基础

严谨地说，电子商务经济是信息经济的一部分。信息经济又称资讯经济，IT 经济。作为信息革命在经济领域的信息经济，是通过产业信息化和信息产业化两个相互联系和彼此促进的途径不断发展起来的。所谓信息经济，是以现代信息技术等高科技为物质基础，信息产业起主导作用的，基于信息、知识、智力的一种新型经济。如果说，在工业经济中，钢铁、汽车、石油化工、轻纺工业、能源、交通运输、电话通信等传统产业部门，扮演着重要的角色，那么，在信息经济中，居重要地位的则是芯片、集成电路、计算机的硬件和软件、光纤光缆、卫星通信和移动通信、数据传输、信息网络与信息服务、新材料、新能源、生物工程、环境保护、航天与海洋等新兴产业部门，同时，科技、教育、文化、艺术等部门通过产业化而变得越来越重要。这种信息经济的发展，不仅不会否定农业经济、工业经济、服务经济的存在，相反促进这三种经济的素质通过信息化后大为提升，并导致不可触摸的信息型经济取代可以触摸的物质型经济而在整个经济中居于主导地位。

信息革命是在科技一体化和科技非线性发展新形势下掀起的一种高科技革命。尽管高科技除信息科技外，还有生物、新材料、新能源、航空航天、海洋开发等各种高科技，但是迄今为止，信息科技是其中最成熟、发展最迅速的高科技。它与其他高科技相比，有两个显著特点。

一是极强的渗透性以及由此而来的十分广泛的应用性，几乎是"水银泻地、无孔不入"；二是能与信息资源的开发和利用结合，从而全面扩展和加强人类的信息功能，特别是管理和决策功能。信息革命既是科技革命，又是产业革命，它正在深刻地改变着人类的生产、生活、工作、学习和思维的方式。

电子商务经济学是伴随互联网和电子商务的迅速发展而形成的一门新兴经济学分支，它也是网络经济学或者更确切地说是信息经济学发展到一定阶段的产物。目前，无论是国外电子商务经济学研究，还是国内电子商务经济学研究，都还没有形成较为成熟一致的经济学理论分析框架和透视角度，这主要是因为电子商务本身尚处在发展的阶段，有许多经济规律尚未被人们发掘出来，随着电子商务的发展，人们对电子商务经济学的探讨必将逐步深入。

2.1.1 长尾理论

长尾理论是网络时代兴起的一种新理论，美国《连线》杂志主编克里斯·安德森发现：由于成本和效率的因素，当商品储存、流通、展示的场地和渠道足够宽广，商品生产成本急剧下降以至于个人都可以进行生产，并且商品的销售成本急剧降低时，几乎任何以前看似需求极低的产品，只要有卖，都会有人买。这些需求和销量不高的产品所占据的共同市场份额，可以和主流产品的市场份额相当，甚至更大。

长尾市场也称为"利基市场"。"利基"一词是英文"Niche"的音译，意译为"壁龛"，有拾遗补阙或见缝插针的意思。菲利普·科特勒在《营销管理》中给利基下的定义为：利基是更窄地确定某些群体，这是一个小市场并且它的需要没有被服务好，或者说"有获取利益的基础"。

通过对市场的细分，企业集中力量于某个特定的目标市场，或严格针对一个细分市场，或重点经营一个产品和服务，创造出产品和服务优势。

简单地说，所谓长尾理论，是指只要产品的存储和流通的渠道足够大，需求不旺或销量不佳的产品所共同占据的市场份额可以和那些少数热销产品所占据的市场份额相匹敌甚至更大，即众多小市场汇聚成可产生与主流相匹敌的市场能量。也就是说，企业的销售量不在于传统需求曲线上那个代表"畅销商品"的头部，而是那条代表"冷门商品"经常为人遗忘的长尾（见图2-1）。

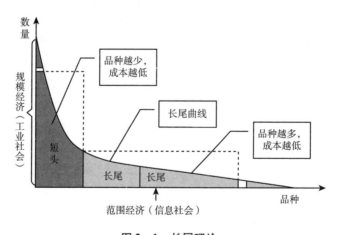

图 2-1　长尾理论

举例来说，一家大型书店通常可摆放 10 万本书，但亚马逊网络书店的图书销售额中，有 1/4 来自排名 10 万以后的书籍。这些"冷门"书籍的销售比例正以高速成长，预估未来可占整个书市的一半。这意味着消费者在面对无限的选择时，真正想要的东西和想要取得的渠道都出现了重大的变化，一套崭新的商业模式也跟着崛起。简而言之，长尾所涉及的冷门产品涵盖了几乎更多人的需求，当有了需求后，会有更多的人意识到这种需求，从而使冷门不再冷门。

"电子商务的机理与模式"专栏一

飞猪：比梦想走更远

一、公司介绍

飞猪是阿里旗下的在线旅游产品，它的前身是阿里旅行，2016 年阿里巴巴集团将旗下旅行品牌"阿里旅行"升级为全新品牌"飞猪"，英文名为"Fliggy"，更名之后更具标识性，产品定位更鲜明。飞猪旅行是以旅游业为主体，提供国内及海外两万余家酒店、民宿、客栈、酒店式公寓在线预订服务；提供十万多条国内及出境旅游线路，并提供电话卡、境外 Wi-Fi、租车、签证等一站式服务；完全覆盖国内外 6 000 多家付费景点门票，线上预订一键预约；提供国内火车票、国内航线与国际主流航线机票的在线订购的旅游综合服务商。

二、背靠阿里抢占疫情后旅游市场

面对国内巨大的旅游市场，各色旅游公司和线上旅游平台一直鏖战不停。2020 年的疫情受打击最大的是国内的旅游市场，但祸兮福所倚，这次疫情也成为旅游市场"洗牌"的好机会。飞猪旅行的最大优势就是被纳入"阿里大生态"当中，是阿里集团旗下属于第一梯队的作战主力。换句话来讲，飞猪旅行的战略位置在阿里集团内部是属于长线运营的产品，战略地位相对较高。

面对疫情对旅游市场"洗牌"的机会，飞猪旅行在 2020 年 9 月率先出击，获得阿里"重金"加持后，飞猪旅行向旅游行业豪掷出首个"百亿补贴"——借着阿里强大的资金背景飞猪要抢占后疫情旅游市场的先机。飞猪的百亿补贴首期从酒店产品开始，覆盖全国百城十万家酒店，2020 年国庆前进一步覆盖到交通出行、景区乐园等。

其次，作为阿里系的产品，飞猪拥有得天独厚的优势，背靠阿里，拥有海量的用户数据、流量，这些数据便是个性化旅行产品推荐的基础。飞猪旅游的个性定制在所有旅游平台中极具性价比。

最后，阿里生态在全球的布局让飞猪在出境游方便达到业内领先的级别，阿里系便捷的支付手段也让用户支付更加方便快捷。来自阿里方面的大数据显示，飞猪已为酒店商家累计新增私域"粉丝"和会员 3 500 万人，飞猪的酒店订单中，超过 50% 预订是会员购买。与此同时，借助飞猪酒店联盟，单体酒店实现了超过 40% 的会员复购。

飞猪通过百亿补贴给商家带来的不仅是交易，更是鲜活的用户资产。由此可见，飞猪旅行此次百亿补贴是向整个旅游行业下足了"猛药"，其主要目的是帮助商家实现获利，因为只有这样才能取得商家的进一步信任，从而实现双方在整个旅游行业共赢的初衷，帮助飞猪在行业内的攻城略地。

飞猪旅行总裁庄卓然说："飞猪会继续坚定做在线旅游平台（OTP），为商家和用户提供在线旅行社（OTA）提供不了的价值，让天下没有难做的旅行生意。"对于飞猪旅行而言，旅游市场的百亿补贴是国内头一遭；其行为从电商角度来讲，这是在走一条"复制"之路，成败皆在用户的手中；但从旅游角度来讲，这是在走一条"探险"之路，因

为旅游业首个百亿补贴最大的风险并不是来自用户的态度，而是疫情的可控程度。

三、结论

这次疫情的到来让越来越多的消费者选择并习惯了数字化的生活方式和工作方式，行业走向数字化和智能化也是科技发展的必然趋势。飞猪则凭借着自己本身所拥有的用户、商家资源、数据资源推动旅游产业的变革，服务消费者多样化的需求，让新旅行超越消费者的期望。当用户从功能性消费全面走向体验型消费的时候，飞猪相信旅行产品的质量、平台的内容、适配性的推荐会成为吸引并留住用户的关键。飞猪需要利用自己的优势，去提升自己的劣势，大力地发展内容，扶持内容创作者，并配合强大的计算、营销能力，实现服务客户的目标。

但站在用户（消费者）的角度来看，无论是飞猪旅行还是其他在线旅行社（OTA），大家所关心的重点不在于"旅游业首个百亿补贴"这个光环，而是这个光环所带来的实际补贴是否"真诚"。毕竟，大多数人都在在线旅行社（OTA）上经历过各种"优惠陷阱"，基本上都已经对各类活动都保持着"透过现象看本质"的这种消费态度，飞猪的百亿补贴能否获得百亿回报，是一个需要时间去验证的过程。

（资料来源：飞猪官网、《管理学报》、《市场周刊》）

2.1.2　注意力经济

著名的诺贝尔奖获得者赫伯特·西蒙在对当今经济发展趋势进行预测时指出："随着信息的发展，有价值的不是信息，而是注意力。"这种观点被 IT 业和管理界形象地描述为"注意力经济"。

最早正式提出"注意力经济"这一概念的是美国的迈克尔·戈德海伯（Michael H. Goldhaber）于 1997 年在美国发表了一篇题为《注意力购买者》的文章。他在这篇文章中指出，当今社会是一个信息极大丰富甚至泛滥的社会，而互联网的出现，加快了这一进程，信息非但不是稀缺资源，相反是过剩的。而相对于过剩的信息，只有一种资源是稀缺的，那就是人们的注意力。

所谓注意力，从心理学上看，就是指人们关注一个主题、一个事件、一种行为和多种信息的持久程度。它有以下几个特点：一是它是不能共享，无法复制的；二是它是有限的、稀缺的；三是它有易从众的特点，受众可以相互交流、相互影响；四是注意力是可以传递的，名人广告就说明了这一点，受众的注意力可以由自己关注的名人到名人所做的广告物——产品；五是注意力产生的经济价值是间接体现。在把注意力转化为经济价值的过程中，媒体既是注意力的主要拥有者，同时又是注意力价值的交换者，所以传媒经济就是以注意力为基础的经济。但在当今信息过剩的社会，吸引人们的注意力往往会形成一种商业价值，获得经济利益，因此，在经济上，注意力往往又会成为一种经济资源，而由这种注意力所形成的经济模式，就是注意力经济（attention economy）。进一步说，注意力经济是指最大限度地吸引用户或消费者的注意力，通过培养潜在的消费群体，以期获得最大的未来商业利益的经济模式。在这种经济状态中，最重要的资源既不是传统意义上的货币资本，也不是信息本身，而是大众的注意力，只有大众对某种产品注意了，才有可能成为消费者，购买这种产品，而要吸引大众的注意力，重要的手段之一，就是视觉上的争夺，也正由此，注意力经济也称为"眼球经济"（见图 2-2）。

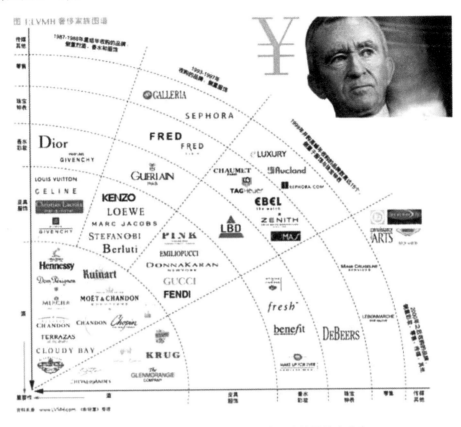

图 2-2　LV 创始人阿诺特：眼球经济的最佳实践者

注意力经济向传统的经济规律发起挑战，认为经济的自然规律在网络时代会产生变异，传统经济的主导稀有资源由土地、矿产、机械化设备、高科技工厂等物质因素转变为"注意力"。

2.1.3　电子商务市场三大法则：摩尔定律、梅特卡夫法则和科斯定律

随着社会的进步与发展，人们已经揭示出一些既非纯粹自然规律又非单纯社会发展规律，而是内含两者的重要新规律。他们就是摩尔定律、梅特卡夫定律和科斯定律。有了这三个定律，判断未来企业走向就更有理论依据。

第一，摩尔定律——信息科学的发展规律。摩尔定律是英特尔公司的创始人戈登·摩尔于 1965 年提出的，他指出，集成电路中导体元件的密度每 18 个月增加一倍。他据此推理，如果按照这一趋势发展下去，在较短的时间内计算能力将呈指数规律增长。

在过去的时间里，摩尔定律被非常准确地验证了。摩尔定律可以形象地理解为，数字技术产品会不停地变得越来越快，越来越小，越来越便宜。摩尔定律所倡导的"更快、

更小、更便宜"的理念，使整个信息产业变成另一个"奥林匹克"竞技场。计算机芯片技术沿着摩尔定律的轨迹突飞猛进，已成为信息产业持续高速发展和新经济奇迹的重要推动力。

就企业而言，随着产出的增加，厂商不断改进它的生产，结果单一产品的成本不断下降。

摩尔定律也揭示了企业建立定时出台机制是迎接新经济挑战的基本前提。企业危机最根本的是创造力危机，因而不仅要把创新作为企业管理永恒的主题，更重要的是要加强对创新的时效管理，主动地、科学地确定创新步伐，这种观念称为定时出击。摩尔定律保证了科技创新的高速度。

第二，梅特卡夫定律——网络技术发展规律。梅特卡夫定律是 3Com 公司的创始人罗伯特·梅特卡夫提出的。梅特卡夫定律认为，网络的价值与联网的用户数的平方成正比。

梅特卡夫定律决定了新科技推广的速度。梅特卡夫定律常常与摩尔定律相提并论。这是一条关于网上资源的定律。网络上联网的计算机越多，每台计算机的价值就越大。新技术只有在有许多人使用它时才会变得有价值。使用网络的人越多，这些产品才变得越有价值，因而越能吸引更多的人来使用，最终提高整个网络的总价值。当一项技术已建立必要的用户规模，它的价值将会呈爆炸性增长。一项技术多快才能达到必要的用户规模，这取决于用户进入网络的代价，代价越低，达到必要用户规模的速度也越快。有趣的是，一旦形成必要用户规模，新技术开发者在理论上可以提高对用户的价格，因为这项技术的应用价值比以前增加了。进而衍生为某项商业产品的价值随使用人数而增加的定律。

信息资源的奇特性不仅在于它是可以被无损耗地消费的（如一部古书从古到今都在"被消费"，但不可能"被消费掉"），而且信息的消费过程可能同时就是信息的生产过程，它所包含的知识或感受在消费者那里催生出更多的知识和感受，消费它的人越多，它所包含的资源总量就越大。互联网的威力不仅在于它能使信息的消费者数量增加到最大限度（全人类），更在于它是一种传播与反馈同时进行的交互性媒介（这是它与报纸、收音机和电视最不一样的地方）。所以梅特卡夫断定，随着上网人数的增长，网上资源将呈几何级数增长。

梅特卡夫法则是基于每一个新上网的用户都因为别人的联网而获得了更多的信息交流机会，指出了网络具有极强的外部性和正反馈性：联网的用户越多，网络的价值越大，联网的需求也就越大。这样，我们可以看出，梅特卡夫定律指出了从总体上看消费方面存在效用递增——即需求创造了新的需求（见图 2-3）。

第三，科斯定律——交易费用对企业产生的影响。罗纳德·哈里·科斯（Ronald H. Coase），研究产业的纵向一体化和横向一体化问题，目的是发现产业为什么以不同方式组织起来。通过对美国许多企业的调查，他形成了一个新的概念——交易费用，而且运用这个概念对企业为何存在及企业的规模应该有多大做出了解释。

科斯认为，交易费用是个极其重要的概念，可以说，它是产生企业的根本原因。企业组织是"价格机制的替代物"，企业的存在是为了节约交易费用，即用费用较低的企业内部交易替代费用较高的市场交易。企业在决定它们做生意的方式和生产什么的时候

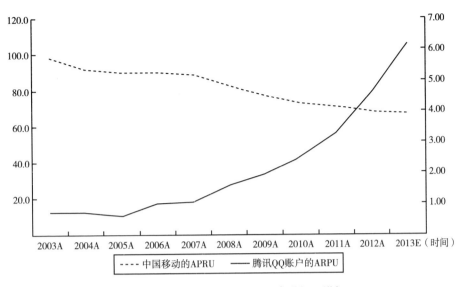

图 2-3　腾讯盈利随着单个用户增加而增加

必须计算交易费用。如果做一笔交易的费用大于交易所带来的利益，那笔交易就不会发生或实现。企业的最优规模由企业内部交易的边际费用等于市场交易的边际费用的那一点决定。事实上，决定建立企业是否有利可图的正是这些费用和那些企业运行必将带来的费用的对比。为了确定企业规模，必须考虑市场成本和不同企业的组织成本，而后才能确定每一个企业生产多少种产品和每一种产品生产多少，也就是企业的规模有多大。

网络的出现正是从多方面降低了交易费用。当交易费用为零时，企业的性质和规模将发生根本的变化。即使在数字革命之前，科技在公司的演进过程中也扮演了核心的角色，通过大量采用先进科技成果，公司大大降低了运作成本，数字科技继续承担了这一任务。但有些不同的是，它在极大地降低了公司运作成本的同时也极大地降低了市场自身的成本。在摩尔定律和梅特卡夫定律共同作用下的新型市场已经形成。而在这个新型市场中交易费用是呈指数比例下降的。

由此而来的影响是双方向的：几乎所有产品和服务的交易费用大幅度下降，与此同时，它在开放市场里下降的速度远高于在公司里下降的速度。完全可以预测：通过降低交易费用可以使市场变得更有效率。如果公司扩展到它的下一笔交易和在公司外完成一样廉价，自然的想法是公司的规模会萎缩。根据科斯定律，可以推断出公司规模的缩减法则：随着在开放市场交易成本趋向于零，公司的规模也会趋向于零。

这样的事实也许不会发生，但对于大部分的复杂交易来说，还是需要很多的交易费用，但公司性质肯定会发生变化。公司的概念从一个由员工和固定资产组成的物理实体逐渐让步给虚拟组织。在这种组织形式里员工可能是部分时间工作或者是合同工，资产可能被多家组织共同拥有，公司内、外的划分越来越模糊。企业的组成将更加围绕与交易密切相关的事件而不再是其他。

2.1.4　双螺旋理论

信息技术的发展推动了知识社会的形成，科技界日益认识到应用创新在技术创新中扮演的重要作用。从复杂性科学的视角，技术创新活动绝非简单的线性递进关系，也不是一个简单的创新链条，而是一个复杂、全面的系统工程。

技术创新是技术进步与应用创新"双螺旋结构"共同作用催生的产物。在多主体参与、多要素互动的过程中，作为推动力的技术进步与作为拉动力的应用创新之间的互动推动了科技创新。技术进步和应用创新两个方向可以被看作既分立又统一、共同演进的一对"创新双螺旋结构"，或者说是并行齐驱的双轮——技术进步为应用创新创造了新的技术，而应用创新往往很快就会触到技术的极限，进而鞭策技术的进一步演进。只有当技术和应用的激烈碰撞达到一定的融合程度时，才会诞生出引人入胜的模式创新和行业发展的新热点。技术创新正是技术进步与应用创新这个"创新双螺旋"共同演进催生的产物。正是这创新双螺旋的互补与互动，带动创新多主体、多要素交互作用，形成了有利于创新涌现的创新生态（见图2-4）。

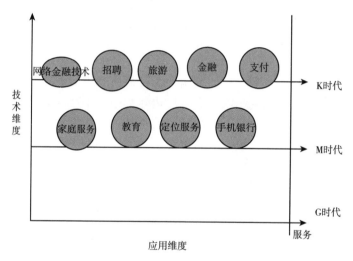

图2-4 双螺旋理论在应用维度示意

2.1.5 锁定效应

可以这样理解：两个相同意义上的科学技术产品，一个是较先进入市场，积累了大量用户，用户对其已产生依赖；另一个较晚才进入市场，同种意义上的科学产品，用户对第一个已经熟悉了解，而另一个还需要用户重新学习了解，产生了很大麻烦，因此，较晚进入市场的那个很难再积累到用户，从而慢慢退出市场。先进入市场的那个相当于已经锁定了同种类型的科学产品，从而发展越来越快。

"锁定效应"本质上是产业集群在其生命周期演进过程中产生的一种"路径依赖"现象。阿瑟（Arthur）最先做出关于技术演变过程中路径依赖的开创性研究。阿瑟认为，新技术的采用往往具有收益递增的机制，先发展起来的技术通常可以凭借先占的优势，实现自我增强的良性循环，从而在竞争中胜过自己的对手。与之相反，一种较其他技术更具优势的技术却可能因晚到一步，没有获得足够的支持者而陷于困境，甚至"锁定"（lock-in）在某种恶性循环的被动状态之中难以自拔。

学者诺斯（North）认为，在制度变迁中同样存在着收益递增和自我强化的机制。这种机制使制度变迁一旦走上了某一条路径，它的既定方向会在以后的发展中得到自我强化。

2.2　新兴技术及其发展趋势

电子商务作为一种新业态呈现，与新技术的发展密不可分，新技术的不断演变、涌现，让电子商务呈现出不同的形态和模式。对电子商务直接具有影响的技术有很多，但集中在以下四个技术的发展上。

2.2.1　网络技术

网络技术按照目前的发展来看，大致演化路径如下。

第一，互联网技术。互联网技术是指在计算机技术的基础上开发建立的一种信息技术（internet technology，IT）。它包括三层含义：第一层是硬件，主要指数据存储、处理和传输的主机和网络通信设备；第二层是指软件，包括可用来搜集、存储、检索、分析、应用、评估信息的各种软件，它包括我们通常所指的企业资源计划（ERP）、客户关系管理（CRM）、供应链管理（SCM）等商用管理软件，也包括用来加强流程管理的工作流（WF）管理软件、辅助分析的数据仓库和数据挖掘（DW/DM）软件等；第三层是指应用，指搜集、存储、检索、分析、应用、评估使用各种信息，包括应用 ERP、CRM、SCM 等软件直接辅助决策，也包括利用其他决策分析模型或借助 DW/DM 等技术手段来进一步提高分析的质量，辅助决策者作决策。当然，它只是辅助而不能替代人决策。

第二，移动互联网技术。移动互联网（mobile internet，MI）是一种通过智能移动终端，采用移动无线通信方式获取业务和服务的新兴业务，包含终端、软件和应用三个层面。终端层包括智能手机、平板计算机、电子书、MID 等；软件包括操作系统、中间件、数据库和安全软件等。应用层包括休闲娱乐类、工具媒体类、商务财经类等不同应用与服务。随着技术和产业的发展，未来，LTE（4G 通信技术标准之一）和 NFC（近场通信，移动支付的支撑技术）等网络传输层关键技术也将被纳入移动互联网的范畴之内。

移动互联网，也可以说是将移动通信和互联网两者结合起来，成为一体，是指互联网的技术、平台、商业模式和应用与移动通信技术结合并实践的活动的总称。2020 年 5G 技术已投入应用，移动互联网更会呈现一个美好的未来。

第三，物联网技术。物联网技术的定义是：通过射频识别（RFID）、红外感应器、全球定位系统、激光扫描器等信息传感设备，按约定的协议，将任何物品与互联网相连接，进行信息交换和通信，以实现智能化识别、定位、追踪、监控和管理的一种网络技术。

"物联网技术"的核心和基础仍然是"互联网技术"，是在互联网技术基础上的延伸和扩展的一种网络技术，其用户端延伸和扩展到任何物品和物品之间，进行信息交换和通信，正所谓"万物相连"。简单地讲，物联网是物与物、人与物之间的信息传递与控制。在物联网应用中有三项关键技术（见图 2 - 5）。

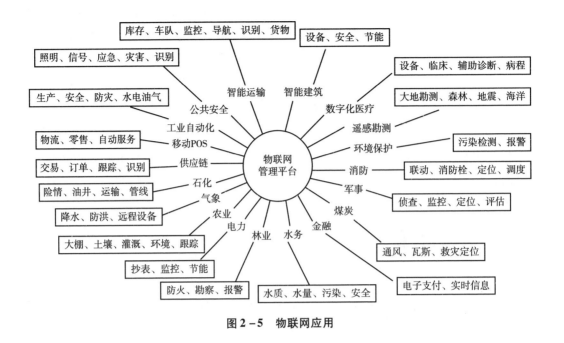

图 2 - 5　物联网应用

2.2.2　信息处理技术

信息处理技术的演化路径从文字处理到图像处理，再到多媒体处理技术，目前的信息处理技术发展到这里。随着网络技术的发展，随着网络带宽的增加，信息交换速度的加快，人类将很快迈入大数据时代。

大数据，又称巨量资料，指的是所涉及的数据资料量规模巨大到无法通过人脑甚至主流软件工具，在合理时间内达到撷取、管理、处理，并整理成为帮助企业经营决策的资讯。大数据的特点是数据量大、数据种类多、要求实时性强、数据所蕴藏的价值大。大数据已然无法用人脑来推算、估测，或者用单台的计算机进行处理，必须采用分布式计算架构，依托云计算的分布式处理、分布式数据库、云存储和虚拟化技术，因此，大数据的挖掘和处理的前提是云计算。

伴随着云计算和大数据应用的成熟，虚拟现实（VR）和人工智能（AI）也发展起来，这是信息处理技术和科技应用必然的趋势。如果 VR 只是代替眼睛功能的话，那它仅仅是下一代显示屏，但如果信息处理技术能力跟上的话，它还能变成一个具备交互、计算、感知能力的结合体，这样就可以将它称为下一代通用计算平台。在大数据处理技术成熟以前，依靠人工智能算法，AI 取得一定进展，但总是不尽如人意；在大数据处理技术爆发的今天，借助海量数据和高速计算能力以及"深度学习"算法，AI 的发展超乎人们的想象。在 2016 年 3 月，Google 公司的 AlphaGo 战胜了李世石围棋九段，成为第一个战胜人类九段的 AI，这在 AI 发展史上是具有历史意义的。

随着人工智能技术的成熟，人类社会的发展也将迎来深刻的变化。

"电子商务的机理与模式"专栏二

科大讯飞：人工智能领域的先行者

一、公司介绍

科大讯飞股份有限公司成立于 1999 年，是一家专业从事智能语音及语言技术、人工智能技术研究，软件及芯片产品开发，语音信息服务及电子政务系统集成的国家级骨干软件企业。2008 年，科大讯飞在深圳证券交易所挂牌上市，成为上市公司。

科大讯飞在语音技术领域是基础研究时间最长、资产规模最大、历届评测成绩最好、专业人才最多以及市场占有率最高的公司，其智能语音核心技术代表了世界的最高水平。语音技术实现了人机语音交互，使人与机器之间沟通变得像人与人沟通一样简单。语音技术主要包括语音合成和语音识别两项关键技术。让机器说话，用的是语音合成技术；让机器听懂人说话，用的是语音识别技术。此外，语音技术还包括语音编码、音色转换、口语评测、语音消噪和增强等技术，有着广阔应用空间。

二、科大讯飞的 AI 课堂

首先，科大讯飞发布了旗下的 AI 智能学习机。2021 年 7 月 15 日，科大讯飞"开启 AI 学习新时代"主题发布会在北京举行。发布会上，讯飞智能学习机正式更名为"科大讯飞 AI 学习机"，实现了品牌全面升级。同时，科大讯飞董事长刘庆峰定义了 AI 学习机的 4＋1 标准，即"能对学情做分析、能对学习做推荐、能对语言做提升、能以成效促信心、阳光绿色能守护"，并重磅推出新品——讯飞 AI 学习机 T10。

2004～2021 年，科大讯飞已深耕智慧教育 17 年。在 17 年中，科大讯飞从中国学生学情出发，以过程化数据支撑教学改革，不断为师生减负。以新品讯飞 AI 学习机 T10 为例，其从 7～18 岁中国学生和小学到高中的学习需求出发，通过走访 16 个城市，调研 5 500 名用户，收集 1 万多条用户的深度意见，深度挖掘学生和家长在学习和辅导中的难点、痛点，并围绕 AI 精准学、AI 互动学、AI 作业辅导三大核心功能提供了解决方案。

相较于"一对多"的线上大课堂，以人工智能技术为支撑的讯飞 AI 学习机 T10 更能帮助孩子实现"个性化精准学"。例如其 AI 个性化精准学习系统与 AI 试卷批改诊断，会帮助孩子形成"数理化生英"五大学科的全新三层知识图谱体系；其 AI 互动学习能够让学生与虚拟外教进行高效、无障碍的交互，对于学习中的重难点，AI 学习机能够"学—练—测三位一体"，助力学生突破学习难题。

其次，科大讯飞发布的教育大数据平台基于"数据采集共享、数据存储计算、数据管理监控和数据可视化展示"为一体的数据管理及数据决策的大数据平台，能帮助完成区、校教学及管理数据的有效治理，做到用数据说话、决策、管理、创新，助力区域教育科学管理和学校教学可持续发展，帮助学生减负增效，实现"因材施教"。

最后，随着"双减"政策在全国范围内的落地实施，优质科普课程和科学素养提升成为广大师生的迫切需求。为此，科大讯飞在原有"畅言人工智能教学平台"的基础上升级打造了双师教学功能，形成"教研老师线上直播教学＋辅导老师线下助教"的 AI 科普教育双师课堂，将优质教育资源送达更多课堂。发起双师教学并进行线上课程讲授。

例如，"AI 科普教育双师课堂"可实现远程实时互动，指导学生完成人工智能的知识学习、人工智能原理的实验探究理解，并利用教具实践创新，从而实现人工智能知识的学以致用。学生们跟随主讲老师的线上讲解、助教老师的线下指导，学习了人工智能知识、体验了人工智能能力、探索了人工智能的世界。

人工智能技术的发展突破，让"个性化、精准学"从概念成为现实。在未来，科大讯飞有可能通过人工智能的教学，让每个孩子的人生都有出彩的机会。

三、结论

首先，科大讯飞在智慧教育的软、硬件上已经有了较强的积累，例如大家都知道的翻译机，所以科大讯飞切入 AI 教育市场是有软、硬件积累的。

其次，科大讯飞致力于智能语音和人工智能研究已经 21 年，手握强大的核心技术。在教育领域，已经深耕 17 年，一直以来都非常关注教学的各个场景，用人工智能技术提升用户的体验和效率，其技术生产力已不止于智能语音领域，还覆盖口语评测、智能阅卷、知识图谱等多个核心领域。另外，科大讯飞智慧教育系列产品和解决方案已覆盖全国 31 个省级行政区 38 000 余所学校，拥有丰富的资源和实践经验。

最后，从市场角度来说，人工智能 AI 学习软硬一体是一个大的趋势，"以应用促建设，以应用驱动促深度融合"也是当前教育信息化工作的要点，只是简单地叠加很多用户的场景难以去覆盖，设备的价值也没有到达效能最大化，例如书写体验、语音的快捷交互都需要以软硬一体的方式去打磨，才能让师生"喜欢用、用得好、经常用"，给用户创造最大的价值。

（资料来源：科大讯飞官网、《安徽日报》、《新媒体研究》）

2.2.3 网络支付技术

所有的技术，最终都是为人类服务的，而为人类服务，则是交易存在的理由，而支付正是交易的标志。

在互联网世界中，交易一开始是以网络银行的形式出现的。随着电子零售的普及，第三方支付作为双方信用的担保，开始流行起来。其中，最著名的是 PayPal 和支付宝。

随着移动互联网的到来，移动支付也称为手机支付，就是允许用户使用其移动终端（通常是手机）对所消费的商品或服务进行账务支付的一种服务方式。单位或个人通过移动设备、互联网或者近距离传感直接或间接向银行金融机构发送支付指令产生货币支付与资金转移行为，从而实现移动支付功能。移动支付将终端设备、互联网、应用提供商以及金融机构相融合，为用户提供货币支付、缴费等金融业务。移动支付使用方法有：短信支付、扫码支付、NFC 近场支付、指纹支付、声波支付等。目前主要使用扫码支付和 NFC 近场支付。扫码支付是扫描二维码进行支付，近距离无线支付（NFC 近场支付）由非接触式射频识别（RFID）演变而来，其基础是 RFID 及互联技术。目前使用较多的移动支付方式是扫码支付。

随着大数据、云计算技术的成熟，网络计算能力日益强大，在不久的将来，区块链技术的成熟和虚拟货币的出现都是可以期待的。

区块链（blockchain）是比特币的一个重要概念，本质上是一个去中心化的数据库，同时作为比特币的底层技术。区块链是一串使用密码学方法相关联产生的数据块，每一个数据块中包含了一次比特币网络交易的信息，用于验证其信息的有效性（防伪）和生成下一个区块。

　　狭义来讲，区块链是一种按照时间顺序将数据区块以顺序相连的方式组合成的一种链式数据结构，并以密码学方式保证的不可篡改和不可伪造的分布式账本。广义来讲，区块链技术是利用块链式数据结构来验证与存储数据、利用分布式节点共识算法来生成和更新数据、利用密码学的方式保证数据传输和访问的安全、利用由自动化脚本代码组成的智能合约来编程和操作数据的一种全新的分布式基础架构与计算范式（见图 2-6）。

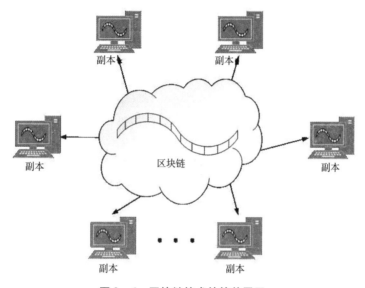

图 2-6　区块链技术的简单展示

　　随着区块链技术的成熟，虚拟货币或许可以很快实现，例如比特币。现在比特币在国外是允许交易的，已经作为虚拟货币实现部分支付功能，同时也可以作为投资品种进行投资。

2.2.4　电子商务安全技术

　　为了确保电子商务在交易过程中信息有效、真实、可靠且保密，目前主要采用的安全技术有加密技术、身份认证技术和交易的安全认证协议。安全认证协议用来保证电子商务中交易的安全性，例如 set、ssl、s/mime、s-http 等。

2.2.4.1　加密技术

　　加密技术是电子商务系统所采取的最基本的安全措施，加密的主要目的是防止信息的非授权泄漏。密码算法是一些数学公式、法则或程序，算法中的可变参数是密钥。根据密码算法所使用的加密密钥和解密密钥是否相同，能否由加密密钥推导出解密密钥，可以将密码算法分为对称密码算法和非对称密码算法。一般来说，在一个加密系统中，信息使用加密密钥加密后，接收方使用解密密钥对密文解密得到原文。

第一，对称加密/对称密钥加密。在对称加密方法中，对信息的加密和解密都使用相同的密钥，即一把钥匙开一把锁。这样可以简化加密的处理，每个交易方都不必彼此研究和交换专用的加密算法。如果进行通信的交易各方能够确保在密钥交换阶段未曾发生私有密钥泄漏，那么机密性和报文完整性就可以得以保证。这样密钥安全交换是关系到对称加密有效的核心环节。而对称加密技术存在着在通信的交易各方之间确保密钥安全交换的问题。对称加密方式存在的另一个问题是无法鉴别贸易发起方或贸易最终方。因为贸易双方共享同一把专用密钥，贸易双方的任何信息都是通过这把密钥加密后传送给对方的。目前常用的对称加密算法有 DES、PCR、IDEA 等。其中，DES 使用最普遍，被采用为数据加密的标准。

第二，非对称加密/公开密钥加密。在非对称加密体系中，密钥被分解为一对（即一把公开密钥或加密密钥和一把私有密钥或解密密钥）。密钥对生成后，公开密钥以非保密方式对外公开，只对应于生成该密钥的发布者；私有密钥则保存在密钥发布方手中。任何得到公开密钥的用户都可使用该密钥加密信息发送给该公开密钥的发布者，而发布者得到加密信息后，使用与公开密钥相应对的私有密钥进行解密。由此可知，公开密钥用于对机密性的加密，私有密钥则用于对加密信息的解密。目前常用的非对称加密算法是 RSA 算法。它是非对称加密领域内最为著名的算法，但是它存在的主要问题是算法的运算速度较慢，并且也难以做到一次一密。因此，在实际的应用中通常不采用这一算法对信息量大的信息进行加密。对于加密量大的应用，公开密钥加密算法通常用于对称加密方法密钥的加密。

2.2.4.2 身份认证技术

身份认证技术是保证电子商务安全不可缺少的又一重要技术手段。常见的安全认证技术有数字摘要、数字信封、数字签名、数字时间戳、数字证书等技术。

第一，数字摘要。数字摘要是一种防止数据被改动的方法，它采用单向 HASH 函数将需要加密的文件中若干重要元素进行某种变换运算得到固定长度的摘要码，并在传输信息时将之加入文件一同送给接收方，接收方收到文件后，用相同的方法进行变换运算，若得到的结果与发送来的摘要码相同，则可断定文件未被篡改，反之亦然。在数字摘要中 HASH 函数的输入可以是任意大小的文件消息，而输出是一个固定长度的摘要。且摘要有这样一个性质，如果改变了输入消息中的任何东西，甚至只有一位，输出的摘要将会发生不可预测的改变，故而常用数字摘要来判定信息是否被篡改的一项重要技术。

第二，数字信封。在大批数据加密中所使用的对称密码是随机产生的，而接收方也需要此密码才能对消息进行正确的解密。对称密钥的传递需要加密进行，即发送方用接收方的公钥加密此对称密钥。这样只有接收方用自己的私钥才能正确地解密此对称密钥，从而正确地解密消息。这种加密传送密钥的方法称为数字信封。数字信封技术可以保证接收方的唯一性。即使信息在传送途中被监听或截获，由于第三方并没有接收方的密钥，也不能对信息进行正确地解密。

第三，生物识别技术。传统的身份认证由于极易伪造和丢失，越来越难以满足社会的需求，目前最为便捷与安全的解决方案是生物识别技术。它不但简洁快速，而且利用它进行身份的认定，安全、可靠、准确。同时更易于配合计算机和安全、监控、管理系统整合，实现自动化管理。

生物识别技术是指利用人体生物特征进行身份认证的一种技术。更具体一点，生物特征识别技术就是通过计算机与光学、声学、生物传感器和生物统计学原理等高科技手段密切结合，利用人体固有的生理特性和行为特征来进行个人身份的鉴定。

生物识别系统是对生物特征进行取样，提取其唯一的特征并且转化成数字代码，并进一步将这些代码组合而成的特征模板。人们同识别系统交互进行身份认证时，识别系统获取其特征并与数据中的特征模板进行比对，以确定是否匹配，从而决定接受或拒绝该人。

在目前的研究与应用领域中，生物特征识别主要关系到计算机视觉、图像处理与模式识别、计算机听觉、语音处理、多传感器技术、虚拟现实、计算机图形学、可视化技术、计算机辅助设计、智能机器人感知系统等其他相关的研究。已被用于生物识别的生物特征有手形、指纹、脸形、虹膜、视网膜、脉搏以及耳郭等，行为特征有签字、声音、按键力度等。基于这些特征，生物特征识别技术已经在过去的几年中取得了长足的进展。

2.2.4.3　量子通信

所谓量子通信是指利用量子纠缠效应进行信息传递的一种新型的通信方式，是近 20 年发展起来的新型交叉学科，是量子论和信息论相结合的新的研究领域。

光量子通信主要基于量子纠缠态的理论，使用量子隐形传态（传输）的方式实现信息传递。根据实验验证，具有纠缠态的两个粒子无论相距多远，只要一个发生变化，另一个也会瞬间发生变化。

经典通信较光量子通信相比，其安全性和高效性都无法与之相提并论。量子通信绝不会"泄密"，其一体现在量子加密的密钥是随机的，即使被窃取者截获，也无法得到正确的密钥，因而无法破解信息；其二分别在通信双方手中具有纠缠态的两个粒子，其中一个粒子的量子态发生变化，另外一方的量子态就会随之立刻变化，并且根据量子理论，宏观的任何观察和干扰，都会立刻改变量子态，引起其坍塌，因此，窃取者由于干扰而得到的信息已经破坏，并非原有信息。所以量子通信极其安全。同时，量子通信又高效，被传输的未知量子态在被测量之前会处于纠缠态，即同时代表多个状态，光量子通信一次传输，就相当于经典通信方式的 128 次。

量子通信具有传统通信方式所不具备的绝对安全特性，不但在国家安全、金融等信息安全领域有着重大的应用价值和前景，而且会极大地促进国民经济的发展。自 1993 年美国 IBM 的研究人员提出量子通信理论以来，美国国家科学基金会、国防高级研究计划局都对此项目进行了深入的研究，欧盟在 1999 年集中国际力量致力于量子通信的研究，研究项目多达 12 个。日本邮政省把量子通信作为 21 世纪的战略项目。

量子通信其实是信息传输的技术，在未来民用领域中，作为对安全、隐私要求非常高的电子商务相关领域，量子通信一定会有广阔的应用前景。

2.2.5　电子商务发展新动力

中国互联网络信息中心（CNNIC）发布第 48 次《中国互联网络发展状况统计报告》

显示：截至 2021 年 6 月，我国网民规模达 10.11 亿人，较 2020 年 12 月增长 2 175 万人，互联网普及率达 71.6%。截至 2021 年 6 月，我国手机网民规模达 10.07 亿人，网民使用手机上网的比例为 99.6%。10 亿个用户接入互联网，形成了全球最为庞大、生机勃勃的数字社会。截至 2021 年 6 月，8.88 亿人看短视频、6.38 亿人看直播，短视频、直播正在成为全民新的娱乐方式；8.12 亿人网购、4.69 亿人点外卖，全民的购物方式、餐饮方式正在发生悄然变化；3.25 亿人使用在线教育、2.39 亿人使用在线医疗，在线公共服务进一步便利民众。2021 年上半年，数字产业化、产业数字化不断深入发展，推动数字技术与传统实体经济深度融合；数据保护、平台经济反垄断等领域立法与监管不断完善，助力数字化治理成为国家治理体系的重要组成。

与世界上任何的国家相比，庞大的人口基数、广泛的信息设备安装、大规模的在线人数以及薄弱的工业经济基础，使互联网在中国更具颠覆性。近 20 年，随着不同产业的互联网化进程的加快，我们的社会也发生着巨大的变化。在中国，互联网化的加深伴随着电子商务的发展。

2015 年 3 月，"互联网 +"正式成为中国的国策。这也意味着，"互联网 +"已经成为我们社会发展的动力之源，这一国策正在不断地改变着中国。

新的社会发展动力源来自新的基础设施："云、网、端"。

云：云计算、大数据。

网：互联网、物联网。

端：各类智能终端、App 应用。

新基础设施和原来的基础设施没有冲突，只是叠加在原有基础设施上，两者结合发挥出更大的作用。众所周知，农业经济基础设施是土地；工业经济基础设施是大规模的工业设备；在网络时代，云计算、大数据、各类终端和应用，随着互联网和物联网，构成了各类大平台，平台之下各类生态圈共存，而生态圈则改变了产业生态、社会形态。

新基础设施的投资主体，除了基础的网络设施外，投资主体也从政府或者国有大企业转向以民营企业为主，云计算、大数据以及物联网的投资，基本以国内大企业为主导；与网络发展配合的是个人终端的不断更新。人们利用终端在网络上完成社交、购物、学习等，这些行为在网络上留下痕迹，构成全社会的大数据。

互联网发展到现在，一个新生产要素呼之欲出，这就是"大数据"。信息技术的不断突破，其本质都是在松绑数据的依附，最大限度释放数据的流动和使用，并最终提升经济社会运行的效率。所以我们的社会已经从以控制为出发点的 IT 时代，逐渐走向以激活生产力为目的的 DT 数据时代，社会经济也从实物经济走向数字经济（见图 2-7）。

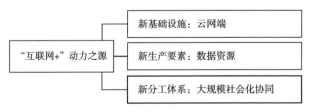

图 2-7 DT 时代下的新基础设施、新生产要素、新分工体系

可以看到的未来是，大数据使人们的生活越来越方便；"中国制造 2025 规划"是建立在云计算和大数据基础上的，随着"中国制造 2025 规划"的完成，中国社会超过 50% 的物质生产岗位将由智能机器人代替。

与新基础设施、新生产要素相匹配的是新分工体系：大规模社会化协同。

大规模社会化协同包含了共享经济、网络协同和众包合作三个方面。而这种新型的社会化系统冲击着原有的企业边界，原有的生产组织体系以及原有的劳动雇佣关系。这种冲击远远超乎人们的想象，所以说：不是我们太慢，而是世界变化得太快。伴随着数字经济的发展，世界的发展是以快递迭代的方式向前走的。

"电子商务的机理与模式"专栏三

钉钉：协同办公的首选

一、公司介绍

钉钉（DingTalk）是阿里巴巴集团专为中国企业打造的免费沟通和协同的多端平台，提供 PC 版、Web 版、Mac 版和手机版，支持手机和计算机间文件互传。钉钉因中国企业而生，帮助中国企业通过系统化的解决方案（微应用），全方位提升中国企业沟通和协同效率。

二、办公跑道，钉钉"出圈"

钉钉于 2015 年创立，6 年时间，突破了 4 亿个用户，服务 1 700 万个企业组织，2020 年的新冠肺炎疫情把人们隔离在家，人在家，工作不能停，钉钉火爆"出圈"，不仅在办公领域"出圈"，更是火到了教育领域，钉钉直播授课是小学生的"噩梦"，全国千万个小学生给钉钉打一星，钉钉方面甚至出了首歌"跪求"小学生们"放过"。但不可否认的是，钉钉"出圈"其根本还是先进的协同办公技术＋丰富的线上办公应用场景。

1. 领先全球的线上办公协同技术

协同在线文档是钉钉上最实用的技术。引入了协同编辑的在线文档，就像一块在线的白板，通过网络连接在上面共同迭代一个内容。钉钉有一个叫作"一起标注"的功能，像编辑文档一样多人、实时编辑一张图片。协同在线，可以加速组织变革。让组织成员在线实现业务上的协同工作，各个任务之间相互支持。

数据一致性是协同编辑的最低要求。但因为网络存在延迟，来自不同用户的操作有可能在各端有不同的执行顺序。相同的操作，不同的执行顺序，会产生不同的结果。对于普通开发者来说，这是一件很困难的事，但钉钉技术研发者迎难而上，在摸索创新的过程中，攻克了这一套协同框架。数据通道上，协同框架底层的推送通道使用了钉钉的数据同步平台。底层设计上，引擎将协同过程抽象为有限状态机模型，它包括离线工作和跨多设备、多用户协同的能力，同时能提高数据的安全性、隐私性、长期保存性和用户控制权，保证在网络状况不佳的环境下，也能够实现无差别协作的工作。多人实时协同问题的本质某种程度上是一个分布式领域的问题，钉钉协同框架结合了操作变换 OT 与无冲突复制数据类型 CRDT 技术，用于实现协同操作合并与冲突解决，并让各个协同端状态达到最终一致（见图 2-8）。

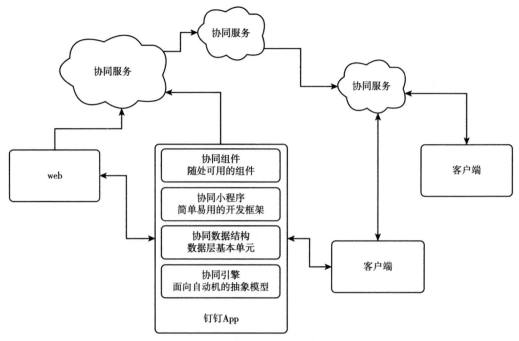

图 2-8　钉钉协同实现过程

2. 信息安全——你的秘密只有你知道

钉钉的诸多功能都有安全的保障，包括内部群员工离职自动退群、通讯录水印、聊天水印、密聊以及指纹锁（开启安全密码锁定）等。

全链路安全，就是从用户的手机或是 PC 端接触到钉钉，到数据传输过程，再到数据应用和存储，最终包括系统网络和物理环境，整个过程都得到高标准安全防护。首先，钉钉为全面安全保护信息，数据通信通过 AES256 算法和 SSL/TLS 加密，达到银行级别加密水平，满足工作商务的高级别安全要求，依托全链路安全技术，钉钉实现用户数据从创建到销毁的全周期加密。其次，钉钉首创的第三方加密，通过第三方权威安全机构对企业数据进行再加密，加密算法不仅支持行业标准的加密算法，还支持国密算法加密。在这双重保证之下，任何其他人包括钉钉官方都无法解密。在系统网络和物理环境等基础设施方面，钉钉的物理环境通过国家认证三级等级保护，按照 ISO27001：2013 信息安全管理体系标准建设实施，通过自主研发的流量清洗中心和系统安全产品为钉钉网络、系统安全提供安全保障。

3. 钉钉会议

钉钉因为背靠阿里云的云计算和边缘计算能力，采用分布式微服务架构，可以进行超大规模系统计算资源编排和网络资源编排。并且能根据系统负载情况进行动态扩缩容，最终可以做到系统资源的最大化共享使用。并且由于 5G 普及、用户终端网络能力变强等因素，视频流量的持续增大也对分发网络的时延提出了更高的要求，音视频的流量需要被更智能地分发、处理。

三、结论

现如今，钉钉已经成为中国重要的办公软件之一。在疫情期间，钉钉开始广泛应用于学校和公司，学生和员工由于疫情原因，只能待在家中学习和办公，钉钉就提供了一个很好的平台。钉钉具有一套完善的办公体系，不仅可以直播，签到、请假等都可以在这完成。等疫情基本稳定，钉钉在学校和企业中的办公位置已经稳定，无数公司就是用钉钉进行消息通知、协同办公或者各类的请假、财务申请等，钉钉都可以完美解决。学校也用钉钉来进行课程直播、签到、请假等。希望钉钉可以不断进步，开创更快捷便利的办公程序。

（资料来源：钉钉 App、《中国工业报》、《第一财经日报》）

2.3　电子商务机理

电子商务作为 20 世纪 90 年代出现的新事物、新业态，其发展、运作是有一定新技术、新理论支持的，这就构成了电子商务持续发展的基础。而电子商务的运作机理离不开电子商务结构、系统以及它的商业模式，而且商业模式随着技术的发展和应用的发展还在不断创新中。

2.3.1　电子商务结构

勾勒出电子商务的基本结构有助于人们从整体上全面系统地理解和把握电子商务的机理。不同的视角考察电子商务可以描绘出不同的框架结构。以下将从概念模型角度考察电子商务的总框架，再从管理运作视角考察电子商务的应用框架。

1. 电子商务总框架

电子商务的交易一般都离不开"四流"，即信息流、资金流、物流和商流。电子商务以实现商流为目标，而商流的实现，又是以信息流、资金流和物流的实现为前提的。商流就是商品在进行交易过程中发生的有关商品所有权的转移。信息流既包括商品或服务信息的提供、促销营销、技术支持信息、售后服务等内容，也包括诸如询价单、报价单、订单、付款通知单、转账通知单等商业贸易单证，还包括交易方的支付能力、支付信誉、中介信誉等。资金流是指资金的转移过程，包括付款、转账、兑换等。物流是产品或服务的配送和传输渠道，具体包括运输、存储、配送、装卸、保管等各种活动。对大多数商品和服务而言，物流可能仍然经由传统的方式实现；而对有些产品和服务，可以直接以网络传输的方式进行配送，例如各种电子出版物、信息咨询服务、有价信息服务、在线娱乐服务等。

技术上，电子商务的信息流主要是通过建立电子商务网站实现；资金流主要通过网上支付实现；物流则通过配送体系实现。为了保证这"四流"的顺畅运转，还需宏观政策法规、安全与传输等技术支持以及标准化建设的支撑。因此，电子商务的总框架如图 2 - 9 所示。如果用 3F 分别表示信息流、资金流和物流；2S 分别表示安全与标准化建设；P 表示政策法规，因而可将电子商务的总框架概括为 3F + 2S + P。

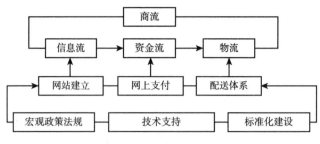

图 2-9　电子商务总框架

2. 电子商务的应用框架

许多人认为，电子商务就是建立 Web 站点或者公司门户网站而已，但实际上电子商务远不局限于此。电子商务的应用丰富多样，为了实现这些应用必须有合适的信息、基础设施和支持系统，为了说明电子商务各类应用的环境。拉维和安德鲁（Ravi Kalakota and Andrew B. Whinstion）两位学者提出了电子商务的应用框架，如图 2-10 所示。该框架从宏观的角度指出了电子商务体系的各应用层面和众多支持条件，可以帮助人们更好地理解电子商务。

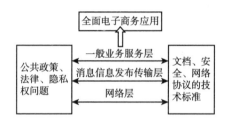

图 2-10　电子商务应用框架

电子商务的各类应用建立在四个基础设施和两大支柱之上。四个基础设施分别是网络基础设施、信息发布基础设施、信息传播基础设施、商业服务基础设施；两大支柱是政策法律制度和技术标准支柱。

一方面是电子商务的基础设施。第一，网络基础设施：这层主要是电子商务的硬件基础设施，也是实现电子商务最底层的基本设施。网络基础设施主要是指信息传输系统，包括远程通信网、有线电视网、无线电通信网和互联网等。以上这些不同的网络都为电子商务提供了信息传输的线路，但是，目前大部分电子商务应用都建立在互联网上。第二，信息发布基础设施。网络基础设施的日益完善，使通过网络传递信息成为可能，目前网上最流行的发布方式是以网站、微信、微博等方式将信息发布在网络上。第三，报文和信息传播的基础设施。这层主要提供传播信息的工具和方式，是电子商务信息传递的主要工具。它提供以下两种交流方式：一种是非格式化的数据交流，例如利用传真和 Email 来传递消息；另一种是格式化的数据交流，例 EDI 电子数据交换，不需要人工干预，可以全部自动化实现。第四，商业服务基础设施。这层主要是实现标准的网上商务活动服务，以便方便网上交易。这个层次是所有企业、个人做贸易时都会使用到的服务，它主要包括商品目录、价目表的建立、电子支付，商业信息安全传送，认证买卖双方的合法性的方法等。

另一方面是电子商务的应用支柱：第一，政策法律支柱。政策法律是电子商务应用框架的社会人文性支柱，它是指与电子商务有关的相关政策与法律，涉及政策法律和隐私权的问题，包括隐私权的保护、知识产权保护、言论自由、消费者保护、税法、加密政策等。第二，技术标准支柱。技术标准是电子商务应用框架的科技性支持，是信息发布和传递的基础，是网络上信息一致性的保证。技术标准定义了用户接口、传输协议、信息发布标准、安全协议等技术细节。就整个网络环境来说，标准对于保证兼容性和通用性是十分重要的。

2.3.2　电子商务系统

一个完整的电子商务系统，至少应该包括网络平台和电子商务网站。

第一，网络平台。网络平台（包括计算机等基本软件、硬件系统）是电子商务系统得以运行的技术基础，电子商务必须在一定的网络平台上运行。作为电子商务网络平台，一般有互联网、企业内部网、企业外部网和商业增值网等。

在基于互联网的电子商务系统中，网络平台的功能一般由 ISP 承担。随着电子商务的发展，也出现了专门为电子商务提供网络平台服务的服务商，提供从网络空间、信息交流到电子商务管理甚至交易服务等不同层次的电商平台服务。

按网络要求，电子商务系统赖以运行的网络，涉及电子商务活动的全过程和电子商务系统的各个角色，各个部件，因此，一个完善的电子商务系统网络应该具备以下特点：连接性，包括企业内部互联和企业外部互联；协同性，不仅要求在物理上"互联"，更为重要的是电子商务系统各个角色之间的协同工作，实现真正的"互联"；安全可靠性，由于电子商务系统的网络一般较为复杂，因而要求易于管理、安全可靠；多选择性，是指电子商务系统的网络技术平台和网络产品的多种选择性；适应性，随着电子商务系统对网络的需求不断变化、信息技术产品的发展与换代，需要制定电子商务系统的网络过渡策略，并提供相应的技术。

第二，电子商务网站。电子商务网站也就是电子商务系统的前台部分，作为电子商务人机交互平台和信息流的界面平台，其主要功能就是发布信息，接受客户需求。

当客户进入电子商务系统的网站时，看到的是前台铺面。在消费的电子商务系统中，前台就是网站、网上商店或者网上商品目录。网上商店中摆放着商品及目录，向客户提供有关产品和服务的信息。客户将商品放入虚拟购物车中形成订单。网站商品的信息可以按照客户的要求，通过交互方式准确地传送给客户。这种因人而异的定向广告和个性化的销售方式，是一种全新的、针对性强的个性化营销方式，有助于促销产品和服务。

第三，客户服务中心。客户服务中心就是电子商务系统的后台部分，它提供交易过程中的服务平台，其主要功能就是处理和满足客户需求。

后台系统负责将通过网站得到的订单进行安全可靠的处理，如果支付手段可靠，后台系统就把来自网站的订单转到企业的订单录入和处理系统，并计算相关费用。此外，后台系统还应具有数据内容动态更新、跟踪记录、统计报表、数据仓库、按不同需求定价等功能。后台系统应该同已有的企业管理信息系统连接，便于订单处理，库存处理和更新财务信息等相关数据，并和外部贸易合作伙伴进行电子数据交换。

第四，支付中心。支付中心提供资金流平台，其功能是为电子商务系统中的采购者、供应者提供资金支付等方面的服务。该功能一般由网上银行承担，包括完全在网上运作的虚拟银行和提供网上银行服务的传统银行。支付中心要求做到全天候24小时服务，提供网上支付服务，自行查询和管理账户，保证支付安全等。

第五，认证中心。认证中心提供交易双方的信用保障，它不是直接从电子商务交易中获得利益、得到法律承认的权威机构，负责发放和管理电子证书，使网上交易的各方能够相互确认身份，

第六，物流配送中心。物流配送中心提供物流平台，它主要接受供应者的送货请求，组织将无法从网上直接得到的有形商品，送达采购者，并跟踪商品流向动态。

2.3.3 电子商务系统的应用层次

电子商务系统的应用层次可以按照电子商务系统的内容或其网上解决方案的复杂性来考虑。电子商务系统的应用层次可以分为从简单到完整的三个不同层次，如图2-11所示。

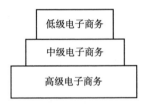

图 2 - 11 电子商务系统分类

三个层次所实现的功能如表2-1所示。

表2-1　　　　　　　　　　　　　　　　电子商务系统实现的功能

级别	网络平台	电子商务网络	客户服务中心	支付中心	认证中心	物流中心	备注
初级电子商务	√	√					
中级电子商务	√	√	√			√	
高级电子商务	√	√	√	√	√	√	

第一，初级电子商务系统。它相当于在网上建立了一个以信息发布为主的企业网上黄页系统，提供信息发布、信息咨询和广告等功能。在这一层次中，企业开始将传统商务活动中的一部分引入计算机网络信息处理与交换中，代替企业内部或对外的部分传统信息存储和传递方式，主要是宣传企业形象和进行市场调研。企业通过建立自己的内部网来实现信息处理、存储以及共享，建立独立的网页宣传企业的产品，树立企业的形象，这是电子商务最基本的应用方式。这种方式是企业把网络作为一种新的信息传播媒体的认识基础上开展的。初级电子商务系统投资成本低，易于操作，且不涉及复杂的法律和技术问题，因而比较容易实施。

第二，中级电子商务系统。它提供了网上交易的基本功能，能够支持信息流和物流

的正常运转，也能够提供一些简单的通过网站进行间接支付的功能。在这一层次企业可以利用网络的信息传递部分代替某些合同成立的有效条件，或者构成履行商务合同的部分义务。例如企业提供有偿服务，实行在线销售，以及与合作伙伴约定文件或单据的传输等，在中级层次中，电子商务实施的程度加深，传递的信息复杂程度较低，操作程序比较简单，但必须有一定的人工干预，因为要涉及一些复杂的技术问题，例如安全和法律问题。

第三，高级电子商务系统。这一层次提供了完整的网上交易功能，包括上述系统所不能提供的各类安全支付手段，能够实现全方位的数字自动化，也就是企业将商务活动的全部程序用计算机网络的信息处理和信息传输来代替，最大限度地消除人工干预。电子商务系统是对互联网的综合运用，是互联网对传统商业关系的整合，它使企业真正确立了市场营销的核心地位，企业的使命不仅仅是制造产品，而是满足消费者的需求。

高级电子商务系统阶段是电子商务发展的理想阶段，其实现将是一个漫长的过程，它不仅依赖于全社会对电子商务的认同，电子商务运作环境的改善，也依赖于各种相关技术的发展，以消除妨碍电子商务应用的不利因素。

2.4　电子商务的基本模式

目前在确定电子商务模式的各种方法中，国内外研究人员普遍认可和接受的方法是根据参与电子商务活动的主体对电子商务的基本模式进行划分。众所周知，企业、消费者和政府是电子商务活动的三大主要参与者，因此，电子商务的基本模式主要包括企业间电子商务（B2B）、企业对消费者电子商务（B2C）、企业与政府间电子商务（B2G）、政府间电子商务（G2G）以及消费者间电子商务（C2C）五种，其中，B2B 和 B2C 是最常见的两种电子商务模式。

2.4.1　B2B 模式

B2B 模式指的是企业间利用互联网技术进行的交易。其交易活动的内容主要包括企业向其供应商进行的采购、企业向其客户的批量销售、企业与其合作伙伴间的业务协调等。从实现方法来看，企业可以通过自建网站直接开展 B2B 交易，也可以借助电子中介服务来实现 B2B 交易。自建网站开展 B2B 的企业多为产业链长、业务伙伴多或自身专业性强的大企业、跨国公司，例如飞机，汽车、计算机等行业的制造商，大型批发、零售企业等，主要用于公司自身的业务和对供应商、销售商的服务；而借助中介服务实现 B2B 的企业则多为中小型企业。

在表现形式上，B2B 主要分为以企业为中心的 B2B 和以电子市场为中心的 B2B 两种。以企业为中心的 B2B 模式，又分为卖方集中模式和买方集中模式两种。由卖家企业面向多个买家企业搭建平台销售其产品称为卖方集中模式，而由买家企业面向多家供应商搭建平台采购原材料、零部件、经销产品或办公用品则称为买方集中模式。而电子市场的 B2B 模式则可分为垂直和水平两种类型。垂直专门针对某个行业，例如电子行业、汽车行业、钢铁行业、化工行业以及纺织行业等。水平市场则是普遍适用于各个行业的宽泛的交易平台。

B2B 模式自产生至今，无论是实践还是理论的发展都日益成熟，其交易额和交易量也远大于其他四种电子商务模式，因而在电子商务中占据着重要的地位。无论是在生产制造型企业还是在流通贸易型企业中，B2B 电子商务在帮助改善信息、物流和资金管理以及降低生产、经营和管理成本等方面都发挥着显著的作用。

就一个处于生产领域的企业来说，它的商务过程大致可以描述为：需求调查—材料采购—生产—商品销售—收款结算—商品交割。引入电子商务后，这个过程可以描述为以电子调查的形式进行需求调查—运用电子化手段调查原材料信息以确定采购方案—生产—通过电子广告促进商品销售—通过电子银行进行货币结算—商品交割。具体来讲，电子商务在以下五个方面提高了生产的商业效率。

第一，在信息流通方面，电子商务中的各种信息不仅能够以更快、更大量、更精准、更便宜的方式流通，并且能够被监控和跟踪。

第二，在供货体系方面，电子商务使企业能够减少订单处理费用，缩短交易时间，减少人力占用，同时能够帮助企业加强与供货商的合作关系，概括起来就是"加速收缩供应链"。

第三，在库存管理方面，电子商务缩短了从发出订单到货物装载的时间，从而使企业可以保持一个较为合理的库存数量，甚至实现零库存和及时生产。

第四，在交易安全方面，电子商务通过对企业的每一笔单证进行加密，并使用电子签名由专门的中介机构记录在案，从而保证了交易的安全性。

第五，在运输管理方面，电子商务通过标准化自动处理运输过程中所需的各种单证，例如订单、货物清单、装船通知等，不仅保证了单证所含信息的精准性，而且能够使单证快速准确地到达交易各方，从而提高了运输效率。

对于一个处于流通领域的商贸企业来说，由于没有生产环节，电子商务活动几乎覆盖了整个企业的经营管理活动，商贸企业是利用电子商务最为广泛的企业，通过电子商务，商贸企业可以更及时、更准确地获取消费者信息，从而准确订货，减少库存，并通过网络促进销售，以提高效率，降低成本，获取更大的利益。例如中国化工网就是 B2B 模式。

2.4.2 B2C 模式

B2C 模式中，电子商务活动的主要参与者是企业和个体消费者。该模式指的是企业或零售商利用互联网技术面向个体消费者进行的零售交易。零售交易的内容既有产品也有服务。零售产品既包括传统商品，例如计算机、家电、图书、音像制品、奢侈品、服装、鲜花与礼品、折扣商品等；也包括新兴的数字内容产品，例如专业信息资源、专业知识数据库、电子期刊等。零售服务既包括电子化的传统中介服务，例如在线旅行社服务、在线汽车代理销售服务、在线证券交易服务、网上保险销售服务、网上售票、在线银行等；也包括电子化的专业服务，例如网上游戏、在线音乐会、在线影视、在线专业咨询等。

B2C 服务的关键在于以客户为核心，满足消费者的需求。已经拥有传统销售渠道的企业在启用 B2C 模式开辟新的销售渠道时，往往会遭遇渠道冲突的问题。解决这个问题的一个有效方法就是通过建立战略联盟协调和分销渠道商或零售商的伙伴关系，重新开创渠道合作的局面。

乔伊等（Choi et al.，1997）根据商务运作中所销售的产品或服务、销售过程以及代理人或中间商这三个维度的数字化程度的可能组合，创立了一个模型来解释电子商务可以有的多种形式。

如图 2 - 12 所示，在商务运作各环节中，产品可以是实体的或数字化的，代理人可以是实体的或数字化的，销售过程也可以是实体的或数字化的。这三个纬度的不同组合显示出八种不同的商务运作形式。其中，如果产品、代理人及销售方式三个维度都是实体的，则称为传统商务的运作形式；如果产品、代理人及销售方式三个维度都是电子化的则称为完全电子商务的运作形式；介于传统商务和完全商务之间的其他六种形式的电子商务，在产品、代理人及销售方式中至少有一个是数字化的，同时至少有一个是实体的，因而统称为不完全电子商务。例如，在当当网上购买一本纸质书就是不完全电子商务，因为这本书是实体产品；如果从当当网上购买软件就可能属于完全电子商务，因为产品交货、支付和代理人都可以是数字化的，换言之，不完全电子商务主要是有形的实物商品的网络交易。这类商品的交易过程中所包含的信息流和资金流可以完全实现网上传输，但商品交付不是通过计算机的信息载体，而是通过传统的方式来实现。完全电子商务一般指无形的数字产品在网上销售，其信息流、资金流和物流都可以完全通过网络一气呵成。

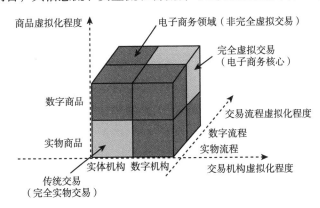

图 2 - 12　电子商务的形式

"电子商务的机理与模式"专栏四

有妖气：头部互联网漫画运营商发力短视频

一、公司介绍

"有妖气原创漫画梦工厂"（简称"有妖气"）是指北京四月星空网络技术有限公司旗下所属的互联网网站平台及北京四月星空网络技术有限公司与第三方网站合作搭建的"有妖气漫画合作推广专区"，简称"有妖气漫画"。有妖气漫画是目前国内最专注扶持中国原创漫画的互联网平台，也是中国唯一且最大的纯原创漫画网站，更是中国非常早的网络原创漫画平台之一。2009 年 6 月，得到盛大文学的资助，有妖气开始商业化运作。2015 年奥飞动漫成功收购有妖气公司，2021 年 11 月，B 站出手，以 6 亿元价格全资收购有妖气。目前，有妖气累计拥有超 3 200 万个用户，聚集了超过 7 万多位原创漫画师，连载超过 4.5 万部原创漫画作品，旗下聚集了《十万个冷笑话》《镇魂街》《雏蜂》《端脑》等头部作品及 IP。

二、运营概况

有妖气广为人知是源于一部动漫《十万个冷笑话》。《十万个冷笑话》采用幽默诙谐、狂吐槽的网络语言，将 90 后熟悉的各种经典人物和故事重新创作，极富创意的故事编排和故事结尾满足了观众恶搞、自由派、怀旧以及减压等心理需求。一经推出便引来众多粉丝的追捧。有妖气也将这部动漫搬上了大荧幕，《十万个冷笑话》电影版的票房达 1.03 亿元。同时也成为继《喜羊羊与灰太狼》和《熊出没》之后，第三个过亿元的国产动画品牌。这部作品最鲜明的特色是在题材、粉丝、制作，甚至是导演的血液中都蕴含着深深的互联网烙印，这部作品是互联网、粉丝经济、二次元文化这三者的结合体全面入侵电影业的一个缩影。

有妖气把自己归类为互联网公司，是因为有妖气都是在互联网上更新、连载漫画的，但是有妖气却没有自己的漫画作者，作品全部来自约稿或者网友投稿。有妖气的签约作者大概有四五十人，其中大部分是兼职。绝大部分作者是有妖气通过投稿系统挖掘出来的。有妖气根据作者作品质量的高低，获得的稿费从几千元到上万元不等。尽管有妖气也在尝试分成收入，但由于付费阅读还没有做起来，因而所有作者都没有分成收入。这就导致尽管有妖气的作品已经形成相当大的影响力和覆盖面，却没能生发出相应的变现能力。虽然有妖气沉淀了国内大部分漫画家的好 IP，也努力把各类 IP 变现，例如通过电影、广告、游戏、出版等手段，把 IP 卖出去，但是因为太急于变现的运营策略（见图 2 – 13），导致除了《十万个冷笑话》后再无杰作，远远落后于现在的"彩条屋"（动画《哪吒》的出品方）和"追光动画"（动画《青色》的出品方）。

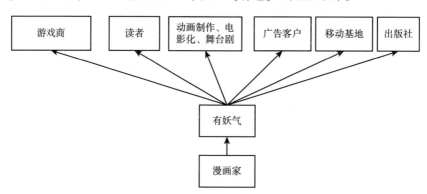

图 2 – 13 有妖气的运营变现模式

三、结论

B 站 6 亿元收购有妖气是下了大血本的，这关于 B 站的发展战略。B 站自成立之初便与动画密不可分，且从未停止相关业务的布局。艾瑞 2020 年中国动漫产业研究报告显示，B 站在 2017 ~ 2019 年 3 年时间内，投资了 26 家动漫相关企业。同时，有妖气旗下多个头部漫画 IP 改编的动画作品也在 B 站同步播出，其中，《镇魂街》第二季在 B 站独播的播放量突破 3 亿次。B 站看中的是有妖气源源不断的原创国漫 IP——对于此次收购，B 站副董事长兼 COO 李旎表示，有妖气沉淀了很多受用户喜欢的原创作品，期待这些头部 IP 在 B 站内容生态中获得多元化的呈现。收购有妖气之后，B 站的内容生产端大概率会提高一个档次。此外有消息称，有妖气团队将加盟 B 站，未来奥飞将与 B 站深度合作，不限于共同开发 IP 衍生品、文旅项目共建等。

由此可见，"中国原创"才是有妖气最核心的资产。如何运营好这独一无二的核心资产，是未来有妖气和 B 站最大的考量。

（资料来源：《经济日报》《经济观察报》《中国商人》）

完全电子商务构成电子商务的核心。一般来说，完全电子商务在 B2C 实践中的具体表现形式包括以下四种。

第一，网上订阅模式。网上订阅模式指的是企业通过网页向消费者提供网上直接订阅，以便消费者直接浏览信息的电子商务模式。网上订阅模式主要被商业在线机构用来销售报纸、杂志的，因而其主要内容包括在线出版、在线服务和在线娱乐等。

第二，付费浏览模式。付费浏览模式是指企业通过网页向消费者提供计时收费性网上信息浏览和信息下载的电子商务模式。该模式主要具备以下条件：首先，消费者必须事先知道要购买的信息，并且确信该信息值得付费获取；其次，信息出售者必须有一套有效的交易方法，而且该方法可以处理较低的交易金额。这种模式一般会涉及知识产权问题。

第三，广告支付模式。广告支持模式是指在线服务商免费向消费者或用户提供信息在线服务。而营业活动全部由广告收入支持。广告支持模式需要上网企业的广告收入来维持。广告网站必须对广告效果提供客观的评价和测度方法，以便公平地确定广告费用的计费方法和计费额。计费方法通常包括，按访客数计费、按被看到的次数计费、按用户录入的关键字计费、按点击广告图标次数计费等。

第四，网上赠与模式。网上赠与模式是一种非传统的商业运作模式，企业借助于国际互联网用户遍及全球的优势，向互联网用户赠送软件产品或者其他产品，以扩大企业的知名度和市场份额。通过让消费者使用该产品，吸引消费者下载一个新版本的软件，或购买另外一个相关软件，或者购买该试用产品。网上赠与模式的实质就是"试用，然后购买"。采用网上赠与模式的企业主要有两类，一类是软件公司；另一类是出版商，现在渐渐加入其他生产商。

实际上多数企业的网上销售并不仅仅采用一种模式，而往往采用综合模式，即将各种模式结合起来实施电子商务。

2.4.3　B2G 模式

B2G 模式中，电子商务活动的主要参与者是企业和政府。该模式指的是企业和政府间利用互联网技术进行的交易。内容既包括政府通过建立网站，向企业发布各种法规、更换执照、招商引资信息、税单指南、商务指南等信息，也包括政府利用电子商务执行其政府职能，例如向企业收取税费、发放工资和福利、招标采购、招商引资等。在该模式中，政府既作为电子商务的使用者进行商业上的购买活动，又作为电子商务的宏观管理者对电子商务起到扶植和规范的作用。利用互联网技术完成企业与政府间的各种交易或业务活动，一方面使企业能随时随地了解政府的动态，减少了与政府沟通的中间环节，从而降低了时间延误和费用；另一方面使政府提高了执行政府职能的公开性和透明度，使其在为企业服务方面既减低了服务成本，又提高了服务质量。

2.4.4　G2G 模式

政府与政府间的大部分政务活动都可以通过网络技术的应用得以高速、高效、低成本的实现，从而使政府更能生动活泼，高效科学地扮演好"服务者""消费者""管理者"三重角色，真正适应电子商务时代的需要。政府运用电子商务技术执行其政府职能又称为电子政务，其中，如前所述的 G2B 是指政府面向企业的一类，而另一类则是政府间的，称为 G2G。G2G 电子商务活动的主要参与者是各级政府，它是指政府内部、政府上下级之间、政府不同地区和不同职能部门之间利用信息和通信技术在公共计算机网络上有效实现行政、服务及内部管理等功能。其具体实现方式包括政府内部网络办公系统、电子法规、政策系统、电子公文系统、电子司法档案系统、电子财政管理系统、电子培训系统、垂直网络化管理系统、横向网络协调管理系统、网络业绩评价系统以及城市网络管理系统等方面。

2.4.5　C2C 模式

C2C 模式中，电子商务活动的主要参与者都是个体消费者。该模式指的是个体消费者间在互联网上进行的自由买卖，类似于现实世界的农贸市场或者跳蚤市场，其构成要素包括买卖双方外，还包括电子交易平台供应商，也就类似于现实中的农贸市场、跳蚤市场的场地提供者和管理员，拍卖就是最为常见的 C2C 交易方式。

根据战略定位不同，C2C 拍卖网站主要分为普通消费品拍卖网站和特殊消费品拍卖网站两种。普通消费品拍卖网站面向所有大众消费，且不限定拍卖品种类型。这种拍卖网站，成功的关键就是要吸引足够多的买家和卖家，形成足够物品的拍卖市场，所以那些有大量访问者的网站就有条件进入这个领域。由于在这种模式下是买家和卖家的数量越多就越有效，所以新加入拍卖者都趋向于选择已有的拍卖网站，这就使现行的拍卖网站比后来跟进的新拍卖网站天生更具价值。经济学家称此现象为锁定效应。

特殊消费品拍卖网站就是一些企业面向锁定效应给自己带来的不利影响，避免在普通消费品拍卖市场上与已有的强大对手竞争，而采取瞄准特殊目标细分市场的背景下产生的。例如专门的化妆品特卖、酒类特卖、零食特卖、服装特卖等。

2.4.6　其他创新模式

1. O2O

O2O 即 "online to offline"，是指将线下的商务机会与互联网结合，让互联网成为线下交易的前台，这个概念最早来源于美国。O2O 的概念非常广泛，只要产业链中既可涉及线上，又可涉及线下，就可通称为 O2O。一般认为，实现 O2O 模式的核心是在线支付。这不仅仅是因为线上的服务不能装箱运送，更重要的是快递本身无法传递社交体验所带来的快乐。但如果能通过 O2O 模式，将线下商品及服务进行展示，并提供在线支付"预约消费"，这对于消费者来说，不仅拓宽了选择的余地，还可以通过线上对比选择最令人期待的服务，以及依照消费者的区域性享受商家提供的更适合的服务。O2O 的优势在于把线上和线下的优势完美结合，把互联网与线下店完美对接，实现互联网落地。让消费者在享受线上优惠价格的同时，又可享受线下贴心的服务。

O2O 过程由线上和线下两部分构成。线上平台为消费者提供消费指南、优惠信息、便利服务（预订、在线支付、地图等）和分享平台，而线下商户则专注于提供服务。在 O2O 模式中，消费者的消费流程可以分解为五个阶段。

引流：线上平台作为线下消费决策的入口，可以汇聚大量有消费需求的消费者，或者引发消费者的线下消费需求。常见的 O2O 平台引流入口包括：消费点评类网站，例如大众点评；电子地图，例如百度地图、高德地图；社交类网站或应用，例如微信、人人网。

转化：线上平台向消费者提供商铺的详细信息、优惠（如团购、优惠券）、便利服务，方便消费者搜索、对比商铺，并最终帮助消费者选择线下商户、完成消费决策。

消费：消费者利用线上获得的信息到线下商户接受服务、完成消费。

反馈：消费者将自己的消费体验反馈到线上平台，有助于其他消费者做出消费决策。线上平台通过梳理和分析消费者的反馈，形成更加完整的本地商铺信息库，可以吸引更多的消费者使用在线平台。

存留：线上平台为消费者和本地商户建立沟通渠道，可以帮助本地商户维护消费者关系，使消费者重复消费，成为商家的回头客。

2. C2B

C2B（consumer to business），即消费者到企业，是互联网经济时代的商业模式。这一模式改变了原有生产者（企业和机构）和消费者的关系，是一种消费者贡献价值（create value），企业和机构消费价值（consume value）。C2B 模式和我们熟知的供需模式（demand supply model，DSM）恰恰相反。

真正的 C2B 应该先有消费者需求产生而后有企业生产，即先有消费者提出需求，后有生产企业按需求组织生产。通常情况为消费者根据自身需求定制产品和价格，或主动参与产品设计、生产和定价，产品、价格等彰显消费者的个性化需求，生产企业进行定制化生产。

C2B 模式的主要目的是：以消费者为核心，一心一意为客户服务，帮助消费者和商家创造一个更加省时、省力、省钱的交易渠道。

C2B 的核心是以消费者为中心。C2B 产品应该具有以下特征：第一，相同生产厂家的相同型号的产品无论通过什么终端渠道购买价格都一样，渠道不掌握定价权，即消费者平等；第二，C2B 产品价格组成结构合理，即拒绝暴利；第三，渠道透明；第四，供应链透明，即品牌共享。

从实现难度及层级来看，C2B 存在的模式有以下三种。

第一，聚定制，即通过聚合客户的需求组织商家批量生产，让利于消费者。此类

C2B 形式对于卖家的意义在于可以提前锁定用户群，可以有效缓解 B2C 模式下商家盲目生产带来的资源浪费，降低企业的生产及库存成本，提升产品周转率，对于商业社会的资源节约起到极大的推动作用。团购也属于聚定制的一种。

第二，模块定制，聚定制只是聚合了消费者的需求，并不涉及在 B 端产品环节本身的定制。模块定制为消费者提供了一种模块化、菜单式的有限定制，考虑到整个供应链的改造成本，为每位消费者提供完全个性化的定制还不太现实，目前能做到的更多的还是倾向于让消费者去适应企业既有的供应链。

第三，深度定制，也叫作参与式定制，客户能参与全流程的定制环节。厂家可以完全按照客户的个性化需求来定制，每一件产品都可以算是一个独立的产品，目前深度定制最成熟的行业当属服装类、鞋类、家具定制。深度定制最核心的难题是如何解决大规模生产与个性化定制相背离的矛盾。

如果是从 C2B 产品属性来分，可以分为实物定制、服务定制和技术定制。例如服装、鞋、家具等都属于实物定制。服务定制如家政护理、旅游、婚庆、会所等中高端行业。技术定制类似于 3D 打印技术，遍及航空航天、医疗、食品、服装、玩具等各个领域。

3. F2C

F2C 指的是 "factory to customer"，即从厂商到消费者，是电子商务的一种商业模式。F2C 模式工厂生产产品后，通过物流送达消费者，确保产品价格合理，同时质量服务都有保证。这种模式为消费者提供了最具性价比的产品。有人认为，这是未来电商发展的终极模式，即工厂直接把产品卖给消费者，去掉了所有中间商环节（见图 2-14），从而保持整条供应链的最低成本。

图 2-14　F2C 模式

"电子商务的机理与模式"专栏五

叮咚买菜：鲜到鲜得

一、公司介绍

叮咚买菜由上海壹佰米网络科技有限公司运营并开发。2014 年，叮咚小区 App 正式上线，主要做社区 O2O 的业务，直到 2017 年 5 月，经历了几年的探索与尝试，才正式更名为叮咚买菜，定位在家庭买菜业务上，以生鲜配送为切入点，满足消费者日常三餐的购物所需，为中高端群体提供配送上门服务，经过 2020 年新冠肺炎疫情的洗礼，叮咚买菜突破式发展，迅速转型为社区生鲜零售平台。叮咚买菜致力于通过产地直采、前置仓配货和最快 29 分钟配送到家的服务模式，通过技术驱动产业链升级，为用户提供品质确定、时间确定、品类确定的生鲜消费体验，服务范围覆盖上海、北京、深圳、杭州、苏州等城市。

二、叮咚买菜的运营之道

叮咚买菜与其他同类平台相比运营模式不同，叮咚买菜采取社区生鲜"到家 + 到店"模式明显比"到店"模式具有更强的优势，而且随着社区前置仓的布局密度高，将会更好地提高消费者的购物体验。

叮咚买菜的运营模式的独特之处在于以下四个方面。

第一，采购以生鲜供应商直供社区为主。叮咚买菜主要利用供应商直供的采购模式，这些供应商直供是面向各大社区配送站的，这样能够避免蔬菜等在长途运输中发生变质，同时在进行补货时也会更容易。由于社区配送的范围有限，所以在一定时期内，生鲜的价格不会有很大的浮动情况。并且直接与供应商合作，可以有效避免高昂的配送成本，让生鲜的价格变成了优势。

第二，客户定位为社区日常买菜需求的居民。做社区配送的客户定位，就是社区的普通居民，该类客户群体具有生鲜高频消费需求。但是作为一个新晋的社区配送平台，很多人都不敢尝试，尤其是社区内经常买菜的老年人，所以社区配送有时会面临客单价格较低、单一物流成本高的问题。叮咚买菜平台也并不例外，只是其采用的运营策略是社区分享优惠的模式，让更多的社区居民可以接受叮咚买菜，并逐渐使用它。这种分享模式虽然需要一定的成本，但却是实现推广最简单的营销方式。从长远来看，分享裂变能够实现社区内用户的快速传播。

第三，仓库模式为以前置仓为核心。作为社区配送，需要遵循生鲜品质最高、配送时间最快的原则，所以叮咚买菜将前置仓建在社区周围，确保消费者在消费的时候，能够及时接收订单，下单后根据路程最快送达。同时，前置仓还可以利用生鲜产品的相关性，使用生鲜配送管理系统为用户推荐搭配套餐，形成一站式的购物体验。

第四，生鲜数字化是生鲜电商的基础设施，也是叮咚买菜一直聚焦的重点课题。目前，叮咚买菜正加大投入自主研发智能生鲜供应链系统，推动传统生鲜供应链的数字化转型，进一步赋能上游农业。同时在配送方面，叮咚买菜已实现全流程的数字化，通过科学的算法对"配送小哥"进行自动调度以及骑行路径的合理规划，保证配送效率的最大化。

三、结论

虽然说叮咚买菜的运营模式抓住了生鲜市场的发展机遇，但是面对越来越多的区域化社区平台的竞争，叮咚买菜不仅在运营方式上要下功夫，更重要的是在科技挖掘效率和生鲜供应链上要下细功夫，前者是用户体验的关键；后者是长期生存和发展的保障。还期待叮咚买菜走得更好、更远。

（资料来源：叮咚买菜 App、《中国经营报》、《中国品牌》）

4. B2B2C

B2B2C 是网络购物的一种商业模式，第一个 B 指的是商品或服务的供应商；第二个

B 指的是从事电子商务的企业；C 则是表示消费者。任何商品供应商或服务供应商都可以成为第一个 B；第二个 B 是 B2B2C 模式中提供电子商务服务的电子商务企业，通过对商品、服务进行统一的经营管理，对消费者进行引导和整合。中间的 B 是互联网电子商务服务供应商，是广大供应商和消费者之间的桥梁，为供应商和消费者同时提供优质的服务，促进成交。

B2B2C 电子商务模式来源于 B2B、B2C 模式的演变和完善，把 B2C 和 C2C 完美地结合起来，通过 B2B2C 模式的电子商务企业构建自己的物流供应链系统，提供统一的服务。

5. B2C2C

B2C2C 即 "business to channel to customers"。中文叫作：商家—渠道—顾客。B2C2C 模式是将商家雄厚的启动资金和规模有机结合，由源头的商家进行专业的产品、库存方面集中管理，平台进行效率的物流工作，渠道上进行直面的销售和售后工作。一般这样的平台叫作分销平台。B2C2C 同时还具备了厂家直销的因素，B2C2C 模式中的第二个 C 是渠道，商家可以在地方进行实体店的代理，这使 B2C2C 的市场可以从线上拓展到线下实体店面。消费者可以通过加盟店的实体产品对所需购买的产品进行最直接的了解，进行退换货服务。加盟网店产品的图片、网店和实体店装修、库存、发换货等各项事宜，商家和网站平台方面都已经准备周全。

【章末案例】

恒生电子：两次变革带来的机遇与发展

一、公司介绍

1995 年，恒生电子股份有限公司（以下简称"恒生电子"）成立于杭州，是中国领先的金融软件和网络服务供应商。恒生电子聚焦于财富资产管理，致力于为证券、期货、基金、信托、保险、银行、交易所、私募等机构提供整体的解决方案和服务，为个人投资者提供财富管理工具。目前，恒生电子拥有近 7 000 人的高素质专业队伍，其中研发工程人员约占 80%，在规划咨询、软件开发实施、技术服务、系统集成以及系统维护服务等方面，具备强劲实力和竞争优势。多年来，恒生电子以技术服务为核心，凭借多年金融 IT 建设经验，以及对互联网的深刻洞察和理解，用优质的产品与服务，驱动金融机构创新发展。

公司的愿景是"连接百万亿"，公司的使命是"让金融变简单"。经过 4 年发展，1999 年，恒生电子成为中国证券行业的 IT 龙头企业，市场占有率全国第一；经过 8 年发展，2003 年，恒生电子成功在上海证券交易所主板上市，代码 600570。

如今恒生电子在多个金融细分行业的 IT 系统都占有相当的市场份额。尤其是在公募基金的系统上，几乎处于垄断的地位。截至 2015 年底，恒生电子在基金、证券、保险、信托资管领域核心市场占有率分别达到 93%、80%、90%、75%，在证券账户系统、证券柜台系统、银行理财业务平台、信托核心业务平台、期货核心系统的市场占有率分别达到 57%、43%、85%、41%、42%，公司实现纯利润 5.01 亿元。

恒生电子的服务对象包括证券、银行、信托、交易所、期货、基金、保险、私募以及其他等。目前提供的解决方案有：OPLUS 投资管理平台、i 私募平台、估值核算和登记过户系统、外包业务、量化赢家交易终端等。

基于恒生电子在中国金融IT市场发挥的作用和占有的份额，2014年4月，恒生电子股权发生变更，马云变为恒生电子的实际控股人。

二、恒生的机遇与变革

恒生电子是进取心和企图心都非常强的公司。早在恒生电子营收大增的2008年，其却要提出转型成为网络公司，舍去叱咤风云的金融IT垄断者身份，从一家单纯的软件公司转型成一家网络公司——历史证明，恒生电子很有眼光。

2008年，恒生电子大获丰收，完成了脱"硬"入"软"的质变。在总营收6.64亿元中，软件收入4.13亿元，占了62%，而硬件下降到2003年上市以来的历史最低点，为23%。但就在那个时候，恒生意识到云计算和SaaS会带来思维方式的改变、做事方式的变革。要把握这一变化就必须成为网络公司。而且，未来也只有网络公司才能生存。

基于此认识，恒生电子从2008年开始，打出了两套组合拳，一方面是抓住专业银行向商业银行集体转型机会，成功成为银行IT服务的提供商，将自己打造成拥有"大金融"全业务产品线的金融IT服务提供商，包括证券、银行、期货、基金等各领域；另一方面，多路转型"互联网"，通过并购、借助3G、借鉴国际市场，恒生电子打通了金融各个环节，提供更好的集成解决方案，探索出符合互联网、移动网特性的商业模式。截至此时，恒生电子的业务可以称为1.0业务时代。

1. 1.0业务时代

资本市场线（涵盖券商、基金、期货、信托、保险等行业）：经纪业务事业部，面向券商的核心交易系统"经纪业务运营平台UF2.0"；资产管理事业部，面向资管、私募托管、运营外包、机构投资平台等的新一代投资管理系统O4、估值3.0等产品；财富管理事业部，面对券商申领公募业务牌照、基金公司设立专户子公司、期货公司开展资管业务与申领基金代销牌照、三方理财机构申领基金代销牌照等诸多市场机会的恒生超级现金宝方案（2014年诞生的绝大多数宝宝产品由恒生制造）、TA系统、销售系统、整体方案，以及私募产品注册登记系统、银保监会集中登记过户系统等；交易所事业部，面向金融资产交易所、文化产权交易所以及大宗商品交易所等交易场所的系统项目；海外发展部，面向境外的金融云托管平台、交易系统等（见图2-15）。

银行市场线：包括综合理财平台、现金管理平台、资金存管平台等主要产品，其中，综合理财平台是业务支柱，现金管理产品线完善各行业解决方案，继续保持60%以上的市场占有率。

科技事业部：智能交通产品线、互联网医疗业务（参股恒生芸泰40%股权）。此时，恒生电子已经成就自己在大金融领域中地位，成为中国领先的金融软件和网络服务供应商，已经连续7年入选全球金融软件企业排行榜FinTech100，是唯一一家入选的中国企业。恒生电子的愿景变更为"连接百万亿"。"连接"是互联网金融其中一个重要关键词。假如将证券、银行、基金、期货、信托、保险、私募等合并视为一家巨型金融机构，那么恒生电子可以比作这家机构的技术部门。过往的叫法习惯上是金融IT，既然恒生电子实际控制人马云放眼未来提出DT时代取缔IT是大势所趋，相信恒生电子会更强调金融DT的定位。从2014年开始，恒生电子再次转型，放眼云计算和大数据，并积极关注

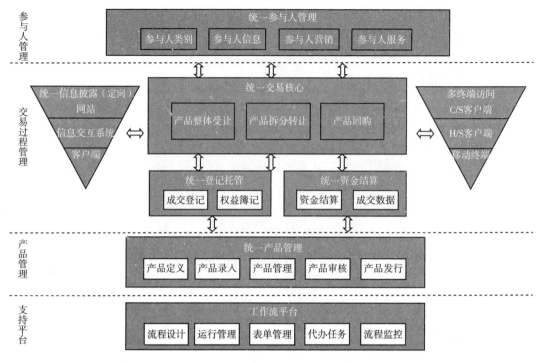

图 2–15　业务 1.0 时代恒生电子的金融软件服务

区块链技术的发展。

2. 2.0 业务时代

恒生网络公司（金融互联网技术平台）：恒生网络公司成立初期以 HOMS 平台为主构建基于互联网的金融云平台，半年时间成功构建由"投资云""资管云""财富云""经纪云""交易所云"以及"iTN 云平台"组成的互联互通的金融生态环境。其中，"投资云"主要服务阳光私募、民间私募、高净值专业投资者（机构）及其他投资机构，包括 HOMS 投资云服务平台、机构间服务平台、iHOMS 网站，构建资产管理——产品发行的私募服务生态闭环等。另一个产品是与股票配资相关的，便是 HOMS，虽然这个平台在设计之初并非用来做股票配资，但恒生网络依然被证监会罚款示众以释民怨（见图 2–16）。

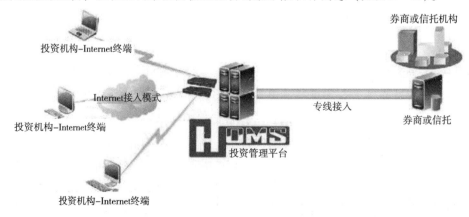

图 2–16　恒生电子开发的投资管理平台

恒生云融：云理财及理财分销；云现金管理系统；"融生意"等。

上海恒生聚源（金融资讯与指数产品服务）：数据库产品线和终端产品线；大数据的投资应用挖掘。

数米基金销售公司：这家是目前基金销售持牌平台中最大的，建立了国内最全的网上公募基金超市，代销了近100家基金公司的逾2 500只基金产品。

2015年4月26日，恒生电子将数米公司股权60.8%出售给蚂蚁金服。

三潭金融：网金社，浙江互联网金融资产交易中心。

恒生电子开展的金融服务如图2-17所示。

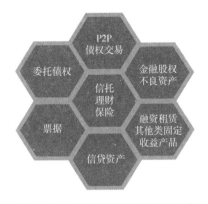

图2-17 恒生电子开展的金融业务

三、恒生的核心竞争力及未来发展

综上所述，恒生电子的每一步转型都踏在风口上，这既有沉浸专业20年的耐心，也有不断追赶市场并超越市场的坚韧。可以把恒生电子的核心竞争力概括为：20年金融技术服务积累的人才和经验，核心技术包括多个领域的数学模型及技术实现；全金融牌照，涵盖银行、证券、基金、信托、保险、期货等金融市场的各个领域；产品线的"护城河"构筑及用户高黏性；处于行业垄断地位，主营业务平均毛利率90%以上；实际控制人马云，以及背靠的蚂蚁金服、阿里集团。

在马云收购恒生电子，是看中其架构"金融云"的技术能力。具体到金融行业，就意味着基金、保险及证券等金融行业企业可以通过使用马云的"金融云"来实现处理海量业务和数据的能力，获得自己所需的信息。而恒生电子已经占据了基金、保险、证券等领域IT系统的大半壁江山，实施马云的"金融云"战略，只是等于自身转变了一个方向，从帮助建设别人的金融IT系统，转型和提升到建设自己的"金融云"。恒生电子凭借其雄厚的技术积累、深厚的客户资源、超强的客户黏性，再通过互联互通和平台对接实现资源共享，想必将对马云实施"金融云"战略起到非常有益的帮助。恒生电子将是马云打造"金融云"的核心支持企业。

此外，马云收购恒生电子，还起到间接介入证券业务的作用，在一定程度上弥补了蚂蚁金服的金融版图缺口。证券公司的经纪业务其实就是一个通道。钱在第三方托管，由登记公司登记，证券交易所则帮忙撮合交易，券商所做的事情就是帮客户把各方融合起来，提供通道给客户炒股，客户只需要连接券商提供的终端就行。券商除了有客户的相关交易数据，其他实质的东西，一概没有。券商牌照值钱的地方，就是这个交易通道。但是证券公司要实现这些功能，发挥通道作用，依靠的就是恒生电子为其定制的恒生系统。可以设想一下，由于券商大部分系统都是恒生电子设计的，恒生电子完全可以再设计一个平台与券商的系统进行对接。在这个平台上，恒生电子也能为用户提供一系列的额外服务，例如资讯、行情等。因此，此时的用户只需要连接这个平台，在参与炒股的同时，还能享受平台的其他服务。届时，券商只能收取一点通道费用（也就是现在的交易手续费），而真正的利润，例如客户服务，将都进入平台。券商牌照的意义将会大大降低，HOMS 系统的发展就是明显的例证。

未来，随着程序化交易、高频交易、量化交易在中国的发展，对金融 IT 系统的要求也会越来越高，这个平台在恒生电子的技术支持下，优势也会越来越明显。诸多实力较弱的中小型券商为求得生存，或许将不得不依附于这个平台，甚至有可能将自己的客户主动贡献出来，将自己的柜台系统和 IT 系统与恒生电子的平台系统彻底绑定，成为蚂蚁金服的金融销售渠道。证券公司如此，其他金融机构也会如此。

至于马云收购恒生电子后一些显而易见的协同效应，已经通过双方大量的合作开始显现出来。通过这些交易，恒生电子不仅在现有业务上产生一定增量，而且还进一步拓展了业务范围和领域。

（资料来源：恒生电子官网、《中国证券报》、《互联网周刊》）

【本章小结】

电子商务作为一个多学科交叉领域，多个领域的发展都会直接或者间接影响到它的发展。为了让大家更好地理解电子商务，选取了对电子商务发展影响较大的理论供大家学习和参考。这些理论包括长尾理论、注意力经济、摩尔定律、梅特卡夫法则和科斯定律和双螺旋理论等。这些理论不仅影响着电子商务的发展，同时也深刻地影响着人类社会的发展。

本章首先从"浪潮信息"这个案例开始，让大家充分了解电子商务发展背后的技术驱动。其次具体介绍了影响电子商务发展的各种理论。再其次介绍了影响电子商务发展的各种技术，指出云、网、端已经成为新的社会发展动力的基础设施；随后介绍了电子商务的机理、解构、系统以及应用层次；并介绍了常见的电子商务商业模式。最后精心选取了飞猪、科大讯飞、钉钉、有妖气及叮咚买菜等有代表性的案例让大家更全面和清晰地了解、学习电子商务的理论、技术、模式。

【问题思考】

1. 影响电子商务发展的经济学理论有哪些？
2. 影响电子商务发展的科学技术有哪些？
3. 云、网、端分别代表什么？为什么说它们是经济发展的新基础设施？
4. 电子商务的"三流"是什么？它们之间有什么关系？
5. 如何理解电子商务总框架？
6. 以案例的形式，分析和阐述中国的电子商务。

应用篇

第3章 电子商务零售

【本章要点】

☆ 理解电子商务对传统零售业的冲击；
☆ 理解电子商务改造传统零售业的本质；
☆ 掌握电子商务零售业的商业模式；
☆ 掌握零售业电子商务的特点和趋势。

【开章案例】

银泰百货：传统零售大亨的 O2O 之路

在百货市场持续萎缩的今天，电子商务的冲击让传统百货的转型显得尤为重要。对拥有大量线下百货门店的银泰来说，线上、线下的 O2O 融合将对银泰自身的销售以及服务带来巨大的提升空间。

一、银泰百货简介

银泰集团（全称为"中国银泰投资有限公司"）是一家以商业零售、地产开发与经营、矿产资源、智能物流、投资与金融六大业务为主的多元化产业投资集团。银泰集团创立于 1997 年，总部设于中国北京。

银泰百货是中国银泰集团旗下以百货零售业为主营业务的大型百货连锁集团。集团成立于 1998 年，在全国城市布局中以一、二线城市为主，市场定位银泰百货、银泰网和银泰购物中心三大业态品牌。

二、银泰百货的 O2O 转型之路

1. 打造线上线下的 O2O 融合

银泰百货最早在 2009 年开始涉足 O2O 领域，2010 年银泰网作为银泰百货 O2O 业务的拓展正式上线，其主要是专注于精品时尚百货的 O2O 平台，定位中高端品牌的消费。

接下来，银泰百货借助银泰网、银泰天猫旗舰店和银泰京东旗舰店三个平台拓展 O2O 业务，打造一个"24 小时银泰"的全渠道战略，线上的三个平台与线下的门店进行融合，打通线上和线下的商品、营销、服务、体验、会员。银泰网的商品采取自营、自采、自销的模式，对所有的货物统一进行管理，自建库房。从建立网上商城系统至今，与银泰百货形成互补，并且最早在浙江杭州建立自己的首家线下 O2O 实体店"I'M 银泰名品集合店"。

2013 年随着移动互联网的大爆发，银泰网也推出了自己的"手机版银泰网"。

2. 携手支付宝，打造线下支付体验

2013 年 11 月，银泰商业集团与支付宝达成战略合作，顾客可以在线下百货门店接受"当面付"服务。同时实体店还设置有触摸屏，消费者可以线下体验，线上购买，同时可以在银泰网上查询订单和网上下单线下提取货物等服务。

3. 大数据推动，构建会员体系

银泰百货经过数十年的线下积累，已经拥有了 200 多万名 VIP 会员。2012 年 10 月，银泰百货针对高端会员推出了 VVIP 俱乐部；2013 年 5 月推出社交网络"银泰闺蜜圈"，3 人以上的银泰 VIP 会员组群能享受更多积分与活动优惠，分享购物快乐。2013 年 6 月 29 日年中庆，银泰就通过与浙江电视台的直播合作，全省 22 家门店销售额同比上升 223%，两天共实现销售收入 2.8 亿元。2015 年 5 月 20 日，银泰商业集团设立"520 会员日"，当日以会员为主的促销活动销售额突破亿元。

将门店商品数字化，逐步抓取用户数据，包括进店用户数据和 VIP 用户数据，打通线下实体店和线上的 VIP 账号。2013 年底银泰在所有实体店完成免费 Wi-Fi 铺设，当一位已注册账号的顾客进入实体店，手机连接上 Wi-Fi，顾客过往与银泰的所有互动记录、喜好便会在后台呈现。通过对实体店顾客的电子小票、行走路线、停留区域的分析，来判别顾客的购物喜好，分析购物行为、购物频率和品类搭配的一些习惯，并可随时根据客流量增减无线 POS 终端和无线 PC 终端，改善顾客购物体验。

同时，银泰积极开拓电子商务新业务，2013 年 5 月，银泰集团与阿里巴巴等企业共同投资成立"菜鸟网络"，持股 32%，成为仅次于阿里的第二大股东，致力打造一个以物流数据网络互联共赢的平台。

4. 携手阿里，全面转型

2014 年 3 月 31 日，银泰商业集团与阿里巴巴集团共同宣布，阿里巴巴集团以 53.7 亿港元对银泰商业进行战略投资。双方随后将组建合资公司，合资公司将利用银泰商业在中国地区的零售网络、资源和基础设施以及阿里巴巴集团在电商平台和消费数据分析能力，来发展线上线下（O2O）业务。

此次战略投资后，阿里集团与银泰商业全面打通了会员体系、支付体系，同时将实现商品体系对接。在此基础上，双方构建了一套打通线上、线下商业的基础体系，实现线上、线下的商品交易、会员营销及会员服务无缝联通。这套体系未来将对全社会开放，为所有的线下各大商业集团、零售品牌以及零售商服务。

对于双方的此次合作，有分析师指出，阿里巴巴集团代表电商线上资源，银泰优势则在线下方面。此次投资后，双方加大在电商领域的合作，特别是 O2O 方面，"阿里巴巴集团投资银泰之后，打通了包括购物线下体验、物流、支付、用户流，更多的用户会喜欢在银泰＋阿里巴巴集团的平台上购物"（见图 3－1）。

三、小结与启示

近年来逐年递增的网购市场，蚕食了传统百货的份额，不可否认的是，百货业销售下滑较大的品类也正是网络购买增长最快的品类，例如家电、IT 产品、服装等。

此次银泰与阿里巴巴的"联姻"，引起国内百货企业的"震动"，传统零售业和电商的一体化目前正在提速。越来越多的百货零售集团意识到，零售业拥抱移动互联网是行

图 3 - 1 银泰百货和阿里集团合作打通 O2O

业的发展趋势。未来线上、线下交易界限会越来越模糊，双方将共享除支付以外的配送、体验、售后等多个环节。而零售业未来的角力点也将演变成谁能为消费者提供一个线上、线下无缝联合的服务体系。

电子商务对传统零售业的改造，才刚刚开始。

（资料来源：《全球商业经典》《数字经济》《浙江经济》）

3.1 电子商务对传统零售业的冲击和颠覆

2003～2013 年，中国百货业经历了近 10 年的黄金发展期，如今受到经济环境和行业竞争的影响，百货业正面临转型压力。而在零售业界，业内人士对"百货店"的提法也越来越少，取而代之的是具有更大体量、更强聚客能力的购物中心，"百货店"这个曾经以满足消费者购物为主要目标的传统业态在逐渐离我们远去。

而与此同时，电子商务零售（网络零售）却正在崛起。电子商务零售是指利用计算机网络技术实现整个交易过程中的电子化、数字化和网络化。按照交易主体的特点进行分类分为：B2C（business to consumer）、B2B（business to business）、C2B（consumer to business）、C2C（consumer to consumer）、O2O（online to offline）等。经研究，这些模式中的交易主体总共有八个主体，分别是：企业（business）、政府（government）、管理者（manager）、消费者（consumer）、线上平台（online）、线下实体（offline）、工厂（factory）、代理商（agents），通过对八个交易主体的研究，发现这些交易主体都是围绕消费者（consumer）主体为核心在进行联系。

3.1.1 传统零售业的没落与网络零售的兴起

传统零售业包括超市、便利店、专卖店、购物中心、工厂直销店等，其起源可追溯到 19 世纪中叶，至今有 160 多年的发展历史。而网络零售业包括电视购物、邮购、网上商店、电话购物等。这两者之间存在着一定的差异，主要为分类、企业规模、组织结构、消费者构成和市场状况五个方面。随着网络零售业的发展，传统零售业逐渐显现出一些问题，主要表现为传统零售业企业规模较小，缺乏规模效益；物流配送中心建设落后，物流成本高；阶梯状分布明显，区域发展不平衡；品牌知名度和美誉度不高；管理机制不成熟，缺乏连锁经营复合型人才等问题。2019 年社会消费品零售总额达到 411 649 亿元，比 2018 年增长 8.0%；2020 年社会消费品零售总额受到新冠肺炎疫情影响，但也达到 391 981 亿元，其中，来自电商零售的交易量达到 123 279 亿元，几乎占全年销售总额的 1/3，如图 3 - 2 所示。

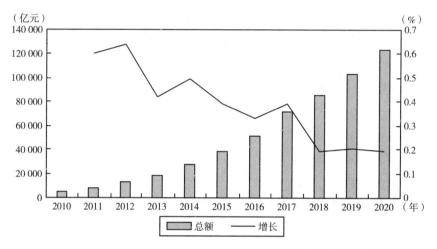

图 3 - 2   2010 ~ 2020 年中国网络零售交易规模及增长趋势

资料来源：中国电子商务研究中心发布的《2019 年中国网络零售调查报告》。

从 2011 年开始，中国各大百货公司销售业绩急剧下降，现在更是一路大跌。这是近 20 年来从未有过的现象。百货业整体呈现下滑趋势。人力、房租等成本大幅上涨成为压在百货企业头上的巨石。然而，在诸多导致百货业不景气的因素中，对传统百货业构成最大威胁的正是电商。与传统零售业销售额相对的是近几年来涌现的淘宝、天猫、京东、唯品会、拼多多、抖音、快手以及当当等网络购物平台交易额增长较快。艾瑞数据显示：2010 年，我国网络零售市场交易额为 5 141 亿元；2013 年达到 18 851 亿元，超过美国成为全球第一大网络零售市场，同比增长 40.9%；2020 年达到 123 279 亿元，比 2019 年增长 19.5%。取得如此巨大的发展并不是偶然的。以图书销售为例，网上书店具有便捷的信息服务、众多的产品选择、诱人的价格折扣、完善的售后服务等优点，越来越多的人选择在网上购书。例如，人们不仅可以在当当网上购买许多实体店没有的书籍，而且价格比实体店便宜，这使当当网迅速发展。

3.1.2   网络零售带来的冲击和颠覆

在电子商务交易模式下，人们不必面对面地在实体市场上进行交易，也不必再依赖于纸质单据和货币进行交易。其快速发展对我国零售行业产生了巨大影响，特别是对于传统零售企业而言，一方面电子商务平台的搭建为这些企业提供了拓展业务和吸引顾客的好处；另一方面对传统零售企业带来了冲击和颠覆，主要有以下三点。

第一，电子环境下的新商业模式冲击传统零售业原有模式。由于电子商务的迅速发展，一些基于网络的新的商务模式不断涌现，传统的零售业面临着更为激烈的挑战。例如，网上商店的商品价格普遍低于传统的零售商，因为网上商店的成本较低，店主只需支付较少的人力服务费甚至无须支付店铺费。因此，对于不具有价格竞争力的传统零售商，必须主动进行变革，只有这样才能生存下去。

第二，电子商务的发展对传统零售业形成直接竞争。5 年前我们进入购物中心，顾客平均年龄大约为 30 岁，而现在再进入购物中心，顾客的平均年龄可能是 35 岁左右；而现在越来越多的人，特别是年轻人更喜欢进行网上购物。小红书、抖音等新媒体平台的出现，取代了传统的媒体，几乎所有的大公司，年度预算投在新媒体上的资金越来越多，直接挤压了传统媒体；而新媒体面对的人群则是 15～40 岁的人群，他们节奏快、购买力强，直面新媒体推送的时候就直接在电商页面上下单，这使传统零售业的顾客减少，遭受巨大威胁。

第三，电子商务使传统中间商地位下降。传统交易中存在着专门从事商品中介服务的批发商和零售商，生产商通过一个或若干个"中间商"沿着线形价值链向下传递商品所有权，这需要消费者承担流通成本。如今，在电子商务环境下，生产商可以直接以相对较低的成本向消费者直接推销商品与服务，这既降低了销售成本又提高了流通效率，这给生产者和消费者都带来了好处，却逐渐把"中间商"挤出了市场。

3.1.3　基于互联网的全国统一大市场形成

全国统一大市场的形成对于国家经济繁荣至关重要。美国经济学家保罗·罗默指出，统一而庞大的国内市场是美国 19 世纪经济增长的独特要素之一，庞大的市场规模通过规模效应和技术收敛促进了美国的发明创新，并联同资源丰富这另一独特要素之间的交互作用创造了技术领先优势，从而奠定了美国崛起的基础。

在我国，市场化 40 多年，统一规则下的全国大市场依然困难重重。分割的市场、高昂的中间成本与扭曲的定价机制导致国内流通体系低效，同时严重抑制技术创新和产业升级。

而互联网天然具有跨地域、无边界特性，架构在互联网之上的电子商务也具有跨地域、分布式、在线协同的特点。当线下各省份、区域分割严重的局面无法短时间改变的时候，互联网通过其"距离无关"的天然属性，将全国不同区域间巨大的制度与政策落差瞬间抹平，形成了事实上的全国统一大市场。

这里的"统一"，是指统一的准入条件、交易规则、信用制度、IT 服务、金融以及物流体系等。这个市场足够"大"，以淘宝网为例，每天上亿个用户、10 亿件商品、900万个的卖家，每天 2 000 万件以上的包裹量，24 小时不间断的电子商务交易行为。

淘宝网实现了海量需求和供给信息的高效、实时、全局匹配，也驱使各类生产要素在市场平台上自由流动。基于互联网的全国统一大市场形成使我国独具优势的"巨国效应"显现。这意味着，中国仅仅依靠其国内市场就可以实现产业的不断升级。

经济学家盛洪指出，我国的人口众多和地域辽阔为我们提供了一个巨大的市场广度，也为市场分工和专业化奠定了良好基础。我国可以做到很多小经济体所不能做的事情。例如我国的内部市场巨大，很多分工和产业转移均可以在国内发生。市场越发展，分工越细，创造附加值越多。"巨国效应"使一个国家依靠其国内市场就可以完成产业的不断升级。

互联网的全国统一大市场是指利用互联网把全国各地区的经济在社会分工和商品经济高度发展的基础上融合成一个互相依存的有机统一的市场，也就是基于互联网的全国统一大市场。这一大市场具有统一的交易规则、统一的信用体系以及统一的商业服务体系。

第一，统一的交易规则。我国市场经济发展过程中，各金融机构交易规则不统一，成为阻碍市场经济发展的巨大绊脚石。随着互联网的推行，我国统一大市场形成并且踏上了统一交易规则之路。在统一交易规则的前提下，各金融机构可以发挥各自的优势，提供增值服务，开展合作与竞争。

第二，统一的信用体系。信用体系是一种能够保证市场交易正常进行的社会机制。有效的信用体系必须是以法律为基础，系统、完善、统一的企业和个人资信信息为支撑，有效的政府监管为手段的有机整体。稳定可靠的信用体系是市场经济有效运行的重要基础条件，社会主义市场经济应该是建立在稳定的信用关系之上的法制经济。而基于互联网的全国统一大市场，更应该建立统一的信用体系，只有这样才能保证各种网上交易正常进行。

第三，统一的商业服务体系。随着全球化水平的提高，信息化程度不断加强，科学技术迅猛发展，我国经济发展理念在不断地转变，逐渐形成了统一的商业服务体系。而不断完善的商业服务体系和良好的商业环境又进一步推动了互联网全国统一大市场的形成。

互联网与零售业的结合促进了电子商务统一大市场的形成，释放了庞大的内需消费潜力，并推动我国流通业在覆盖地理范围、覆盖人群上的跨越式发展。同时，得益于交易技术和商业模式的革命，流通业的效率和水平得到明显提升。

3.2　电子商务对零售业的改造

研究发现，通过电子商务人们可以利用网上支付手段通过互联网络随意选购自己中意的商品，时间和空间的界限几乎完全可以被打破。作为一种全新的交易方式，这极大地改变了人们的交易方式和消费习惯，并引起了整个社会经济结构的变化。近30年以来，电子商务几乎快速渗透每一个行业，其发展对传统零售业产生了深刻且深远的影响，同时不断对零售业进行改造。

第一，网络零售释放消费潜力。网络零售业是伴随着电子商务的发展而兴起的一种新型零售业态，近10年以平均每年38.63%的速度增长。电子商务零售业是企业和消费者利用互联网来实现交易信息的查询、交易资金的转移、交易物品运输信息的查询等行为，互联网极大地改变了交易程序。

第二，网络零售提升交易效率。零售业是连接生产和消费最关键的流通环节，零售业是否具有效率不仅制约着再生产，而且直接关系着消费者需求的满足。经过近10年的高速发展，我国零售业在发展环境、市场规模及结构等方面都发生了巨大变化，零售企业的经营规模也越来越大，连锁化、集团化、集中化趋势不断加强。但是在效率问题上，不能单纯地追求速度和数量，更要注重质量和效益。而网络零售业的发展，为解决效率问题提供了一个很好的路径。

网络零售的最大特点就在于其终端无缝覆盖。通常而言，只要有互联网的存在，就可以有网络信息的传播，那么消费者便可以在地球的任何地方购买自己所需要的消费品。例如，对于网络购物，只要有一台可以上网的计算机或者手机，消费者足不出户，只需在工作之余的零碎时间里，就能收集商品信息，与朋友同事讨论商品性能，交流消费体验，甚至做出购买决定，这极大地提高了消费者对时间的利用率，节省了消费者的时间成本，这对于工作繁忙、时间紧迫的上班族来说是非常便利的，即便是加班了没时间上街购物，在工作间隙中花费少许时间就能完成所需商品的购买。毋庸置疑，网络零售提升了商品的交易效率。

第三，互联网 + 实体店：实现"人、货、场"的数据化。目前优衣库、ONLY、H&M 等多个服装品牌均在淘宝商城拥有官方旗舰店。甚至一些在过去基本通过传统渠道消费的地方特产等，也纷纷踏上了网销之路。在淘宝网上可以方便地买到全国各地乃至世界各地的特产，例如武汉的鸭脖子、新疆的和田玉枣、平遥的牛肉等。大到家电，小到零食，甚至连保险这种抽象化的金融产品，都可通过网络方式购买。人保、平安、太平洋等几大保险公司都相继开设了电子商务直销网站。由此可见，随着互联网技术、智能终端等信息科技的蓬勃发展和快速应用，互联网和实体店正在互相融合、相互渗透。

这种线上和线下融合发展之路，其商业模式可以概括为"店商 + 电商 + 零售服务商"，它的核心是以互联网技术为基础，嫁接、叠加、改造、优化线下的业务流程和零售资源，整合产品的生产和销售，融合线上和线下，服务全产业，服务全客群，以实现"人、货、场"的数据化。

3.3　零售业电子商务的模式

传统零售业在世界各个国家都有悠久的历史，也是每个国家中最为重要的行业之一。零售业的不断发展，不仅提高了人们生活的质量和消费效率，而且在一定程度上改变了人们的生活方式。网上商店的诞生，即零售业电子商务的发展给人们带来了很多好处，例如扩大了商品的交易范围、缩短了商品的空间距离、降低了交易费用、提高了购物的便利性等。零售业销售过程中，现代互联网信息技术的应用，是电子商务的基本模式。改革开放几十年后，我国的零售业通过自身的快速成长以及学习西方的新型组织形式和经营方式促进其不断向前发展。

我国电子商务开始于 1995 年，张树新建立"瀛海威"是我国的第一家民间电子商务公司，标志着我国电子商务时代的开始。1997 年期间出现了以阿里巴巴、易趣网等为代表的电子商务公司。2000 年，由于互联网的"泡沫破灭"，我国电子商务的发展遭受冲击。2003 年，我国电子商务市场从泡沫快速回暖，并为接下来几年中的高速发展奠定了基础。2008 年全球金融危机对我国的制造业造成重大打击，使很多外贸企业举步维艰。

在政府出台扩大内需与刺激消费的相关政策后，这些企业开始将产能转移到内贸上。国内电子商务的各种交易模式通过了近 10 年的发展和磨合，为这些企业进入电子商务领域打下了很好的基础。很多外贸企业抓住机会，开始尝试进入内贸电子商务领域。而这些企业的加入成为 2009 年以后我国电子商务新一轮高速发展重要力量。2012 年，以国美、苏宁为代表的传统零售业开始全面介入电子商务领域。传统零售业向电子商务的整合与融合已经逐步开始。2013 年苏宁电器更名为"云商"，而万达集团、国美电器、王府井等传统企业也加大了电子商务的投入与关注。2015 年后，诞生了一大批新兴的电子商务平台，例如拼多多、抖音、快手、必要商城等。同时老牌的电商公司开始布局海外，例如电商巨头阿里和腾讯都积极布局东南亚、印度的电商市场，积极推动中国电商在海外的扩张。但同时，国内因为电商公司早期的无序扩张，导致了看似无形的网络虚拟市场却"诸侯割据、各占领地"的行为无疑又让互联网空间七零八落，工信部开始出手整顿这种行为，又为将来的电子商务整体健康发展起了好头。

3.3.1　B2C 网络零售模式

B2C（business to consumer）电子商务是指通过网络、电商和消费者完成线上交易的一种买卖方式，这是按照电子商务交易主客体划分而来的一种商务模式，是我国诞生最早的电商模式。在 B2C 网络零售企业商业模式的行为主体中，B2C 网络零售企业通过提供交互性能良好的购物页面、质优价廉的商品、完善的售后服务来为顾客创造良好的用户体验，从而吸引和维持顾客，而顾客数量的增加为企业创造营业收入的同时，也会增加供应商对企业的依赖性，并吸引新的优质供应商加入，从而为顾客提供更加优质、丰富的商品，形成"顾客—B2C 网络零售企业—供应商"间的良性循环。而其他第三方机构为"顾客—B2C 网络零售企业—供应商"之间的交易提供支持。

B2C 网络零售企业指的是通过互联网或其他电子渠道向终端顾客销售商品的企业，主要包括自营式和平台式两种类型。

购物网站是 B2C 网络零售企业的核心资源，其关键业务都与购物网站息息相关。顾客吸引与流量维持是 B2C 网络零售企业的核心工作。加强对供应商的管理，维持与供应商的良好关系是 B2C 网络零售企业的重要任务之一。

B2C 网络零售企业的供应商主要包括两类：一类是自营商品的生产商或经销商，这类供应商为 B2C 网络零售企业提供的商品是由 B2C 网络零售企业自己负责采购、定价、仓储、配送和售后的，在这种情况下，B2C 网络零售企业是顾客购买商品的直接提供者，这类供应商可以称为自营供应商；而另一类供应商称为平台商家，平台商家自己负责商品的定价、销售、仓储、配送和售后，也可以选择将仓储、配送等环节外包给 B2C 网络零售企业，在这种情况下，平台商家是顾客购买商品的直接提供者，而 B2C 网络零售企业可以通过开放 IT 系统、出租虚拟店铺、提供仓储配送服务等获取收入。顾客是指在 B2C 网络零售企业创建的购物网站上购买商品或服务的消费者。

顾客是 B2C 网络零售企业吸引更多的供应商加入的筹码，是企业的重要资源，是 B2C 网络零售企业商业模式的核心。顾客需求是 B2C 网络零售企业商业模式设计的起点。吸引到一定数量、一定规模的顾客对于 B2C 网络零售企业商业模式的成功来说至关重要。

B2C 网络零售企业商业模式的顺利运行还需要其他第三方机构的支持,包括第三方支付企业、物流公司、政府等。第三方支付企业为 B2C 网络零售企业的商业模式提供了交易支持。物流公司的服务水平与顾客的用户体验密切相关。政府作为政策的制定者对 B2C 网络零售行业的发展起到规范、引导的作用。法律法规的建立和完善为 B2C 网络零售企业及其商业模式的发展提供了很好的引导。

随着电子商务的兴起,企业的价值链结构发生了革命性的变化,B2C 网络零售企业以网站为基础,其经营、营销和售后服务等价值活动都不同于传统的制造型企业,其价值链如图 3-3 所示。

图 3-3　B2C 网络零售企业的价值链

选择优质供应商、采购优质商品是 B2C 网络零售企业价值链的起点和重要组成。网站运营是指 B2C 网络零售企业购物网站的开发、运营和维护,是 B2C 网络零售企业价值链中的核心活动。营销推广为顾客提供了购买商品的信息和渠道,并促进和引导他们的购买行为,包括市场调研、产品与服务策略、品牌策略、定价策略、促销策略等的确定及实施。物流配送是 B2C 网络零售企业向顾客传递价值的重要环节,包括选货、装箱、运输、配送及物流跟踪等活动。售后服务为顾客的消费提供了保障,是提高和维持价值的重要活动。B2C 网络零售企业在设计价值网时,必须理清企业、供应商、顾客和其他第三方机构之间的价值联系,将三者之间的价值传递过程清晰化。

B2C 网络零售企业的价值网如图 3-4、图 3-5 所示。

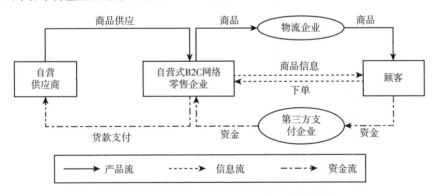

图 3-4　自营式 B2C 网络零售企业的价值网

从图中我们可以清晰地看到,价值通过产品流、信息流和资金流的运转在 B2C 网络零售企业、供应商、顾客和其他第三方机构之间进行传递。通过对比发现,自营式与平台式相比,自营式的 B2C 网络零售企业需要更注重对产品流的管理,产品流是整个自营式 B2C 网络零售企业价值网的基础,而平台式的 B2C 网络零售企业则更加侧重于对信息流和资金流的管理。

B2C 网络零售企业商业模式的收入模式中分为收费对象、收入源、收费方式。

收费对象是指企业收取费用的目标客户,解决的是企业"向谁收费"的问题。B2C

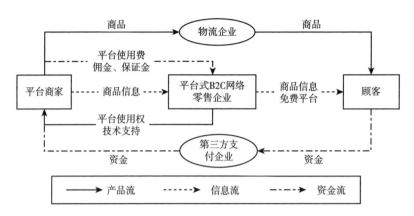

图 3-5　平台式 B2C 网络零售企业的价值网

网络零售企业的收费对象主要包括两类，一是自营商品的购买者；二是平台商家。自营商品的购买者为其购买的商品和服务支付相应费用，平台商家为其获得的平台使用权和技术支持支付一定的费用。

收入源需要解决的是企业"凭什么收费"的问题，是企业据以获取收入的那部分价值内容。B2C 网络零售企业为消费者提供了种类丰富的产品和便利的购物服务，为平台商家提供了开放式的网站平台和技术支持，这些都是 B2C 网络零售企业为客户提供的价值内容，也是企业进行收费的依据。

收入方式上，B2C 网络零售企业在对自营商品的定价上一般采取薄利多销的策略，商品定价低于实体零售，而在付费环节，顾客可以选择下单时在线付款，也可以选择货到付款。对于平台商家，B2C 网络零售企业会根据平台商家经营的产品类型向其收取相应的平台使用费和技术服务费等费用，具体的费用和费率不同企业会有所差异。

2021 年的中国电子商务零售业，第一，阿里系的天猫还是"一家独大"，京东与天猫之间存在差距，但是京东已足够让天猫引起重视；第三，拼多多异军突起，季度日活人数已经超过阿里系，但是在各种购物保障上与天猫、京东相比还有差距，购物体验一言难尽；第四，唯品会借助和品牌商长期的合作，在中高端品牌的零售上有亮眼的表现。总之，看似"稳定成熟"的 B2C 市场还是暗藏汹涌，各家电商纷纷开拓新业务如跨境电商、农村电商、消费金融、电商物流、智能硬件等加固自身"地盘"（见图 3-6）。

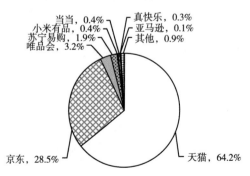

图 3-6　2021 年第三季度 B2C 网络购物市场份额占比

资料来源：每经网，http://www.nbd.com.cn/

"电子商务零售"专栏一

丽人丽妆：行业领先的化妆品零售商

一、公司介绍

丽人丽妆（股票代码：605136）是中国知名的线上化妆品零售服务商，与佳丽宝、爱茉莉太平洋、汉高等国际知名化妆品集团授权合作，获得包括奥伦纳素、后、芙丽芳丝、雪花秀、雅漾、施华蔻等 60 多个全球知名品牌在中国的正品授权，是以上品牌坚实的合作伙伴。

2010 年，上海丽人丽妆化妆品股份有限公司正式成立，总部位于上海。截至 2020 年底，丽人丽妆拥有 950 名在职员工，始终坚持只卖授权正品的初心，期望带给消费者优质新颖的购物体验。

二、丽人丽妆的商业模式

丽人丽妆的业务主要是依托于阿里生态，淘内流量运营，拿下知名品牌代理，在市场红利期快速成长成知名化妆品代运营公司，公司的业务包括以下三项。

（1）电商零售：以买断方式向品牌方采购产品，通过官方旗舰店销售给终端消费者，同时提供相关运营服务。

（2）品牌营销运营服务：建设、运营品牌方线上品牌官方旗舰店或提供营销推广服务，但不采购货品。

（3）分销及寄售：分销业务中，公司向品牌方采购货物销售给分销商，寄售业务中，公司为屈臣氏等线下店铺提供寄送服务，待客户完成终端零售时根据销售额确认收入并收取服务费。就盈利能力而言，C 端高于 B 端，轻资产高于重资产（背存货），因而品牌营销、运营＞电商零售＞分销寄售毛利率，公司以品牌运营和电商零售为主，分销寄售占比小且营收不稳定。

从丽人丽妆所在的行业来看，其是典型的代运营行业，而且丽人丽妆主要就是做美妆业的代运营，美妆业代运营行业十分景气，美妆为优质赛道，电商＋代运营加速渗透，行业正处于红利期，在供给端和需求端的双重催化下，电商＋代运营渗透率不断提升。

随着收入的提高，人们对美好生活的向往首先表现在"对自己好"，高端美妆市场乘势崛起但市场分散，马太效应下头部市占率持续提升。代运营行业马太效应显著，在头部玩家规模扩大及平台端支持下，丽人丽妆作为六星级服务商，持续受益行业集中度提升，美妆线上空间广阔、需求大，公司所处的线上美妆领域渗透率低、增速快，代运营壁垒高、需求旺，公司发展前景较好。

丽人丽妆受益于消费升级"主攻国际大牌＋拓展小众品牌＋零售模式深度介入"的商业模式，也奠定了其发展的基调。

首先，丽人丽妆主要服务国际大牌在中国的线上服务，公司主要客户为 HERA、雪花秀、后等，且表现突出。同时凭借业内积累的基础，持续拓展海外小众品牌，市场空间十分广阔。

其次，零售为主＋全链路深度服务品牌方。公司电商零售业务收入占比超 95%，为同业最高。零售模式与品牌方的合作周期长，在产业链的介入程度更深，能够更好地服务品牌方。

最后，公司充分利用商业智能，用数据赋能销售。丽人丽妆研发建设并持续完善专业的互联网零售智能化运营系统，通过信息化系统衔接公司各部门的不同业务环节，确保各项业务的精细化管理和顺利推进，并实现供应链价值重塑，持续提高运营效率，为消费者提供流畅、高效的购物体验。

例如，丽人丽妆自行研发的业界领先的 OMS、IMS 系统，就能够实现订单快速拉取及处理。根据设置的营销规则精准匹配赠品、小样等个性化、多元化的营销方案；根据产品库存情况、运输半径、发货速度、配送成本等因素进行自动分仓，保证发货及物流效率；根据历史订单情况持续优化分仓规则设置，在保障安全库存的同时降低库存深度，提升分仓配送效率并有效控制成本。此外，丽人丽妆还能够实时监控每个 SKU 商品的库存情况，提示店铺运营团队通过营销策略促进库存消化，提高存货周转率，实现库存的精细化管理。

同时，丽人丽妆通过与大量化妆品品牌的合作，积累和沉淀了庞大而有效的用户消费数据，并自行研发了 BI 商业智能分析系统、大数据存储处理系统和 CRM 客户忠实度管理系统。凭借出色的信息系统和数据挖掘分析能力，丽人丽妆为品牌运营提供数据支持及策略建议，并为提升品牌价值提供了有力支持（见图 3-7）。

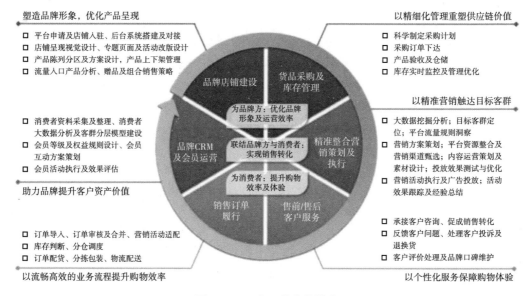

图 3-7　丽人丽妆商业模式

丽人丽妆认为，社媒营销将成为下一代 TP 核心能力。过去几年，化妆品行业企业的消费路径经历了从淘内流量分配到社媒内容运营为主的变迁，这些美妆代运营公司都同样面临着在社媒时代升级转型的挑战。

一方面，知名品牌对这类公司依赖度逐渐下降，市场空间增速放缓；另一方面，类似于高浪的新型社交媒体公司，有着较强的社媒内容引流能力，他们在跨境小众品牌，品牌运营方面积累丰富的经验，可以从 0~1 运营起一个新品牌过亿的市场。与此相类似的，新锐品牌也在依托着社媒崛起。在这样的背景下，如今美妆代运营公司的核心能力正在发生改变。对于丽人丽妆来说，如何能够在社媒新营销下快速成长，应对存量和增量的竞赛，是其最大的挑战。

三、结论

丽人丽妆有以下的竞争优势：具有广泛的合作品牌基础，先发优势及规模效应显著；具备领先的 IT 系统和精细化管理，有效提升供应链价值及运营效率；具备出色的数据分析能力，以数据分析为品牌运营赋能；专业电商运营与品牌营销人才优势。

但同时也存在着相应风险：如果国际品牌合作终止，将给公司业绩带来较大波动；同时如果营销投放效果不理想，不能实现良好销售，则将影响公司存货周转及业绩表现；国潮兴起、年轻一代偏好国产化妆品，若未来年轻一代消费者偏好本土产品，或对国际品牌不再盲目信任，将加大公司代运营国际品牌的难度。

因此，本着对公司的未来负责，丽人丽妆正在积极转型。

（资料来源：《中国企业家》《创新时代》《上海交通大学学报》）

3.3.2　C2C 网络零售模式

C2C（consumer to consumer）是互联网中个人与个人直接的交易行为，C2C 指消费者通过互联网与消费者之间进行相互的个人交易，例如个人拍卖、二手交易等形式。目前我国知名的 C2C 电子商务平台有淘宝网，国际上的平台有 ebay 等。其中，于 2003 年 5 月创立的淘宝网现已成为我国 C2C 电子商务的代表性模式。

C2C 网络零售模式是中国最早普及和成熟的电子商务模式，这一模式能够成功推广，得益于此模式符合我国早期网络消费者的消费心理和消费习惯——"货比三家"及"物美价廉"。

通过考察 C2C 电子商务行业的服务、用户群以及与其他电子商务行业进行对比，可以发现，C2C 电子商务主要具有以下一些特征。

第一，为买卖双方进行网上交易，提供信息交流的平台。

电子商务将传统的交易搬到了网上，C2C 电子商务更是将传统的商业领域从 B2B 和 B2C 扩展到 C2C，而 C2C 电子商务正是为打算上网进行物品买卖的人们提供了一个发布和获取信息的平台。网站允许卖家在其上发布待出售的物品的信息，允许买家浏览和查找别人拟出售的物品的信息，也允许买卖双方进行交流。

第二，为买卖双方进行网上交易，提供一系列配套服务。

C2C 电子商务为买卖双方进行网上交易提供信息交流平台，但这只是一项最基础的服务。除此之外，C2C 电子商务还必须提供一系列配套的服务，才能使交易能够顺利地进行并且最大限度地发挥网上交易的优势。例如第三方物流和第三方支付等配套服务。

第三，商品信息多，且商品质量参差不齐。

C2C 电子商务平台有着数量众多的卖家，自然也就有着数量众多的待出售的物品。淘宝网曾经的一则广告写到"只有你想不到的，没有你淘不到的"，形象地表现了 C2C 电子商务行业上的商品包罗万象的现状。C2C 电子商务行业上不仅有人们日常生活用品，例如衣服、鞋帽、化妆品、家电、书籍等，也有各种各样的新鲜玩意，例如游戏点卡、个人收藏、顶级奢侈品等。由于突破了地域的界限，人们可以享受来自其他城市的特色产品乃至海外的各类商品。此外，商品的质量也是参差不齐：既有全新的，也有二手的；既有正品的，也有仿冒的；既有大工厂统一生产的，也有小作坊个人制作的。总之，C2C 电子商务行业就像把我们传统的大商场、特色小店、地摊和跳蚤市场统统融合在了一起。因此，商品信息也是相当庞杂。

很多 C2C 网站不能直接通过出售其产品或服务来盈利，所以它在价值链上的位置显得更为重要。网站与价值链上的其他环节一起提供了某种价值，而且在这个过程中实现了价值的增值。或许网站本身不能直接得到提供价值的回馈，但与其同处一条价值链上的其他环节却可以做到。C2C 电子商务网站和价值链上的其他环节一起创造了价值，最终这种价值在价值链上的其他某个环节中变成了现实的利润。在这种情况下，C2C 电子商务网站或许自己并没有直接的收入，但却可以从实现利润的其他环节处分一杯羹。C2C 电子商务网站的价值链如图 3－8 所示。

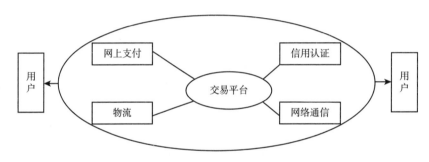

图 3－8　C2C 电子商务网站的价值链

从该模型图中可以看到，我国 C2C 电子商务网站的价值链有以下五个环节。

（1）交易平台。交易平台是我国 C2C 电子商务网站提供的基本服务，也是其最核心的业务。

（2）网上支付。主要指为使其用户能够进行网上支付而提供的服务。目前，我国几个大型的 C2C 电子商务网站，例如淘宝、拍拍等，都向其用户提供网上支付的服务。

（3）物流。交易中物品的转移必须通过物流才能实现。不过，目前我国 C2C 电子商务网站除了淘宝有菜鸟物流，还没有其他 C2C 平台将这一环节纳入自身提供的服务的范围。

（4）信用认证。信用认证是为了解决网上交易存在的信用问题而提供的服务。目前，我国几个大型的 C2C 电子商务网站都向其用户提供信用认证的服务。

（5）网络通信。网络通信主要是为了便于参加网上交易的买卖双方更为方便快捷地进行交流而提供的服务。目前，我国几个大型的 C2C 电子商务网站都向其用户提供电子邮件、即时通信、移动客户端等网络通信服务。

以 ebay 为例，ebay 已经较好地实现了盈利。

Ebay 的收入主要来自其三大业务部门：交易平台、网上支付和通信服务。根据 ebay 网站的财务数据，其收入中绝大部分来自其交易平台业务，约占 70.6%，也就是其最核心的 C2C 业务。此外，还有部分收入来自与 C2C 业务直接相关的网上支付业务（约 24.5%）和通信服务业务（约 3.9%）。

交易平台的收入主要来自商品登录费、商品成交费、交易服务费、店铺费、分类广告费、陈列改良费、图片服务费、卖家工具费、底价设置费、立即购买费等。在网上支付方面，在 eBay 网站上，使用 PayPal 的用户还需支付相应的费用，这可以看作 eBay 对交易平台的配套服务——网上支付服务所收取的费用。在通信服务费上，eBay 还有一部分收入来自 skype（见图 3-9）。

eBay收入来源			占总收入比例（%）
交易平台	登录费	包括商品登录费和底价设置费，是发布一件物品所需支付的费用	约70.6
	交易费	包括商品成交费、交易服务费	
	店铺费	即开设店铺需要缴纳的基本费用	
	特色功能费	包括分类广告费、陈列改良费、图片服务费、卖家工具费、立即购买费等一系列可选费用	
网上支付			约24.5
通信服务			约3.9

图 3-9　ebay 的收入来源

资料来源：ebay 财报。

“电子商务零售”专栏二

持续盈利的电商平台：唯品会

2021 年的“双 11”，大家都在说“两红一粉”：红色的是指天猫和京东，粉色特指唯品会。是什么让这个成绩与 2008 年的“早古”公司又翻红了呢？而且比较亮眼的是 2021 年前三季度，唯品会的活跃用户达到 5 110 万人，同比增长达到 32%，VIP 付费会员规模同比增长 50%，同时唯品会已经 35 个季度实现了盈利，所以这个公司在“电商下沉”的时代值得一再分析。

一、唯品会介绍

唯品会成立于 2008 年，在中国开创了“名牌折扣 + 限时抢购 + 正品保障”的创新电商模式，并持续深化为“精选品牌 + 深度折扣 + 限时抢购”的正品时尚特卖模式，在线销售服饰鞋包、美妆、母婴、居家等各类名品。唯品会每天准点上线数百个正品品牌特卖，通过深度折扣、最高性价比，为用户创造最大的价值。其率先在国内开创了“品牌特卖”这一独特的商业模式，加上“零库存”的物流管理以及与电子商务的无缝对接模式，唯品会得以在短时间内在电子商务领域生根发芽。

二、唯品会突围的底层逻辑

1. 正品货源

品牌特卖的底层，是直采特卖模式，这样就省去了各种传统销售里面的中间商模式。

唯品会不养渠道，做的就是直达供应链最上游，把原本中间商赚差价的地方拿来让利。更进一步，对品牌方来说，唯品会就是一个大 B 渠道，能让自己走量，于是唯品会就拥有了比较大的议价能力。而且品牌方为了自己品牌的渗透，也经常给唯品会定制专供独家套装，甚至双方联手来开发产品线，这样就更容易把性价比做到极致。唯品会长期和品牌方合作，经年累月已经建立了较强的合作关系，这种合作关系可以让唯品会拿到全网最低价格的大牌正品，这又给唯品会的后续发展建立良好基础。

2. 以消代采

与品牌长期的合作，品牌方充分信任唯品会，双方创新的采用了 JIT 模式，也就是以消代采。这种模式是品牌方和唯品会深度合作，品牌方提供自己的产品信息和库存，唯品会根据这些信息来开卖，等卖出以后品牌方再送货给唯品会，唯品会配送给客户。这样的好处就是，在开卖之前，唯品会的库存和资金压力会小很多，也避免了采购过多带来的不可避免的滞销情况。后来又从 JIT 模式升级到 JITX 模式，因为货物从品牌方到唯品会，唯品会再重新打包交付的过程中又变成了中间商，虽说不会提高商品成本，但是运输成本和时间成本却增加了。于是唯品会更进一步，开始了 JITX 模式，这其实就是用户下单以后，唯品会把订单信息通过系统推送给品牌方，然后品牌方按照唯品会的要求进行打包然后送货，这样就减少了二次分拣的成本，把更多的利润留给了消费者。"用户下单→唯品会系统推送→品牌打包送货"，这三步迭代，中间都需要唯品会和品牌方两边的共同努力进行投入的，除了系统数据的共融，还需要长期配合带来的信任的存在，这些都需要时间进行磨合和创新，也就是为什么唯品会模式很难在其他平台上看到的原因。

唯品会通过三重赋能，展现了特卖模式里存在的低价。

第一，唯品会提供的性价比，来源不是压低出厂价，而是通过模式和系统的迭代，把原本中间商捞的钱让渡给消费者。

第二，通过提高品牌方出货能力来压低品牌方预设的出厂价，让品牌方在维护自身利润的基础上，提供更有吸引力的价格，来实现消费者、唯品会、品牌方的三赢。

第三，再搭配上互联网时代抹平信息差的特点，通过买手的全球好货筛选来锚定全球最低价的供应商。

这样三重赋能下，唯品会才能做到大牌低价正品的特卖模式。

3. 极致保护用户的退货服务

在唯品会购买商品的时候不会有隐形的运费险作为支付成本，满 88 元包邮，这是其一。而退货的时候全程采用顺丰，然后在收到退货包裹以后 48 小时之内就会办理退款，这让整个退货流程周期变短，这是其二。而且唯品会把在退款完成后补贴 1 000 个唯品币，价值 10 元，来导流和方便下一次的下单，这是其三。

这些合在一起，就让唯品会在电商购物退货这个兜底服务上做到了让消费者顺畅且放心的程度（见图 3-10）。

图 3-10 唯品会的退货流程

三、结论

"早古"的唯品会重新翻红，冲进了消费者的"习惯性购物平台之列"，站在消费者的角度总结，翻红关键无非有三点。

第一，消费者关心买到的是不是正品；第二，消费者关心正品是不是足够便宜；第三，消费者关心不小心买错或者买了以后想换是不是够顺畅。只要这三点满足，这个平台再小，还是能够凝聚一批"向往美好生活的消费者"，而这三点唯品会都满足了，而且直接地告诉大家，我做到了、我发展了、我盈利了。

（资料来源：唯品会官网、《中国贸易报》、《大数据时代》）

3.3.3　B2B2C 和 B2C2C 网络零售模式

互联网零售也会出现很多问题，例如 B2C 的货物囤积和 C2C 的赢利模式问题。在多年电子商务模式的探索之后，B2B2C、B2C2C 以其兼容性高等特有的优点获得了生产者和消费者的喜爱。

B2B2C（business to business to customer）指企业—企业—消费者模式，第一个 B 是生产商，即成品、半成品、原材料的供应商；第二个 B 是电子商务网站，即网络销售商，它是卖方与买方联系的平台，可为双方提供各种附加服务，C 是客户即普通消费者。2009 年 5 月，马云提出了 B2B2C 电子商务模式，他的思路是将针对企业领域的阿里巴巴 B2B 平台和针对个人消费的淘宝平台打通对接，构建 B2B2C 的商业流通新模式，即由淘宝卖家向中小企业大规模采购商品，再卖给国内消费者。这一模式成功地运用在天猫商城。与一般的淘宝店铺相比，天猫在内贸领域和内销市场更具有优势，使生产商能够将产品分销到全国各地，这也就减少了生产商由于积压和库存而产生的成本，更扩大了消费者购物时的选择范围，使消费者不出家门就能买到自己称心如意的商品。

B2B2C 把"供应商→生产商→经销商→消费者"各个产业链紧密连接在一起。整个供应链是一个从创造增值到价值变现的过程，把从生产、分销到终端零售的资源进行全面整合，不仅大大增强了网络销售商的服务能力，更有利于客户获得增加价值的机会。该平台将帮助商家直接充当卖方角色，把商家直接推到与消费者面对面的前台，让生产商获得更多的利润，使更多的资金投入技术和产品创新上，最终让广大消费者获益。

有人认为，这是一类新型电子商务模式的网站，它的创新性在于：它为所有的消费者提供了新的电子交易规则。平台颠覆了传统的电子商务模式，将企业与单个客户的不同需求完全地整合在一个平台上。B2B2C 既省去了京东式的 B2C 的库存和物流，又拥有淘宝 C2C 所欠缺的盈利能力。

B2B2C 电子商务平台将企业、个人用户不同需求完全整合在一起，缩短了销售链，从营销学角度上来说，销售链条中环节越少越好，越是成熟的行业，销售链条越短；B2B2C 通常没有库存，充分为客户节约了成本（其中成本包括时间、资金、风险等众多因素）；并建立了更完善的物流体系，根据客户需求选择合适的物流公司，加强与物流企业的协作，形成整套的物流解决方案。

"电子商务零售"专栏三

太平鸟：从服装公司转型"科技时尚公司"

服装一直是传统产业，也是宁波这个"红帮裁缝"诞生地的传统产业。有一家企业起家于服装传统产业，却借助互联网"蝶变"成一个服装行业中知名的"科技时尚公司"，这就是"太平鸟"服装。

一、公司介绍

宁波太平鸟时尚服饰股份有限公司（股票代码：SH603877）（简称"太平鸟"）是一家以顾客为中心，以"让每个人尽享时尚的乐趣"为使命的时尚品牌零售公司。公司创立于 1996 年，张江平先生带领创业伙伴，以象征爱与和平的鸽子为原型，创建了 PEACEBIRD 太平鸟品牌。公司聚焦时尚行业，实施"梯度品牌"策略，现拥有 PEACE-BIRD WOMEN 太平鸟女装、PEACEBIRD MEN 太平鸟男装、LEDIN 乐町少女装、MINI PEACE 童装、MATERIAL GIRL "物质女孩"女装、COPPOLELLA、PETiT AVriL 贝甜童装以及 PEACEBIRD LIVIN 太平鸟巢家居等多个品牌。各品牌通过差异化风格演绎，优势互补，同时加码潮流、运动等领域，通过联名及先锋设计师合作等方式挖掘"国潮"新元素，赋予太平鸟更深刻的文化内涵。

二、利用互联网"蝶变"

新零售自从提出以后，各行各业都受到一定程度的影响，服装行业尤其首当其冲，因为服装本身容易快递的特征，互联网服装品牌突起迅猛，传统服装品牌受到很大冲击。但是太平鸟非但没有受到冲击，反而成功地步入新零售行业。

太平鸟积极拥抱互联网、拥抱新零售是在 2017~2018 年，这两年中，它基本完成了品牌调性的迭代，完成了从"80 后"向"90 后"人群的惊险一跃，成功捕获最年轻消费者的心智，渠道结构调整趋于结束，新渠道（电商和购物中心）收入占比过半，业绩飘红。

在哀鸿遍野的传统服装行业，太平鸟是怎样借助互联网实现逆袭的呢？

第一，懂年轻人。在论懂年轻人这件事，太平鸟可以说是做得最好的。早早入驻电商平台，其在线下终端拥有 4508 家门店的同时，在线上也入驻了天猫、京东、唯品会等电商渠道，微博、微信、小红书、抖音、快手、天猫播，年轻人在哪里，太平鸟就在哪里，年轻人喜欢什么，太平鸟就生产什么。在天猫平台上，太平鸟旗舰店坐拥 836 多万名粉丝；近两年的"双 11"，其销售业绩均超过了 8 亿元。

年轻人喜欢斜杠青年，太平鸟就推出跨界的"太平青年"——近两三年，太平鸟的跨界合作可以说"脑洞颇大"，从可口可乐到凤凰单车，从表情符号 emoji 到喜茶，再从皮卡丘到芝麻街，涉及各个领域的大 IP，都充满了新鲜感。在太平鸟不断的努力下，2021 年抖音的 818 好物节总销售额 TOP20 品牌榜中，太平鸟以近 9 000 万元销售额位列第 8，超越年轻人喜欢的运动服饰龙头李宁。

第二，用好大数据。在数据使用上，生产端率先进行改革。太平鸟通过"追单"形式，对可能成为爆款的"潜力股"进行深度管理。一些初始备货相对减少的款式，一旦在销售数字上显现出爆款趋势，太平鸟将会与供应商达成共识，开展柔性生产。数据显示，在追单情况下，某一款式在 1~2 周可上架售卖，冬装则需要 3~4 周。到了 2018 年，设计端逐步加入改革队伍。通过与电商平台的深度合作，太平鸟借助大数据捕捉爆款趋势，形成了快速设计、快速生产、快速投放的能力。从快单占比与上新速度两大维度可看出，转型效果卓然。以太平鸟女装为例：2020 年，太平鸟快单占比五成。就上新速度而言，2020 年"双 11"期间，太平鸟全品牌上新总款量近 3 000 款 SKU，较 2019 年同比增长 110%。

第三，早鸟线上红利，做品牌全家桶。会联网红利最终落在太平鸟的零售端——中国服饰市场特色之处正在于，互联网改变了一切。中国服饰总零售额跨过万亿元大关。而近 5 年来，电商份额过半，实体份额则在连年下降。从时间线上来说，太平鸟是主动拥抱线上零售的第一批尝鲜者。太平鸟 2008 年正式进军电商领域。而对比同行，美特斯邦威是 2010 年，森马则是 2012 年。

线上红利在财报中已逐步显现。近年来，太平鸟线上营业收入占比保持在 30% 左右。2020 年，太平鸟线上渠道收入为 28 亿元。2021 年上半年，线上渠道营业收入为 15.5 亿元，同比增长 38%。

同时利用电商零售红利迅速裂变、孵化太平鸟的品牌全家桶。从目前的品牌矩阵来看，太平鸟旗下可分为两大阵营：一是以太平鸟主品牌衍生出的"太平鸟男装""太平鸟女装""太平鸟童装"与"太平鸟·巢"，堪称"太平鸟全家桶"；二是定位细分领域的子品牌，大多聚焦潮流、时尚以及街头文化等。

三、结论

2016 年至今，太平鸟的销售费用率一直维持在 35% 左右的高位。还有一个值得注意地是，2020 年，太平鸟提出将转型成为一家"科技时尚公司"，但现实情况任重道远。数据显示，2016～2020 年，太平鸟研发人员占比由 4.47% 升至 5.52%。而 2020 年森马服饰研发人员占比达 26.82%。参考优衣库的"科技时尚"企业定位，其爆品摇粒绒系列正是优衣库技术尝试的起点。这一火了 20 年的单品，在其轻便保暖易干的背后，面料技术已被美国《时代》杂志评为 20 世纪的百大发明之一。

2020 年 10 月，位于浙江宁波的太平鸟时尚中心正式竣工。从天空向下俯瞰这一时尚中心，外形酷似鸟巢。在这片服装产业沃土上，迎来了一个历史性时刻。而太平鸟在科技时尚上，任重而道远。

（资料来源：太平鸟官网、《中国服饰》、《纺织科学研究》）

随着传统价值链的变化，企业的主要活动不再只是降低成本、提高效率，而是创造价值和寻找新的价值增长点。随之出现的 B2C2C 模式，实现电子商务和传统业务相结合，创造新的价值链环，从而强化其竞争优势。

B2C2C 模式，其中，B 代表商家；中间 C 代表个人创业网商（这些个人创业网商有时也称为渠道）；右边 C 代表消费者，即 business to channel to customers。B2C2C 模式企业的最终目标是实现客户价值的最大化，将商家整合到价值链上，使企业价值链得到更好的拓展，其上、下游都能够更加高效地运转，同时整个系统能够得以搭建和维系。各方通过线上的交易，使总体的商务成本能够得到降低，从而推动电子商务模式的发展同时吸引更多消费者加入网购的行列。就价值链角度分析，B2C2C 模式的优势在于可以使参与价值链的四方获利。

第一，商家。B2C2C 模式在信息一体化的基础上为商家提供了网络直销渠道，实现了供需之间的"最短路径"和"最快速度"，它可以使制造商即时在网络平台了解顾客的需求，及时指导和调整厂商的产品结构，满足他们的需求，同时也可以根据顾客需要满足其个性化需求。实现了制造商企业价值链的纵向延伸，除了提供产品，还能为客户提供满意的服务，从而把顾客也纳入价值链的管理。

第二，B2C2C 平台。B2C2C 模式的最大特点是平台解决了物流问题的困扰，在 B2C2C 模式交易中，货物的配送服务直接由制造商企业提供，制造商企业为了维护其企业信誉、提高销售量、获得更多利润，将为顾客提供满意的物流服务。消减了 B2C2C 模式企业的价值链环节，平台只需专注其自身的建设，提供更多更好的富有特色的服务，吸引越来越多的顾客，

第三，个人网商。B2C2C 模式解决了网商一直以来进货难的问题，C2C 平台成功地将制造商企业整合进来，制造商企业直接为网商提供货源，并通过网商销售的订单直接向消费者配送货物，对于网商来说，只需要提供销售服务，消费者订货后再向商家进货，没有库存，货卖出后再付款，风险几乎为零。同时网商直接在平台上进货，平台通过对合作商家的管理，可以保障商品的质量，也可以避免商品价格的千差万别，保障了信息的真实性和可靠性，使价值链上的信息服务价值增加。

第四，顾客。B2C2C 模式整合了上下游的渠道和资源，为制造商提供了直销平台，也为顾客网购提供了便利条件和实惠，同时商品的物流、质量、价格等问题的解决，为提高消费者网购信心提供了保障，从而提高顾客满意度，增加信息服务价值。

当然，B2C2C 模式的发展也面临一些问题。B2C2C 模式有着其他电子商务模式所不具有的一些优势，越来越受到企业的重视，但是在实际发展和推广过程中，却同样面临着许多问题。

第一，对 B2C2C 平台要求很高。如前所述，它需要对商家进行整合管理，就需要很高的信息技术支持，同时它必须能够提供一种独特的而且对顾客而言价值很大的服务，否则顾客就不会聚集在此。没有庞大的顾客群，B2C2C 模式就无法运转了。

第二，C2C 模式中的其他一些缺陷还未解决，例如法律问题，信誉机制问题、税收问题等。这些问题也会直接影响着 B2C2C 模式的发展。

"电子商务零售"专栏四

小润发 RT - mini 店：集社区零售精华入场

一、公司介绍

"小润发"是"大润发"旗下新业态——全国连锁社区生鲜超市，由大润发为顺应顾客新的需求倾力打造，集"生鲜、精选、线上线下一体化"的新零售社区生鲜超市，主力店型 100～800 平方米，选址以社区为主，同时也深入校园、企业、医院等半封闭园区，服务周边社区居民。"小润发"商品结构以生鲜及生活必需品为主，加上早点铺、熟食档，从生到熟，从早到晚，满足老百姓"一日三餐"所需。

二、小润发 RT - mini 店的尝试

大卖场目前普遍遇到整体运作效率下降问题，一方面客流持平甚至下降；另一方面

坪效也得不到很大发展，大型业态转型小型业态，是大势所趋。作为国内大卖场生态最好的大润发，此前与盒马合作开出的盒小马业态，由大润发主导运营、组建团队，如今可为小润发创建发展提供部分经验参考。

第一，从盒小马身上学习快速试错与迭代，大润发 mini 首店布局于江苏南通市，毗邻上海，南通市虽非高线城市，但经济发展水平较高，人口基数大，便于大润发测试小业态模式，将模式跑通后，也便于在其他重点城市批量复制的发展计划。它在选品上与盒小马一脉相承，结合阿里大数据、算法及大润发全国 400 多家门店商品库按需精选商品，品类涵盖生鲜以及日常所需快消品，生鲜品类占比达六成。生鲜品类丰富，涵盖果蔬鱼肉、鲜食面点、水产冻品等，包装菜比重 50% 以上，并且不做活水产品。

第二，在打法上结合各家优点，深度借鉴谊品生鲜"拼团 + 社区生鲜"、盒马"店仓一体化"的做法。小润发作为传统实体零售商，面临着电商与到家服务联合形成"12 – 30 交付切割线"挑战——中国部分综合电商对自营商品承诺 12 小时交付周期，盒马、每日优鲜、叮咚买菜等承诺 30 ~ 60 分钟不等交付周期，抵御这一挑战的方式是贴近社区流量入口。小润发周边则覆盖多个人群密集小区，通过具有日常烟火气息以及高性价比生鲜及快消品吸引消费者，提升转化率和复购率。同时接入"飞牛拼团"模式，线上线下相结合，让消费者轻松选择购物，提高消费者到店频率、购物频率，不断提高小润发的坪效，更高效深入触达消费者。"店仓一体化"，门店直接充当社区服务站，共用供应链同时提升运转效率，降低成本。利用社交网络裂变，更是深耕用户价值，实现存量市场向增量市场转化。

第三，在服务商借鉴了百果园"三无退货"。在水果品类上，小润发借鉴百果园"允许在无发票、无实物、无理由情况下退货"，以信任换取信任。此举一方面可赢民心，消除消费者顾虑，使其敢于消费、乐于消费；另一方面则树立良好品牌形象，提升口碑从而实现口碑维度拉新与留存。

第四，吸收钱大妈"不卖隔夜肉"精髓。钱大妈"19：00 后打折，22：00 后自送"控损战术也出现在小润发身上。迎合消费者心理，这一战术不但能够起到降低损耗、吸引回头客双重作用，并且倒逼供应链要做到既好且准，既要基地直采保证品质，更要结合盒小马与自身运营数据精准预测订货量，提高以销定产精确度，才能最大化降低成本，提升效益。

三、结论

新零售，尤其是生鲜零售，最终将要实现更贴近消费者、更快速交付，小型业态势不可挡，赛道已然热火朝天。社区生鲜赛道，愈演愈烈。而结合各家优点"质优生"的小润发，目前仍处探索测试阶段。背靠阿里技术资金支持，又有大润发、盒马供应链在手，再博采众家之长，有希望规模化复制长成"庞然大物"。

（资料来源：《商业观察》《人民周刊》《中国企业家》）

3.3.4　C2B：网络定制模式

在互联网背景下的丰饶时代，消费者越来越偏重与自己独特的需求与个性的一面，而非千篇一律，这就需要有新的模式来满足这一切。从制造业角度来看，C2B 会是未来制造业转型的方向。《中国制造 2025》中提出 "发展基于互联网的个性化定制、众包设计、云制造等新型制造模式"，这是对中国未来制造业转型规划的一个重要方向，而 C2B 却正是中国制造业转型的有效途径。

C2B 的全称是 "customer to business"，即消费者对企业的商业模式，但由于发展过程的多样性与复杂性，使对其概念的认知目前存在着较大的分歧。第一种对 C2B 模式的认知是从团购思路出发，将 C2B 更多地视为通过互联网平台聚合需求。C2B 通过聚合消费需求相同、数量巨大的消费者，形成一个巨大的购买群，使消费者直接面对厂家进行集体议价，改变了消费者的劣势地位。但这种概念认知和近年来企业的实践已经脱节了，已不是主流了。第二类有代表性的认知，是以消费者在这一模式中的作用界定 C2B 的概念。C2B 模式是以消费者为导向，在这种模式下，消费者主动参与产品的设计、生产和定价的过程中，来定制满足自身需求的个性化产品，强调了主导权向消费者的回归。目前，较为有代表性和与实践更贴近的对 C2B 概念的认知，更多是从整个价值生成的过程审视的。C2B 以消费者为源头，由其定义价值，拉动产品设计、生产、社会化供应链和配送体系，完成不同程度和形式上以客户定制为动力源的整个价值产生过程。这一对 C2B 概念的认知是目前比较有代表性的，确定了消费者在模式中的驱动角色，而且更强调了模式价值生成的过程。

C2B 这一模式具有非常显著的特点，首先，消费者由于互联网带来的碎片化和海量信息穿透而居于整个模式的核心，具有定制内容的发言权和主导权，也就是消费者来拉动价值链形成。其次，这一模式中消费者介入较深，将在研发、设计、生产、营销以及客服等所有环节共同参与、共创价值。C2B 模式在运营过程中具有满足个性化需求、多品种、小批量、快速反应、平台化协作的特征，同时由于互联网特征的要求，需要有社会化的供应链与柔性化的特征，也就是市场角色会呈现网状特征。

主流对 C2B 商业模式形式认知有广义和狭义两种，狭义的仅指定制，例如爱定客所提出的 "定制" 模式是 C2B 的主流形式。按定制主体和定制内容两个维度将 C2B 分为五类，分别是群体定制价格、个体定制价格、群体定制产品、个体定制产品和混合型。广义的认知则是从广泛的消费者拉动价值链的视角来考虑，以定制为主但不仅仅局限于定制，包括个性化定制或大规模定制、群体调研式定制、预售式定制、要约形式、服务认领形式、商家认购形式、植入形式、消费者招标模式、网络平台回收模式。

国内推动 C2B 模式的电商平台主力是阿里巴巴公司，其为推动 C2B 模式推出了众多的举措，首先是在天猫上推出了 "聚定制" 栏目，这样就给 C2B 一个单独的平台通道；其次就是建立了 "淘工厂" 这样一个网络化供应链平台，将厂商的生产能力在线化、商品化，同时档期也在线公开化。而作为平台则提供了交易规则、深度验厂、信用评价、金融授信等服务。

另一大平台京东也发力互联网股权众筹，加快建立 C2B 电商生态体系。

小米则是 C2B 模式下群体调研定制的典范，通过粉丝的参与、讨论、投票，以及大数据分析等，寻找有效的产品配置实现；家居家具领域内的尚品宅配通过线上、线下融合构建 "店网一体化经营"，建立了完善的产品库与房型库，同时采用柔性化生产技术使成本几乎等同于大规模生产；服装领域阿卡 Artka 女装通过网络交互提取消费偏好，在生产上以"单件成衣"生产和"单件流水"的方式保证了品质和成本的兼顾，使其销售额连年翻番；报喜鸟公司则是发挥自身专长，通过线上、线下融合，建立了自身特色的C2B 模式。

同时，C2B 模式的推进是需要相应的组织结构变革支撑的，这方面海尔的"小微组织"和韩都衣舍的"小组制"变革具有代表性，两者都摒弃以往的金字塔形组织，而转向阿米巴组织。

"电子商务零售"专栏五

苏宁易购：从零售商向服务商转型

一、公司介绍

苏宁易购集团股份有限公司创办于 1990 年 12 月 26 日，总部位于南京，是中国商业企业的领先者，经营商品涵盖传统家电、消费电子、百货、日用品、图书、虚拟产品等综合品类。截至 2019 年，全场景苏宁易购线下网络覆盖全国，拥有苏宁广场、苏宁易购广场、家乐福社区中心、苏宁百货、苏宁小店、苏宁零售云，苏宁极物、苏宁红孩子、苏宁体育、苏宁影城以及苏宁汽车超市等"一大两小多专"各类创新互联网门店 13 000 多家，稳居国内线下网络前列；苏宁易购线上通过自营、开放和跨平台运营，跻身中国B2C 行业前列。线上、线下的融合发展引领零售发展新趋势。正品行货、品质服务、便捷购物、舒适体验，便是苏宁易购的服务宗旨。

二、做零售商、做零售服务商

2021 年，是苏宁全新蜕变的一年，在 2 月的新春团拜会上，苏宁集团董事长张近东称："2021 年，苏宁将聚焦家电、自主产品、低效业务调整以及各类费用控制四个利润点，强化易购主站、零售云、B2B 平台、猫宁四个规模增长源。"可见，苏宁未来发展战略即"聚焦零售主业，大力挖掘新业务上的增长点"。更早在 2020 年，苏宁就给了自己一个全新定位，从"零售商"转型为"零售服务商"。零售服务商，即苏宁将不再作为零售商服务于 C 端用户，而是将作为一个服务商服务于 B 端市场，帮助更多企业打通三、四线及以下的下沉市场。

苏宁求变与转型背后，是公司多年来陷入亏损囹圄之中。财报数据，2020 年，苏宁营业亏损为 60.6 亿元，同比扩大 141.3%；归属于上市公司的净亏损为 39.13 亿元，同比下降 139.75%。值得注意的是，自 2014 年起，苏宁扣非后净利润一直处于亏损状态。2016～2020 年，扣非后净利润亏损分别达到 11.08 亿元、8 839.10 万元、3.59 亿元、57.11 亿元以及 68.07 亿元。再不求变，苏宁将不再"易购"。

转型第一步：苏宁线上业务的推动。2020 年 11 月，苏宁宣布引入云网万店战略，同时完成了 A 轮融资，融资金额 60 亿元。在销量上，线上销售规模已占比高达近七成，2020 年，苏宁易购的线上平台商品销售达 2 903.35 亿元，同比增长 21.60%。

转型第二步：稳固家电底盘，蝉联家电行业第一。根据《2021 年中国家电行业一季度报告》，2021 年一季度，在所有渠道形态中，苏宁易购以 22.1% 的市场份额蝉联家电市场份额第一，京东、天猫和国美则分别获得 16.9%、11.0% 和 5.7% 的份额占比。苏宁能够稳居家电市场第一，得益于其在大件物流及送装服务上的优势。截至目前，苏宁物流已在 41 个城市投入运营 50 个物流基地，覆盖全国 351 个地级城市。

转型第三步：从"零售商"到"零售服务商"，新业务零售云服务业绩持续增长。苏宁的新业务云网万店计划正稳步发展。据悉，苏宁云网万店包含六大业务：苏宁零售云、苏宁小店、苏宁拼购、苏宁有货、B2B、海外购。其中，作为公司重点的零售云业务正稳步增长，2021 年第一季度，苏宁零售云新开店面 584 家，销售规模同比增长 69%。此外，苏宁零售云目前也已突破 9 000 家门店，公司正加快下沉到三、四线城市的步伐。可见，如今苏宁的一张覆盖全国的线上零售网络＋线下零售云门店正日益铺设完善。截至 2021 年中，苏宁零售云门店突破 9 000 家门店，预计到 2021 年底，开设 12 000 家门店，零售云门店快速的扩张体现出苏宁作为服务商的身份已逐步打通线上服务通道，将服务于更多的中小型家电零售企业。

为了转型，公司积极实施降本增效，2021 年更是削减了营销投入以此来提升用户转化率。截至 2021 年 11 月，苏宁易购销售费用同比下降了 11.84%，但 App 用户转化率同比提升 2.4%。

目前来看，苏宁的现金流已开始回正，家电零售市场底盘稳固，新业务也持续向好。

三、结论

总结苏宁这 5 年的发展，从之前的苏宁电商改成苏宁云商，充分说明苏宁从线下零售走到线上零售的决心，如今苏宁控制管理和营销成本，积极提升线上客户转化率，又不断拓展线上用户，扩张线下零售云门店和苏宁小店，展现了苏宁线上、线下联动，新零售背水一战的决心。

希望昔日的电器零售大亨能够走通属于苏宁的线上、线下的新零售模式，不断提升客户体验，重拾"江湖地位"。

（资料来源：苏宁官网、《中国经营报》、《今日财富》）

3.3.5　O2O：线上、线下融合模式

O2O（online to offline）指把线上的消费者带到现实的商店中去参加体验消费，即将用户从线上引导到线下，让互联网成为线下交易的前台。O2O 主要流程是线上体验—在线支付—线下接受服务。实践中，商家可以通过在互联网上进行广告宣传、发布打折优惠信息、提供服务预订等方式，把线下商店的消息推送给互联网用户，也即将线下商机与互联网结合起来，最大化地实现线上和线下之间、网店和实体店之间、信息和实物之间的无缝衔接，创建一个全新的、共赢的商业模式。

O2O 是一种新的电子商务模式，随着网络团购的普及被逐步认可和接受，目前在电子商务领域，O2O 模式在在线旅游、网络订票、餐饮、电子租赁、奢侈品、零售等方面存在广泛的应用。

必须认识到，在互联网时代，虚拟经济和实体经济两者之间并非完全对立的，而是相互配合的利益共同体，应当将两者整合起来，发挥 1 加 1 大于 2 的作用，而不是让两者相互竞争，此消彼长。线上开店或线上推广有助于盘活实体店闲置资源，带动实体店

销量增长，拓展市场份额。而且消费者在线支付的最终目的是线下消费，本土化消费日趋成为主流，在这个过程中价格就不再是唯一要素，通过完善线下服务来促进线上购买，使商家的营利点不再单一，从而避免了价格战的恶性竞争。O2O 模式下销量的增长不再以利润的损失为代价，在店消费属于轻物流模式，规模效益得以持续发挥，从而使线上、线下可以分享增值收益，形成合作共赢关系。例如，美团网等一些垂直性的网站，通过线上的流量、信息和产品聚集，给线下的实体商家带来客户和商机，最终转化为商家的实际效益，线上平台从中赚取佣金，实现合作共赢。

必须认识到，O2O 模式之所以有广泛的应用，这和 O2O 本身具有的优势密不可分。

第一，O2O 模式节省交易费用。一个商品对客户的效用，决定了商品的生产可能性和生产数量，商品的效用和意义有时候也决定商品的价值，在实体领域，商家在订货的时候会多于或者少于实际的商品需求，因为商家对商品需求不可能预知得非常精确，商品的价格随着市场的浮动发生变化。O2O 模式中消费者提供的数据，其价值在于给商家提供了精准的需求，从而避免了不必要的人财物的浪费。因此，O2O 模式可以减少不必要的损耗，降低了商品交易的成本。

第二，O2O 模式可以更深入地把握顾客。实体店面临的一个难题是对消费者的数据分析和采集，在 O2O 模式下，每笔订单可以查询详细的数据，商户可以对消费者的相关信息进行分析整理，通过数据的深度挖掘，维护老顾客，挖掘新客户，O2O 模式中销售数据的量化也是必要的，商户根据后台数据掌握客户信息，而实体店商家难以做到这样的精细程度。

第三，O2O 有助于实现顾问式销售。O2O 模式中在线销售人员很容易成为消费者的顾问，他们利用自己的专业知识为消费者提供周到满意的信息服务，可以根据客户的需要提供有针对性的商品和服务，在整个线上营销过程中，销售人员逐渐成为消费者决策的参谋者。

目前，O2O 商业模式的主要方式有与支付宝或者微信合作，以这两者作为支付工具，通过淘宝、天猫、微信等平台，将会员促销商品信息实时推送给消费者，增强了线下商场与消费者的互动，增加了消费者的购买欲望，使公司在某种程度上实现了信息流和资金流的统一。

"电子商务零售"专栏六

天虹商场：O2O 给出的新亮点

一、天虹介绍

天虹商场股份有限公司是中外合资的连锁零售企业，其控股股东是中国航空工业集团下属的中国航空技术深圳有限公司。1984 年成立以来，通过人本、科学的管理，专业、高效的运营，公司取得了卓越的业绩，实现了跨越式的发展。公司旗下拥有"天虹"与"君尚"两大零售品牌。截至 2014 年 7 月初，天虹品牌在北京、广东、福建、江西、湖南、江苏、浙江、四川等省份开设了 60 家直营分店及以特许经营方式管理 1 家分店，君尚品牌在深圳、东莞共开设了 4 家直营分店。公司已连续 13 年入围中国连锁百强企业，是国内最早引入精益六西格玛、平衡计分卡、卓越绩效管理模式的零售企业。

2010 年，天虹旗下电商平台虹领巾（www.tianhong.cn）正式上线营业，主要经营服装服饰、母婴用品、食品饮料以及生活家居四大类别的商品，并提供各种生活服务类团购商品，满足顾客日常购物和生活需求。只需点击鼠标或者拨打虹领巾网购电话，顾客订购的商品将及时配送上门。

二、O2O 模式让报表亮眼

从天虹商场股份有限公司公布的 2016 年半年度报告来看，2016 年上半年利润达 2.85 亿元，零售毛利率为 24.45%。报告显示，2016 年上半年，公司实现营业收入 85.44 亿元，同比下降 3.94%；归属于上市公司股东的净利润 2.85 亿元，同比增长 35.65%；可比店收入同比下降 4.38%，利润总额同比增长 5.16%（见图 3－11）。

项目	本报告期	上年同期	本报告期比上年同期增减
营业收入（元）	8 543 638 126.18	8 893 997 561.21	-3.94%
归属于上市公司股东的净利润（元）	285 354 852.11	210 357 899.08	35.65%
归属于上市公司股东的扣除非经常性损益的净利润（元）	236 777 909.49	204 504 488.09	15.78%
经营活动产生的现金流量净额（元）	-423 338 221.72	-287 575 088.88	-47.21%
基本每股收益（元/股）	0.36	0.26	38.46%
稀释每股收益（元/股）	0.36	0.26	38.46%
加权平均净资产收益率（%）	5.11	4.54	上升0.57个百分点
	本报告期末	上年度末	本报告期末比上年度末增减
总资产（元）	12 994 048 907.10	13 884 448 452.48	-6.41%
归属于上市公司股东的净资产（元）	5 354 739 378.02	5 511 398 452.31	-2.84%

图 3－11　天虹商场股份有限公司财务报表 1

此外，其营业成本为 64.53 亿元，同比下降 5.40%；销售费用为 15.30 亿元，同比增加 1.41%（见图 3－12）。

项目	本报告期（元）	上年同期（元）	同比增减（%）	变动原因
营业收入	8 543 638 126.18	8 893 997 561.21	-3.94	
营业成本	6 453 427 107.44	6 821 849 838.65	-5.40	
销售费用	1 530 236 667.32	1 509 014 058.09	1.41	

图 3－12　天虹商场股份有限公司财务报表 2

从毛利率来看，其零售业务整体毛利率为 24.45%，同比增加 1.10%。从产品来看，X（除百货、超市外的其他配套品类，例如餐饮、娱乐等即时消费以及电器、加工修理等业务）的毛利率远超百货和超市，达到 52.02%，同比增长 7.61%。百货、超市的毛利率分别为 22.88%、23.48%，同比增长分别为 0.87% 和 0.26%。地区方面，深圳地区和深圳外地区的毛利率差不多，分别为 25.49% 和 23.10%。其中，深圳外地区的毛利率同比增长为 1.70%，而深圳地区毛利率同比增长为 0.61%（见图 3 − 13）。

	营业收入（元）	营业成本（元）	毛利率（%）	营业收入比上年同期增减（%）	营业成本比上年同期增减（%）	毛利率比上年同期增减（%）
分行业						
零售业	8 363 945 944.95	6 318 731 719.61	24.45	−4.18	−5.55	1.10
分产品						
百货	5 247 540 289.19	4 046 654 352.22	22.88	−7.31	−8.36	0.87
超市	2 721 926 000.30	2 082 823 998.91	23.48	1.27	0.92	0.26
X	394 479 655.46	189 253 368.48	52.02	4.14	−10.11	7.61
分地区						
深圳地区	4 725 378 881.12	3 520 781 357.69	25.40	−3.49	−4.28	0.61
深圳外地区	3 638 567 063.83	2 797 950 361.92	23.10	−5.05	−7.10	1.70

图 3 − 13　天虹商场股份有限公司财务报表 3

注："X" 指除百货、超市外的其他配套品类，例如餐饮、娱乐等即时消费以及电器、加工修理等业务。

报告显示，各个区域可比店（2015 年 1 月 1 日）的收入同比增幅整体呈下降趋势，仅购物中心有 7.80% 的增幅。而从利润总额同比增幅来看，整体增幅为 5.16%，其中，华中区、成都、君尚、购物中心均呈上升趋势，购物中心的利润总额同比增幅更是达到 633.33%（见图 3 − 14）。

区域	可比店收入同比增幅（%）	可比店利润总额同比增幅（%）
华南区	−3.01	−1.20
东南区	−11.73	−32.21
华中区	−1.24	14.19
华东区	−12.70	−8.70
北京	−15.95	−20.27
成都	−6.50	43.85
君尚	−4.57	57.37
购物中心	7.80	633.33
总计	−4.38	5.16

注：可比店指2015年1月1日以前开设的门店。

图 3 − 14　天虹商场股份有限公司财务报表 4

据了解，2016 年上半年天虹商场股份有限公司在优化门店网络之外，在经营战略上，继续深入推进全渠道多业态战略；从体验升级与商品升级两个方面继续深入推进传统百货店的三化转型（"购物中心化""门店互联网化""生活方式主题编辑化"）；重塑商品供应链、加强源头采购、建设全球采购网、开发自有品牌、发展品类集合馆、品牌代理。

三、加强全渠道融合，线上、线下商品同款同价

其中，在客户体验升级上，天虹加强"线上＋线下"全渠道融合；线下实体店推门店免排队收银项目，提高工作效率，并打造生活提案区"情景任务编辑"；引入第三方基础服务验证，制定服务考核方案。

全渠道融合方面，全面实现全渠道会员身份统一，"虹领巾"App 开始尝试本地化生活服务功能运营和体验；与 31 个专柜品牌达成全渠道合作，包含绫致集团、百丽集团，立足于构建"数字化门店"的全渠道业务场景，实现线上与线下商品同款同价、商品库存共享、导购与顾客绑定；完成海外购电商系统的迭代升级，Wap 版和微信也同步上线海外购业务，目前跨境电商体验店全国累计开店 35 家，天虹到家线上门店共 48 家。

线下实体店方面，门店免排队收银项目在三家门店上线试运营，节省顾客的排队买单时间，提升收银员的工作效率；门店体验营销更加注重品质、成效，2016 年上半年全国各门店共开展了生活文化空间 6 100 余场；门店打造生活提案区"情景任务编辑"统一主题、线上和线下图文呼应。

质量服务方面，在全国门店陆续开展 ISO22000 质量体系认证工作，并组织食品安全顾客体验活动，包括"开放后厨""食品安全讲堂""食品安全知识普及二维码""播放食品安全视频宣传片"等；公司成立礼仪团队，开展礼仪培训及评比活动，员工在仪容仪表、礼仪方面有所提升；引入第三方基础服务验证，制定服务考核方案，进一步夯实基础服务。

线上业务销售同比增长 63%，便利店正式开启加盟业务。截至 2016 年 6 月底，线上业务销售同比增长 63%，移动端粉丝数达到 586 万人，天虹微品店主总数约 19 万个；一大一小业态快速发展，购物中心上半年客流保持两位数增长，同时收入、利润同比稳健增长，便利店正式开启加盟业务，实现与深圳邮政合作新模式，零售＋24 小时政务（粤通卡、社保等）＋邮政业务，通过跨界联合实现低成本拓展突破。

四、结论

天虹商场在 2016 年上半年"打了一仗"，除了优化门店网络策略外，开展电子商务、有效实现线上线下融合才是天虹商场能够取得漂亮业绩的保障。由此可见，移动互联网、移动支付等互联网技术和传统零售有效融合，可以更好地服务客户，从而产生效益。

（资料来源：《经济观察报》《北京交通大学学报》《深圳特区报》）

3.4 零售业电子商务的特点和趋势

在过去的几十年中，零售业发展很快，已具有相当规模，并且成为当今社会的支柱产业。而信息化是零售企业能发展到如此大的规模的一个核心因素，与其说电子商务的快速发展冲击了实体零售业，倒不如说是电子商务的快速发展壮大了网络零售，产生了

"新零售"，真正为零售业大规模发展提供了前提条件。如今，全球电子商务交易额（包括网上贸易额、销售额等）达到数万亿美元，世界各国纷纷看好网络零售这块新大陆，普遍认为电子商务的发展将是未来世界经济发展的一个重要推动力，其对经济的促进将远远超过 200 年前的工业革命。

网络零售的方式，不仅使企业市场竞争力增强，业务领域拓展，更实现了企业的全球化发展；同时包括制造商、供应商、采购商、直接用户的市场供应链得到进一步优化，供应链中各公司之间的联系也将更加紧密；网上交易加快了用户反馈的速度，进而提高了用户的忠诚度，从而提高了服务质量；随着信息技术和系统集成技术的发展与应用，公司内部的沟通和协作将得到极大改进，为集成外部数据和内部操作提供更好的机会。

3.4.1　平台和企业的融合

电子商务自诞生之日起就表现出了极大的发展潜力，经过短短 30 年的时间，电子商务就逐渐成为企业的一种"基础设施"。在这一交易平台中，企业融合作为一种新的企业创新方式，不仅体现了社会生产力的提高，更体现了企业结构的调整。并且未来具有长久的发展潜力。对于电子商务平台和企业融合产生的原因，主要有以下三点。

第一，技术创新的推动。技术创新是推动技术进步的主要力量，新技术在不同产业、企业间的扩散导致了不同企业间的技术融合，技术的趋同性使产业边界变得模糊，最终导致部分类似企业的融合。同时，技术融合会带来产业发展导向，驱使企业调整原有业务，整合物质资料、技术资源、人力和管理等生产要素，积极开拓与新技术相适应的新业务，提供新的服务和产品，这进一步推动了企业融合。

第二，竞争与协同效应。从企业竞争的角度来看，无论是处于封闭还是开放的产业系统中，企业之间的竞争都主要经过由表及里、由浅入深的三个层次，即由企业提供产品的数量、质量、服务、品牌方面的竞争，到支撑企业处于行业领先水平的技术竞争、工艺竞争、标准竞争和模块竞争，最终形成促使企业脱颖而出的核心竞争力。如图 3 - 15 所示，价格、品牌、产品、服务等因素，虽然能够影响一个企业的竞争力，但已不是最核心的部分。

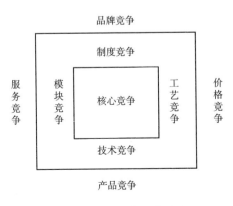

图 3 - 15　各竞争因素影响

第三，市场需求的扩大。随着经济发展和社会生产力水平的提高，人们对产品需求水平也在不断提高，同时对消费品的多样性需求也在不断提高。方便快捷、低成本、高效率成为人们崇尚的消费方式。新需求促使企业不断寻求创新突破。以零售业为例，电子商务的广泛应用一方面转移了传统零售市场的部分需求；另一方面又创造了新的市场需求。市场需求的扩大能产生新的利润增长点，促进企业进行跨产业的业务融合。在网络经济效应的驱动下，网络销售成为零售行业市场需求的重要增长点。

3.4.2　基于大数据的精准营销

麦肯锡全球研究院将"大数据"定义为"无法在一定时间内使用传统数据库软件对其内容进行获取、管理和处理的数据集合"。大数据可以认为是"分析"的另一种表述，它是寻求从数据中萃取知识，并将其转化为商业优势的智能化活动。而大数据营销是通过收集、分析、执行从大数据所获得的洞察结果，并以此鼓励客户参与、优化营销效果和评估内部责任的过程。大数据由各类传统和网络渠道内的结构和非结构型数据组成。借助大数据与公司内部数据有机结合可以为企业的营销提供各种咨询、策略、投放等营销服务，从而帮助营销部门以及整个公司实现高利润增长。

大数据的出现逐渐带来营销革命，社交网络的扩张使数据在急速增长，将消费者在社交网络中的行为轨迹串联，就可以对其中创造的内容进行洞察，从而理解用户需求。企业可以利用网络资源对顾客的各渠道行为和消费者生命周期各阶段的行为等数据进行记录，制定高度精准、绩效可高度量化的营销策略。

首先，企业可根据收集和获取的互联网用户的大量数据，挖掘潜在消费者。

其次，对于既有消费者，企业也可根据其收集的用户购买信息进行分析，推断其购物偏好和独特的购买倾向，从而进行一对一地定制化商品推送。

再其次，企业可以根据既有消费者各自不同的人物特性将受众按照标签细分，再用不同的侧重方式和定制化活动向这些类群进行定向的精准营销。

最后，大数据也可有效帮助维护客户关系。电商企业根据购物车放弃情况进行推送提醒，挽留流失客户。

由此可见，这种基于大数据的精准营销能够促进企业提高营销效率，主要表现为以下三点：第一，大数据精准营销帮助企业实现渠道优化决策；第二，大数据精准营销促进企业营销信息推送的精准化；第三，大数据营销有利于企业做出正确的企业决策。

虽然基于大数据的精准营销提高了企业的营销效率，但是我国电子商务企业在大数据营销应用方面也存在诸如数据质量较低、营销效果不明显等问题。此外，对于大多数中小型电商企业，基础数据的匮乏也使其大数据营销应用发展存在瓶颈。分析大数据营销应用问题的产生原因，将有助于为其发展提供改善建议。

3.4.3　尊重客户的个性化需求

相对于传统零售业，电子商务零售业更能尊重客户的个性化需求，也更能满足客户的个性化需求。企业为获得利润，就必须做到其生产的产品能被客户接受，这就要求企业能有效地收集客户的需求，并对收集的信息进行认真的研究和分析。这样才能将有效的客户需求转换成最终产品的特征以及配置到制造过程的各工序和生产计划中，生产出符合客户要求的产品。

值得注意的是，随着通信技术、网络技术和信息技术的快速发展，使企业获取客户信息的途径越来越多，也变得越来越方便。如图 3 - 16 所示，企业为了更多地了解客户需求，利用电话交流，建立呼叫中心，设计调查问卷并且组织人员进行市场调查，同时进行网上沟通或者从销售商那里获取客户信息。数据仓库是一种专门的数据存储，其集成了企业内各部门全面的、综合的数据，能够用于数据的海量存储和较长历史数据存储，用于支持分析型的数据处理，其完成了数据的存储、集成、管理等工作，进行了初步的数据加工以便于后期数据挖掘。通过电子商务渠道获取的客户需求信息存储在 WEB 数据库或者云数据库中，经过处理再存储到企业数据仓库中，销售商以及企业的客户销售历史数据存储在历史销售数据库中，经过处理再存储到数据仓库中去。经过这些步骤，企业的数据仓库就为客户需求的分析奠定了基础，也只有这样才能进一步尊重客户的个性化需求。

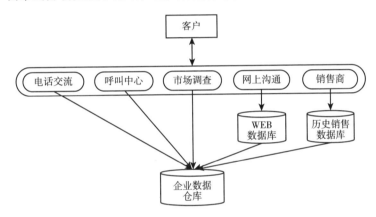

图 3 - 16　企业数据仓库的建立

3.4.4　缩短供应链

供应链管理是一种集成的管理思想和方法，它执行供应链中从供应商到最终用户的物流计划和控制等职能。它要寻求把产品迅速、可靠地送到用户手中所需要的费用与生产、库存管理费用之间的平衡点，从而确定最佳的库存投资额。而在互联网环境下，为了更好地满足客户需求的多样化和及时化，各电商企业在产品销售的部分环节进行了供应链的缩短。

对比传统的物流模式，缩短的物流模式即快速响应的供应链物流模式的主要改进点在制造商及其以下的节点企业的物流上，主要有四种物流模式，分别是：基于制造商的直销模式、以批发商为改进点的零售支持型批发物流和区域零售支持型综合批发物流，以及以零售商为切入点的产销联盟的物流模式，并且它们各自不同的适用范围取决于供应链的运作特点和行业特征。

如图 3 - 17 所示，这是一条简化了的包括供应商、制造商、分销商、物流服务提供商、零售商在内的供应链。这种缩短了的供应链，可以分别以制造商、批发商和零售商为改进点，同时考虑它们之间的同步供需或合作联盟。它们包括了以制造商为改进点的直销物流模式、以批发商为切入点的零售支持型批发物流模式和区域零售支持型的综合批发物流模式、以制造商和零售商为改进点的产销联盟物流模式。这四种模式都具有其独特的优点，对于电商企业必须根据本身的生产销售实际情况来选择符合自身发展的供应链。最主要的优势体现在货物尽快送达到客户手中。

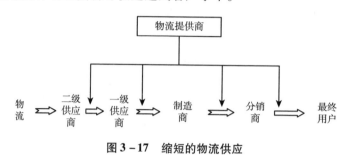

图 3 - 17　缩短的物流供应

3.4.5　快速反应

当前，经济的快速发展给一些商业领域带来了巨大变化。顾客不但要求更高的质量、更丰富的产品种类、更低的成本，而且要求在尽可能短的时间内得到产品，快速反应（quick response，QR）就是在这样的情况下产生的。许多工业（特别是服装工业）的季节性商品，一般有一个共同的特点，即零售商下订单和供应商交货之间的提前期非常长，而提前期过长使得对市场需求量的预测碰到困难，零售商希望通过晚订货，缩短订货提前期，以减少预测误差，降低余货，减少缺货的可能性；而供应商希望零售商提前订货，使他们可以更好地安排生产计划，降低生产成本。因此，快速反应思想是缓解零售商和供应商之间订货周期矛盾的有效策略。

快速反应理念包括响应快速、信息共享、资源集成、伙伴协作、利益共赢、过程柔性这六个方面。其中，信息共享直接影响供应链的绩效，只有通过在供应链上整合信息，实现供应链伙伴之间销售、库存、生产、成本等信息的共享，才能保证供应链上的信息畅通无阻并提高供应链整体反应速度，实现对客户需求的快速响应，因此，要重视信息共享的作用。而电子商务零售恰恰在信息沟通、快速反应方面有天然的优势。

3.4.6　社交属性

中国零售业在 2016 年发生了许多大事，最瞩目的莫过于新零售理念的全面兴起，以两个事件为代表：马云于 G20 峰会抛出、于云栖互联网大会阐释"新零售"概念；11 月苏州中国全零售大会 CCFA 把最高奖项"2016 中国零售创新大奖"授予 Funtalk 乐语。

"消费者的意愿和需求成为销售和营销的主要推动力量，零售企业业务模式及运营方式被社交化重构，零售商从忠实的卖家变成各方共赢的组织者"——这就是新零售的本质。

传统零售中，交易过程本质上是单向的链状关系，零售商决定卖什么产品、提供什么服务，而消费者只能选择已经摆上货架的产品或服务，供应商也只能听从零售商的要求进行配合（见图 3 - 18）。

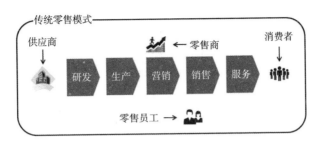

图 3 - 18　传统零售模式为单向链状

新零售打破了长久以来的链状零售关系，形成了各方协作参与、闭环而非链条的社交化业务模式。在此情况下，利益相关的四方：零售商、员工、消费者以及供应商，角色和作用都发生了根本转变。

图 3 - 19 中，新零售的参与者包括：零售商，即社交化场景的组织者；个人消费者；零售商的员工；供应商。解构新零售社交化业务模式的关键问题是谁来组织社交化业务的运行，各方如何参与到业务之中。

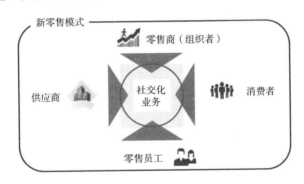

图 3 - 19　新零售模式的社交化倾向

因此，在"新零售"中，社交属性有如下内容。

第一，零售商是社交化场景的组织者。在新零售中零售商从控制和实施"售卖成交"的"实干家"，转变为组织各方协作完成"价值成交"的"组织者"。零售商的首要任务，不再是售卖厂商生产完、运到仓库里的产品，而是构建社交化环境，以产品为中心聚集有共同的、鲜明的"身份"特征的消费者，完成价值传递的过程。零售商和其他三方的关系不再是从属或挟制的关系。这就要求零售商具备强大的资源整合和组织能力。

第二，消费者脱离"假上帝"，成为真正的参与者。在新零售的社交化业务模式中，消费者并不再是"假上帝"。首先零售商打造社交场景从一开始就是以精细化的数据收集与分析，得出消费者需求作为依据布置产品和服务。而在场景交互过程中，同类消费者共同参与同一活动（而不是选购），把需求分析进行消费实践落地。其次其体验的反馈数据又返回之前的数据系统。最后通过分析输出回到消费体验端口落地。可以明显看出，这种消费者参与模式始终在围绕消费者需求闭环，实现"需求—场景—需求反馈—

场景提升"的良性循环。

第三，员工成为价值创新的实践者。新零售时代，对员工的管理应当借鉴互联网管理模式，以去中心化、人人都是中心的管理模式激发员工创新热情。具体来说，通过分析员工在社交化场景中的表现，鼓励员工根据自己的兴趣和工作目标，主导以产品为中心的场景建设，把每一个员工打造成价值创新的实践者，而不是卖产品的售货员。社交化业务模式增强了员工与消费者的双向交流，也释放了员工主动性，会将更多的创新带入零售业务中。

第四，供应商从产品供给走向合作共赢。在新零售中，零售商通过社交场景为供应商提供与消费者直接交流的渠道。通过场景互动，供应商能够收集更丰富的从销售端口反映的信息，并依此决定生产什么产品、生产多少，改变"唯命是从、亦步亦趋"的供应状况。社交化业务模式使消费者和供应商的关系不再那么遥远，双方的沟通穿越了传统模式下零售商这道屏障，不再或很少会有消费需求信息的丢失或迟滞。供应商的研发、生产及供货可以更有依据和针对性，最终与零售商、消费者共赢。

新零售社交化业务模式盈利的本质是通过社交化场景的营造，为参与各方都带来价值，以良性循环最终创造更多的零售机会。新零售的社交化在未来终将为零售业的产品供需、企业合作、宣传推广等提供新的机会和路径。例如零售商规模化供货与消费者个性化需求的统一；供应商的协作共赢；消费者社交为零售推广带来无限可能；当然，数据整合分析能力将成为新零售最大的挑战。

总之，新零售的"社交化业务"不是"社交化营销"（熟人买卖），而是一种全新的业务模式。零售商可不再把自己定位于售卖的实干家，而变成整合资源、打造社交化业务生态、迎来变革的多方共赢组织者。

【章末案例】

南京新百：传统零售走向网络零售的排头兵

一、公司介绍

南京新百公司（南京新街口百货商店股份有限公司）始建于1952年8月，曾隶属于中国百货公司江苏分公司，是中国十大百货商店之一。1993年成为南京市第一家商业企业股票上市公司（股票代码600682）。南京新百公司总部大楼以60层、249米的高度和现代感的造型坐落于南京市中心最繁华的新街口广场，成为新街口地区新地标。公司拥有"新街口百货"和"东方国际"两大百货品牌，营业面积超过30万平方米，年销售额超过60亿元，在2006年荣获商务部颁发的首批金鼎品牌店和中华老字号称号。其中，"新街口百货"曾在2000年夺得销售额和利润指标名列国内十大百货商店独立门店第一名，新街口百货是以年轻化、快时尚为特色，主要面向收入稳定的中等收入消费者。"东方国际"曾是南京市最早的高档百货商场。以国际化、奢侈品为特色，服务商务人士的高端百货，主要面向高端消费人群，以 Chanel、Gucci、Dior、Armani 等国际一线品牌为主导，以"买手联营"的形式，引领中国高端百货发展前沿。

二、新百主动应对电商挑战

21世纪，电子商务的应用和发展趋势，促使我国零售业进入新一轮变革浪潮中。互联网技术的普及和带宽提速、网上银行和转账的安全监控、物流配套健全和配送便捷、低廉的价格和服务保障措施等，都使网上零售业务越来越受到社会和消费者的普遍认可。而作为有 60 多年历史的国有老字号大型商场，南京新百公司发展电子商务的起步并不落后，率先于 1999 年创建了江苏省首家商务网站，创建了企业主页并不断优化，"南京新百网"逐步实现了楼层导购指引、新品发布及商品促销、时尚新闻资讯、在线客服咨询以及会员服务等业务。自 2011 年底开始，南京新百公司为应对电子商务浪潮带来的挑战与机遇，公司逐步实施从实体经营到电子商务经营、从区域走向全国经营的企业转型，并获得了在电子商务领域的一定突破。如今，南京新百公司完成了"网上新街口"的电子商务项目建设，即利用二维码、超声波、云计算等先进技术，通过多媒体无线终端、移动互联网及互联网平台，实现消费者与商户、线上与实体的全方位互动，逐步推进了实体市场和网上市场的结合，营造立体式、复合式、一站式的购物体验。

经过不断尝试、创新实践，南京新百公司进一步明确了商圈电子商务平台的切入点和产品服务内容，并逐步验证和确立了以数字营销服务为核心，构建数据应用服务平台和营销信息交互通道的发展策略，不仅应用电子商务技术，更重要的是，将电子商务的思路和互联网技术有效地嫁接到传统营销的各个环节中，帮助传统零售企业实现转型升级。其定位是以实体商圈为基础，为传统商家提供线上、线下相结合的电子商务平台，做"中国商圈电子商务技术与服务标准提供商"。通过"中华第一商圈"南京新街口作为商圈电子商务模式的切入点，以实体零售商家为合作基础，将信息化与传统商业资源相结合，并使用当今前沿的互联网技术、无线通信技术、物联网技术以及大数据分析等，为传统零售业搭建快速、便捷、低廉的电子商务交易平台，为顾客提供线下门店体验和线上网站购物融合的消费新体验。

南京新百公司建设自有电子商务平台——"网上新街口"，并从四个层面（网络层、应用层、数据层、服务层）展开工作，建设与开发的内容也相应分为四个方面，即"移动交互系统"、商圈网盟体系、积分营销体系和映射实体商圈的数字橱窗营销系统，在业务升级和拓展中，南京新百公司逐步与中国电信和中信银行等形成战略合作伙伴关系，为"网上新街口"电子商务平台的强劲发展奠定了基础。"网上新街口"电子商务平台采用"SoLoMo + O2O + BBC"相结合的架构模式。SoLoMo 是指"Social + Location + Mobile"，利用线上互动社区和移动互联网，将线下新街口各商户串联起来；O2O 即"Online to Offline"，目的在于以线上渠道带动线下消费。BBC 模式，是在 B2C 网络销售模式的基础上，定位于高品质网购平台，吸引商场和品牌商入驻的运营模式。通过商圈的深度运营，为商家带来更多的客户，为客户带来更多的服务，实现线上、线下商圈的可持续繁荣和发展。

南京新百公司经过多年的探索实践，在"中华第一商圈"新街口成功组建了区域开放性电商平台。分别从商户和消费者两端的迫切需求出发，开拓数据通道，打造营销工具，帮助实体商户降低营销成本，提高营销转换率。同时，帮助不同的消费群体提供即时、精准的针对性服务。

在行业普遍不景气的情况下，新百集团销售额从 2009 年的 14.8 亿元，增长到 2014 年的 78.25 亿元，翻了两番半，令业界刮目；而该集团从传统百货到百货连锁、健康养老、资本运营一并发力的转型也堪称完美。

三、布局多元化，率先转型

第一，百货连锁，对接新业态。面对电商的冲击，这些年传统百货的日子都不好过。可新百经营团队认为，之所以不好过，是因为传统百货的服务与消费者的需求脱节太远。于是，一场持续 5 年的业态创新拉开了序幕。除了实现从中档传统百货向中高档时尚类购物中心转变以外，业态组合创新、店铺形态创新、企划创新、营销创新、O2O 创新一齐上阵，品类调整、楼层装修、店铺改造、动线移位陆续铺开，把新百中心店掀了个底；在同行纷纷收缩主业的大背景下，打造淮南新百购物中心，科学布局苏皖商界。

电商方面，新百加速与拉手网、商圈网、麦考林等渠道的深度合作，探索适合消费者需求和企业实际的 O2O 模式。目前，新百与拉手网合作开发"拉手专区"；计划与美国新奇特专营商博克斯通（Brookstone）合作，设立新奇特商品专区；与江苏省农行签订了移动收银项目战略合作协议，农行将以新百中心店作为其战略合作标杆店，在资金和设备投入上提供大力支持；快速建立、融合包括移动 App、微信建设、商户端、官网、导购屏、双屏以及电子 VIP 卡等内容为一体的全渠道体系，提升顾客消费的体验感。

第二，健康养老，涉足新领域。随着我国老龄化社会的到来，健康养老产业成为新兴的朝阳产业，以董事长杨怀珍为首的新百决策层敏锐觉察到这一市场热点，经与 2011 年入主的大股东三胞集团协调，将健康养老产业定为新百的另一主业。

为了准备双主业战略，新百变更了经营范围，增加大健康相关内容，并以 PE 20 倍的价格，转让了新百药业 90% 的股权，获取发展所需资金；大力拓展在医疗健康领域的投资，在短时间内先后投资参股以色列最大的养老企业 NATALI 投资的 NATALI 中国公司和本土大型医疗养老企业安康通公司，尝试布局医疗健康产业；借助大股东三胞集团在大健康领域的前瞻性的布局和资源，充分利用上市公司优质平台，探索医疗、养老服务的盈利模式，以期成为新的增长点。

第三，资本运营，斩获新收益。2014 年 4 月初，伦敦—北京—南京，人们焦急等待着中国零售业史上境外收购涉及金额最大的一笔交易完成。晚上 10 点，CCTV《晚间新闻》第一时间播发南京新百收购英国 163 年历史的弗雷泽百货集团消息，新百人的这次厚积薄发震动了整个业界。英国弗雷泽百货具有 163 年历史，在英国、爱尔兰、中东等地共拥有 60 多家门店，年销售规模约 120 亿欧元。因此，收购 HOF，引入并整合其海外供应链，将极大地提高新百的核心竞争力。目前，弗雷泽在中国的连锁布局即将铺开，新百计划于 2016 年在南京新街口东方商城开设第一家东方福来德旗舰店，形成中国辐射原点，并在全国范围内实施连锁复制。

同时，新百参股投资了奢侈品电商美西时尚，利用美西与 HOF 的合作，将其海外供应链资源引入国内，采用先线上后线下的发展路径，避免跨境经营风险，积累自营和买手经营经验，打通线上、线下，建立垂直电商体系。

市场的认同是对新百发展最大的肯定。2021 年只用 5 个月时间，南京新百的市值就快速增长了 457%，在零售业资本市场排名列第二，高于行业平均水平和市场平均水平，10 余家机构强烈看涨新百，20 余家主力机构持有新百股票。

通过做强主业、进军新兴服务业和资本运作，新百从中华老字号摇身变为现代零售业冉冉升起的新星。随着"百货＋养老"战略的逐步落地，随着"创新＋转型"步伐的日渐深入，南京新百正走出一条属于自己的主业转型与回归之路。

（资料来源：《经济观察报》《南京日报》《现代科学管理》）

【本章小结】

电子商务其实是很多人对以信息技术、互联网技术为基础的技术革新传统产业的统称。电子商务更多地表现出技术对商业的革新，从这个角度讲"新零售"确实是全新的，而不仅仅是营销意识上"人、货、场"的变化——因为零售永远是"新"的，其使用的工具，采用的渠道永远都在变革中，今天我们用的是互联网技术，未来肯定有更好的技术来替代它，所以我们用的是"电子商务零售"，毫无疑问，网络零售依旧是将来很长时间内的零售巨头。

本章首先从"银泰百货"这个案例开始，让大家了解传统零售巨头借助互联网转型；其次具体介绍了电子商务零售对传统零售的影响和改造、电子商务零售的模式、电子商务零售的特点和趋势；最后用"南京新百"的案例作为收尾，其中选用了丽人丽妆、唯品会、太平鸟、小润发、苏宁易购的转型等有代表性的案例让大家更全面、清晰地了解、学习电子商务零售的内容。

【问题思考】

1. 如何理解"电子商务零售"和"新零售"？
2. 电子商务零售的商业模式有哪些？有哪些代表性的企业？
3. 分析电子商务零售对传统零售和传统制造带来的颠覆与机会。
4. 电子商务零售的特点和趋势是什么？
5. 以案例的形式，分析和阐述中国企业如何融入电子商务零售的大潮。

第4章 电子商务与制造业融合

【本章要点】

☆ 理解价值流理论；

☆ 理解互联网思维、用户定义价值；

☆ 掌握电子商务与传统制造业融合的方法；

☆ 理解生产要素在互联网环境下的转变；

☆ 理解互联网环境下制造业的商业模式、组织模式的转变。

【开章案例】

九阳（Joyoung）——因关爱而存在

一、公司介绍

九阳股份有限公司成立于2002年7月，前身为山东九阳小家电有限公司，2007年9月正式改制为股份公司，是一家专注于豆浆机领域并积极开拓厨房小家电研发、生产和销售的现代化企业。目前九阳已形成跨区域的管理架构，在济南、杭州、苏州等地建有多个生产基地。其生产的九阳豆浆机在豆浆机市场已经牢牢占据了第一品牌的位置。公司秉承"健康、快乐、生活"的理念，以研发为先导，以营销为基石，以系列豆浆机及其辅料为主打产品，实现健康厨房小家电产品的多元化经营，打造健康厨房小家电第一品牌。公司发展至今，始终抓牢"品牌、营销、技术"三个关键核心，这是九阳的三大竞争优势。

二、发展优势及发展困境

九阳是较早依靠自主研发走出一条快速发展道路的：早在1994年，全球第一台电机上置式豆浆机在就九阳公司研发成功。依靠自主技术研发，九阳在厨房小家电领域稳扎稳打，依次开拓了不少厨房小家电领域的新产品，其主要产品除了豆浆机之外，还有电磁炉、料理机、榨汁机、电热水壶、电压力煲等七大系列100多个型号，同时还开发了专供酒店、写字楼的商用豆浆机，开拓了新的市场空间。在营销方面，九阳很早就形成跨区域的管理架构，为产品的研发、生产、销售铺设了较为全面的渠道。近年来，九阳公司的年平均增长率已超过10%，呈现出健康、稳定、快速的发展前景。

然而，九阳股份也存在一些不利于发展的因素。2014年上半年，小家电行业基本延续了2013年缓慢增长的态势，行业整体增速放缓。在低迷的市场环境下，小家电行业也面临着渠道的深刻变化。九阳通过专业第三方数据分析发现，小家电线上销量占比超过30%，远高于大家电，其中，原汁机、电饭煲、电烤箱三类小家电产品在 2014 上半年的线上销售增速超过 100%。

三、九阳面向电商转型

面对渠道的变革，九阳大力拓展电子商务运作，并与经销商持续推进联合体验终端建设，寻求互联网业态下的发展之路。借助于互联网，九阳多品类、特色产品通过天猫、京东等平台陆续首发上市，并以微信助力方式首发铁釜 IH 电饭煲，树立了时尚、差异化的产品地位，与消费者的互动关系更为深入持久。

例如，九阳在天猫首推 Onecup 胶囊豆浆机，该产品是九阳为快节奏生活的都市白领量身打造的产品，比之前半自动和全自动豆浆机，胶囊豆浆机的操作大大简化，只需一个按钮就可在短短 30 秒内轻松完成一杯豆浆的制作。除了豆浆，胶囊豆浆机还将咖啡、奶茶等饮品移植其中，可制作多达 14 种口味的自制饮料。胶囊豆浆机销售渠道主要依托于线上，除了天猫，还在主要的电商平台例如京东、一号店全面铺开。通过强化线上平台的推广力度，加强与网络消费者的互动，该款定价 499 元的高端豆浆机迅速在都市白领中普及，取得不错的销售业绩，也打开了九阳在高端厨房小家电领域的知名度。

加速布局电商渠道是九阳针对网络零售的被动应战，那么九阳携手天猫力推科技厨房，引领消费者进入厨房小家电的批量定制时代则是九阳的主动出击。

2016 年 9 月 19 日，九阳联合天猫的"九阳×天猫超级品牌日"上，九阳携手天猫力推"科技厨房"概念，在未来九阳和天猫的合作除了前台的销售层面，还将深入后台，打通会员体系，通过大数据分析，精准了解消费者需求，继续深度定制更加符合消费者需求的货品，这标志着九阳和天猫深度定制化业务的全面开启。

从企业流水线式的标准化生产，升级为基于消费者需求出发的反向定制，意味着供应链系统的全面改革，九阳从以"产品为中心"，逐步向"用户为中心"转型，也是作为中国民企代表的九阳，以积极创新的供应侧改革，呼应消费升级大潮的到来。

在沟通会上，"九阳真爱钻石系列产品"闪亮登场，分别是豆浆机、料理机、榨汁机、面条机、电饭煲、空气炸锅和电热水壶等，几乎囊括了主流的厨电产品。以钻石系列产品的亮相为标志，天猫与九阳共同启动了"科技厨房"——重新定义厨房科技，全面提升中国人的饮食体验。通过和天猫的战略合作，九阳旨在树立货品、营销、服务、销量等综合维度的标杆品牌，在电商平台引领厨电行业发展。九阳的"科技厨房"启动之后，九阳将为数亿个天猫用户推出深度定制的独家产品，而天猫则会整合全网资源，双方联合打造品牌和销量双丰收的超级品牌日。用九阳专业化和规模化的产品优势，嫁接天猫巨大的用户和流量资源，实现双方的互惠共赢。九阳不仅在线上启动超级品牌日为用户深度定制产品，同时还在 1 000 家线下门店同步开展活动，这些门店分布于中国、新加坡、美国等国家和地区，吸引全球用户参与互动，共同定制用户真正需要的产品。

九阳和天猫的深度合作在后端，双方将进行大数据的整合研究分析，共同探索创新的商业模式，通过双方资源优势的互补互通，实现互惠共赢，真正实现软硬一体化的生态繁荣。具体而言，未来双方将实现三通：产品通，九阳旗下的 18 类主流厨电产品和 8 类辅助产品，全部上线天猫；会员通，九阳的会员体系，在天猫平台将全线打通；服务通，未来，用户无论是来自天猫平台，还是线下专门店，将享受到完全一致的、优质贴心的售后服务。

四、结论

纵观九阳和天猫深度合作定制产品和服务，其目标就是从过去的"以产品为中心"升级为"以消费者为中心"，通过产品品质的提升、供应链改革、跨界合作等手段，更好地满足消费升级的大趋势。

根据《经济学人》预测，2020 年，中国中产阶级人口将超过 4.7 亿人，中产阶级及富裕阶层消费将占中国整体消费的 81%。中国的人口红利，其内涵发生了根本改变，从庞大的人口基数红利，升级为消费能力提升的红利。而拥有数亿个活跃用户的天猫平台，积累了中国最大群体的新中产阶级，借助大数据分析技术，九阳能够充分了解天猫用户的消费需求，最终能够充分释放消费大升级红利。

而九阳要想承接巨大的消费升级红利，就必须求变创新，始终站在风口甚至领先于风口。

（资料来源：九阳官网、《决策》、《民营经济报》）

4.1　价值流理论

网络信息技术的飞速发展，尤其是电子商务的产生，以及其他先进管理思想（如业务流程再造）对企业的价值活动管理产生很大的影响，企业采用电子商务技术——主要指各种互联网技术，来帮助其降低无效损耗从而更高效率地实现价值。目前，多数企业的商务价值流都需要根本性的变革，因为企业的价值流还被分割在不同的部门职务和系统。建立新型的电子商务价值流，可为企业带来一系列的好处，例如更好地掌握业务伙伴的供应链信息，更快地交换相关信息，将其连接到供应商和用户，更方便和广泛地访问相关信息，显著地提高企业的业务效率，改进用户服务水平，提高共享信息的时效性、可靠性和质量，按照用户需求定制产品等。计算机辅助设计之父迈天定义的价值流是一组从开始到结束的连续活动，它为"用户"创造一种结果。信息时代中的企业必须以价值流再造为核心进行革命性的重建。

4.1.1　价值流理论的内容

1985 年，价值链理论被提出，并在过去的几十年中获得了很大的发展，它强调企业的价值创造是通过一系列的活动构成的。随着计算机信息技术的飞速发展与先进管理思想的不断涌现，对企业的价值链及其价值管理活动产生了极大的影响，在此背景下，美国学者提出了价值流的概念，指出"价值流是指相互衔接的、一组有明显存在理由的、实现某一特殊结果的一连串的活动"。"流动性"是理解整个商业世界秘密的一把钥匙，"价值流"（value stream）能够快速流动是商业的本质。价值流，是指某个具体产品或服务从原材料到最终递交客户的所有环节和过程。

通俗来讲，价值流理论是指从原材料转变为成品，并给它赋予价值的全部活动，包括从供应商处购买的原材料到达企业，企业对其进行加工后转变为成品再交付客户的全过程，企业内以及企业与供应商、客户之间的信息沟通形成的信息流也是价值流理论的一部分。一个完整的价值流包括增值和非增值活动，例如供应链成员间的沟通、物料的运输、生产计划的制订和安排以及从原材料到产品的物质转换过程等。

4.1.2　价值流理论在互联网时代的特点

价值流本身具有三个特点，分别是：第一，具有隐蔽性，即价值流是在整个供应链的运作过程中，需要有关人员去挖掘；第二，具有连续性，即价值流是在供应链上连续不断地进行的；第三，具有周期性，即产品有其生存周期和生命周期，产品的生产、销售随着季节不同有其周期性，体现出价值流运作的周期性。而与工业文明下的电子通信技术相比，互联网为价值流理论带来了一下新的特点，主要有以下两点。

第一，互联网改变了传统价值流的沟通方式和联系结构，完全突破了时空限制，提高了各结点的沟通效率、降低了沟通成本，从根本上改变和颠覆了社会组织人际关系，影响了组织和个人的地位、角色，颠覆了人们对资本、资源、要素原有的含义，从而完善了价值流理论体系，即价值、价值观（价值标准）、价值期望、价值角色以及价值关系结构，创造了新的价值观、价值关系网络。

第二，在互联网条件下，靠土地、矿产等垄断性资源"独霸天下"的时代将过去，大数据、客户流量、社交群体等却在智力资本联结下成为创造价值的资源，价值创造传递和实现的价值流不再是链式线性的，而个人与组织在价值网中扮演的角色可能是多重的。

简而言之，互联网时代下的价值流理论要根据实际情况进行适当改变，在这个开放空间里，更有利用价值流理论的完善。

4.2　用户定义价值

工业时代伟大的企业大多是"火箭发射式"的企业，即公司雇用众多聪明的"头脑"，封闭式地秘密研发，然后突然发布一项新产品或新服务。这是典型的由企业来定义价值的做法。但产品和服务的价值只有满足特定用户需求才有存在的意义，价值只能由最终用户来确定，之前的企业虽然声称以消费者为中心，但更多的是"有心无力"，没有技术手段可以实现这一点。但互联网、社交网络和大数据提供了与用户对话沟通的工具和平台。

由用户来定义价值，第一要求与用户对话，这在互联网时代更容易实现，例如通过建立"消费者社区"，让用户反馈意见，甚至鼓励其参与产品的研发设计、生产制造、品牌传播中；第二要分析哪些价值是客户愿意买单的，哪些不是。对于价值流过程中停滞、浪费所造成的成本，客户是不会买单的。例如，客户不需要的产品功能的研发生产成本、为推广滞销产品花费的营销成本。客户只愿意为连续流动的价值买单，因为这不仅必要，还产生实际的价值。

4.2.1   价值只能由用户定义

用户是互联网的立业之本。互联网的开放性和与用户的直接接触，决定了这个行业的一个特质：就是一切最终的决定权全部在用户手上。在这个行业里面，用户是最终和最挑剔的"裁判员"。在用户的选择面前，一切商业法则、战略、模式或者壁垒都会变得次要。任何公司，无论大小，都有平等的机会在用户面前展示自己，能获取用户的支持，可以快速发展；相反，只要用户有任何的不满，那么只要一个点击，就可以让公司的服务在用户眼前消失，被竞争对手取代。

互联网市场的竞争和博弈，到最后就是看谁可以让用户用得舒心、更便利，看谁可以为他们创造更多的价值。正因为这个原因，互联网市场的竞争白热化。颠覆性的技术，产品和体验源源不绝。无论是哪一个互联网企业，无论现在有多大的优势，只要稍有松懈，就会被用户抛弃，被对手超越。所以说，在互联网时代，价值只能由用户定义（见图 4－1）。

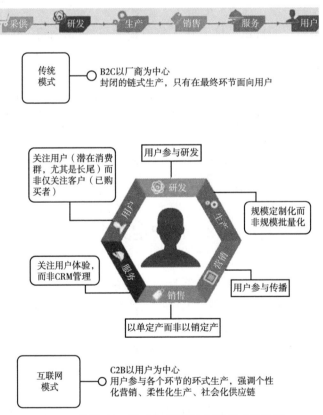

图 4－1   传统 B2C 模式和互联网 C2B 模式的比较

4.2.2   互联网，让用户参与生产制造的各个环节

在互联网的时代，用户思维正在被越来越多的企业重视和接受。用户思维是指在价

值流的各个环节中都要"以用户为中心"去考虑问题，它是互联网思维的核心。企业想要保持产品的活力和生命力，仅依靠企业内部的资源进行生产显然是不够的，用户是企业最重要的外部资源，因而要充分发挥用户在产品生产过程中的作用，应该让用户参与生产制造的各个环节。

国内让用户全面参与产品生产制造各个环节的公司是"小米"，在小米推出其第一代产品"小米手机 1"时，通过小米论坛，让用户（当时统一被小米公司称为"智能手机发烧友"）全程参与了小米手机 1 的设计、测试、功能的改进等，使小米手机 1 成为第一部"用户自己的手机"，无数人对其抱有巨大的期盼。所以小米手机 1 一经推出，便哄抢一空。

"电子商务与制造业融合"专栏一

奥克斯空调：以"真"为底，重造空调

一、公司介绍

奥克斯空调（以下简称"奥克斯"）自 1994 年成立以来，历经 20 年专业制冷历程，现已成长为中国空调行业的领导品牌，中国企业 500 强，拥有奥克斯姜山国际产业园、奥克斯南昌工业园、天津武清工业园三大产业基地，空调年产量突破 1 000 万套，销售额超 100 亿元，员工 10 000 余人。奥克斯空调有限公司隶属奥克斯集团有限公司。

二、以"真"为底，重新出发

2018 年奥克斯在经历同行举报后市占率下滑。一系列的事件让奥克斯痛定思痛，决定谷底求生，经过近 3 年的发展，奥克斯空调的战略已从最初的价格战，成功向价值战转型。而且奥克斯将继续推进医疗健康、互联网智能化以及国际化三大战略的实施。

首先，奥克斯决定重整旗鼓。换掉奥克斯空调的掌舵人，以黄若愚、黄小伟为代表的奥克斯空调新班子全面接手。这个团队做的第一件事情是"市场净化"。在过去两年里，对某些容易乱价的平台，奥克斯直接采取了最严厉的措施，直接停止供货，并进行彻查。另外，公司还对部分区域的网点进行整合，加强售后安装的管控措施，力求做到让卖出的每一台空调都可以追根溯源。第二件事是实行政策买断，让经销商的获利可视可见，不压不套。同时借助小奥直卖 App 对经销商进行赋能，提升效率。最后就是价格的管控和产品的区隔。对奥克斯空调所有产品从外观、尺寸、材质、功能四个方面进行了严格的区分，尤其是对于 2 500 元以下的引流机，全部区隔出来，彻底保护网批的产品线。

其次，奥克斯在品质创新上持续投入，从价格战回归到价值战，相信时间的力量，品质的彰显。近 3 年奥克斯的创新投入累计超过 30 亿元，旗下智能化产品占比达 80%。在信息化方面累计投入近 20 亿元，已上线 145 个 IT 系统，通过系统互联，实现了"黑灯工厂"和智能排产，目前奥克斯家电的生产自动化覆盖率达 76%。奥克斯从智能产品和智能生产两个维度布局智能化，正加速奔跑在智造这条赛道上。纵观全球，在空调的技术创新领域，中国是最活跃的，特别是人工智能技术、清洁技术、节能技术、舒适性技术等都有了较快发展，奥克斯持续深耕技术创新领域。经过两年多的准备，2021 年奥克斯为空调市场准备了三大创新系列产品线，全面在外观、节能、舒适、健康、智能五大方向发力。

例如奥克斯空调的清芯净"机芯可拆洗"空调，该款产品由奥克斯日本研究所历时

两年研发而成，拥有 1 300 项技术专利。它颠覆了传统空调的设计套路，对空调内部结构进行重新思考，整机采用卡扣式设计，便于拆卸安装，消费者徒手即可将空调外壳、风道、风叶及风轮等组件拆卸下来，组件还配备了防水电机、端子，可以直接用水冲洗。一拆一洗之间，空调从内到外真正洁净，焕然一新。除此之外，清芯净"机芯可拆洗"空调还兼备"零风感""57℃高温除菌""智能光敏"等技术，进一步提升了消费者的健康体验。这款产品在注重健康的年轻人市场中卖爆。

最后，"真心"靠近年轻人，培育自己的主流消费者。奥克斯空调就以"真"为营销底层逻辑，打出了一系列"真"玩法，将一个"品牌真年轻、好货真直给、产品真硬核"的奥克斯空调呈现在大家眼前。从宣布欧阳娜娜为首席品牌艺术官，到携手反光镜乐队打造"清凉造乐趴"；从与辣目洋子合作打造幽默短视频，到携手 TangoZ 演绎"全亚洲都在吹中国风"；从提出全新品牌主张"新势力　造新势"、官宣王一博为品牌全球代言人，到投放裸眼 3D 广告打造新势力地标、推出"新势无界　嗨造空间"品牌快闪店，奥克斯空调传承品牌基因中的创新精神，不断探索，始终保持着年轻活力，拉近了年轻人的心。

三、结论

经历了被同行举报和新冠肺炎疫情冲击的奥克斯空调，默默地加大技术创新领域的投入，从低价格走向高价值。虽然曾经的"互联网空调之王"消失了，但相信在技术上默默耕耘，在市场培育上默默发力的奥克斯，会一步一个脚印踏实地找回它在市场中该有的位置。

（资料来源：奥克斯官网、《第一财经日报》、《电器》）

4.3　电子商务给传统制造业带来的变化

4.3.1　传统制造业 "产供销一体化" 转型

在电子商务普及化之前，生产型企业也顺应互联网的发展进行着"产供销一体化"的转型。产供销一体化就是将生产、供给和销售三个方面进行整合，提供最优质的一条龙服务，提高产品的价值，保障企业与消费者的利益。这三个环节包括制造产品前准备原材料、生产过程中存在的技术问题、制成品的运送、产品的销售以及售后服务等。各个环节都需要完善的保障体系，既保证了企业获得利润，又保障了消费者购买到自己需要且满意的产品。

我国传统制造业的流通模式主要是以中间环节为中心，然后与产供销进行对接，主要有"一站式""二站式"及"多站式"模式。

"一站式"是生产者直接对应消费群体，不需要其他人员的参与，制造企业的产品由消费者自行选购，消费者也可以根据制造企业的具体情况让其直接送货上门，这就是所谓的产品直接销售模式（见图 4－2）。

图 4－2　"一站式"产销对接模式

　　"二站式"是对应一站式而来，制造企业不是直接卖给消费者，而是通过添加中间环节，例如超市、加工企业等单位，把产品转卖给中间环节，由中间环节再直接卖给消费者，或者通过加工提高产品的附加值，再出售给消费者，从而实现产品的转移，这种模式主要是以中间商为主导（见图 4 - 3）。

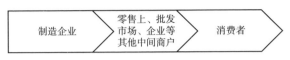

制造企业　／　零售上、批发市场、企业等其他中间商户　／　消费者

图 4 - 3　"二站式"产销对接模式

　　"多站式"产销模式，是指相比较"二站式"而言，在建设设施上增加了产品原料生产场地的批发市场、中间经销区批发市场和终端零售市场等环节，以此类推，可以形成所谓的"三站式""四站式""五站式"模式等。

　　从生产到流通到最终的销售，每增加"一站"，都增加了信息处理和商品流通的成本，也就导致企业利润越来越薄，由此可见，我国传统制造企业向"产供销一体化"的转型势在必行。

　　我国目前传统制造业发展的主要矛盾就是小企业和大市场之间的供需矛盾。由于市场不断发生变化，对传统制造业产品的质量、标准越来越高，小企业生产无法适应大市场的发展要求，导致部分小企业生产的产品价格低下，甚至无法卖出去。这样的供需矛盾越来越严重，这就需要通过实现传统制造业合理的流通，保证产品供应链的畅通无阻，使产品能够快速低成本地销售给终端消费者，这其中除了生产者和消费者，还有最重要的中间商，在经济快速发展的时代，产品的生产和供应信息逐渐趋于透明，两者能够利用现代化的信息工具建立更优的流通体系，现代流通体系主要依赖高新技术和高新企业，采取电子商务和互联网平台等实现更广范围、更大规模和更好服务的制造业产品产供销，即向"产供销一体化"转型。

　　"产供销一体化"的转型意味着产业链上、下游所有环节都要为适应互联网而改变。试想，一个传统的服装企业，仅仅是在互联网上卖货，生产模式还是单一款式大批量生产、生产周期还是几十天到数月，分销模式还是"订货会"模式，如何能适应快速的市场需求变化？转型又怎能成功？反之，零售端的变化也会倒逼分销体系、生产制造模式去变革。确实有越来越多的品牌商正在改变一年四次的订货会，辅助以补货制，像线下一些品牌，例如都市丽人、快鱼等品牌，甚至直接用补货制替代订货制。

　　生产企业产供销一体化的转型，更多的是在信息化浪潮下进行的自我转型与提升，但距离互联网"用户思维"还是有一定距离的，生产企业产供销一体化还是从生产企业角度出发去考虑生产、销售，而不是从用户需求出发去考虑问题。

"电子商务与制造业融合"专栏二

唐狮：打造同行业优秀品牌

一、公司介绍

　　唐狮是宁波博洋控股集团（以下简称"博洋"或"博洋集团"）有限公司服饰系中

主导品牌之一。博洋集团是一家大型综合性时尚产业集团，前身创立于1958年，20世纪90年代初，作为纺织产业改革的示范企业进行改制，成立博洋纺织有限公司。

1994年，博洋在国内率先提出"家纺"的概念，1995年以自主品牌进入国内市场，并带动中国纺织行业协会全面导入"家纺"这一行业名称。也是在1995年，成立博洋服饰有限公司，创立"唐狮"休闲服饰品牌。凭借敏锐的行业洞察和独特的经营理念，在纺织服装业大展身手，多次荣获各级纺织百强企业和全国服装行业百强企业等称号。如今唐狮（tonlion）服饰是国内休闲类服饰销售量最大的一线品牌之一，曾多次入选中国500最具价值品牌。

二、唐狮的发展之路

唐狮作为国民服饰品牌，它的发展有两大特点。

第一，唐狮的品牌建设十分成功。唐狮旗下共六大品牌，分别是"唐狮""艾夫斯""三十三层""德·玛纳""涉趣""华尔思丹"，发展速度犹如雨后春笋，多品牌发展初具规模。公司从创立时的单一生产销售衬衫一个系列，发展到有T恤类、毛衫类、夹克类、风衣类、羽绒服类、裤类以及饰品类等几大系列，近千个品种。

公司从设计、采购、销售一条龙，发展到以经营为工作重心，把采购、生产采取社会分工协作的方式转移到既有生产技术优势，又有成本优势的珠江三角洲生产基地。即公司先注入"tonlion"品牌的设计理念，再通过公司科学、完善的管理把品牌逐步推广。

唐狮最大的成功在于找到正确的市场定位，打造大众化市场的品牌。它沿着专业的品牌推广、社会化的生产、特许加盟之路，以统一的企业形象、统一的管理、统一的模式、统一的核算、统一的培训、统一的价格、统一的配送，为客户提供优秀的品牌，共拓广阔的市场，树立唐狮一流的商业品牌群体。

唐狮为客户提供合理的利润空间，超大的广告支持、强有力的品牌推广活动、专业的营销建议以及专业的人员培训和支援服务，最大限度地为商业合作伙伴创造赢利的空间，降低市场风险。

第二，唐狮的电商运营抢占先机。2002年，博洋开始品牌"裂变"，探索多品牌经营的新的发展模式。2009年，电子商务方兴未艾，博洋大力推进电商业务，将电子商务这一非传统渠道业务纳入集团长远发展战略，并成立宁波唐狮网络科技有限公司，致力于电子商务运营和平台开发，主力运作唐狮、DESSO、Varsden男装、唐狮鞋类、TNTee、YOE等品牌的线上业务，是一支超过600人、平均年龄24.5岁的朝阳团队。

唐狮电商为创新者提供舞台。公司坚持以应届生和年轻人为培养群体，以创意创新、勇往前行的"果敢"精神选拔人才，为员工提供了自由发挥的发展平台，并提供强有力的资源，使应届生和年轻人有机会担当重任、快速成长，通过个人的努力，收获了合理的回报与值得回味的人生经历。

电商行业唯一不变的是变化。唐狮电商团队为顺应这一变化，在主营"唐狮"品牌的稳步发展下，公司着眼于新品牌、新团队的孵化诞生，新创DESSO牛仔、Varsden男装、唐狮鞋类、TNTee箱包、YOE女装等全新子品牌，针对不同群体全新出发，在各自的品类中脱颖而出。新品牌的孵化，优秀团队的裂变，造就了唐狮电商生生不息的"春风吹又生"。

唐狮电商团队同时又坚持创新变革。2017 年公司对于管理模式进行进一步创新改革，做实了"阿米巴"模式。在此创新改革的推动下，"唐狮"品牌矩阵在天猫、唯品会、京东等多个电子商务平台上蓬勃发展。2015 ~ 2021 年，唐狮电商连续 6 年"双 11"销售业绩增长比在 40% 以上。

三、结论

唐狮主张"因改变而惊喜"，紧随市场趋势，不断寻求自身突破。目前，唐狮年销售 30 多亿元，年销量突破 2 000 万件，位居宁波服饰企业销量榜首；近 3 000 家专卖店、专厅覆盖全国 32 个省（区、市），并以每年较高的市场增长速度撰写全新的篇章。

（资料来源：唐狮官网、《纺织服装周刊》、《中国经济时报》）

4.3.2　电子商务给传统制造业带来的变化

2015 年，我国提出"互联网＋"计划，通过实施该项计划加快发展电子商务。在企业的电子商务活动当中，企业内部信息的共享、企业之间商业数据的交换、网络营销等活动的各个环节，都借助计算机网络实现信息化和网络化。目前我国传统制造业正面临人力成本上升、产能过剩、市场需求变化快等新问题，要解决这些问题，需要鼓励制造业企业发展电子商务，搭上互联网、信息化的大潮。而实践证明，电子商务的应用，确实给传统制造业带来一系列变化，主要有以下五点。

第一，生产模式改变。传统制造业的生产模式主要是大规模生产，例如 19 世纪福特建立的汽车装配流水线。这种大规模的生产模式相对于手工作坊而言缩短了生产周期、提高了生产效率、降低了成本、保证了质量，但仍然面临着产品单一、定制化程度低、忽视了顾客的差异化需求等问题。大规模生产企业的制造系统多为专用设备，因而转产较困难，退出壁垒高，企业的灵活性和适应性较差。同时，大规模生产不可避免地存在一定的成品库存。如今，传统的大规模生产方式已经难以适应市场竞争的需要，在电子商务的影响下，大规模定制生产方式将替代大规模生产方式成为 21 世纪主流生产模式。

大规模定制生产的基本思想是：将定制产品的生产问题通过产品重组和过程重组转化为或部分转化为批量生产问题。在实际系统中大规模定制生产能够以顾客需求为导向，制造企业以客户提出的个性化需求为生产的起点，从消费者这一产品的最终使用者入手，了解其需求偏好及需求时机，接着由终端反向往前，推出企业的生产、营销决策。这样，企业便无须准备大量库存，可以灵活机动地控制生产，同时可以提高消费者对产品的满意度。

第二，销售模式改变。在短缺经济时代，企业处于卖方市场，产品销售基本上不存在竞争，且产品供不应求，工厂开足马力进行大规模比拥有大量营销人员从事销售工作更重要，这便是传统的销售模式——大规模销售。这种销售模式强调将尽可能多的产品或服务提供给更多的顾客，因此，片面重视吸引新顾客而忽视老顾客，企图保持稳定或趋升的市场占有率。同时，只把产品的销售看作企业经营的一个职能，把企业文化等管理问题仅作为市场营销的相关因素考虑。而这种片面、局部的非系统化思想，不利于企业看清问题的本质，也不利于销售战略的全面展开。

随着移动互联网向纵深推进，移动终端的普及和快速更替，使传统的销售模式也在发生巨大变化。生产商将销售渠道互联网化，实现"从工厂直达顾客"。通过这种销售模式，制造企业不仅可以减少渠道环节、降低销售费用，也可以和顾客建立直接联系，了解顾客具体特征，进而可细分客户群体精准开发差异化、个性化产品。网络销售渐成企业热衷的销售平台。

以手机为例，如今线上下单和线下销售一样重要。例如苹果手机、小米手机、华为手机等新机开售，线上提前预售，线下取机或者快递到家，服务非常到位，而且还节省不少流通成本。

第三，库存模式改变。传统库存模式的特点是各节点企业的库存管理各自为政，物流渠道中的每一个部门都各自管理自有库存，都有自己的库存控制策略而且相互封闭，并且由于传统的生产模式导致大规模生产，因此各个供应链都有较大的存货。这种库存模式由于各企业间缺少沟通且库存量过大，所以容易造成产品积压，最终甚至产品销售不出去导致浪费，既不利用资源的利用，也不利用传统企业的发展。

如今，各个企业可以通过互联网来了解消费者对产品的偏好，因而可以根据数据来制定产品的库存量，这种模式叫作协同式供应链库存模式。这一模式的核心在于充分提升供应链终端商品的供应率。为了达到这一效果，整个供应链的库存设置在供应链终端的销售商户这里，所有供应链上游的企业和核心生产企业都要根据最终的产品销售情况来调整自己的生产计划。这一模式的最大特色就在于真正将消费者的需求确立为整个供应链库存管理的指导依据，而且包括所有的原材料供应企业和核心生产企业在内的所有供应链企业都显示一样的库存状态，这样就能最大限度地提升消费需求对于供应链原材料库存的影响和指导作用。

第四，广告模式改变。传统的制造商广告模式主要是有发送者，即企业经过许多中间环节"推向"最终消费者。其特点是：大面积播送，不是直接将信息送到细分的目标市场；信息传送和反馈是隔离的，单向流通、非交互的，有时差的；强势信息灌输，试图用某种印象劝诱目标受众成为购买者。同时，传统广告由于受媒体的时间和版面的限制，其内容只能删繁就简，突出重点。

截至2021年，全球上网人数有51亿多人，覆盖193个国家，而这个数字还在快速增长。网络联结着世界范围内的计算机与各类终端。因此，通过互联网发布广告信息范围广，不受时间和地域的限制。从广告角度来看，如今的广告模式与传统的广告模式相比，网络广告即可以等待目标受众的主动光临，然后再互动；也可以通过大规模的精准推送，推送到有潜在需求的客户面前。现在的网络广告沟通模式更为紧凑，沟通效率也因而提高。同时，在网上，广告主提供的信息容量是不受限制的。网络广告可以使网络用户获得更多的信息，突破了传统广告的局限和翻阅的呈现方式。广告主或广告代理商可以提供相当于数千页计的广告信息和说明，而不必顾虑传统广告上每分每秒增加的昂贵的广告费用。此外，网络广告由于先进的科技，具有在文字、声音、画面、音乐、动画、三维空间、虚拟视觉等方面的一切功能，实现了完美的统一。网络广告在传播信息时，可以在视觉、听觉，甚至触觉方面给消费者以全面的震撼。

第五，管理模式改变。目前，我国制造业的管理模式正处一个探索时期。有学者认为，我国的制造业的管理模式中包括日本、美国、韩国的管理模式，但是多数企业的管理模式，仍然没有摆脱根深蒂固的计划经济管理模式。即企业管理层高高在上，设置了一级又一级的主管部门。由于部门管理过多，非常不利于市场信息的反馈，也不适应企业对市场需求的快速调整。在这样一种信息平台基础上，企业运作正常与否的预警系统处于停顿状态，对资源（资金、技术、人力资本等）的有效配置造成了极大的浪费，也使资源配置不合理的状况难以改变。同时，由于缺乏开放性，传统的制造业的管理模式仅仅是一种面向企业内部的比较狭隘的管理模式。

网络的兴起，也使管理模式有了一定的改变。20 世纪 80 年代后期，开始出现并迅速发展起一种网络供应链管理模式。供应链是指产品生产和流通过程中所涉及的原材料供应商、生产商、批发商、零售商以及最终消费者组成的供需网络。即由物料获取、物料加工，并将成品送到用户手中这一过程所涉及的企业或企业部门组成的一个网。供应链管理（supplier chain management，SCM）是指人们认识并掌握了供应链各环节的内在规律和相互联系，利用管理各项职能对产品生产和流通过程中的各个环节进行合理调控，通过系统的运作，将处于整个供应链上的销售、物流、生产、开发、供应等所有环节联系起来，以期达到最佳组合，发挥最大效率，提升运营速度、缩短经营周期、压减环节间库存，以最小的成本迅速为客户提供最大的附加值，同时为企业带来新的利润增长。传统的制造业逐渐由原来的管理模式转变成供应链管理模式后，企业的竞争力明显提高，生产效率、运营速度都有了较大提升。

4.3.3　传统制造业厂商驱动的 B2C 模式与其特点

这里的 B2C 模式不是指电子商务零售中的 B2C（business to consumer）模式，是指传统制造业以生产企业为中心的生产、销售模式。在这种传统 B2C 模式下的生产制造与同时代的市场消费需求、分销渠道、大众营销等固有特点密不可分。其基本形态是：大规模生产 + 大众营销 + 大品牌 + 大零售。传统模式下的大批量、规模化、流程固定的流水线生产，追求的是同质商品的低成本。大量商品生产出来后怎么办？依靠的是以报纸、杂志、广播、电视为主要载体的大众营销的"狂轰滥炸"。在这种广告模式下，品牌是靠媒体塑造出来的，消费者是被灌输的、被教育的。

在传统 B2C 模式下，生产与消费之间隔着重重的批发、分销、配送环节。而且生产商都通过设定折扣、运费政策鼓励分销商、零售商一次性大批量订货。信息传递缓慢而零散，生产商往往数月后才能从订单中看到消费者需求的变化。在生产过程中，生产厂家需要以猜测的方式进行库存和生产。而信息的失真和滞后，导致猜测的准确率非常低。管理学中称这个现象叫作"牛鞭效应"。传统的 B2C 模式下也经常出现这样的场景：畅销的商品往往缺货，滞销的商品却堆满货架和仓库，既错失销售机会，又积压资金。

传统制造业的 B2C 模式主要有以下特点。

第一，低价策略仍是当前传统 B2C 厂商竞争的主要营销特点，追求的是同质商品的低成本以及低价的营销策略。即使构建了电子商务 B2C 平台的制造业厂商，目前看来也逃脱不了这样的命运。

第二，具有较为完善的厂商物流配送和拓展销售渠道。因为传统的分销渠道完善，这些制造业厂商已经建立了完善的物流配送和拓展销售渠道。它们一般有全国性的销售网点以及大量的实体店。

第三，营销依靠传统大众媒体的"狂轰滥炸"，依靠媒体塑造品牌，依靠市场培育消费者，但并不注重消费者的体验，没有互联网市场下的"用户思维"。他们普遍面临着面对消费者，如何提升购物体验和服务质量的问题。

4.3.4　用户驱动的 C2B 模式与其特点

随着电子商务零售逐渐凸显，基于电子商务的生产方式也逐渐改变传统制造业的 B2C 模式。因为电子商务生产方式是需求拉动型的生产，互联网、大数据技术将生产企业和消费者紧密联系在一起，使消费需求数据、信息得以迅捷地传达给生产者和品牌商。生产商根据市场需求变化组织物料采购、生产制造和物流配送，使生产方式由大批量、标准化的推动式生产向市场需求拉动式生产转变。拉动式的生产并不一定要对市场需求进行精准的预测，关键是供应链的各方面更紧密的协同，以实现更加"柔性化"的管理。所谓"柔性化"，是指供应链具有足够弹性，产能可根据市场需求快速做出反应："多款式的小批量"可以做，需要大批量翻单、补货也能快速做出来，而且无论大单、小单能做到品质统一可控，成本相差无几、及时交货。对于企业而言，柔性化供应链的最大收益在于把握销售机会的同时，又不至于造成库存风险；销售方式决定生产方式。

在大众营销、大批量分销订货、同质性消费的模式下，不可能产生柔性化生产的需求。而互联网确实释放了消费者的个性化消费，也催生了新的销售模式和生产方式。互联网上大量分散的个性化需求正在以倒逼之势，持续施压于电子商务企业的销售端，并倒逼生产制造企业在生产方式上具备更强的柔性化能力，并将进一步推动整条供应链乃至整个产业，使之在响应效率、行动逻辑和思考方式上逐步适应快速多变的需求。

基于此，C2B 作为互联网时代的制造业的主流商业模式已经日渐清晰。但目前业界对 C2B 最大的误解是局限为定制和预售模式。C2B，即客户驱动的商业模式，要点在于"客户驱动"，客户决定买什么则厂商生产什么，生产多少，进货多少，卖多少。C2B 可简单归纳为"客户定义价值 + SNS 营销 + 拉动式配送体系 + 柔性化生产"。大规模定制完全符合上述四条，并作为 C2B 的一种极端模式备受推崇。但这并不是全部，代表不了大多数的商业场景。

从戴尔开始，到青岛红领、尚品宅配、索菲亚家居，所有能够实施大规模化定制的工作原理都是相通的，即内部部件的标准化和模块化，通过有限的组合来应对外部需求个性化。但是，并非所有的商品和服务都可以内部模块化，例如服装领域的时装、家居行业的实木家具，以及更多不需要客户直接参与设计的行业。大多数时候，消费者只是表达喜欢和不喜欢，并没有能力直接参与设计研发，并不需要定制化生产。在更普遍意义的商业场景中，消费需求呈现长尾市场。画一幅商业需求的频谱图：福特的 T 型车作为需求的一端（或者 iphone 手机），完全个性化定制商品在另外一端。除了最左侧的极端情况，大部分的需求都需要多品种、多款式的商品去满足。例如，喜欢某一个款式的有几十个人，喜欢另外一个款式的可能有几万人、几十万人。在这里，区别 B2C 还是 C2B 不是看批量的大小、品类的多少，而是看商业逻辑。只要是以消费者需求为中心，以实际需求驱动型的商业模式就是 C2B 模式。进一步讲，即使是对单一品种最终销量几十万、几百万的"爆款"如果采用客户定义价值，配以拉动式配送体系和柔性生产，也是非常完美的 C2B 模式。因此，对于传统企业而言，除了营销端的重塑之外，更重要的是改造供应链系统，即由"推式供应链"改为"拉动式供应链"。即用更多商品品种去测试市场，然后根据市场实际需求，来决定生产什么，生产多少，补多少货，卖给谁。供需匹配的结果是，每一个人的特定需求都能够得到满足。

"电子商务与制造业融合"专栏三

蔚来汽车：互联网造车先行者

一、公司介绍

蔚来是全球化的智能电动汽车品牌，于 2014 年 11 月成立，旗下主要产品包括蔚来 ES6、蔚来 ES8、蔚来 EC6、蔚来 EVE、蔚来 EP9 等。蔚来致力于通过提供高性能的智能电动汽车与极致用户体验，为用户创造愉悦的生活方式。

2014 年 11 月，蔚来由李斌、刘强东、李想、腾讯、高瓴资本、顺为资本等企业家于企业联合创立，旨在打造属于中国的高性能智能电动车，并于 2018 年 9 月在美股上市。

蔚来作为全新的新能源电动车企，除了技术创新之外，在营销和服务上也颠覆了传统汽车行业的 4S 销售、服务中心模式，开创了"线上订购＋线下体验"服务模式/"专人上门取车和归还"服务。

二、创新的互联网售车、服务模式

蔚来是年轻的汽车企业，所以在营销模式上也将采用年轻人喜欢的"口味"去创新。蔚来汽车在营销上借鉴特斯拉直销的基础模式，"线上订购＋线下体验"模式，不惜重金在各大城市建立起 NIO 社区运营，一是为了拉近企业与用户的距离，了解真实需求；二是有利于管理执行和快速反应，从而增强用户的全程愉悦体验。

在线上，蔚来汽车可通过互联网了解到很多原本难以测量的用户行为，在今后的营销活动中也能做得更加精准有效。车辆的购买也都是在 App、微信端或者官网完成。等用户真正提车使用以后，车辆本身的系统又可以记载日常行驶轨迹、用车习惯等数据，作为不断优化产品和服务的依据。

线下方面，蔚来没有采用 4S 店的模式，而是打造像俱乐部一样的蔚来中心（NIO house）。目前，蔚来在北京、上海、成都、广州等地的蔚来中心均建在繁华的城市中心，以快速吸引关注，树立高端的品牌形象。而蔚来中心的独特设计以及最终目的也都是围绕着"以用户为中心，以服务为导向"的理念。希望打造一个"家"的场景，为用户创造愉悦感与归属感，让他们在感受价值的同时，也能分享自己的价值。

蔚来汽车另外一个服务政策则是"专人上门取车和归还"的服务，它最大的特点是不需要占用个人时间。这样不仅节省了维修空间，也解决了用户嫌麻烦的痛点。不仅如此，由于线下没有销售环节，蔚来的交车仪式也打破常规，用户既可以在蔚来中心提车，也可以自行选择交车地点。

另外，为了解决消费者新能源电车充电问题，蔚来推出了全球首创 NIO Power 电能服务综合体系。2017 年 12 月，蔚来发布了电能服务体系 NIO Power，建立充换电网络。

到了 2019 年，蔚来发布了超级充电桩，并宣布正式对第三方品牌开放一键加电服务。2020 年，蔚来宣布推出 20 千瓦直流超冲桩，作为比原超充桩成本更低的替代方案。至今，蔚来换电站已建设 143 座，NIO Power 包含的服务均可跨品牌使用。以超充桩为例，目前已使用过的次数中有 90% 来自非蔚来车主，蔚来充电服务跨平台布局效果初显，初步实现了车电分离的辅助服务，为蔚来今后的新能源汽车服务推广打下良好基础。

三、结论

作为新势力头部企业，蔚来以其高端化的品牌定位、个性化的用户服务以及多元化的产品生态打造了自己的忠实用户群体。但整车企业需要经验积累，在这方面，蔚来与传统车企相比还存在不足。当生产规模变大，蔚来更应在产品质量上提高警惕。但电动车始终是未来汽车发展的趋势，先行一步的蔚来比之后来者有更多的优势。

（资料来源：蔚来官网、《每日经济新闻》《第一财经日报》）

4.3.5 平台 + 个人（创客、小组）组织模式的崛起

19 世纪中，股份有限公司逐渐盛行、"公司"成为基本的经济主体。但到了 21 世纪的今天，"公司 + 雇员"这一基本结构的空间已逐渐向"平台 + 个人"这一组织模式转变。换句话说，"互联网平台 + 海量个人"正在成为我们这个时代，一种全新的、显著的组织景观。随着"平台 + 个人"这一社会和经济结构的持续生长和扩展，全新的经济、法律、社会含义，也将由此深化和扩展开去。如表 4 - 1 所示，是六个大型电子商务企业的具体模式。

表 4 - 1　　　　　　　　　　互联网企业的具体模式

企业	平台 + 个人模式
淘宝 +	海量网店 + 海量买家
苹果 +	海量 App 开发者 + 海量用户
谷歌 +	海量信息 + 海量用户
腾讯 +	开发者 + 海量用户
滴滴 +	众多司机 + 海量乘客
海尔 +	2 000 个自主经营体

任何企业都面临着纵向控制与横向协同，或集权控制、分权创新的难题。此外，今天的企业还面临着如何与外部需求进行对接的难题。今天的互联网，为这一老难题提供的新方法，就是以后端坚实的云平台（管理或服务平台 + 业务平台）去支持前端的灵活创新，并以"多个小前端"去实现与"多种个性化需求"的有效对接。这种"大平台 + 小前端"的结构，已成为很多企业组织变革的原型结构。例如 7 天酒店的"放羊式"管理、韩都衣舍的买手制、海尔的自主经营体等。不只是单个企业演化出了这样的结构，苹果的 App Store，淘宝的网络零售平台等，同样也是类似的结构。它们也都是"平台 + 多元应用"这一结构（或大平台 + 小前端）在不同企业那里的碎片化呈现，也即不同程度的"后台标准化、统一化、模块化"与不同程度的"前台个性化"之间的组合。其特

征则表现为分布式、自动自发、自治和参与式的治理等。

在互联网、云计算这种技术和商业基础设施之上，随着全社会协同成本的普遍下降，"公司"这种组织方式的内部效率相比于外部市场的组织效率，已经显得越来越落后了。当"公司"多多少少地变成"低效率"的代名词，那么企业组织的规模将注定走向小微化，大企业式的"多人企业"最终也将会裂变为很多个"个人企业"。甚至于，一个单独的个体也仍会进一步的碎片化——当每一个人参与到以任务中心、以流程来驱动的各个不同的临时性组织中时，他们可能会担任不同的角色——在这种现象越来越普遍之前，能够在不同剧组里同时出演不同角色的演员，其实已经是这条道路上的先行者了。

因此，如今给个人一个良好的平台，他就可以面对全球市场的时代，小企业，更确切地说是个人，正迎来自身发展史上的黄金时代。毫无疑问，平台＋个人的模式正在崛起。

"电子商务与制造业融合"专栏四

淘工厂：源头工厂，加工定制

一、淘工厂介绍

淘工厂是阿里巴巴旗下 1688 事业部于 2013 年 12 月推出的一个频道，其主要功能是连接淘宝卖家与工厂，通过聚合海量工厂，覆盖消费品行业类目，解决淘宝卖家找工厂难、试单难、翻单难、新款开发难的问题。通过满足电商柔性供应链开始，为电商卖家与优质工厂搭建的一条稳固的桥梁，将懂电商但不懂供应链的电商卖家与懂供应链但不懂电商的工厂撮合起来，一站式解决卖家供应链难题。经过 7 年多的发展，淘工厂帮助不少始于淘宝、立于天猫的品牌解决了定制、生产问题。

可以这么理解淘工厂：网购等于淘宝，供应链等于淘工厂。

二、淘工厂的特点和运营模式

淘工厂最大的特点在于生产上将更加符合淘宝卖家的需求，淘宝卖家可以尝试小批量试单，并快速翻单。阿里巴巴要求入驻的代工厂为淘宝卖家免费打样、提供报价、提供档期，并且接受 30 件起订、7 天内生产、信用凭证担保交易等协定。

在产品的设计上，阿里要求工厂将产能商品化，开放最近 30 天空闲档期。档期表示工厂接单意愿，如果工厂没有空闲档期，则卖家搜索时会默认过滤掉。而柔性化程度高的工厂将被优先推荐。工厂能提供的最低起订量、打样周期、生产周期、7 天内可供面料。

同时，阿里将通过金融授信加担保交易解决交易的资金缺乏和资金安全的问题。淘宝卖家在支付货款可使用阿里的授信额度。工厂可凭信用证收回全款，如果买家失信，阿里将会补上这份金额给工厂。

淘工厂连接电商卖家和工厂，将懂电商但不懂供应链的淘宝卖家与懂供应链但不懂电商的工厂撮合起来。

对于淘宝卖家找工厂难、小单试单难、翻单备料难、新品开发难等电商的普遍问题，淘工厂主要通过五个方面来解决。

第一，邀请工厂入驻，将线下工厂数据化搬到线上。并对提供的工厂信息进行第三方验厂（工商注册、产能、擅长品类、擅长工艺、工人数、开发能力、生产线、设备、车间、版房、品管、协力工厂）。

第二，让工厂将产能商品化，开放最近30天空闲档期。让电商卖家快速搜索到档期匹配的工厂。档期表示工厂接单意愿，如果工厂没有空闲档期，则搜索会默认过滤掉。

第三，柔性化程度高的工厂将被优先推荐。如工厂能提供的最低起订量、打样周期、生产周期、7天内可供面料，电商卖家可以通过频道、搜索快速找到柔性化最适合的工厂。

第四，金融授信加担保交易解决交易难题。淘宝卖家支付货款使用阿里授信额度，大笔交易全款支付，不用再担心资金问题。工厂也不再担心买家会要单、跑路、欠款的问题，只要双方达成交易，买方确认收货后，工厂即可凭信用证收回全款。如果发生买家店铺倒闭，阿里金融承担损失，并向买家追偿。

第五，交易规则保障。入驻淘工厂平台的工厂需要交纳一笔生产保障金，保障买家成品的质量和交期问题，如果发生交易纠纷，依据合同条款和平台规则，平台介入处理（见图4-4）。

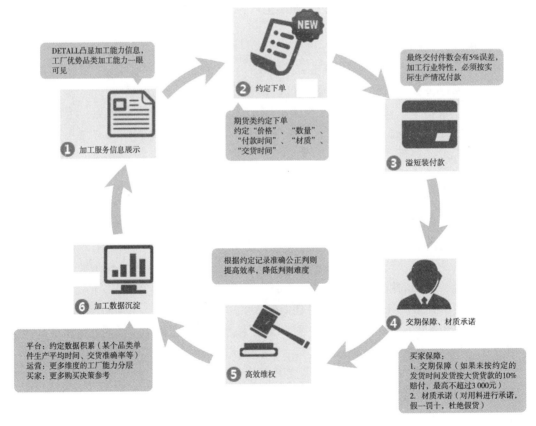

图4-4　淘工厂平台提供全链路的在线加工交易模式

三、淘工厂产生原因

淘工厂产生的原因是电子商务倒逼生产柔性化。

淘工厂的诞生源于电子商务的发展，当电商发展加快的时候，后端的供应链管理就暴露出很多问题来：以互联网为商业基础设施、由消费者所驱动的、能够实现大规模定制乃至个性化定制的 C2B（consumer to business）商业模式，在中国的服装、箱包、鞋子、家电、家居等诸多行业和企业中已经开始了快速发育。它的三大支撑，就是个性化营销、柔性化生产和社会化协作的供应链。柔性化生产的演进，是一场正发生在中国部分行业、部分企业车间里的一场静悄悄的生产革命。中国企业创新的主要领域，正在由前 20 年的"WTO＋外需"快速转向今天的"互联网＋内需"，这一新领域将有望孕育出真正有中国特色的生产方式、商业模式以及组织模式。

四、结论

淘工厂从 2013 年开始运营以来，目前拥有海量工厂，包含诸多为传统品牌服务的代工厂以及为淘品牌服务的工厂。淘工厂带着时代的特殊使命，携手工厂、电商卖家一起打造柔性化供应链，能真正推动零售服务业、制造业的革命。

（资料来源：淘工厂官网、《中国科技论坛》、《中国企业家》）

4.3.6　传统制造业 "三位一体" 的转型

随着中国提出"互联网＋"战略，社会价值的主要创造者之一——制造业必然随着互联网＋而转型升级。

"互联网＋"的内涵即为传统行业利用互联网转型升级，其中传统制造业的转型升级可归结为新技术应用、商业模式和组织方式"三位一体"的转型。

第一，新技术的应用。电子商务包含着非常广泛的内容，不仅包含了电子产品、广告、网络、硬件等各种各样与互联网相关的商品，还包括了仓储、物流、原材料等与传统产业相关的业务。除了电子商务之外，随着互联网的发展，越来越多的新技术会应用到制造业中，除了 ERP 系统，将来人工智能将会替代更多的人的工作，使工厂的工作效率得以提高的同时，还能够为企业节省一些成本开支，大大方便了人们的工作和生活。

第二，商业模式的改变。制造业原有的商业模式主要是 B2C，而如今正由 B2C 转向 C2B，即客户驱动的商业模式，指先有消费者需求产生而后有企业生产。通常情况为消费者根据自身需求定制产品和价格，或主动参与产品设计、生产和定价，产品、价格等彰显消费者的个性化需求，生产企业进行定制化生产。互联网技术为生产者和消费者双方提供了低成本、快捷、双向的沟通手段，现代物流畅达，金融支付手段便捷，以模块化、延迟生产技术为代表的柔性生产技术日益成熟，使交易成本和柔性生产成本大幅下降，这些都为 C2B 的发展创造了条件。

第三，组织方式的改变。互联网的普及，使传统制造业的组织方式也有一定的改变。传统制造业的金字塔式的组织架构正在松动，平台＋个人（如创客、小组）的新型组织方式正在崛起。同时组织的职能也在发生变化：管理转向服务，控制转向协同，激励转向赋能。

4.4　电子商务与传统制造业的融合

目前，我国制造业规模居世界前列，但制造业资源消耗大、自主创新能力不强等问题依然突出。经济规模大而不强，主要依靠资源等要素投入推动经济增长和规模扩张的粗放型发展方式不可持续，转变经济发展方式刻不容缓。

4.4.1 理念的转变：价值链转向价值网转变

价值链概念由 1985 年哈佛大学商学院教授迈克尔·波特提出，波特认为，"每一个企业都是在设计、生产、销售、发送和辅助其产品的过程中进行种种活动的集合体。所有这些活动可以用一个价值链来表明"。企业的价值创造是通过一系列活动构成的，这些活动可分为基本活动和支持下活动两类，基本活动包括内部后勤、生产作业、外部后勤、市场和销售、服务等；而支持性活动则包括采购、技术开发、人力资源管理和企业基础设施等，如图 4 - 5 所示。这些互不相同但又相互关联的生产经营活动，构成了一个创造价值的动态过程，即价值链。而国内外对价值网的研究开始于 20 世纪90 年代，它是在经济全球化、市场竞争、需求个性化、信息技术不断发展这一历史背景下提出和发展起来的。关于价值网的概念，没有统一的定义。最著名的是美国学者大卫·波维特（David Bovet）和约瑟夫·玛撒（Joseph Martha），他们不仅指出价值网是一种新的业务模式，还在《价值网》一书中以案例研究的方式详细介绍了许多采用价值网模式的企业如何在价值定位、运作范围、利润捕捉、战略控制与实施等方面获得成功。但众多学者对价值网的研究都强调了价值网在信息技术推动下客户导向、快速响应、共同增值的本质特征。总而言之，价值网可以认为是以客户选择为导向，采用数字化手段，连结价值链上的合作伙伴形成动态网络，快速、灵活地满足顾客需求，实现共同增值的业务模式。也就是说，企业不仅要利用数字化手段与合作伙伴建立网络关系，还要与合作伙伴、客户一起共同创造价值。

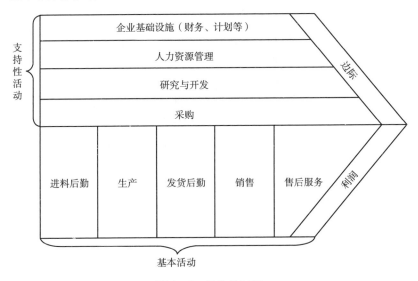

图 4 - 5 价值链过程

传统企业习惯讲价值链，喜欢做价值链的主导者，这背后隐含着"控制"的思想，通过榨取价值链上、下游企业的利润来实现自身利益最大化。但在互联网条件下，价值链会向价值网络演化，合作伙伴之间通过数据和信息分享，形成网状连接关系，居于商业中心，同时掌握主导权的只有客户一个角色。

电子商务时代下的价值网络演变。随着社会的发展进步，企业的价值创造源泉、价值创造方式和价值创造空间都悄然发生了变化，在企业价值创造从要素型发展到关系型，又从关系型发展到结构型的过程中，物质性生产要素实现了向知识性生产要素的升级，企业生产方式实现了信息化、网络化与全球化的转变，价值创造源泉从有形物质拓宽到无形资源价值创造方式，从实体经营拓展到虚拟运营，价值创造空间从企业内部延伸到企业外部。

如今，现代社会体力劳动者和低水平的技能工作者逐渐被自动化、智能化的机器设备所替代；机器化、自动化、智能化的生产方式进步使生产分工越来越向专业化和知识化方向发展，甚至出现了以专业化设备为核心的生产部门等。网络与知识在推动分工细化的同时也推动了价值整合，价值整合不是简单的组合与集成，而是以系统知识对模块知识进行整合、以核心知识对边缘知识进行整合、以高层次知识对低层次知识进行整合、以创新知识对普遍知识进行整合。价值整合也是系统知识的深度挖掘与高度提升，是一种较高形式的价值创造过程。

4.4.2　对生产要素认识的转变：大数据成为生产要素

大数据时代的来临，对于每个行业来说都是一次机遇、一次挑战，尤其是对于互联网行业来说，每一次点击、搜索、购买、传播等行为都是在创造数据，而企业想要更好发展，就必须构建基于数据分享的商业协同网络。事实上，大数据已经越来越成为企业的生产要素之一。所以很多企业在积极布局，以便在未来的竞争中取得领先的地位。第一步要做的就是打通数据和整合数据。

销售数据、库存数据与生产数据全程打通。制造业转型的前提是销售数据、库存数据与生产数据全程打通，高度协同。零售端用多品种、小批量（浅库存）、快速交货来捕捉市场需求，供应链端根据不同单品（SKU）畅销、平销、滞销实际需求情况进行柔性化生产，连续补货；即使发现爆款也是多批次、小批量的连续生产补货（"流"的状态出现了），保证产品全生命周期内不断货，同时也没有过多库存。同时，仓储的地理布局也要尽量使价值流一次完成，例如，完全可以从工厂的产地仓直接发货给最终客户，不要工厂发到品牌商仓库再折腾一次。要实现上述的局面，先要转变观念，愿意彼此分享数据。但是，正是由于观念问题，导致沟通教育的成本很高，导致先进模式的先行者只能在那些具有创新意识，同时又在上、下游有控制权的企业中出现，新的"纵向一体化"的企业会重现。在企业对外协作、服务外包日益盛行的今天，这种做法可能会被认为是走回头路。但这就是先进模式与落后意识冲突的结果。同时，这种模式目的是实现供应链的真正协同，与上一轮纵向一体化浪潮的垄断经营出发点截然不同。

4.4.3　对合作、分享认识的转变：构建基于数据分享的商业协同网络成为必须

现代生产，从用户需求到原材料供应必须全程高度协同。随着我国国民经济的持续

快速发展和国际市场的剧烈波动，我国传统制造业原材料的生产、供应、物流等供应链环节面临越来越多的挑战，迫切需要转变原材料的供应方式。

为了更好地发展，供应商通过收集原材料用户需求数据，再确认交易价格、质量标准、交货计划等。供应商与核心企业沟通协商，更加了解消费者需求及生产安排，共同制订库存计划，从而消除了由于供应链环节之间的不确定性，以及需求信息不对称导致的库存波动。并且由于实行了采供销一体化、建立了科学的预测模型，可以更加准确掌握市场需求，进一步提高供应链的同步化程度，既满足了上、下游企业需求，又最大限度地减少了库存占用。

4.4.4　对组织认识的转变：大平台＋小前端

"大平台＋小前端"思想起源于谷歌公司的"云计算"。"云计算"意在将大量通过网络连接的计算资源统一管理和调度，构成一个计算资源池（云）为用户按需服务，其核心理念是通过不断提高"云"的处理能力，减少前端用户的处理负担，并使前端能享受"云"的按需、易扩展的强大计算处理能力。"大平台＋小前端"模式正是由"云计算"衍生而来的。

无论是整个社会层面，还是单个企业层面，"大平台＋小前端"的组织形态已具雏形。前端强大，特别需要功能越来越强大的后台支撑，才不会导致资源重复和浪费，并且获取资源的成本最低，也就是说需要一个大平台。好的平台，能够给前端提供源源不断的"炮弹"，让前端可以全力以赴面对竞争、进行创新和变革；大平台也会起到信息共享、协调资源整合、推动项目合作等作用；大平台还会不断通过对小前端的人才盘点、绩效评估、构建专家地图等，了解全公司的人才布局和结构，与小前端一起帮助员工学习成长。在必要的时刻，可以为各种小前端调兵遣将，提供各种支援。而前端业务直接面对消费者和市场，会越来越多，越来越灵活。每个前端将不再需要抢夺什么资源，因为市场和消费者都会投票，自然辨别和筛选出对于前端的评价。这种大平台＋小前端的组织方式便是未来制造业的组织模式。

第一，大平台提供信息、支付、信用、云计算、物流等基础设施服务。大平台指各大厂商给出的用户接收和发布信息的最佳解决方案。大平台能够让用户更专注于自己的事情，同时让厂商能够抓住用户的使用习惯。在互联网时代，对于用户来说，关心的是如何方便地接收和发布信息，从而最大限度地减少切换所产生的学习时间成本。现在的用户一般在手机、平板计算机、桌面这三个平台上接收和发布信息，那么在这三个平台上如何方便地协同工作，也就是说在工作时没有写完的东西，在家里也可以继续用手机、平板计算机、桌面继续写，这才是用户所关心的，在这背后就是云端平台的同步实现。而厂商则根据用户的使用习惯，来获取自己所需要的数据。目前，全球前十大互联网公司都是平台型或具备开放平台特征的企业。例如，淘宝网、eBay 等企业，以平台方式提供信息、支付、信用、云计算、物流等一系列基础设施服务，支持数百万个小微企业和个人创业者，开创了"巨型平台＋小微企业"的先河。

第二，小前端：去组织化的"自主经营体"。对于未来商业变革，需要有一个灵活的小前端。谷歌凭借一个小小的搜索框，坐拥 1 400 亿美元的市值，远超过了很多大块

头，例如全球最大的飞机企业波音公司，市值 300 多亿美元；汽车业巨头丰田公司市值
1 300 多亿美元。谷歌在全球拥有 2 万多名员工和 130 多万台服务器，对于前端传递的每
一个搜索需求，谷歌遍布全球各地的后台计算系统都会迅速运转起来，顷刻间做出响应，
这些凝聚了顶尖技术的算法和技术的 IT 系统，是谷歌耗费巨资打造的。谷歌正是因为拥
有一个灵活的小前端，才取得如此成绩。又如 Uber、嘀嘀出行、河狸家、好厨师、懒人
家政等互联网服务平台上将每个司机、美甲师、厨师、保姆"去组织化"，进而激发为
一个个自主经营体，而平台则提供信息对接、信用评价、支付结算、后勤保障、教育培
训等支撑服务。

"大平台 + 小前端"是我国企业建设、能力提升的趋势，是竞争取胜、突破瓶颈的
努力方向。

第三，制造业企业内部变化：企业平台化，员工创业化。如今，制造业企业内部发
生了变化，正在朝着海尔提出的"企业平台化、员工创业化"方向发展。海尔提出的企
业平台化，就是打破原有的科层制体系，改变上级管理下级的模式，转变成"为员工提
供创业服务"的孵化器，而 8 万名员工则转变为 2 000 多个小微的自主经营体。另一家
互联网服装品牌韩都衣舍也建立了 200 多个高度灵活的"小组制"来应对外部需求的复
杂性。无论是小组制还是员工创客，都可以看作发轫于德鲁克的"联邦分权制"。但是
真正有价值的思考是，这一切变革在互联网条件下有什么不同？答案还是数据和信息的
更低成本的传递、共享，使各类资源更容易地赋能给前端组织，进而推动"平台 + 个
人"的组织模式能大行其道。更本质的问题，这种组织变革的目的是什么？还是回到价
值流分析上。可以想象，服装、家具、生鲜食品、珠宝等不同种类的商品其价值流（从
原材料到客户最终购买）是迥然不同的；同一商品下，不同品种的价值流也是不一样的
（如沙发与书架）。传统的部门职能制已经阻碍了价值的流动性，而阿米巴形式下的小组
制从设计、生产、物流到销售全流程负责，可以保障每一款式的价值流动更顺畅和快速。

"电子商务与制造业融合"专栏五

申洲国际：智能工厂 15 天交货

一、公司介绍

申洲集团创建于 1988 年，其主体企业为宁波申洲针织有限公司，是一家集织布、染
整、印绣花、裁剪与缝制四个完整的工序于一体的企业，是中国最大的纵向一体化针织
服装代工企业。其公司的主要生产基地位于宁波市经济技术开发区，另外在越南西宁省
建有面料基地，并策略性地在中国中部的安庆市、越南的胡志明市及西宁省和柬埔寨金
边市设有制衣工厂，在上海、中国香港地区、大阪均设有销售办事处或代表处。

申洲国际与客户建立了长期、稳固的合作伙伴关系，其客户包括国际知名的运动品
牌阿迪、耐克，以及休闲品牌优衣库等。产品主要市场包括中国内地、日本及欧美市场。
产品、客户及市场的多元化发展，有效降低了其集团经营风险，提升了整体竞争能力。
申洲国际的面料研发队伍，并建有国内一流的建筑面积约 16 000 平方米的面料实验室。
凭借严谨的全过程质量控制体系、高效的管理模式、勤勉的员工队伍，申洲国际在国际

上具有良好的声誉。

二、重视研发，持续投入

申洲国际重视科技研发，公司的研发体现在研发投入规模和管理展对研发的重视上。申洲每年的研发投入在纺织制造业处于头部水平，在研发人员数量和工资等方面都远高于行业平均水平。公司设立了申洲纺织研究院、实验室、检测机构等多个部门，在研发上取得的成果主要体现每年递增的专利数量和专利转化速度。截至 2021 年，申洲国际拥有已授权的专利 318 件，其中，新材料面料专利有 104 件，生产效率提高类专利有 204件，另外有 32 项自主研发项目，年均 33 个系列专利转化为产品。

申洲研发面料的执着近乎痴狂。"为了研发一款用于日常休闲的防水面料，我们的研发人员进入美国人的生活环境中，去测试他们出门去超市、上班过程中可能暴露在户外的平均时间，从而设计研发一款 15 分钟内防水的面料。为什么只防 15 分钟？因为户外的防水面料不透气，不适合日常生活，而且成本、性价比不高。而 15 分钟的防水性，既满足了休闲的需求，又能以备不时之需，因为他们去超市、上班可能遭遇淋雨的平均时间就是 15 分钟"。

三、申洲国际智能工厂——15 天交货

申洲国际最为著名的是它的智能工厂——不管多少件货，申洲都能保证 15 天交货。申洲集团依靠智能化和模块化的先进设备和管理模式，从而实现了精益化生产模式，现在不管是 4 000 件还是 200 万件，都可以在 15 天内交货。没有差错率，就是最大的效率提升。在申洲国际的生产车间里，有 20 多台 AGV 智能机器人有条不紊地工作，保证生产线上的面料源源不断，工人只需扫描二维码，AGV 智能机器人就会将面料准确地送到铺布机旁。

申洲国际一直将技术创新作为推动企业发展的第一重点。2000 年以前，申洲利润的90% 几乎都用来投入技术改进，由于设备先进，申洲的印染准确度能达到 99%，同行最高只能达到 70%，随着次品率大幅降低，仅一年就能省下 6 000 万元。2005 年申洲在香港地区上市成功，申洲更是将融资得到的 9 亿多港币全部投入技术升级，将设备更新到国际先进水平。

"申洲用技术创新要达到三个目的，高效化、舒适化、去技能化"。当今服装市场是"快消品"主导的市场，因而对申洲来说，高效是最为关键的。压缩时间，在高效的标准化流程下，产品都能够保质保量地完成并且交付，就能创造更大的价值。

四、结论

在未来 5 年，申洲国际将在以下方面实现新的提升：进一步提高决策的能力和企业的执行力；围绕服装 OEM 代工和自主品牌经营的业务，建立以市场为导向的服装产业供应链管理，并按生态链建立与外部单位的有效协同，提高对变化市场的快速反应能力和服务能力，提高申洲集团在产业链的价值和竞争力，以实现"卓越申洲"。

"卓越申洲"将持续通过信息化建设实现基于产业链的业务协同和信息共享，持续扩大纵向一体化"一条龙"的全产业链优势，进一步提高企业的生产经营管理水平，缩短订单执行周期，扩大产能并提高资金周转率。

（资料来源：《证券时报》《中国服饰》《南方企业家》）

4.4.5　应对市场方式的转变：　快速反应超过预测市场

很多传统企业的商业模式是以预测市场为基点的。基于对市场需求的预测来研发新产品，安排产能、做仓储布局。但是，市场需求是变化莫测的，以预测市场为基础的商业模式存在极大风险。即使在大数据条件，准确预测市场也是一件很不靠谱的事情，定律总会出现，特别是在一个局部市场。例如，下个月杭州真丝碎花连衣裙的需求是多少？世界上需求最稳定的商品只有食盐。大家电等的市场需求虽然相对平稳，但大数据的预测准确度也只能达到 70% 左右。对于绝大多数的商品和服务，需求是波动的。基于需求预测的商业模式带来的后果经常是产能不足或过剩，产品滞销或断货。因此，企业建立一种弹性的、快速满足市场需求的能力至关重要。例如，对于大多数消费品企业来说，去测试市场而不要去预测市场，同时根据真实的市场需求，快速生产、快速配送、快速销售。这时候，生产成本高一点、物流配送成本多一些并不十分重要，在更高的折扣区间把商品销售出去完全可以抵销这些成本。

第一，市场需求总是波动。市场需求波动指需求信息不能及时交换与分享，致使需求与供应不匹配而引起需求的上下波动。居民的可支配收入、产品价格等是影响需求的主要因素，外部冲击是引起市场需求短期波动的因素。

第二，电子商务帮助企业建立快速反应市场的能力。快速反应是一种响应状态，即能够在合适的时间面向客户提供合适的数量、合适价格和合适质量的产品，是面对市场需求能够迅速适应市场状态，并提供相应的产品和服务。在电子商务的环境下，企业对客户的个性化需求和市场需求能做出快速反应，能迅速占领市场，提升自身竞争力。

4.5　电子商务催生的 C2B 制造业模式总结

"互联网＋制造业"大大削减了产销信息不对称，加速了生产端与市场需求端紧密连接，并催生出一套新的商业模式：C2B 模式，即消费者驱动的商业模式。C2B 模式要求生产制造系统具备高度柔性化、个性化及快速响应市场等特性。这与传统 B2C 商业模式下的标准化、大批量、刚性缓慢的生产模式完全不同。而制造业最直接体现了一个国家生产力水平，是区别发展中国家和发达国家的重要因素，制造业在世界发达国家的国民经济中占有重要份额。

第一，销售方式决定生产方式。在大众营销、大批量分销订货、同质性消费的模式下，不可能产生柔性化生产的需求。而互联网确实释放了消费者的个性化消费，也催生了新的销售模式和生产方式。这意味着，企业生产体系必须适应"多品种、小批量"的要求，才能"接得住"蓬勃的个性化需求。互联网上大量分散的个性化需求正在以倒逼之势，持续施压于电子商务企业的销售端，并倒逼生产制造企业在生产方式上具备更强的柔性化能力，并将进一步推动整条供应链乃至整个产业，使之在响应效率、行动逻辑和思考方式上逐步适应快速多变的需求。

第二，"柔性化生产"对于下游的品牌商产生了巨大价值。事实证明：在 TPS 和

TOC 等先进管理思维的指导下，结合电商大数据的天然优势，即使传统行业的制造企业也可以获得良好盈利。没有前端电子商务的大数据，没有柔性化的销售方式，也不会体现柔性化供应链的价值。

第三，拉动式生产、柔性化供应链对于企业价值巨大。在互联网时代，通过云计算的普及，大数据的成本快速降低，中小企业也可以采用拉动式生产模式。特别是电子商务企业，由于交易、营销活动的在线化，可以利用大数据精准地进行市场调研、细分、选定目标客群，评估天花板。另外，电商企业不需要再用"猜"的方式预测市场，而是可以用小批量来测试市场，再利用灵活的试销、AB 测试等方式，从销售相关数据中找到潜力款，然后根据生产周期与销售周期多频次小批量补货。最重要的是，在市场需求发生突然变化的时候，以数据驱动的 C2B 柔性供应链，可以灵活应对。

第四，倒逼推动制造业在线化交易。在这方面，阿里的"淘工厂"项目做了一件很有意思的事情，"淘工厂"是阿里巴巴搭建的电商卖家与优质工厂的桥梁，旨在帮助工厂实现工厂电商化转型，打造贯通整个线上服装供应链的生态体系。连接电商卖家和工厂，将懂电商但不懂供应链的电商卖家与懂供应链但不懂电商的工厂连接起来。

4.5.1 "互联网 +" 背景下的制造业商业模式

工业时代以厂商为中心的 B2S2C 模式得到了快速的发展，但由于信息不对称，按需定产而没有库存在工业化时代是可望而不可即的。而随着信息化时代的到来以及人们对个性化需求的渴望，以消费者为中心的 C2B 模式迎面而来，并逐渐成为取代 B2C 的模式。在信息化时代，信息的沟通、需求的聚合都因互联网而变得轻而易举。通过 C2B 模式预售，不仅美食、服装、家具、家电可以定制，甚至旅游、装修也都可以。C2B 是电子商务未来发展的一个方向，通过预售可以聚合大量订单，大规模定制让成本趋于合理，能满足个性化需求。

第一，C2B 的基本流程与特征如下：C2B（即消费者对企业），是基于互联网和云计算平台，消费者驱动，以定制等方式创造独特的价值，网络化大规模协作活动。购买预售商品的基本流程是：先拍下一个小额定金，确定款式、数量后再付尾款。一般参与购买的人数越多，价格越优惠。

这看似与团购模式相同，实际则不然。团购是网站与商家谈好团购价格后再向消费者发售，预售是聚合消费者之后再向厂商下订单。C2B 的核心是通过聚合数量庞大的个体消费者形成一个强大的采购集团，以此来改变 B2C 模式中消费者一对一出价的弱势地位。C2B 模式把以卖方为主转变为以买方为主。过去生产者生产出了东西再找买家，用的是推力；现在购买者引导企业生产，用的是拉力。

消费者渴望的功能被尽情满足，而在价格上又获得了更大的实惠，这是 C2B 模式最大的优势与特点。C2B 构筑了厂商、渠道和消费者之间完美的铁三角，创造了价值增量，消费者的利益得到增长，渠道也最大化地释放了平台价值，为企业打开了通向未来全新商业生态的窗口。未来电商市场 C2B 将成主流。

C2B 模式的特征包括以下四种。

一是个性化定制。这是最重要也是主打的，C2B 的产品肯定要满足用户千奇百怪的个性化需求，从个人计算机时代的 DIY 攒机衍生出来的定制电脑，到现在手机用户自己刷 ROM、装扮手机等，无不彰显用户个体的强烈需求。

二是数据处理能力强。传统生产模式衍生出的是大规模、流水线、标准化、成本导向的 B2C 运作模式，所有环节都是厂家驱动和主导，而 C2B 则是消费者驱动，以消费者需求为起点，在商业链条上一个一个环节地进行波浪式、倒逼式的传导。

三是服务专业规范。需要一个专业规范的产品技术服务体系来支撑。

四是具备全产业链。除了满足用户的个性化需求以外，还要通过减少环节减少库存等方式提高利润率，同时将中间环节损耗让利给用户，降低成本，所以在 C2B 模式里前店后厂的全产业链很重要。

第二，C2B 模式的核心思想是消费者驱动整个商业活动。如图 4 - 6 所示。传统工业经济时代衍生出来的是大规模、流水线、标准化、成本导向的 B2C 运作模式，所有环节都由厂家驱动和主导，而 C2B 运作模式则是由消费者驱动，以消费者需求为起点，在商业链条上一个一个环节地进行波浪费式、倒逼式传导。

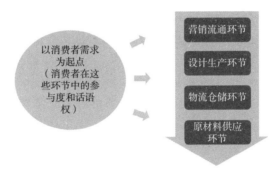

图 4 - 6 C2B——消费者驱动整个商业活动

在生产环节，互联网上"多品种、小批量、快翻新"的消费需求越来越走向主流化，大量分散的个性化需求，正在以倒逼之势，推动各家企业在生产方式上具备更强的柔性化能力，并将进一步推动整条供应链乃至整个产业，使之在响应效率、行动逻辑和思考方式上逐步适应快速多变的需求。

第三，C2B 模式的支撑体系如下。

C2B 模式的支撑体系主要有三个方面：个性化营销、柔性化生产和社会化供应链，其运作机制如图 4 - 7 所示。

图 4 - 7 C2B 模式的运作机制示意

随着电子商务和互联网使供应链各个环节渐次实现"互联网化"，C2B 模式具有越来越坚实的支撑，主要的表现特征如下。

消费者驱动：工业时代的商业模式是广义上的 B2C 模式（以厂商为中心），而信息时代的商业模式则是 C2B 模式（以消费者为中心）。

以消费者参与的定制等方式创造独特价值：定制意味着消费者在不同程序、不同环节上的参与，这将在供过于求的时代创造独特的体验价值。

4.5.2 电子商务与制造业融合的未来发展趋势

趋势一：互联网提速渗透制造业，2015 年是互联网化产品爆发之年。经过 6 年的快速发展，工业互联网极速渗透企业研发、生产、物流、销售、售后等价值链环节。制造业互联网化趋势将进一步向产品延伸，未来的产品，其物理属性将逐渐减弱，而更多地将是扮演互联网接口及信息采集与传输的角色。产品将借助物联网、云计算、大数据、移动等互联网技术实现虚拟世界与现实世界的融合。

趋势二："工业 4.0"将成为传统制造企业打造智能工厂的标杆。中国的产业界对标德国工业 4.0，这是中国制造企业最为关注的焦点。工业 4.0 核心内容可以总结为：建设一个信息物理系统网络（cyber-physical system）、研究智能工厂及智能生产两大主题、实现横向集成、纵向集成与端到端集成。工业 4.0 将成为企业提高生产效率、降低成本并实现柔性生产的关键。工业 4.0 概念将从领导企业向中小企业以及从高端制造业向传统制造业迅速传播。中国制造企业将以工业 4.0 作为标杆，打造符合行业特点，符合企业自身特点的智能工厂（见图 4-8）。

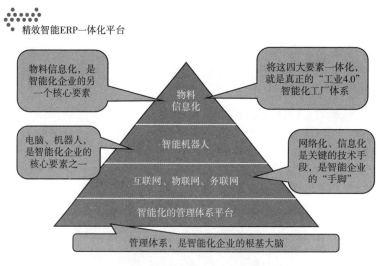

图 4-8 完整的工业 4.0 智能化体系

趋势三：制造业服务化将成为企业转型升级的主流趋势。在转型升级与"两化融合"的大背景下，中国制造企业正试图摆脱因低端价值链所带来的价格竞争，努力向价值链两端延伸。研发、设计、营销、售后、品牌管理和知识产权管理等服务环节的投入逐年增加。未来中国制造业与服务业间的边界将越发模糊，两者间的相互融合和相互依存将驱动传统制造向服务型制造转型。中国制造企业需要将服务理念植入价值链的每一个环节，以客户需求为中心，为客户提供端到端的服务，从而提升用户体验，创造源源不断的价值。

【章末案例】

宝信软件：工业互联网中坚力量

2020 年，新基建成为国家战略，工业互联网则成为新基建战略的重心之一。过去的 3 年，中国的工业互联网发展速度可谓风激电飞，一日千里。更难得的是，终于迎来了新基建这一东风。

一、公司介绍

上海宝信软件股份有限公司（以下简称"宝信软件"）是中国宝武实际控制、宝钢股份控股的上市软件企业，总部位于上海自由贸易试验区，现有在职员工 5 000 余人，本科及以上人员占总部员工数的 85%，其中，博士 25 名，硕士 528 名。并拥有一大批精通信息技术、自动化控制技术、工艺设备、企业管理的领域专家：其中，国家级高级领域专家 9 人，教授级高工 16 人，国家注册建造师 14 人，国家认证系统集成项目经理 36 人，PMP189 人。

1978 年，宝钢自动化部成立；直到 1996 年，上海宝钢软件有限公司成立；这几十年经过发展、经历对外合作和对外并购，宝信软件成功在 A 股上市，成为大众公司。

历经 40 余年发展，宝信软件在推动信息化与工业化深度融合、支撑中国制造企业发展方式转变、提升城市智能化水平等方面做出了突出的贡献，成为中国领先的工业软件行业应用解决方案和服务提供商。公司产品与服务业绩遍及钢铁、交通、医药、有色、化工、装备制造、金融等多个行业。

近年来，宝信软件坚持"智慧化"发展战略，积极投身"新基建"与"在线新经济"，加大投入工业互联网平台建设，致力于推动新一代信息技术与实体经济融合创新，促进工业全要素、全产业链、全价值链深度互联，引领制造业向数字化、网络化、智能化转型升级；同时，公司持续推进新型智慧城市建设，以智慧交通、智慧园区、城市应急管理为切入点，深入探索智慧城市新模式和新业态。公司把握前沿技术发展方向，借助商业模式创新，全面提供工业互联网、数据中心（新一代信息基础设施）、大数据、云计算、人工智能、基于 5G 的应用、工业机器人等相关产品和服务，努力成为贯彻推动"互联网＋先进制造业"战略的行业领军企业，成为智慧城市建设与创新的中坚力量。

二、宝信软件的两大领头领域

宝信软件有两大业务：工业软件和 IDC，这两大行业基本都是万亿元级空间，宝信在这两大领域都实力雄厚。

2019 年国内工业生产总值占世界比例为 30%，但是 2019 年我国工业软件市场规模仅为 1 720 亿元，体量不到全球市场 10%，假设达到工业产值的比例，工业软件的市场规模至少有 3 倍空间，成长空间广阔，这是工业发展的必然。对比这两组数据可以发现一个残酷的真相：我国是工业大国，但却不是工业强国；我国工业硬件很行，但是工业软件发展还比较落后。这也符合目前我国的工业发展现状，工业产值很高，但是利润率却不高，很多工业巨头的净利率仍为个位数，处于微笑曲线的低端制造环节。用 ROE 的说法：以前我国是高周转率为主的经济特性，现在周转率已经很高了，要想继续提高 ROE，最有效的做法就是提高净利率，而工业软件无疑是最有效的方法。

目前宝信在钢铁信息化领域占率第一。一方面伴随着宝武集团在钢铁领域的重组并购，钢铁信息化订单被动增加；另一方面宝信也在加大工业互联网建设，逐渐从钢铁行业"出圈"，逐渐扩张到化工、有色、机械等行业。

宝信的战略分为蛋黄、蛋清和蛋壳三个层面。

蛋黄是聚焦于钢铁、有色、化工、机械等流程制造业，成为顶尖的智慧制造服务商；蛋清是成为钢铁生态圈的工业互联网厂商；蛋壳是在做大智慧城市（IDC、物联网）等信息科技产业。

从宝信的战略可以看到，原本的宝信软件是一家典型的软件开发商，现如今宝信正在逐渐破圈，流程工业信息化、钢铁生态圈和智慧城市成为未来三五年宝信能否做大做强的关键。

钢铁制造业可以说是制造业当中流程最长的，生产制造的环境条件最复杂的，要求最高的行业，没有之一。从 -160 多摄氏度的超低温，到 2 200 摄氏度风口区的超高温；从氧化气氛到还原气氛，以及粉尘、固体、液体的各种物理形态，而信息化哪怕在一个环节出现纰漏，其影响都是巨大的。

而宝信的钢铁信息化正是在如此复杂恶劣的环节下打磨出来的，其软件技术能力可见一斑，后续逐步在有色、化工等领域做大做强是完全没问题的。

至于钢铁生态圈则是宝武集团的战略。宝武集体的钢铁生态圈以"智慧制造 + 智慧服务"两轮驱动，着力打造"大制造、大交易、大物流、大原料、大金融、大数据、大技术和大园区"八大业务体系。目前宝武集团的钢铁产能过亿吨，随着宝武集团的持续并购（新疆钢铁、太钢、鞍钢等），公司也定下未来 2 亿吨的目标。在宝武集团钢铁生态圈的加持下，涌现出来的信息化需求是巨大的，未来三五年宝信软件订单根本做不完。

三、宝信软件工业互联网 xIn3Plat 博积薄发

当前中国的工业互联网发展，已从概念技术验证进入应用实践推广的新阶段，宝信软件的多项工业互联网应用，在某些领域已独占鳌头。宝钢股份在上海宝山基地的冷轧热镀锌智能车间，是一座全天候运转却不需要有人值守的"黑灯工厂"。2021 年 1 月，宝钢股份宝山基地入选世界经济论坛"灯塔工厂"，是国内唯一入选的钢企。此外，宝信软件为中国宝武旗下鄂城钢铁打造的工业互联网平台也为业内人士津津乐道，被称为"工业网红"。宝信软件的更高目标："不仅要'打造工业互联网，赋能钢铁生态圈'，更要做中国一流的信息科技产业公司。"

宝信自主研发的工业互联网平台 xIn3Plat，已成为其工业互联网基础设施的核心部分。在 2020 年 7 月 9 ~ 11 日举办的世界人工智能大会期间，宝信工业互联网将向世界展示其在人工智能技术上的应用。目前宝信软件已确立两大业务拓展方向，即工业互联网平台建设和参与新一代信息基础设施建设项目落地，而相应的两大市场就是钢铁行业智慧制造和智慧城市建设工程。

　　打造工业互联网平台并非易事。目前工业互联网平台还没有统一的评价标准，实际上不同行业，甚至同一个行业的不同企业，所需要的工业互联网平台也不一定相同。而打造一个工业互联网平台，其门槛非常高。工业互联网平台包含多种基础设施，例如工业大数据基础设施、工业智能技术等。

　　宝信软件工业互联网平台 xIn3Plat 的研发及准备比较久，xIn3Plat 依托于大数据、人工智能、智能装备、集控、工业网络安全、移动物联、虚拟制造七大核心技术，通过打造满足智慧制造应用场景的 iPlat 和满足智慧服务应用场景的 ePlat 两大平台，帮助企业实现能力服务化、业务数字化、企业平台化、管理智能化的企业智数化时代"新四化"转型。

　　虽然 xIn3Plat 平台的研发与打磨耗时很久，但相比较其他工业互联网品牌，其市场推广时间并不长，宝信工业互联网却拥有极高的起点及卓越的落地实践能力。实际上，立于工业互联网潮头之前，宝信软件已长期聚焦智慧制造和智慧城市。宝信软件依托深耕钢铁行业多年的优势，联合鄂城钢铁打造基于工业互联网的运营与集控中心，以精简、少人、集成、高效为理念，以人为中心、以效率为目标，对岗位、管理、流程功能进行重构，形成一体化运营和操控中心，实现组织扁平化、操作集中化、安全本质化、管理专业化，为这家典型的城市钢铁制造基地带来了脱胎换骨的变化。

　　此外，宝信软件通过工控网络优化、视觉图像、人工智能等技术的联合运用，将鄂城钢铁旗下 114 个操作室合并到操业集控中心。这样不仅使工序流程更为顺畅，使一些岗位得以整合，节省了人力成本，还在集控过程中，使现场的自动化水平得到大幅提升，让现场生产更加安全、稳定、高效。

四、结论

　　"生生不息"是 xIn3Plat 的厚重内涵，更是推进企业数智化转型，构筑企业数智化时代的能力服务化、业务数字化、企业平台化、管理智能化的实践之举。当然，千里之行，始于足下。对宝信软件而言，工业互联网平台 xIn3Plat 的研发与推广，只是其工业互联网之路上的第一步。依托亿吨宝武数智化转型的推进，国家新基建的战略东风，宝信工业互联网将迎来全面的发展与提速时期。

　　回顾宝信软件这 40 年的发展，它始终把握着节奏。现时当下，对宝信软件而言，成为领先的工业互联网服务提供商，并在 3～5 年内成为中国知名工业互联网行业示范平台，这是宝信软件的目标。干在实处、勇立潮头，宝信软件正在积极奔跑在工业互联网的全新世界中。

　　（资料来源：宝信官网、《互联网周刊》、《财务用户金融》）

【本章小结】

　　电子商务的发展反过来倒逼制造业变革，让制造业前所未有地贴近客户端，前所未有地关心用户的需求。

　　本章首先从"九阳豆浆机"这个案例开始，让大家了解用户可以通过 C2B 的模式来定制自己想要的个性化产品。其次具体介绍了价值流理论，介绍了互联网条件下只有用户才能够定义价值，以及电子商务给传统制造业带来的变化，由此带来理念的转变，对生产要素认识的转变，对合作分享认识的转变，以及对组织认识的转变，这些都可以帮助我们更好地理解电子商务和传统制造业的融合。这其中我们精选了奥克斯、唐狮、淘工厂、蔚来汽车和申洲国际等有代表性的案例让大家更全面、清晰地了解、学习本章内容。最后我们选用了工业互联网中坚力量宝信软件的案例来鼓励国内企业加快工业互联网升级的步伐。

【问题思考】

1. 理解价值流理论。
2. 理解用户定义价值的要求，并能用一个国内企业的案例来阐述这个理念。
3. 理解电子商务对传统制造业带来的变革。
4. 说说你对 C2B 模式的理解，它会成为未来制造业的主流模式吗？
5. 传统以工厂为核心的制造模式 B2C 存在什么问题，为什么不适应时代了？

第5章 电子商务服务业

【本章要点】

☆ 掌握电子商务服务业的界定；

☆ 理解电子商务服务业如何构成；

☆ 理解电子商务服务业的生态系统；

☆ 了解电子商务服务业的作用。

【开章案例】

用友网络提供互联网服务方案

用友（集团）成立于1988年，是亚太地区领先的企业管理软件、企业互联网服务和企业金融服务提供商，中国最大的ERP、CRM、人力资源管理、商业分析、内审、小微企业管理软件和财政、汽车、烟草等行业应用解决方案提供商。用友iUAP平台是中国大型企业和组织应用最广泛的企业互联网开放平台，畅捷通平台是支持千万级小微企业的公有云服务。用友在金融、医疗卫生、电信、能源等行业应用以及数字营销、企业社交与协同、企业通信、企业支付、培训教育、管理咨询等服务领域快速发展。

基于移动互联网、云计算、大数据、社交等先进互联网技术，用友通过企业应用软件、企业互联网服务、互联网金融，服务中国和全球企业及组织的互联网化。截至2014年，中国及亚太地区超过220万家企业与公共组织通过使用用友企业应用软件、企业互联网服务、互联网金融服务，实现精细管理、敏捷经营、商业创新。其中，中国500强企业超过60%是用友的客户。

一、公司转型

2015年初，"用友软件股份有限公司"正式变更为"用友网络科技股份有限公司"。更名用友网络凸显管理层转型决心，迈步跑进互联网化发展新阶段。

用友早在2010年发布《用友云战略白皮书》，但一方面由于国内的云计算尚处于发展初期；另一方面公司的传统业务为产品销售模式，公司传统业务的产品收费模式与互联网服务型公司产品免费，服务收费的模式存在一定的矛盾，这一矛盾制约公司平台的用户增长，也使公司向互联网服务型公司转型速度缓慢。

从2013年开始，用友就在进行互联网化的战略思考与布局，最终确定提供软件+、企业运营服务、互联网金融服务。

此次更名既是用友向管理软件产品时代告别，同时也是公司采取互联网模式经营管理的开始，凸显了管理层全面转型的决心，开启公司全新的互联网化发展阶段。与此同时，用友集团决定分拆业务，投资设立了用友优普信息技术有限公司，以便加强对中型企业用户的服务。

用友转型后，利用原有用友软件的优势，加强了面向企业电子商务服务的内容。用友电子商务，以核心的制造和流通企业为主体，打通企业内部 ERP 系统与外部合作伙伴的协作流程，整合上游供应商和下游经销商和最终客户，实现网上交易、在线电子支付以及各种商务活动。

第一，关注企业在供应链管理方面的竞争力，强调盈利与潜在价值的挖掘，强调对电子商务的整合应用，将信息流、物流和资金流整合到统一平台上，实现全程化在线交易。

第二，构建以客户、商品、订单为核心的前后端一体化的企业管理信息系统，契合企业实际应用过程中的融合需求，打通从供应商、供应链核心企业、经销商、消费者的全部通路。

第三，通过线上＋线下的结合，"传统企业两线并举"，让传统企业快速融入电子商务，帮助传统企业构建网上直销、分销、代销等模式，帮助传统企业快速拓展线上市场。

第四，为企业提供电子商务软件＋服务（咨询、认证、运营、推广），实现电子商务全程一站式解决，帮助企业建立电子商务运营能力。

二、提供互联网金融服务

第一，依托自己的企业软件进行互联网理财。用友成立了友金所公司，该公司定位于互联网理财平台，践行普惠金融，为投资客户提供高效、透明、便捷的互联网理财服务，打造综合性投融资服务平台。依托用友财务软件、ERP 等企业管理软件，在客户允许的情况下，用友能够更好地利用企业的经营数据，建立相关分析模型，从而更快更好地为企业提供金融服务。

第二，为企业员工实现互联网理财服务。例如，将理财服务嵌入人力资源管理软件中，企业员工可以直接在员工人力资源系统的工资界面，使用工资购买相应的理财产品服务。

第三，成立了畅捷支付，专门做第三方支付。

三、帮助企业构建互联网生态系统

2016 年 5 月 31 日，用友网络重组社交与协同业务，成立新的社交与协同服务事业部，正式发布用友最新的社交与协同战略，致力于推动企业社会化商业变革，服务大中型企业及组织互联网化。

第一，新成立的社交与协同服务事业部以企业空间为核心，整合企业＋、有信、M＋，将构建大中型企业及组织社交与协同服务平台并以扁平化组织、场景化社交、智慧化知识、趣味化互动、移动化业务、实时化数据、社交化经营等互联网特性打造企业互联网业务闭环，有效推动大中型企业及组织互联网化。

第二，扁平化组织，连接员工与伙伴。通过多空间架构，快速建立员工、客户、伙伴沟通关系，并根据业务及协作需要实时互动，提升沟通及协作水平。

第三，场景化社交，让沟通更聚焦。碎片化带来的是大量的碎片化聊天、无序的沟通协作，话题让沟通更加聚焦。基于业务场景，让员工、客户、伙伴协作更聚焦，沟通更活跃。

第四，智慧化知识，为员工赋能。文库、企业头条、博客让汇聚知识更容易，把企业最佳实践与技能知识快速传递到员工、伙伴，沉淀成企业文化，扎实融入经营管理，形成组织智慧。同时，社会化资讯的聚合，能够有效服务管理决策及客户经营。

第五，趣味化互动，让文化看得见。通过点赞、投票、话题、红包等聚集人气、激励员工，让企业文化真实、有效落地。

第六，移动化业务，让工作更便捷。通过业务、进程透明化、业务应用轻量化，并紧密结合聊天、话题、通知、日历、项目，让工作更加便捷，进而有效提升业务执行力及管理效率，打破协同组织壁垒。

第七，实时化数据，让工作看得见。以数据为核心，实现人与业务的广泛连接，实时沟通协作，将漫长的审批转为高效便捷的社交化处理方式，成倍提升协作水平。

第八，社交化经营，让服务体验更满意。通过社群/社区机制，经营不再局限于单一部门，企业员工、产业链伙伴全员向用户提供服务。并通过业务进程透明化，实现经营信息同步。

四、结论与启示

互联网的飞速发展，使传统的服务业企业也开启了互联网的进程，诞生了电子商务服务业。在向电子商务服务企业的转型过程中，用友不仅为企业提供软件＋、企业运营服务，还提供互联网金融服务。用友的一系列服务转型，有利于在时代变革的同时，增强客户黏性，也为传统企业在面临大环境变化时如何转型提供了参考。

作为当时少数率先向电子商务转型的传统企业来讲，用友电子商务转型之路更多地靠的是自己的摸索，因此，对于企业管理者来说，如何将企业自身优势和时代大背景相结合，开创出属于自己的新兴发展之路尤其重要。今天的用友让我们看到了其转型后的效果，我们也相信用友会在将来的电子商务之路上越走越远。

（资料来源：用友官网、《智能制造》、《技术与市场》）

5.1　电子商务服务业的界定

电子商务服务业是伴随电子商务的发展、基于信息技术衍生出的为电子商务活动提供服务的各行业的集合；是构成电子商务系统的一个重要组成部分和一种新兴服务行业体系；是促进电子商务应用的基础和促进电子商务创新和发展重要支撑性基础力量。

2007 年，国家发改委和国务院信息办联合颁发的《电子商务发展"十一五"规划》首次正式提出电子商务服务业的概念，电子商务服务业以计算机网络为基础工具，以营造商务环境、促进商务活动为基本功能，是传统商务服务在计算机网络技术条件下的创新和转型，是基于网络的新兴商务服务形态，是促进电子商务应用的基础和促进电子商务创新和发展的重要力量。

电子商务服务业属于电子商务生态系统中的重要组成部分，经过近 10 年的迅猛发展，在物流快递、在线支付和电子认证等服务业发展推动下，电子商务服务业快速发展，每日经济新闻的数据显示：2020 年中国电子商务服务业营业收入达 5.45 万亿元，较 2019 年增加了 0.98 万亿元，同比增长 21.9%（见图 5-1）。2020 年受新冠肺炎疫情冲击影响，线下遭遇关店潮，线上服务需求迅速增长。直播购物、网上支付、无接触式配送、上门退货等成为疫情下消费者网购的"新常态"，商家对于 IT 解决方案、新型营销服务、专业运营服务、物流服务的需求直线上升。依托电商服务领域的科技创新、服务创新和营销创新，新业态新模式不断涌现，无接触式配送服务、跑腿服务、PaaS 平台化服务、精准营销服务、主播培训服务、代运营服务等成为生活常态，促进了电商服务成本逐渐降低，效率不断提高。

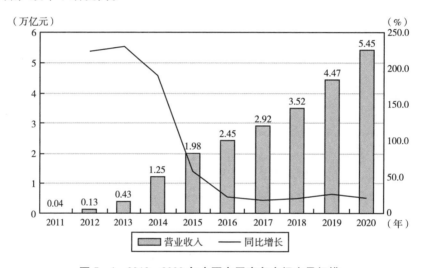

图 5-1 2010~2020 年中国电子商务市场交易规模

资料来源：每经网，http://www.nbd.com.cn/。

电子商务服务业面向企业和个人，以硬件、软件和网络为基础，提供全面而有针对性的电子商务支持服务，主要包括基于互联网的交易服务、业务支持服务以及信息技术系统服务三个部分。电子商务服务业是以电子商务平台为核心、以支撑服务为基础，整合多种衍生服务的生态体系（见图 5-2）。

第一，服务业自身的电子商务化。服务业一般是指生产和销售服务产品的生产部门和企业的集合。电子商务是基于信息技术，以电子化方式为手段，以商务活动为主体，在法律许可范围内进行的各种商务活动。在服务业广义概念的理解上，电子商务本身属于服务业的范畴，是服务业的电子商务部分，属于现代服务业的一个重要组成部分。电子商务服务业与服务业的电子商务有着根本的区别。服务业的电子商务是传统服务业的电子化，是利用信息技术帮助传统服务业实现升级。

第二，专门为电子商务服务的新兴服务行业体系。电子商务服务业是指伴随电子商务的发展、基于信息技术衍生出的为电子商务活动提供服务的各行业的集合；是构成电子商务系统的一个重要组成部分和一种新兴服务行业体系；是促进电子商务应用的基础和促进电子商务创新和发展的重要力量。

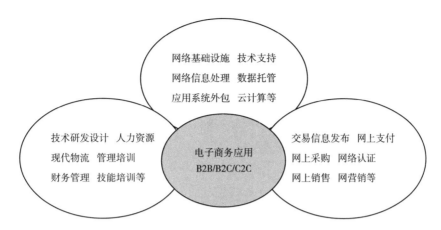

图 5 - 2　电子商务服务业的类型及相互关系

这适用于电子商务服务业的概念，其实质是新技术应用下催生或衍生的新兴产业或行业，具有创新性和拓展性，富有广阔的发展前景，属于创新技术应用和衍生的范畴。

在传统服务业电子化基础上衍生出的新生行业，是服务业基于信息技术的新拓展和服务业自身的延伸和深化。因此，新兴电子商务服务业在为电子商务提供服务的同时，也为传统服务业的提升改造提供服务支持，是电子商务发展的基础，是电子商务生态健康发展的保障，也是每一个国家经济社会发展信息化、电子化的战略性基础产业。

本教材所指的电子商务服务业，更多是指专门为电子商务服务的新兴服务行业体系，此行业的发展时间和发展规模如图 5 - 3 所示。

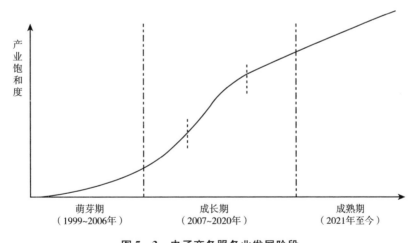

图 5 - 3　电子商务服务业发展阶段

5.2　电子商务服务业的构成

随着电子商务的发展，电子商务服务业也快速发展，其构成不断丰富。电子商务服务业在构成上主要包括：电子商务平台服务业、电子商务代运营服务业、电子商务物流服务业、电子商务信用服务业、电子商务咨询服务业、电子商务教育培训服务业、电子商务数据基础服务业、电子商务金融服务业等。作为一个新兴领域，电子商务服务业随着技术进步和商业模式的变革，其功能和发展热点也在动态调整，行业之间的渗透也在逐步加强（见图5-4）。

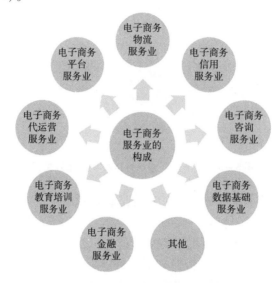

图5-4　电子商务服务业的构成

5.2.1　电子商务交易平台服务业

在中国，电子商务服务业萌芽于1999年，以阿里巴巴为代表的电子商务平台先后推出"中国供应商""诚信通"、淘宝网和支付宝等服务，为中小企业和创业者走向互联网和电子商务铺路。因此，电子商务平台服务业是整个电子商务服务业中起步最早的环节。其后，以电子商务平台为基础支撑服务和衍生服务得以兴起和发展。中国电子商务服务业真正起步的时间大致是2003年前后。

伴随着电子商务用户的积累，中小企业和个人消费者对电子商务平台的需求更加多样化。以阿里巴巴为代表的平台服务开始与金融、物流、法律、IT、营销等外部机构合作，提供更丰富的细分服务。我国电子商务服务业开始进入快速发展阶段。

当前，电子商务服务，特别是交易服务加速从"居间中介"为主向"平台服务"为主转变，从撮合交易为主向营造交易环境、促进交易活动为主转变，电子商务服务平台的作用日益突出。特别是随着中小企业电子商务应用意识和需求快速成长，中小企业电子商务服务平台快速发展，两者之间的良性互动关系——电子商务服务促进电子商务应用、电子商务应用拉动电子商务平台已经形成。

"电子商务服务业"专栏一

谦寻：用超级变现能力打造超级供应链

一、谦寻文化介绍

谦寻文化成立于2017年4月28日，是新内容电商直播机构TOP1。目前公司旗下共有 50 余位主播，其中，包括淘宝"网红"主播；TOP 达人主播；红人主播；明星主播等，覆盖美妆、生活、服饰等全品类类目，淘宝粉丝数千万个，多维度精准触达受众。2018 年至今，谦寻屡获"年度 TOP 机构""天猫金妆奖""2019 年度优秀合作伙伴"等多个奖项，连续占据阿里 V 任务机构榜、淘榜单机构 TOP1。

二、谦寻的直播供应链模式

2018 年起，谦寻开始往集团化管理方向进行，业务全方位开展，创建了北京明星直播基地、广州供应链基地、杭州超级供应链基地，主要业务包括电商主播孵化、短视频内容生产及投放、全域内容营销等。在不到 4 年的时间里，谦寻成为淘宝直播 TOP 机构，旗下拥有 40 余名主播，连续 3 年在淘宝直播盛典蝉联"年度 TOP 机构"奖项。

对于以孵化和培养主播为核心业务的 MCN 公司来说，40 多名主播并不算多。为什么谦寻就已经成为业内领先的 MCN 机构？这和谦寻早在 2019 年开始的直播供应链布局有关。

直播带货，表面上比拼的是流量，实际比拼的是供应链。所谓的直播供应链，指的是通过培养主播以及建立直播间等方式进行线上推广和内容变现，在线下建立货源基地，凭借快速发货以实现产品变现的产业。主播只有把控好供应链的每一个环节，才能够更好把控货品的质量、价格、生产周期和售前售后服务，解决货品供应迟缓、货样单一的问题。当主播能够充分把控供应链的时候，消费者担心的产品价格不够便宜、质量不够好、生产不够快等问题就能迎刃而解，毕竟主播一个人就是一家工厂。

谦寻将打造的直播供应链强势输出给整个直播生态系统，将谦寻认为适合自己公司的 KOL 合作模式的品牌商货品集中呈现；并通过更严苛的选品、更专业的团队、更全面的服务，为自己的品牌商打造更多变现的新零售模式。

直播供应链场地分品类区域设置了众多专柜和货架，以美妆集合区域为例，货架的设置和摆放类似丝芙兰和屈臣氏。它们将邀请商家入驻供应链基地展示自家商品，商家既可以选择专柜展示，也可以选择只使用货架一隅，供主播自主选择。谦寻会收取商家一定的入驻服务费，不过该服务费要比在商场和超市中租用对应展示位"便宜得多"。由原先直播电商的货找人变为人找货，直播供应链基地的价值不仅在于帮助主播更快找到适合自己的货，帮商家节省匹配主播的时间和成本，还会创造更多新零售的模式，让品牌和主播之间产生更多玩法，让淘宝直播成为"云逛街"的平台（见图 5-5）。

三、结论

谦寻通过打造直播供应链基地，实现"人找货"的新模式。这个供应链基地不仅是谦寻头部主播的，还会是其他网络主播和 MCN 的供应链基地。商家可以入驻供应链基地展示自家商品，主播可以自由地选择想要的商品，缩短选品时间，提高选品效率。这一模式背后的逻辑是通过头部主播吸引更多的优质供应商，再将优质的产品资源给中腰部主播和新主播。这样一来，MCN 公司能够缩短网络主播的培育过程，同时也能给消费者提供优质的产品、优质的服务，谦寻公司的商业价值将大大提高。

（资料来源：谦寻官网、《每日经济新闻》、《商学院》）

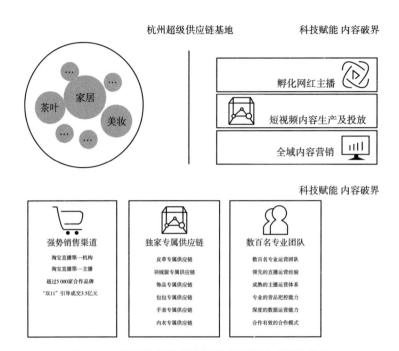

图5-5　谦寻文化杭州直播供应链基地功能和服务

5.2.2　电子商务代运营服务业

随着互联网普及率的不断提高，中国网民数量和电子商务交易额增长迅速。电子商务的爆发式增长使传统企业逐渐意识到电子商务的作用，传统企业对线上市场日益重视，有越来越多的传统企业开始触网开展电子商务。2008年底以来，大批传统品牌商、制造企业和零售业纷纷通过开设官方网上商城、在第三方平台上开设旗舰店形式，搭建网络销售渠道。一方面越来越多的传统企业希望快速建立网络渠道开展电子商务，开拓产品销售渠道，抢占线上市场，树立品牌形象；另一方面又受到电子商务专业人才缺乏、投入成本高、经验缺乏等因素的限制，在这种背景下，电子商务代运营服务业应运而生。

电子商务代运营商，指为品牌商触网提供系列服务的电子商务方案提供商，具体服务包括网站建立、品牌营销推广、仓储物流、支付、客户服务等，具体的代运营商或提供全产业链服务或专注于其中一个环节。代运营根据定位不同分为三种：提供多品类、全产业链一站式运营服务；聚焦一个行业，提供全产业链的运营服务；聚焦产业链的单个环节，凸显服务专业性（见图5-6）。

作为传统企业和电子商务之间的桥梁，电子商务代运营服务企业不仅可以为传统企业解决人才问题，更能帮助传统企业快速建立网络销售渠道，树立企业在网上的品牌形象，降低运营风险和成本，满足企业初期对拓展电子商务战略的需求，这也是近年来电子商务代运营市场快速发展的主要原因。

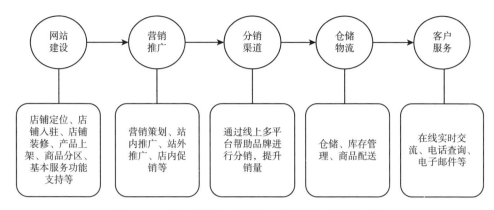

图 5-6 电子商务代运营服务业的全产业链服务流程

"电子商务服务业"专栏二

中国有赞：电商 SaaS 渠道的龙头公司

一、公司介绍

有赞，原名"口袋通"，2012 年 11 月 27 日于杭州贝塔咖啡馆孵化成立。是一家主要从事零售科技 SaaS 服务的企业，帮助商家进行网上开店、社交营销、提高留存复购、拓展全渠道新零售业务。2014 年 11 月 27 日，口袋通正式更名为有赞。2018 年 4 月 18 日，有赞完成在香港上市。2019 年 4 月，腾讯领投有赞 10 亿港元融资。2019 年 8 月 8 日，有赞获百度 3 000 万美元战略投资。

二、中国有赞的电商 SaaS 渠道

随着公域电商平台流量价格日趋昂贵、商家被平台算法推荐而不能主动运营和留存用户的无奈日益凸显，越来越多的商家开始投奔私域带货平台。2019 年微信小程序带货达 8 000 亿元，验证了私域流量带货的威力；2020 年在新冠肺炎疫情挑战的催化下，更多线上、线下商家将私域电商作为业务标配。私域电商业态的发展，催生了商家对于优质电商 SaaS 产品的需求。

作为一家从事电商技术服务的企业，中国有赞致力于为商家提供电商解决方案、支付及担保服务、广告营销方案等。截至 2019 上半年，有赞累计注册商家数超 490 万个，其中包括王府井、南京新百、良品铺子、蒙牛、海底捞、阿芙精油、立白、戴尔、方太、黎贝卡以及快看漫画等知名品牌和商家，认证品牌官方店超过 21 000 家。

在 2020 年疫情冲击下私域带货成为商家标配时，有赞进一步扩大了其占领市场的份额。

第一，私域带货市场的爆发催生了商家对于优质泛电商 SaaS 服务商的需求。2019 年国内第三方泛电商 SaaS 市场规模约 100 亿元，但市场格局相对分散，典型企业包括有赞、微盟、微店、点点客等，其中，两个头部服务商有赞和微盟的市占率分别约 10% 和 5%。相比于微盟有赞更专注电商 SaaS 业务，既在微商城等核心产品的功能应用上持续发力迭代优化，又通过拿下支付牌照在商家迫切需要的支付、担保等资金业务上给予足

够的支持。目前，在纯粹的 SaaS 业务收入上，有赞已经与微盟拉开了差距。

第二，有赞不生产流量，只是流量的搬运工。作为一家电商技术类公司，有赞本身不提供流量平台，而是基于微信等平台为商家提供开店工具、订单管理、客户管理、担保支付等增值服务。有赞目前旗下拥有的产品包括面向 B 端商家的有赞微商城、有赞零售、有赞美业、有赞教育、有赞小程序等 SaaS 产品，以及面向开发者的"有赞云" PaaS 云服务，面向 C 端消费者的有赞精选、有赞微小店等服务。有赞的核心产品"有赞微商城"合作了微信、快手、百度、微博、哔哩哔哩、陌陌、虎牙等多个流量平台；商家可以通过有赞微商城在诸多平台上开展电商业务、享受增值服务。其中，有赞微商城的单店版本主要包括基础版、专业版、旗舰版三类，定价分别为每年 6 800 元、12 800 元、26 800 元，适用于不同规模及需求的商家。更高价格的版本拥有更多功能，包括更广泛的销售渠道，例如销售员、社区团购等；更丰富的营销玩法，例如瓜分券、0 元购、一口价、优惠套餐等；更细致的经营分析功能，例如热力图、推广和单品分析、市场洞察等；更多配套工具，例如电子发票等。

第三，作为一家电商 SaaS 企业，有赞把产品技术视为核心竞争力。公司近一半员工是技术研发人员，研发费用率约为 25% ~ 30%，远高于同类产品。有赞重视产品打磨，每个月约可迭代 20 ~ 30 项产品功能。有赞每个月均会公布商家对产品功能的需求建议，以及每个需求的实现进度。这样的匠心打磨让有赞产品得到了商家的广泛认可。作为第三方 SaaS 渠道，有赞为商家搭建线上微商城和零售餐饮等 O2O 门店产品，提供支付交易、商品管理、用户管理、营销玩法、数据分析等功能。有赞等渠道除了让商家在微信体系可以主动触达现有用户、通过折扣优惠券等方式促进购买转化之外，还可以通过拼团、微信广告投放等获取潜在新用户；为商家的获客、留存、复购转化提供了强大的工具。此外作为 SaaS 渠道，有赞等并不会像淘宝和拼多多一样进行流量的强生产和强干预；这除了意味着商家的主动权更多之外，也意味着有赞等的收费水平更低。

三、结论

微商城店铺并不一定需要第三方 SaaS 企业来打造，正如淘宝直播间本身就是淘宝直播自己搭建的带货工具一样。有赞的 SaaS 工具所面临的竞争不仅来自同行业，也来自平台本身。如果有赞想要发展得更好，就要做到产品迭代足够强，同时拓展更多平台，成为多平台连接的一站式电商渠道。

（资料来源：有赞官网、《21 世纪商业评论》、《中国商人》）

5.2.3 电子商务物流服务业

2001 年至今，是我国物流业从起步期加快向成长期转型的 20 年。电子商务的发展提升了物流业的地位，加速了物流业的转型，产生电子商务物流服务业。

电子商务对物流的影响是全方位的，其对物流的各个环节和各个功能都产生了积极的影响，从而促进了物流本身的变革。随着电子商务的发展，第三方物流成为主流。本教材所指的电子商务物流服务业，更多是指第三方物流。

在电子商务环境下，物流企业更加强化，它既是生产企业的仓库，又是用户的实物供应者。同时促进了供应链管理模式的变化，促使供应链短路化，不需要设置多层的分销网络，降低流通成本，缩短流通时间。供应链中货物流动方向由"推动式"变为"拉动式"。新技术率先在电子商务物流服务业中得到使用，尤其是信息技术、自动化技术和物联网技术等。

电子商务服务业其信息化、网络化、自动化、智能化、柔性化的特点，使其为电子商务的发展提供了重要保障，同时也使本行业成为社会商品流通的重要渠道。电子商务物流服务业是保证电子商务业务能够成功开展的关键。

5.2.4　电子商务信用服务业

电子商务信用主要指的是电子商务交易中由买方、卖方和电商平台提供方、第三方物流、工商、税务、银行、公安以及其他构成的多方之间互动的信用关系，每个参与者都承担着相关的信用责任。电子商务信用服务业主要指用于收集、处理、查证电子商务参与者的信用状况，以及由国家、地方或行业管理部门建立的监督、管理与保障有关成员信用活动而发展的一系列机制与行为规范等。

电子商务信用服务业的业务主要包括交易双方的信用评价、第三方信用服务机构的信用评级报告或评估等级、代收款信用担保服务、诚信保障基金、电子商务认证中心提供的数字证书、数字签名和数字时间戳六个方面。

目前，我国电子商务信用服务产品还存在服务内容单一、标准不统一、企业缺乏品牌战略意识等问题，无法满足日益发展的电子商务对于信用服务产品多样性、差异性的要求。尽管如此，但是从服务供给来看，电子商务信用服务机构已逐渐从提供信用评分、信用评价、信用认证等初级信用服务产品，向提供多层次及、分类别、多样化的信用服务产品转变，电子商务信用服务业的产业化进程不断加快，发展规模日益扩大。目前，我国电子商务信用服务业的市场竞争已经基本形成了国有机构、民营企业、中外合资企业共同发展的格局。多层次的电子商务信用服务体系初步形成。

"电子商务服务业"专栏三

杏仁医生：基于信任的 O2O "虚拟医院"

一、公司介绍

武汉小药药医药科技有限公司成立于 2015 年 12 月，以互联网和大数据为基础构建标准化、智能化全新医药供应链体系，打造"互联网＋智慧医药"新模式。经过 5 年时间的发展，已建立自有的覆盖全国的医药供应链、仓储物流体系以及药品大数据平台，公司员工人数超过 5 000 人。得益于这套全链条体系，才能有效保障防疫物资的筹备、捐赠和送达一线。小药药经营范围包括：化学原料药及其制剂、抗生素原料药及其制剂、中成药、中药饮片、生化药品、生物制品（除疫苗）。在药品流通信息及药品全流程可追溯体系达到了全国领先水平，现已成长为国内具有代表性的垂直 B2B 医药互联网企业。

二、小药药的"药帮忙"业务

小药药的主线产品是"药帮忙"，"药帮忙"以构建中国最大的医药行业综合服务平台，立足于国内医药流通行业，以提升行业供应链协同效率、加速商业模式创新为己任，以互联网及软件技术为手段，通过聚合行业供应链中不同环节的企业，形成一个互联互通、信息共享、业务互动的商务平台。

"药帮忙"是一个医药电商平台，简单易用，终端可以在 B2B 平台上进行药品采购，也可通过"药帮忙"实现基于互联网的本地化经营和会员管理。"药帮忙"的产品分为中西成药、医疗器械、计生用品、消毒用品等品类，同时提供企业招商、药品商情信息推广、行业及药品资讯查询、药品流量分析、企业认证推广等服务，并为企业用户提供"在线学习平台"等拓展服务。"药帮忙"是为药品生产企业提供市场平台，为终端药房和诊所提供价廉质优的商品与物流增值服务，促进药品生产企业、医药批发与终端药店、诊所的无缝对接。

2020 年初，新冠肺炎疫情蔓延开来，全国多省份启动了重大突发公共卫生事件一级响应机制，对防疫用品需求量激增，小药药公司从一开始就积极备货。在疫情期间通过"药帮忙"把紧急的物品送到需要的人手上——这都离不开小药药的自建物流系统。

小药药能够在抗疫期间表现突出，首先是小药药自建的覆盖全国的医药供应链和自建仓储物流体系，公司有将近 1 000 人的 IT 技术团队，通过技术手段提高中国药品流通全流程的供应链效率和安全。其次是小药药和全中国几千家药厂、防疫用具生产企业都有建立稳定良好的合作关系，所以小药药能够第一时间在全国找到货源。

三、结论

正是有了发达的互联网协同，物流运输发展，得以让医药在第一时间精准送到需要的地方，在"互联网＋"医药的模式下，互联网医药快速流通将会常态化。随着在线购药、看诊、咨询、开药、付费、药品配送到家等，"云医院"迎来"破冰发展期"，药品流通将更高效，患者看病购药会更方便。更重要的是，小药药将继续依托移动互联网和大数据、云计算、区块链、人脸识别、AI 等技术，加大技术研发和产业化投入，整合更优质产业链资源为湖北乃至全国贡献力量，构建一个互联网数据联通的医药新生态。

（资料来源：小药药官网、《湖北画报》）

5.2.5　电子商务咨询服务业

电子商务咨询属于管理咨询领域按行业分类的下属分支，主要指电子商务咨询机构针对已经建设或即将建设电子商务项目的用户方，进行的关于网站建设、电子商务系统开发、网络营销以及互联网模式等方面的咨询工作。

商务咨询包括三个阶段：用户诊断、方案设计和辅助实施。用户诊断指通过需求调研，客观、系统地剖析用户方电子商务项目的运行现状，揭示电子商务项目建设中存在的问题及产生问题的根源，提出解决问题的思路性建议。方案设计指在用户方电子商务项目现状诊断的基础上，设计系统、具体的电子商务解决方案并进行规划。辅助实施是组织用户方人员熟悉、消化电子商务咨询方案，辅助用户方模拟实施电子商务解决方案，根据实施结果对方案进行必要的调整（见图 5-7）。

作为电子商务服务业的重要组成部分，电子商务咨询服务业的产生是社会进步、经济发展和社会分工专业化的结果，其具有智力要素密集度更高、产出附加值更高、资源

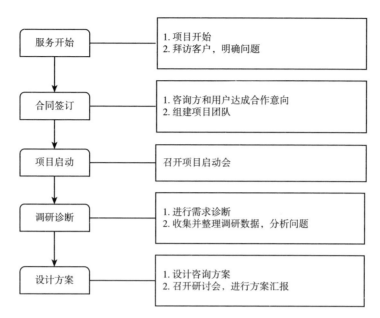

图 5 - 7　电子商务咨询服务业的服务流程

消耗更少、环境污染更少等现代服务业的鲜明特点，是按照新的经济增长方式建立起来的资源节约型、环境友好型以及可持续发展的行业。

电子商务咨询服务业通过对企业电子商务项目进行整合思考与重新定位，指出企业电子商务项目建设中存在的问题，提出针对性极强的电子商务咨询方案，推动企业电子商务的良性发展。

5.2.6　电子商务教育培训服务业

电子商务教育培训服务业属于网络教育服务类的细分行业，多以教育培训门户网站的形式来体现，它借助高新网络技术在教育培训主体机构和消费者之间搭建有效的信息桥梁，是中国教育培训产业多元化发展的必然产物（见图 5 - 8）。

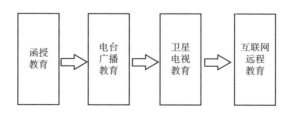

图 5 - 8　教育培训服务业发展趋势

从总体上看，传统企业亟须找到路径进入电商领域，再加上中国的信息化程度以及网民对网络教育认知程度的提高，电子商务教育培训服务业市场规模将不断增长。同时在知识经济大潮的推崇下，终身教育在人们的生活中也成为不可或缺的重要选项，这就意味着知识更新将在人们的工作、生活中扮演越来越重要的角色。

电子商务教育培训服务业打破了传统教育模式对于时间和空间的限制，并且在教学方式上体现了交互性，能最大限度地满足学生的个性化需求，因此，在教育培训行业中电子商务的应用有着较大的发展优势。其主要的应用模式有网校、电子期刊、数字图书馆、直播等（见图5-9）。

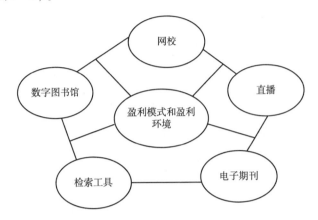

图 5-9 电子商务平台为教育提供了新的盈利模式和环境

"电子商务服务业"专栏四

开课吧：狂奔在互联网职业教育赛道上

一、开课吧介绍

开课吧是中国在线职业教育领军品牌，于2013年8月正式上线，专注于培养符合新时代发展趋势的复合型和应用型人才。开课吧在2020年8月26日正式宣布从慧科集团拆分，并独立获得A轮融资5.5亿元人民币。2021年7月11日再次宣布完成6亿元B1轮融资，肩负"只为赋能人才"的使命，开启在线职业教育的新时代。

二、开课吧的产品特色

作为中国很早专注IT互联网和数字化领域的在线教育机构之一，开课吧针对有数字化转型诉求的企业，提供定制化数字化转型的组织赋能和人才培养解决方案。同时，为满足学员及更多用户的成长诉求，开课吧还孵化了"个人及家庭成长学习平台"——米堆学堂，提供兼职副业、兴趣爱好、情感心理、个人成长、理财思维等兴趣与副业课程，助力学员在职场外也能够学有所得，实现个人成长并提升家庭生活幸福感。

在面向数字化转型的时代，开课吧面向大学生和在职人员提供多元化课程体系及人才服务，帮助学员实现可持续职业成长，打出了六套组合拳。

第一，基础体系构建源自慧科11年教育沉淀。开课吧由慧科集团于2013年创立。慧科集团是中国高等教育和新职业教育领域的领军企业，已经深耕教育领域十多年，有着极为深厚的教育资源沉淀，这些都是开课吧独立拆分的基础。

第二，多元化在线职业教育服务。面向大学生和在职人员提供职业能力进阶、职业资格考试、学历提升等多元化职业教育及人才服务。课程涵盖研究生、公务员、教师编制、事业编制、职业资格证、专本学历等职业资格课程；人工智能、大数据工程、数据分析、Java、Web、Python、C++、产品经理、项目管理、产品设计等 IT 技术和数据商业课程；职业规划、简历优化、面试技巧、沟通协作能力等职业软技能课程等，全面覆盖职场人的需求痛点。

第三，模块化、体系化教学设计开课吧通过自主研发的直播、录播、AI 互动剧本、在线刷题、在线编程实验室、场景互动课件以及考试训练等多元化教学产品形态，针对不同学科进行模块化和体系化教学设计。在学前评测上充分针对用户数据和个人情况判断学习方向，在课程设计上呈现难度梯度，在教学过程中不断迭代实战项目，满足不同用户的全阶段学习诉求，实战教学，因材施教。

第四，名企、名校师资实战教学职业资格教育服务采用"导师制"教学模式，双一流/985/211 名校毕业、名校留学"海归"教师占比超 90%。讲师从业经验平均 5 年以上，资深讲师从业经验超过 10 年。职业技能教育服务采用"新师徒制"教育模式，由各学科领域核心人才组成教学教研团队，95% 以上老师来自一线互联网企业和知名高校。

第五，自主研发在线教育系统，致力于打造一站式在线教育行业数字化解决方案。自主研发的在线教育系统全面支持开课吧的教学、教研和教务功能，创始人及核心团队自 2011 年缔造传课网为始，始终以技术赋能教育行业为己任，帮助教育行业和企业轻松构建完整的在线教育系统平台，实现系统化与数字化价值的最大化获取。

第六，全方位的教学运营服务构建导师教学、助教答疑、班主任督学的三位一体教学运营服务体系。导师负责教授课程知识，带领实操练习，保证教学品质；助教负责答疑解惑，针对学习和工作中的具体问题提供帮助；班主任负责贴心督学，跟踪学习效果，随时解决学习和服务相关问题。从学习到评测再到实践，全程有反馈，形成完整的学习服务闭环，提供全方位的服务体验，保障学习效果。

据了解，2019 年开课吧"1 亿涨薪计划"目标，完成率达 117%，超额完成 1 亿元目标，如此显著的成效，大大提振了新基建时代职场人转型的信念与信心。2020 年开课吧在成功基础上大踏步跃进，再度推出的"10 亿涨薪计划"，竭尽所能助力数字化人才在职场进阶的道路上，一站到底，安枕无忧。基于这份承诺，开课吧从职场健康度评估到资深专家专业测评；从人群细分到个性化学习规划；从班型设置到多元化授课服务，通过一系列的全新产品与服务，搭建出一个数字化人才在线教育的全新生态圈。

三、结论

目前，我国数字化专业人才供需比严重不平衡，人才质量很难达到产业发展要求，不管是学历、专业，还是技术经验上，都对人才的数字化专业技能提出了明确且清晰的挑战，因此，作为专业数字化人才在线教育平台的开课吧，市场增长空间更加广阔。

（资料来源：开课吧官网、《中华工商时报》）

5.2.7 电子商务数据基础服务业

随着大数据时代的到来，相对于传统的线下销售企业来说，爆炸性增长的数据已成为电子商务企业非常具有优势和商业价值的资源，大数据将成为企业的核心竞争力。作为电子商务企业的硬件基础，大数据在电子商务快速发展的今天，也成长为一个重要的行业。

随着电子商务的发展，电子商务服务业也快速发展，其构成不断丰富。目前，电子商务服务业在构成上主要包括电子商务平台服务业、电子商务代运营服务业、商务物流服务业、电子商务信用服务业、电子商务咨询服务业、电子商务教育培训服务业、电子商务数据基础服务业以及电子商务金融服务业。

网络的发展使电子商务成为时代的潮流，而电子商务数据基础服务业是推动电子商务企业持续向前的源源动力。没有数据基础的后台支撑，电子商务企业将无法运营。电子商务基础服务企业基础掌握了几乎最全面的数据信息，其中包括所有注册用户的浏览、购买消费记录，用户对商品的评价、平台上商家的买卖记录、产品交易量、库存量以及商家的信用信息等。电子商务公司通过对海量数据的收集、分析、整合，挖掘出商业价值，促进个性化和精确化营销的开展。在网络高速发展的信息化的今天，信息资源的经济价值和社会价值越来越明显，建设以数据为核心的各类电子商务信息系统，对提高企业的效益、改善部门的管理均具有实实在在的意义。

5.2.8　电子商务金融服务业

电子商务的出现改变了传统的客户和金融机构雇员面对面的交易方式，时空距离不再制约金融机构的业务发展。可以说，只要有网络的存在，我们就可以在任何时间、任何地点享受与电子商务相关的金融服务。

从广义上来看，电子商务金融服务业在内容上涵盖了网络银行、网络证券、网络保险、网络理财、电子支付等相关金融服务业；从狭义上来看，电子商务的金融服务业指的是围绕电子商务而产生的部分金融业务，目前主要体现为电子支付。

例如支付宝与银行联手，以信用卡为媒体，发展电子货币、网上购物、电子支付、代发工资、代扣代缴公用事业费用等业务，可以满足多层次客户的金融需求。

电子商务的发展促进金融机构从以前的单一经营货币的企业发展为经营多种金融产品、提供多项社会服务的企业。金融机构的品种、资产结构、盈利方式向多元化和综合化方向发展。

"电子商务服务业"专栏五

小红书：你今天"种草"了吗?

一、小红书介绍

小红书是一个生活方式平台和消费决策入口。截至 2021 年 3 月，小红书月活用户超过 1 亿，平台上内容创作者超过 4 300 万人，笔记发布量超过 3 亿篇。2020 年，小红书每天产生超 100 亿次的笔记曝光，日均产生 1 亿次搜索行为。在小红书社区，用户通过文字、图片、视频笔记的分享，记录了这个时代年轻人的正能量和美好生活。

二、小红书商业模式的演变

根据商业模式的变化，小红书成立至今分为三个发展阶段。

　　小红书成立初期探索"社区＋自营电商"模式，并在自营跨境电商业务拓展取得一定成就。

　　2017 年底到 2019 年初，小红书战略由全力发展电商业务转变为发展达人和素人，鼓励用户撰写使用心得上传到 UGC 社区。

　　2019 年初至今，小红书持续深化社区生态建设，增强种草业务变现能力。

　　小红书从早期全力发展电商业务转变为商品使用心得 UGC 社区，大力提升社区活跃度，凭借在美妆垂类的内容深耕，其用户体量和黏性均迎来跃升。

　　小红书笔记主要为女性用户购物消费提供攻略。美妆护肤、时尚、母婴亲子等品类的笔记占据较大比重。艾媒咨询数据显示，2019 年小红书美妆护肤类 KOL 占比最高达 31.9%，然后为时尚类 KOL，占比为 21.3%，由此可见，小红书的内容正向泛生活化发展。

　　适逢电商领域流量红利见顶，无论是平台方还是品牌方都需要新的、差异化、高效的长效流量增长方式，内容电商迎来发展契机。小红书克服了其他社交、电商平台难以激活 UGC 种草内容创作活力的痛点，凭借优质 UGC 内容生态，成为用户信任的消费决策平台。

　　小红书当下核心仍为夯实内容壁垒、做大流量池。其内容生态在泛生活化、视频化方面进展显著。内容扩展推动小红书在用户破圈增长上取得一定成绩。小红书未来仍然有望凭借优质的内容基础实现用户增长。高质量、高黏性的活跃用户群体是小红书的核心优势，他们既是小红书生态中内容的消费者，也是活跃的分享者。

　　三、结论

　　小红书商业化刚刚起步，正逐步加速。广告业务上，小红书获得的营销预算正逐步增长。小红书公域流量开发较早，搜索流量已经体现出一定的商业价值，但仍需要平台发展红利助推。在私域流量方面，小红书逐步深入推广笔记产业链，"专业号"体系有望成为重要支点，流量价值有望进一步开发。

　　展望未来，小红书若想未来充分实现平台流量价值，进化核心是演变为商业平台，凭借优质用户群体和强大的心智影响能力，直播电商或许是小红书完成商业闭环的突破点。

　　（资料来源：小红书官网、《今日财富》、《中国商人》）

5.3　电子商务生态系统构成

　　电子商务生态系统是商务生态系统的一种，是由电子商务核心交易企业、金融服务企业、物流服务企业、政府等组织机构以联盟或虚拟合作等方式通过互联网平台分享资源，形成的一种生态系统，其成员间信息共享、协同进化，实现自组织和他组织。系统主要由领导种群、关键种群、寄生种群等构成。

　　从生态链的角度来看，电子商务生态主体由生产者、传递者、消费者、分解者等构成。卖家和企业，在交易活动中占主导角色，是生态系统中其他主体的服务对象。传递者主要是指电子商务生态系统中传递信息的媒介和通道。主要包括门户网站、交易平台等，是生态系统中其他主体依赖的信息通道。分解者主要是指为电子商务生态系统中主体提供有价值信息的政府机构、科研机构、进入机构等。通过对信息的分解、分析和加工，为主体提供有价值的信息。包括物流公司、金融机构以及相关政府等。消费者主要是接收并使用信息的组织，主要包括终端消费者和其他。有时电子商务生态系统中的四个主体会出现一些重合，例如卖家和企业也同样是一些信息的消费者。生态系统中信息的传递和分解最终目的都是末端的消费。

除了主体以外，电子商务生态系统还包括直接或间接影响主体生存的各种环境，例如社会环境、法律环境、信用环境，信息技术、信息资源等。系统内外部环境各因子之间都存在相互作用和相互的影响。每个主体的发展变化都会影响电子商务生态环境，只有当系统中的每个子系统都处在良好的相互适应和协调状态时，整个生态系统才处于平衡状态，在平衡状态的发展和演化才能使系统中的每个成员实现良性健康成长（见图 5 – 10）。

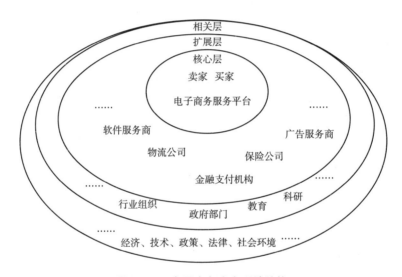

图 5 – 10　电子商务生态系统结构

我国的电子商务应用自 1994 年出现以来，随着互联网基础设施等的发展与完善，表现为级数型增长速度，主要表现为网络购物网民人数的增长、电子商务交易额的增长和电子商务网站数量的增长、电子支付数量的增长以及电子服务业的出现等。网购人群的增加和电子商务网站的发展促使大量机构和企业参与电子商务产业中，例如物流快递企业、软件公司、金融机构、美工等。同时电子商务的快速发展还吸引了一些增值服务机构的加入，例如各种电子商务证书的认证机构、各种电子商务从业人员的培训机构等。这些服务企业加上政府等均以电子商务企业为集聚点，为其配套服务，形成庞大的电子商务生态群落，其生态性的特征逐渐显现出来。

从商务生态系统的发展来看，其演化过程划分为四个阶段：第一阶段，新形势商务生态系统逐渐诞生并初具规模；第二阶段，通过核心产品、服务和独特的产业价值链，吸引客户，扩大生产、销售规模；第三阶段，结成较为稳定的商业共同体、达成互利协作协议，同时共同体内种群内部和外部竞争加剧、利润分摊，市场角色和资源在不断地演化中进行再定位和再分配；第四阶段，技术革新，为了避免商业生态系统被新系统所替代，逐渐走向衰退和死亡，系统开始持续发展进化。电子商务生态系统作为商业生态系统的一种，也经历着这样的四个阶段。

第一，核心层：电子商务平台、买家、卖家。核心层主要包括电子商务达成的"三流"，即信息流、资金流和物流三类活动。

第二，扩展层：电子商务衍生服务。扩展层是指因为人力资源或专业化社会分工等原因，企业在实施电子商务的过程中需要借助"外力"的业务活动，包括运营外包、咨询专业机构（人士）以及接受教育和培训等活动。包括与电子商务交易相关的金融支付机构、物流公司、认证、IT 企业以及营销机构等电商服务商群体，它们是电子商务交易支撑服务和衍生服务，促进电子商务交易的顺利完成。

第三，相关层：电子商务主管部门、组织等。相关层主要包括与电子商务交易相关的政府主管部门、行业协会组织、教育和科研机构等，它们促进全社会对于电子商务和电子商务服务业的认知和接受。

第四，社会层：经济、技术、政策等。涵盖了同电子商务服务业密切相关的社会环境因素，包括经济、技术、政策、法律等。

5.4　电子商务服务业的作用

电子商业服务业发展飞快，不仅得益于互联网的飞速发展，更在于电子商务服务业的各种优势。

第一，降低社会交易成本。电子商务服务商为交易提供了方便、高效的基础设施，在交易各个环节提供专业的服务，提高了交易对象的可得性和交易过程的便利性，从而有效地降低交易成本。具体来看，电子商务服务能够有效降低时间成本、营销成本、渠道成本、物流成本、资金周转成本等。

第二，促进社会分工协作。电子商务服务商的发展和服务内容的丰富，使企业能够从商业流程中解放出来，专注于客户需求，专注于产品、营销、商业模式、服务和金融创新，引发社会创新。在电子商务服务商的支撑下，无论是传统企业还是个人创业者都可以通过外包、采购、跨界融合、战略合作等方式，与供应链不同环节的合作伙伴建立起广泛而紧密的联系，有效整合人力、技术、生产与资本等社会资源，高效率为客户提供产品和服务。

第三，推动社会创新。电子商务服务业的发展使更多的电子商务企业能够以较低的成本使用诸如客户管理、进销存管理和财务管理等现代企业管理服务，直接提升生产和经营水平；同时，电子商务服务商为网商提供包括采购、营销、融资等环节的全程服务，有效削减了企业日常运营中的时间、人力和资金成本，从而使网商能够将更多资源投入核心竞争环节——发掘客户需求，实现产品创新、服务创新、营销创新和商业模式创新，进一步推动社会创新。

第四，提高社会资源配置效率。在电子商务服务业的支撑下，无论是传统企业还是个人创业者都可以通过外包、采购、战略合作等方式，与供应链不同环节的合作伙伴建立起广泛而紧密的联系，有效整合人力、技术、生产与资本等社会资源，高效率为客户提供产品和服务，大大提高了社会资源的配置效率。

5.5　电子商务服务业的未来发展

根据目前的技术与经济条件判断，2015 年左右是电子商务服务产业发展的转折点，由快速发展转变为高速发展。因为 2015 年左右，具有彻底、成熟的网络意识和网络文化的"90 后"新生代将步入经济社会各领域，整个社会的网络生产经营与消费氛围基本形成。2020 年左右将是电子商务服务产业发展的攻坚点，基于网络的无形市场规模将接近传统的有形市场规模，大量传统商业业态将加速萎缩，逐步退出历史舞台。

电子商务服务产业是一类重要的战略性新兴产业。

第一，电子商务服务产业可能是未来掌握物品定价权、重要战略物资控制权、经济发展主导权的产业。

第二，电子商务服务产业是有望实现由"中国制造"转变为"中国创造"的产业。

第三，电子商务服务产业是一类典型的"三高两低"产业，即科技含量高、人员素质高、附加价值高，物资资源消耗低、污染排放低。

第四，电子商务服务产业就业机会多、综合效益好，对相关产业带动作用大，改造提升传统产业作用明显。

第五，电子商务服务产业市场空间大，发展前景广阔。

基于我国发展电子商务服务产业的有利条件，第一，经济总量持续扩大，为电子商务服务产业发展提供了坚实的经济基础和广阔的市场空间；第二，信息网络基础设施持续改善，网民规模逐步扩大，并且呈快速发展势头，为发展电子商务服务产业奠定了良好的网络基础；第三，推进经济增长方式转变和结构调整的力度继续加大，对发展电子商务服务产业的需求更加强劲；第四，全球范围内资源、市场、技术、人才的国际竞争越发激烈，进一步激发了企业应用电子商务的主动性和积极性，电子商务服务产业发展的内在动力持续增强。

我国虽然在电子商务发展规模等方面与其他发达国家或地区相比有差距，但凭借良好的基础条件，完全可能在全国乃至全球电子商务竞争格局尚未形成时期，通过制度创新、模式创新以及技术创新赢得竞争优势。

【章末案例】

阿里巴巴：中国互联网商业生态构建的经典案例

一、阿里集团简介

阿里巴巴集团成立于 1999 年，经过 10 余年的发展，目前，阿里巴巴集团已经成为中国最大的电子商务企业，拥有阿里国际业务、阿里小企业业务、淘宝网、天猫、聚划算、一淘和阿里云七个事业群，旗下有 13 家公司：阿里巴巴 B2B、淘宝网、天猫、支付宝、阿里妈妈、口碑网、阿里云、聚划算、一淘网、中国雅虎、中国万网、CNZZ、一达通。在这 10 余年中，阿里巴巴集团的壮大，也吸引了一些专业的物流机构、快递公司、金融机构、电子商务增值服务机构等，他们以各种方式集聚在阿里巴巴平台，形成一个开放、协同、繁荣的电子商务生态系统。

二、阿里的生态圈发展与演化

作为电商的缔造者和发展者，阿里巴巴见证了中国电子商务本土化的演化历程。具有预见性和整体战略性眼光，它以领跑者的身份主导着电商的发展，使其在成立后不到几年的时间就由一家小公司成长为世界级的互联网巨头。

阿里巴巴一直专注于电子商务领域，旗下有很多的产业平台，旨在打造贯穿产业链的 B2B2C 的商业模式。阿里巴巴初期的商业布局基本上也都是依托电子商务业务的不断发展而水到渠成，都是在不断地完善自己的发展平台。例如，淘宝的产生带来了安全支付的问题，为了解决这个问题，第三方支付平台支付宝就随之而产生。

1999 年至今，阿里巴巴随着电商环境的变化不断在进行创新发展，从最初的专做信息流到现在的大数据战略的阿里云计算。虽然现在电商的发展空间越来越小而且创新很困难，但是马云也在一直专注商业生态的发展，为将来企业新竞争模式做好准备。

1. Alibaba.com 和 Alibaba.com.cn（1688.com）成立：1999 年

在马云当教师的那个年代，改革开放也在如火如荼地进行着，当时由于中国的物质文化水平不高，中国的低工资以及从所未有的开放，使中国的出口贸易额井喷，当时的马云看到了发展的时机。马云最初对阿里巴巴的定位是主要从事 B2B 的电子交易平台，而当时的马云在中国的市场中看到，中国大部分的银行只贷款给大中型企业，而相对于中小型的企业来说银行很少关注其资金需求。马云看到了中小企业的困境，为了改变小微企业的生存境况，马云将其企业的使命定为"让天下没有难做的生意。"蔡崇信于 1999 年加入阿里巴巴，并于当年作为先遣部队成立阿里巴巴集团香港总部，主要负责国际市场推广、业务拓展及公司财务的运作，帮助阿里巴巴获得了包括高盛在内的 500 万美元的国际投资，这为阿里巴巴注入新鲜血液。马云与日本软银集团创始人兼行政总裁孙正义的六分钟接触，让孙正义对马云有了新的看法。他们对阿里巴巴调查后，孙正义想要投资 4 000 万美元，而马云却要求只要 2 000 万美元。

2. 淘宝网诞生：2003 年

1999 年在美国成立的 eBay 可谓是在 C2C 电子商务领域一枝独秀，几乎没有竞争对手，并且占据着全球 90% 以上的市场份额，在品牌和用户基础上拥有绝对的优势。2003 年 4 月，一支 9 人团队没日没夜地研发一个月，最终能与 eBay 抗衡的淘宝网在 2003 年 5 月 10 日正式上线。经过 20 多天的宣传，淘宝有了 1 万名注册用户，在短短的两年时间内，淘宝网便迅速成为国内网络购物市场的第一名，占据了中国网络购物高达 70% 的市场份额。一位专家曾说过，如果要定义淘宝网成功道路的话，那么只可能是这么一句话：它终于将一个商业工具转变为一个生活工具。

3. 支付宝诞生，用于在线解决买家和卖家间的信任问题：2004 年

淘宝网的成功随之带来的就是支付问题，卖家和买家之间信任的嫁接是交易成功的关键，如何能够解决这个问题才是关键中的关键。阿里巴巴为了打破这一僵局，启动了

"诚信通"计划，这一计划只是针对具有信用的用户之间开展，完全打破由信用所带来的障碍。阿里巴巴同时上线了第三方支付平台支付宝，第三方平台的开放进一步维护了买卖双方的利益。2003～2006年是支付宝的起步发展期，支付宝推出了"担保赔付"制度，并与多家银行达成协议；2007～2008年是支付宝的扩张期，支付宝与卓越、京东商城等B2C网站合作；2008年至今是支付宝的升华发展期，让支付宝走向国际，深入生活。

4. 网络营销技术平台阿里妈妈诞生：2007年

阿里妈妈于2007年建立。虽然说阿里妈妈成立最晚，但是作为商业生态系统的一员，它的存在弥补了中小企业商务生态链的一个缺口，即释放阿里用户的广告需求。阿里妈妈上线仅百天，网站就汇集了超过14.9万家中小网站和超过13.5万个个人博客站点，超过38万个广告位，注册会员超过100万人，覆盖中小网站总流量每天超过10亿次浏览量。"阿里巴巴任何一个公司前3年所考虑的也一定不是自己能不能挣钱，而是所帮助的对象能不能挣钱"。在马云看来，这是一项"一厢情愿"的事业，但前景还是很乐观的。定位于中小品牌和区域性品牌做推广，阿里妈妈的发展方向是构建一个更加开放透明的电商营销生态体系。

5. 天猫诞生，用来满足那些对产品质量和购物体验有较高要求的消费者的需求：2008年

2012年1月11日，淘宝商城在北京举行了战略发布会，淘宝商城的CEO张勇宣布，"淘宝商城"正式更名为"天猫"。这是继2011年淘宝"一拆为三"，即延续原C2C业务淘宝网、平台型132C业务和一站式购物搜索引擎—淘网之后，天猫走向独立的更进一步。"大家当时的考虑是，C2C淘宝做得再大，如果我们不介入B2C市场，未来有可能别人会从B2C切入进来。整个电子商务市场如果B2C和C2C各占50%，那相当于切掉了我们的一半"，天猫副总裁王磊回忆道。也正是这种不安全感，使天猫应运而生。天猫致力于构建一个商业生态圈系统，能够为卖家提供整体全面的解决案，同时为买家提供更全面、更好的服务，并通过开放平台等方式来吸引更多企业入驻天猫，使商城不仅仅是一个购物平台，更是一个电子商务网络购物态圈系统。

6. 阿里云诞生，用来处理阿里巴巴平台日益增长的数据管理事务：2009年

大数据时代的到来促进了云计算产业的发展，随着阿里巴巴业务的发展与扩大，数据的管理与分享需求促使了阿里云的诞生。阿里云的目标是要打造互联网数据分享的第一平台，成为以数据为中心的先进的云计算服务公司。在阿里云创办后，马云首次与外界分享阿里云崛起幕后的一些故事："网上很多人批评说马云被王坚忽悠了，这个云计算要把5 000台计算机合在一起，是根本不可能实现的。他当时讲了很多技术名词，我根本没听懂。但是我认为如果我们拥有这个，如果能解决社会问题，那当然应该做下去。所以想也没想，从预算、人头、资金，我们一路投，最终我们走了出来。"在阿里巴巴创办阿里云后，作为阿里软件的首席技术官王坚更加深信云计算能够改变社会。在互联网诞生以前，数据的收集与处理以及对数据的分析都需要人工来进行完成。但是在当前这个大数据时代的社会，过量的数据和信息已经成为人们的负担。在未来的电子商务市场中，云计算将会成为一种随时、随地，并根据需要而提供的服务，就像水、电一样成为公共基础服务设施，并且在人们的生活中必不可少。马云这样认为，云计算的设想就是

这些数据如何为社会提供服务、提供价值，这才是创造阿里云的目的。

7. 手机淘宝诞生：2010 年

自从 1999 年以来，阿里巴巴引领着中国互联网的发展，阿里巴巴踩对了互联网产业变革的每一个关键点，并且经过自己的努力一步一步地登上浪潮。随着信息时代的发展与进步，手机从原先的非智能到现在的智能化，使人们对于信息的依赖度渐渐加大。由于现代生活速度的加快，渐渐使得时间观念以及方便快捷成为这个时代最重要的需求。手机购物 App 软件开始如火如荼地不断产生。阿里巴巴看到了这一点，在 2010 年推出了手机淘宝。手机淘宝更多的是智能的用户体验，阿里巴巴无线事业部资深总监、手机淘宝负责人汪海说："手机淘宝的好处就是，例如准妈妈在淘宝上买过孕妇装，几个月后当地生完宝宝，手机淘宝上看到的多是婴儿奶粉、纸尿裤的信息。当孩子长大一点时，她收到的或许是年龄大一点的婴儿玩具、服装信息。"布局手机淘宝，也是阿里巴巴面对移动互联网时代变革的重要举措。

8. 阿里巴巴商业生态系统建立：2013 年

2013 年 1 月 15 日，阿里巴巴集团董事局主席兼首席执行官（CEO）马云向员工发出内部邮件，宣布于 2013 年 5 月 10 日起，将不再担任阿里巴巴集团 CEO 一职，马云辞职后将致力于商业系统建设。2013 年 1 月 10 日，阿里巴巴宣布对集团现有业务架构和组织进行调整，成立 25 个事业部。事业部的拆分，目的在于确保以电子商务为核心的商业系统的形成，并且要确保这个商业生态系统要适应互联网的快速变革所带来的挑战和机遇。

马云的生态体系由五个部分组成。如图 5 - 11 所示。

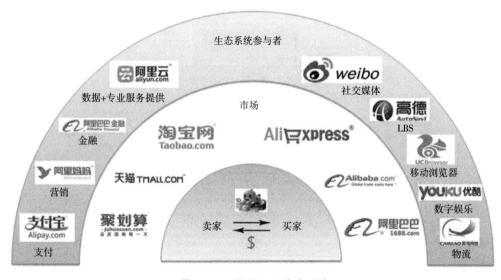

图 5 - 11　阿里巴巴生态系统

第一是信用体系。信用是一个企业的根本，线上的信用体系做得比线下的还要好才行。在淘宝上，用户最关心的也就是信用，当用户看到你的信用度很高时，就会赢得顾客的尊重。由于大家都处于不同的地区，互相不认识，信用体系的建立就显得必不可少。

第二是金融体系。支付宝的建立一开始曾一度被人认为是败笔。但是马云认为，作为信用的一个中介，在网上交易我们就作为一个担保体系，一个中介的作用，这样顾客的利益得到了保障，卖家的利益也得到了保障。

第三是物流体系。马云说："5年前我去见中国邮政总局马局长，当时中国快递包裹是6亿个，美国是60亿个。我跟马局长讲，大概四五年或者五六年的时间中国就会靠拢，甚至超越美国。今年（2013年），中国的快递包裹是57亿个，其中37亿个是我们做的。"马云认为，阿里巴巴现在所做的工作就是把中国现有的物流利用起来，而不是自己去建立一套完整的物流体系，对于一家公司来说，也不可能去管理100万以上的员工去作快递。

第四是建立小企业的工作平台。阿里巴巴是利用最便宜的共享平台为所有的小企业进行服务，用互联网去武装他们。以前只有大企业才能享受的服务，在阿里巴巴生态系统的平台上小企业也能够享受到，那个小企业就会更加地为马云所用，为马云赚钱。

第五是大数据系统。马云说："当我们还没搞清楚信息时代是怎么回事的时候，已经进入了数据时代。"信息时代和数据时代有着很大的差别，是两个完全不同的概念。当信息时代的信息达到一定程度，蜂拥而来的数据需要我们分析整理时，数据时代就到来了。

三、总结与展望

虽然在各个电子商务领域取得了辉煌的成就，阿里巴巴从建立到现在，仍然要面对复杂的局面，更需要平衡与协调所有的利益关系。

1. 卖家与买家的信任

虽然说网上购物支付问题得到了解决，但是货物的质量问题以及货物的来源问题仍然值得关注。

2. 消费者竞争

卖家之间是存在竞争关系的，在所卖的物品的好坏以及在定价等一些问题上消费者并不知情，只是在价格上以及卖家对于产品的描述上进行商品的遴选。

3. 创新与保守

阿里巴巴经过一步步地发展，面对瞬息万变的经济环境与国际趋势，在哪些方面应该保持自己的特点，在哪些方面应当求新求变，什么时间进行变革，这些都是需要考虑的问题。整个阿里巴巴的发展，核心是大家一起去创造、运营这个生态体系。怎样在生态体系的发展当中更好地站在商家的角度，站在服务商的角度给大家提供机会，是阿里巴巴未来生态化过程中必须考虑的问题。

（资料来源：阿里官网、《国际品牌观察》、《财富时代》）

【本章小结】

互联网的迅猛发展已经使电子商务成为现代经济非常重要的一部分，电子商务服务业作为电子商务的重要组成部分，在其中扮演了不可替代的作用。本章首先就电子商务的界定进行了阐述，给大家明晰了这一概念。其次将电子商务服务业分成了八个模块并逐一进行分析。作为电子商务生态系统的重要支撑部分，电子商务也和电子商务生态系统一起，经历着形态的演变，成为创业、创新的肥沃土壤。最后就电子商务服务业的作用进行了一个总结归纳，得出其之所以发展如此迅速的原因。

现阶段，借助于电子商务发展而兴起的电子商务服务企业都能有一个不错的发展，但在电子商务生态系统逐渐演变的过程中，电子商务服务业也会有较大的改变。企业要紧跟时代发展，在自己的特色和竞争优势基础上不断革新，才能在持续"演变"的电子商务时代持续向前生存、发展。

【问题思考】

1. 电子商务服务业和服务业的电子商务化的区别是什么？
2. 电子商务服务业的构成部分哪些是最重要的，为什么？
3. 电子商务服务业生态系统的具体构成是什么？
4. 电子商务服务业有哪些作用？
5. 电子商务服务业未来的发展重点是什么？
6. 以案例的形式，分析和阐述中国的电子商务服务企业。

第6章 电子商务物流与互联网金融

【本章要点】

☆ 了解电子商务物流的概念和现状；

☆ 分析互联网对电子商务物流的影响；

☆ 熟悉互联网金融的内涵和发展；

☆ 了解互联网金融提供的服务；

☆ 探讨互联网金融发展的疑惑。

【开章案例】

怡亚通：供应链金融

作为中国唯一的全程供应链服务提供商，怡亚通以全球视野，整合优势资源，创新商业模式，构建了全方位的全球整合型供应链服务平台，专业承接企业非核心业务外包，帮助企业提升核心竞争力。

一、公司介绍

深圳市怡亚通供应链股份有限公司（以下简称"怡亚通"）成立于1997年，总部设在深圳，是中国第一家上市供应链企业，旗下现有300余家分支机构，全球员工逾2万人，业务领域覆盖快消、IT、通信、医疗、化工、家电、服装、安防、贵金属等行业，正在为全球100余家世界500强及1000多家国内外知名企业提供专业供应链服务。怡亚通整合优势资源，构建了以物流、商流、资金流、信息流"四流"合一为载体，以生产型供应链服务、流通消费型供应链服务、全球采购中心及产品整合供应链服务、供应链金融服务为核心的全球整合型供应链服务平台，服务网络遍布中国主要城市及东南亚、欧美等国家。目前，怡亚通的总市值已达297亿元，且以创新的经营睿智持续保持快速稳健发展。

二、怡亚通的物流

怡亚通通过覆盖全国各区域营运网络，在深圳、上海、北京、香港地区建设了一流的营运平台，专业配送（仓储）中心包括：香港地区、深圳、广州、上海、北京、西安、武汉、成都、沈阳、大连、厦门，形成覆盖全国一级、二级城市和主要三级城市的物流网络，以协助客户实现货物在全国范围内有效流动。公司采取"门到门"和"门到港"服务，有汽运、空运、铁运、海运、联运等多种运输配送方式以供选择。以各地配送中心为基地辐射其覆盖区域范围的一级、二级城市和主要三级城市的区域配送服务，提供特快专递、专人专送、专车配送、异地调拨以及配套的信息反馈、代收贷款等服务。

怡亚通的物流配送和仓储服务基本采用外协资源，包括合作的车队和外包仓库，成本来源于物流服务供应商采用买卖差价模式向怡亚通收取的费用。怡亚通通过对社会资源的整合，避免固定资产的大量投入，并通过较好的资源管理，可以有效降低成本。怡亚通的服务主要围绕自己的大客户进行，与客户签订长期的合作合同，基本上没有单票的零散客户，其综合服务的费收方式主要采用以交易额为基准的浮动收费法，即根据业务量（交易额/量）的一定比例收取服务费，每个客户项目的服务费率的制定需要经过严格的成本分析，与客户协商签订合同来最终确定。

怡亚通提供的供应商管理库存服务，是将供应商的集货仓库设置在离工厂最近的保税区域，按照工厂的生产需求，通过绿色通道模式做到最优化的供货时间相应，满足工厂精益生产需求。这种业务模式将所有供应商的货物集中在一个仓库操作，可以通过第三方物流的增值服务，将配套好的货物直接送上生产线，减少中间环节费用和时间；通过提高仓库利用率，整合报关，拼车运输等措施降低运作费用。

三、怡亚通 380 模式

2009 年，怡亚通启动了"380 计划"，即在全国 380 个城市建立一个由品牌到终端的直供平台。总投资为 13.41 亿元，其中，建设性投资为 3.3 亿元，配套流动资金为 10.11 亿元。"380 计划"专注合作突破，同时精细化运营，降低运营成本和差错率；聚焦行业突破，同时提升渠道掌控能力，提高终端议价能力；扩增区域，同时加速团队加盟，整合外力发展平台。

实行"380 计划"后，怡亚通进行了渠道下沉的举动。专注高价值行业，收编当地相关行业，调整管理方式是怡亚通实行渠道下沉的主要途径。渠道下沉后，怡亚通聚焦母婴、日化、食品、酒饮料四大行业。因为这些行业的大企业多、规范度高、毛利稳定、产品品质较好。在管理方式上从依靠流程管理到依靠标准管理。

2015 年，怡亚通的 380 模式基本形成，包括互联网、B2B、O2O、分销平台。怡亚通希望通过生态圈战略推动中国流通行业变革（见图 6 - 1），以"业务全球化、平台互联网化、运营大数据化、服务智能化、管理精细化"的五个现代化建设目标，以"3 + 5 生态战略"为核心："3"即线上宇商网（B2B）＋云微店（和乐网的网上商店）＋和乐网（B2C）；"5"即线下分销平台＋O2O 金融＋终端传媒＋零售服务平台＋增值服务，将全面覆盖中国流通行业 500 逾万家终端门店，覆盖 10 多亿名消费者，产品直送全国 380 个主要城市和 2 800 个县级市，整个生态圈年交易额超过万亿元，使所有参与者协同发展、共享共赢。

四、怡亚通的金融

怡亚通与各大商业银行合作，通过互联网化、大数据化运营模式，打造一站式供应链金融整合服务平台（见图 6 - 2），全力满足客户多元化金融服务需要，以及为百万小微终端零售客户提供可持续化、批量化、数据化的 O2O 金融服务以及个人消费金融服务。

O2O 互联网金融以怡亚通 380 消费供应链平台百万小微终端客户为金融服务对象，

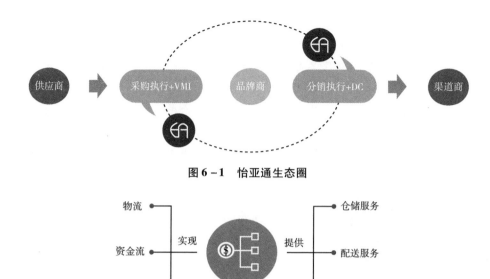

图 6-1 怡亚通生态圈

图 6-2 供应链金融

与商业银行合作开发终端客户金融需求的业务。O2O 互联网金融服务平台模式是, 怡亚通与各大商业银行合作, 通过互联网化、大数据运营, 实现信息共享、"信用"可视化, 为上百万各终端商店解决"信用盲点"问题。O2O 金融的出现, 极大减少了现有银行依赖网点型的专用资本, 运用怡亚通网络化的社会资本达到银行业务机会的极大拓展, 从而为信用不足的小微企业获得信贷支持 (见图 6-3)。

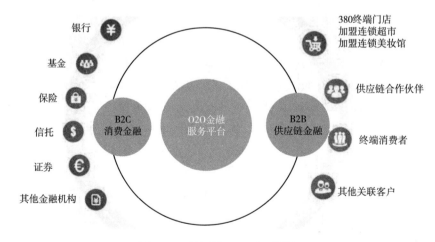

图 6-3 怡亚通 O2O 金融服务

五、结论与启示

作为一家传统物流企业, 怡亚通在利用互联网转型的时候选择加上金融创新, 将创新的配套资金服务融入供应链全程运作和管理, 以资金流服务来为客户解决资金周转问题。进一步打通了供应链的整个环节, 使怡亚通和客户更好地捆绑在一起。

怡亚通的举措不仅为其迎来了更多的客户，例如百事、宝洁、多美滋，还使得原有客户黏性增强，这是电子商务物流与互联网金融合作带来的良好结果。

（资料来源：怡亚通官网、《经济观察报》、《中国物流与采购》）

6.1 电子商务物流的概念

电子商务物流是建立在信息技术、自动化技术和现代管理模式基础上，通过电子商务运行环境，建立起来的现代物流模式（见图 6 - 4）。所以说，现代物流是电子商务的重要组成部分，或者说电子商务是现代物流的重要支撑部分。

图 6 - 4 电子商务物流模式

6.1.1 物流的起源

1921 年阿奇·肖在《市场流通中的若干问题》（*Some Problems in Market Distribution*）一书中提到"物资经过时间或空间的转移，会产生附加价值"。这里的"时间和空间的转移"指的就是物流了。20 世纪 30 年代，"physical"在一部关于市场营销的教科书中被应用于物流概念。第一个对"物流"进行正式定义的是美国销售协会，1935 年该协会使用了 physical distribution（即 PD）这个术语，该定义阐述如下："实物分拨（physical distribution）是包含于销售之中的物质资料和服务在从生产场所的流动过程中所伴随的种种经济活动。"1963 年，物流（PD）的概念被引入日本，当时的物流被理解为"在连接生产和消费间对物资履行保管、运输、装卸、包装、加工等功能，以及作为控制这类功能后援的信息功能，它在物资销售中起了桥梁作用"。

现代物流（logistics）首先出现在第二次世界大战期间，美国在对军需品的供应当中使用了后勤管理（logistics management）这一名词，涵盖了对军需品的运输、补给以及储存的内容。1986 年美国物流管理协会将 physical distribution 改为 logistics。改名后的美国物流协会对物流（logistics）的定义为："物流是为满足消费者需求而进行的对原材料、中间库存、最终产品及其相关信息从起始点到消费地的有效流动，以及为实现这一流动而进行的计划、管理和控制过程。"后来美国物流管理协会又将物流概念修正为：物流是指为了符合顾客的必要条件，所发生的从生产地到销售地的物质、服务以及信息的流动过程，以及为了使保管能有效、低成本地进行而从事的计划、实施和控制行为。我国从 20 世纪 80 年代开始有物流的概念，在我国《物流术语国家标准（征求意见稿）》中将物流（logistics）定义为："以最小的总费用，按用户要求，将物质资料（注：包括原材料、半成品、产成品、商品等）从供给地向需要地转移的过程。主要包括运输、储存、包装、装卸、配送、流通加工、信息处理等活动"（见图 6 – 5）。

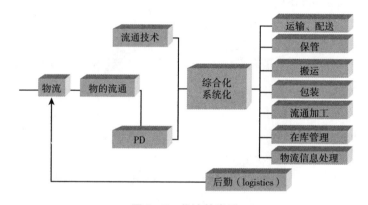

图 6 – 5　物流的发展

6.1.2　现代物流的特点

电子商务时代的来临，给全球物流带来了新的发展，使物流具备了一系列新特点（见图 6 – 6）。

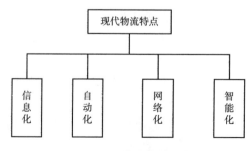

图 6 – 6　现代物流的特点

1. 信息化

电子商务时代，物流信息化是电子商务的必然要求。物流信息化表现为物流信息的商品化、物流信息收集的数据库化和代码化、物流信息处理的电子化和计算机化、物流信息传递的标准化和实时化、物流信息存储的数字化等。因此，条码技术（barcode）、数据库技术（database）、电子订货系统（EOS：electronic ordering system）、电子数据交换（EDI：electronic data interchange）、快速反应（QR：quick response）及有效的客户反映（ECR：effective customer response）、企业资源计划（ERP：enterprise resource planning）等技术与观念在我国的物流中将会得到普遍的应用。信息化是一切的基础，没有物流的信息化，任何先进的技术设备都不可能应用于物流领域，信息技术及计算机技术在物流中的应用将会彻底改变世界物流的面貌。

2. 自动化

自动化的基础是信息化，自动化的核心是机电一体化，自动化的外在表现是无人化，自动化的效果是省力化，另外还可以扩大物流作业能力、提高劳动生产率、减少物流作业的差错等。物流自动化的设施非常多，例如条码/语音/射频自动识别系统、自动分拣系统、自动存取系统、自动导向车、货物自动跟踪系统等。这些设施在发达国家已普遍用于物流作业流程中，目前在我国物流自动化的发展水平相对较低。

3. 网络化

物流领域网络化的基础也是信息化，这里指的网络化有两层含义：一是物流配送系统的计算机通信网络，包括物流配送中心与供应商或制造商的联系要通过计算机网络，另外与下游顾客之间的联系也要通过计算机网络通信，例如物流配送中心向供应商提出订单这个过程，就可以使用计算机通信方式，借助于增值网（value added network，VAN）上的电子订货系统（EOS）和电子数据交换技术（EDI）来自动实现，物流配送中心通过计算机网络收集下游客户的订货的过程也可以自动完成。二是组织的网络化，即所谓的企业内部网（intranet）。例如，中国台湾地区的计算机业在 20 世纪 90 年代创造出了"全球运筹式产销模式"，这种模式的基本点是按照客户订单组织生产，生产采取分散形式，即将全世界的计算机资源都利用起来，采取外包的形式将一台计算机的所有零部件、元器件、芯片外包给世界各地的制造商去生产，然后通过全球的物流网络将这些零部件、元器件和芯片发往同一个物流配送中心进行组装，由该物流配送中心将组装的计算机迅速发给订户。

物流的网络化是物流信息化的必然，是电子商务下物流活动的主要特征之一。当今世界互联网（Internet）等全球网络资源的可用性及网络技术的普及为物流的网络化提供了良好的外部环境，物流网络化不可阻挡。

4. 智能化

物流智能化是物流自动化、信息化的一种高层次应用，物流作业过程大量的运筹和决策，例如库存水平的确定、运输（搬运）路径的选择、自动导向车的运行轨迹和作业控制、自动分拣机的运行、物流配送中心经营管理的决策支持等问题都需要借助于大量的知识才能解决。在物流自动化的进程中，物流智能化是不可回避的技术难题。为了提高物流现代化的水平，物流的智能化已成为电子商务下物流发展的一个新趋势。

此外，物流设施、商品包装的标准化，物流的社会化、共同化也都是电子商务下物流模式的新特点。

6.1.3 电子商务催生物流大发展

电子商务活动过程中，包括信息流、资金流和物流，其中，作为支持有形商品网上商务活动重要环节之一的就是物流。电子商务的发展，促进了物流系统的进一步发展。

电子商务时代，由于企业销售范围的扩大，企业和商业销售方式及最终消费者购买方式的转变，使送货上门等业务成为一项极为重要的服务业务，促使了物流行业的兴起。

电子商务的发展拓宽了物流业的服务范围。在电子商务中，由于网络零售端、网上银行的出现，在进行商务处理的同时，也进行着信息处理。物流企业成了代表所有生产企业及供应商向用户进行供应的唯一供应者。

电子商务状态下的物流产业呈现多元化格局，在商品分销、公路运输、铁路运输、仓储、货运代理、邮递服务等物流市场领域已经全面开放，市场主体正呈现国有、集体、个体、中资、外资等各种所有制物流企业相互依存、同台竞争、相互促进的多元化的局面，物流企业发展形势大好。

电子商务时代，物流业会越来越强化，必须承担更重要的任务：既要把虚拟商店的货物送到用户手中，还要从生产企业及时进货进库。物流公司既是生产企业的仓库，又是用户的实物供给者。物流企业成为代表所有生产企业及供给商对用户的唯一最集中、最广泛的实物供给者。物流业成为社会生产链条的领导者和协调者，为社会提供全方位的物流服务。可见，电子商务对现代物流具有重大的影响，它把物流业提升到前所未有的高度，为其提供了空前发展的机遇。

6.2 电子商务物流的现状

近年来，随着电子商务的快速发展，我国电商物流保持较快增长，企业主体多元发展，经营模式不断创新，服务能力显著提升，已成为现代物流业的重要组成部分和推动国民经济发展的新动力。

1. 发展规模迅速扩大

2020 年全年全国邮政业完成业务收入 1.1 万亿元，其中，快递业务量和业务收入分别完成 830 亿件和 8 750 亿元，同比分别增长 30.8% 和 16.7%。全行业新增社会就业 20 万人以上，支撑网络零售额 10 万亿元以上，全国快递行业还在高速发展中。

2. 企业主体多元发展

企业主体从快递、邮政、运输、仓储等行业向生产和流通等行业扩展，与电子商务企业相互渗透融合速度加快，涌现出一批知名电商物流企业。

3. 服务能力不断提升

第三方物流、供应链型、平台型、企业联盟等多种组织模式加快发展。服务空间分布上有同城、异地、全国、跨境等多种类型；服务时限上有"限时达、当日递、次晨达、次日递"等。可提供预约送货、网订店取、网订店送、智能柜自提、代收货款、上门退换货等多种服务。

4. 信息技术广泛应用

企业信息化、集成化和智能化发展步伐加快。条形码、无线射频识别、自动分拣技术、可视化及货物跟踪系统、传感技术、全球定位系统、地理信息系统、电子数据交换、移动支付技术等得到广泛应用，提升了行业服务效率和准确性。

6.2.1　电子商务物流是基于供应链的改变

传统的供应链一般来说有五种模式，分别是推式供应链、拉式供应链、推拉式供应链、集成化供应链及生态供应链。

1. 推式供应链

推式供应链是以企业自身产品为导向的供应链，这种供应链始于企业对市场的预测，然后制造所预测的产品，并推向市场。这种供应链的运作模式是以制造商本身市场的预测为依据，如果能成功地销售商品，企业就获得成功，反之，就意味着失败。

推式供应链模式以制造商的生产计划、分销计划为前提，很容易出现"牛鞭效应"。不能保证有效地实施信息共享，其所产生的商业风险不可低估。

但是对于需求不确定性低、需要以规模经济降低成本的企业来说，推式供应链是一个非常不错的选择（见图 6-7）。

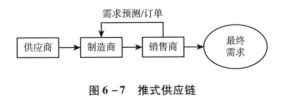

图 6-7　推式供应链

2. 拉式供应链

拉式供应链是以企业获得订单为前提的供应链，企业根据所获得的订单来进行生产。企业收到客户订单，以此引发一系列的供应链动作，制造商的发货仓库组织产品配送，原料提供商补足制造商生产该产品所需的生产原料库存，制造商生产以补足产品的最佳库存。拉式供应链增加了企业控制市场的能力，能够使企业适应复杂多变的市场，准确地把握所生产的产品种类和数量；有利于改进产品和降低产品的单位成本，使企业运营处于一种良性状态。拉式供应链对供应链上游企业的管理和信息化程度要求较高，对整个供应链的集成和协同运作的技术和基础设施要求也较高（见图6-8）。

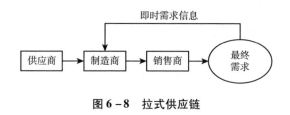

图6-8　拉式供应链

3. 推拉式供应链

推拉式供应链是介于推式供应链和拉式供应链之间的一种供应链模式，其在运作和管理上完全取决于客户的订单。推拉式供应链中推动式和拉动式的接口处被称为推拉边界，也即客户需求切入点。推拉边界根据行业性质不同，可以左右移动（见图6-9）。

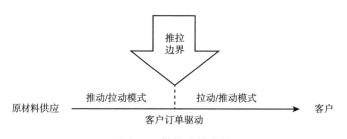

图6-9　推拉式供应链

推拉式供应链又可分为前推后拉型和前拉后推型。前推后拉型供应链中，供应链最初的几层以推动的形式经营，其余的层次采用拉动式战略。装配的起点就是推和拉的分界线。在装配之前的绝大部分流程都是推动式流程，绝大部分甚至所有的零部件已经在供应商处被标准化、模块化地生产出来了。订单之外的部分按预测和库存标准生产通用零部件，主要用来应对满足即时订单的需求。从装配流程启动起，直到完成装配并将产品送达消费者手中的全过程属于拉动式流程。而需求不确定性高，但生产和运输过程中规模效益十分明显的产品和行业则多采用前拉后推式供应链。因为需求不确定性高，企业不可能根据长期的需求预测进行生产计划，所以生产要使用拉动式模式，但在分销过程中，则会考虑通过大规模运输来降低运输成本。

4. 集成化供应链

集成化供应链管理的核心是满足客户需求。这种模式可分为三个回路，分别是：作业回路，由顾客化需求—集成化计划—业务流程重组—面向对象过程控制组成；策略回路，由顾客化策略—信息共享—调整适应性—创造性团队组成；性能评价回路，在作业回路的每个作业形成各自相应的作业性能评价与提高回路。集成化正是围绕这三个回路展开，形成一个相互协调的整体（见图 6 – 10）。

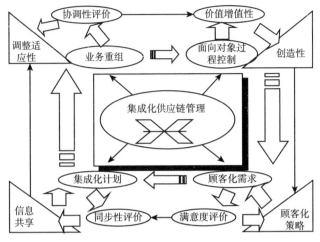

图 6 – 10　集成化供应链

5. 生态供应链

生态供应链是在系统观和整体观的指导下，运用生态思维把经济行为对环境的影响凝固在设计阶段，确保经济活动过程中供应链内的物质流和能量流对环境的危害最小，既追求经济效益又追求社会效益和生态效益，目的是达到人类、自然和社会的"三赢"，实现人与自然的共同繁荣和人类社会的可持续发展。生态供应链的优点在于生态供应链是一个"闭环回路"，不仅供应链中上游企业的产品能作为有用的输入提供给下游企业，上游企业排放出的废弃物也能回收后被本企业或其他企业再利用，是一种循环经济（图 6 – 11）。

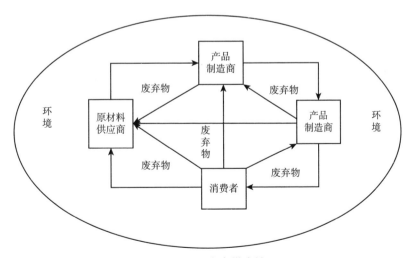

图 6 – 11　生态供应链

电子商务改变了供应链上从原材料采购、产品制造、分销到交付给最终用户的全过程，改变了供应链上信息流、物流、资金流、人流和商务流的运作模式，其中，电子商务的供应链管理，是一种高水平的电子商务应用。由此可见，电子商务带来了供应链管理的变革。

基于电子商务的供应链运用供应链管理思想，整合企业上、下游的产业。它以中心制造厂商为核心，将产业上游供应商、产业下游经销商（客户）、物流运输商及服务商、零售商和往来银行，进行垂直一体化的整合，构成一个电子商务供应链网络，消除了整个供应链网络上不必要的运作和消耗，促进了供应链向动态的、虚拟的、全球网络化的方向发展。

1. 缩减型供应链

在传统的供应链渠道中，产品从生产企业到消费者手中要经过多个环节，流程长、成本高。而电子商务缩短了生产厂家与最终用户之间的距离，企业可以通过网络与客户直接沟通，不需要设置多层分销网络，从而缩短了物流路径，减少了流通时间，降低了物流成本。同时，传统的供应链中由于供销之间的脱节，供应商难以得到及时准确的销售信息，对存货管理只能采用计划方法，缺乏灵活性：销路好的商品，会造成库存缺货，销路不好的产品，又容易造成积压。而在电子商务环境下，供应链实现了一体化，供应商与零售商、消费者通过互联网连在了一起，供应商可以及时准确地掌握产品销售情况和顾客需求信息，并由此合理地组织生产和供货，有助于实现产品生产和销售的"零库存"。

2. 网上购物型供应链

网上购物型供应链为由制造商、网店运营商、快递服务商、顾客构成的销售并配送产品的供应链，这条链包括商品从制造商供货、顾客网上订购、电子支付、快递物流运输、签收知道确认收货、支付以及评价反馈等一系列活动。

网上购物型供应链的特征有以下三点。

第一，通过网购方式，企业可以实现直销和扁平化销售，降低商品流通环节成本，提高流通效率，因而提供了较大的商品降价空间。对顾客来说，网购可以节省购买时间，增加产品选择范围，满足货比三家的需求，并节省顾客出外购物的交通费用。从两个方面来看，网上购物型供应链应比一般供应链更经济。

第二，快递承担了传统供应链中零售商的部分功能。电子商务平台实现购买商品的信息流和资金流，而快递实现了购买商品的"物流"。离开了快递，网购只能限于虚拟商品。对于那些只通过网络进行销售的网上店铺，销售的产品完全依靠快递商发给顾客，快递对商家的重要性达到100%，因此，许多大型网商投资建设自己的快递物流的动机可以理解。快递商成为网购经济中不可或缺的一个环节。

第三，快递商提供的是物流服务，不需要订货，不考虑库存，不承担风险。决策行为和传统供应链中的零售商不同。

快递商的服务质量影响顾客对网店产品的需求，而快递的收入和营销商品的数量直接相关。若网商给予快递商一定激励，使快递商改善服务质量，从而提高顾客需求，提高整体网络供应链的利润（见图 6-12）。

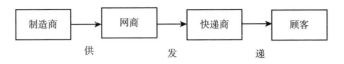

图 6 - 12　网上购物型供应链

3. EPOS 可用型供应链

EPOS 可用型供应链是一个基于 WEB 的中央控制的网上 POS 系统，它为传统 POS 提供了最实质的服务来支持多公司、多场所和多语言的 POS 业务。

EPOS 构建在三层客户/服务器架构之上：前端的表示使用 WEB 浏览器作为用户界面；中间的应用服务层运行业务逻辑和控制数据访问；数据库在后端，控制数据的存储和服务的传输。

EPOS 为 POS 系统提供了关键的特性，包括交易处理、库存管理、商品管理、客户关系管理、供应商管理、权限管理、报表打印以及系统管理到外部接口等。

4. 供应商管理库存（VMI）型供应链

供应商管理库存是由供应商来为客户管理库存，为他们制定库存策略和补货计划，根据客户的销售信息和库存水平为客户进行补货的一种库存管理策略的管理模式。它是供应链上成员间达成紧密业务伙伴关系后的一种结果，既是一种有效的供应链管理优化方法，也是供应链上企业联盟的一种库存管理策略。

传统供应链管理中，供应链上各成员的库存都是各自为政，由于供应链各个环节的企业诸如供应商、制造商、分销商等都各自经营着自己的库存，都有自己的库存控制目标和相应的策略，而且相互之间缺乏信息沟通，彼此独占库存信息，因而不可避免地产生了需求信息的扭曲和时滞，而各节点企业又分别从自身角度进行预测，并通过增加库存来应付需求的不确定性。这样，上游供应商往往比下游供应商维持了更高的库存水平，这样，"牛鞭效应"也就产生了。在这种背景下，新兴的供应商管理库存方法产生了。

供应商管理库存模式下，生产商首先从分销商处接收电子数据，这些数据代表了分销商销售和库存的真实信息（如 POS 和库存水平的信息等）。其次生产商通过处理和分析这些信息得知分销商仓库里每一种货物的库存情况和市场需求，就可以根据它们为分销商制订和维护库存计划。订单是由生产商生成的，而不是分销商完成的。当货物送到分销商处后，生产商仍保持对库存的所有权，直到货物被售出后，才得到分销商支付的货款（见图 6 - 13）。

图 6 - 13　供应商管理库存型供应链模式

6.2.2 电子商务物流模式

1. 电子商务 B2C 模式下：物流是快递模式 + 仓配模式

B2C 模式是现代电子商务的主要模式之一，指的是企业针对个人开展的电子商务的总称。B2C 模式的电子商务网站企业类型主要分为四类。

第一类：经营着离线商店的零售商。即企业有着实实在在的商店或商场，网上的零售只是作为企业开拓市场的一种渠道，企业并不依靠网上的销售生存。

第二类：没有离线商店的虚拟零售企业。最典型的是阿里巴巴，企业没有其他的销售路径，网上销售成为唯一的销售方式。

第三类：商品制造商。商品制造商采取网上直销的方式销售商品，给顾客带来更实惠的价格和定制化的体验，企业也可以实现精益的生产方式。

第四类：网络交易服务公司。企业专门为商品销售企业开展网上售货服务，充当交易平台的角色。网络交易服务公司要求公司不断吸收会员，以实现盈利的目的。

B2C 网站的盈利模式比较多样化，一般来说最主要的是产品销售营业和网络广告，对于网络交易服务公司来说，最主要的盈利方式可能来自收费会员制。部分 B2C 企业除了将自身创造的价值变为现实利润外，还可能会通过价值链的其他环节实现盈利，例如网上支付、网站物流等。

电子商务飞速发展，对电商后端仓储配送的要求也不断提高，物流供应链被重新提到一个新的高度。在这种认知下，快递模式 + 仓配模式成为电商物流和第三方物流的新方向。快递模式和仓配模式的组合，构成了快递仓配一体化管理。现阶段，我国的快递仓配一体化主要由快递公司实施。

收揽件—分拨中转—落地配送，是快递公司运营的基础要素，从商业企业大概的供应链链条（设计—采购—生产—分销—零售—配送—售后）中来看快递公司主要的运营内容是服务于配送环节。快递仓配一体的运营，是快递公司向供应链上游尝试的机会，即不再满足单纯地做商品配送服务，而是延伸至零售—（仓储）—配送中心的仓储环节，拓展了快递公司业务内容的属性。

快递仓配一体化管理解决方案，致力于根据广大客户的个性化需求，提供专业、一体化的快递物流供应链管理模式和最佳解决方案，通过优化仓储及配送，开放深度合作，构建资源共享平台，整合资源，与合作伙伴建立战略合作，强强联合（见图 6 - 14）。

2. 电子商务 C2C 模式下：物流是快递模式（第三方物流）

C2C 指的是个人与个人之间的电子商务。C2C 模式中，电子交易平台扮演着举足轻重的作用，是连接 C2C 两端的桥梁，是 C2C 模式存在的前提和基础。由于电子交易平台在 C2C 模式中的重要作用，使电子交易平台供应商的盈利模式和能力成为这一模式的重点，这是 C2C 模式和其他电子商务模式的重点区别。

与 B2C 网站不一样，C2C 网站的盈利模式主要来自会员费、交易提成、广告费、排名竞价和支付收费。

图 6 - 14　快递 + 仓配模式基础

第三方物流（third - party logistics，TPL）是指物流服务的供给方和需求方以外的第三方去提供物流配送业务的运作方式。第三方是专业化的物流企业或配送公司。它与物流交易的供应商之间存在着委托代理关系，因此，第三方物流也称作物流代理。这种委托代理关系通过合同确定下来，代理方按合同要求为委托方完成物流配送代理业务。

TPL 以其个性化服务，在物流企业与客户之间建立荣辱与共的联盟关系，其科学性正在于它充分体现了社会合理分工的原则。凭借第三方的专业优势，TPL 针对特定客户的个别业务特征，提供为其定制的特定服务，而非面向多个客户提供一般的服务，改变了物流企业与客户之间的关系，由"一对多"变为"一对一"即物流企业依托于客户，客户则以物流企业为后勤，失掉任何一方，企业都无法有效运作，甚至无法继续生存。

TPL 给企业带来了众多利益主要表现在以下四个方面。

第一，集中主业，发挥优势。企业能够将有限的人、财、物集中于核心业务，进行新产品和新技术的研究与开发以提高自己的竞争力。

第二，借助精心策划的物流计划和适时的运送手段，使企业库存开支减少，并改善企业的现金流量。

第三，TPL 是有别于传统外协的合同导向的一系列服务，是个性化物流服务，更能满足 EC 顾客的个性化需求。

第四，TPL 提供者通过"量体裁衣"式的设计，制订出以顾客为导向、低成本高效率的物流方案，大大缩短了交货期，帮助顾客改进服务，树立自己的品牌形象。

3. 第四方物流

第四方物流是 1998 年美国埃森哲咨询公司率先提出的。第四方物流专门为第一方、第二方和第三方提供物流规划、咨询、物流信息系统、供应链管理等活动。第四方并不实际承担具体的物流运作活动。

第四方物流（fourth party logistics）是一个供应链的集成商，是供需双方及第三方物流的领导力量。它不是物流的利益方，而是通过拥有的信息技术、整合能力以及其他资源提供一套完整的供应链解决方案，以此获取一定的利润。它是帮助企业实现降低成本和有效整合资源，并且依靠优秀的第三方物流供应商、技术供应商、管理咨询以及其他增值服务商，为客户提供独特的和广泛的供应链解决方案。

第四方物流有三种可能的模式。

第一，协助提高者：第四方物流为第三方物流工作，并提供第三方物流缺少的技术和战略技能。

第二，方案集成商：第四方物流为货主服务，是与所有第三方物流提供商及其他提供商联系的中心。

第三，产业革新者：第四方物流通过对同步与协作的关注，为众多的产业成员运作供应链。

"电子商务物流与互联网金融"专栏一

顺丰控股：大象继续起舞

一、顺丰介绍

顺丰是国内的快递物流综合服务商，总部位于深圳，经过多年发展，已初步建立为客户提供一体化综合物流解决方案的能力，不仅提供配送端的物流服务，还延伸至价值链前端的产、供、销、配等环节，从消费者需求出发，以数据为牵引，利用大数据分析和云计算技术，为客户提供仓储管理、销售预测、大数据分析、金融管理等"一揽子"解决方案。

二、顺丰持续发展的依仗

顺丰 2020 年实现营业收入为 1 539.87 亿元，同比增长 37.25%；业务量 81.4 亿件，同比增长 68.5%，市占率提升至 9.76%，较 2019 年提升 2.15 个百分点，快递行业增速第一。新冠肺炎疫情之下，顺丰继续发展的逻辑来自以下两个早年的布局：多元化和持续科技研发投入。

多元化新业务持续发力，综合物流服务商的优势凸显。从营业收入构成来看，顺丰各项业务板块的占比更加合理化，改变了某单一业务板块独占鳌头的局面，更符合综合物流服务商的定位。2020 年全年，顺丰传统业务增量增收，各新业务板块持续保持高速增长。

第一，2020 年，顺丰快运业务整体实现不含税营业收入 185.17 亿元，同比增长46.27%，营收规模及业务增速在零担快运主流玩家中均排名第一。顺丰快运所在的零担行业是万亿级的大市场，目前还处于规模化以及行业加速整合期，集中度当前仍较低，但随着双循环发展格局的推进，产业结构及消费不断升级，未来具备很大的市场发展和整合潜力，龙头公司将呈现集中度加速提升的路径。

顺丰的快运业务采用的是"双品牌"策略，顺丰快运定位高时效、高质量及高服务体验的中高端市场，"顺心捷达"专注全网型中端快运市场，双品牌在运营模式及产品定位上互补，彼此业务融通，共同满足客户多元化需求。

　　此外，2020 年顺丰快运还成立科技子公司，在收、转、运、派全链路的智能化和数字化科技底盘上，成本也有望会降低。

　　第二，2020 年顺丰冷运及医药业务整体实现不含税营业收入 64.97 亿元，同比增长 27.53%，业务保持快速增长。经过多年布局，顺丰已经建立全国性食品冷链网络，具备网络覆盖绝对优势（网络覆盖 240 个地级市、2 068 个区县），依托于强大的运输网络以及专业的解决方案能，业务已覆盖食品行业生产、电商、经销、零售等多个领域。医药业务收入更是同比翻倍，逐步从单一药品运输转向多元化、端到端供应链物流服务提供商的转变。

　　第三，2020 年，顺丰同城业务实现不含税营业收入 31.46 亿元，同比增长 61.17%，远高行业增速。顺丰同城瞄准的高端外卖市场，在美团和饿了么"送一切"的战略下，虽然面临着一定的竞争压力，但差异化的发展和细化定制化解决方案，未来增长可期。目前，顺丰同城也开始向"最后一公里"配送、城市供应链等物流环节的延展，借力顺丰的业务资源，也有望带来快速发展的效果。

　　第四，2020 年，顺丰国际业务实现不含税营业收入 59.73 亿元，同比增长 110.40%，成为顺丰增速最快的业务板块。截至 2020 年末，顺丰国际快递业务覆盖海外 78 个国家，国际电商业务覆盖全球 225 个国家及地区，拥有中国至美洲、欧洲以及南亚东南亚等地区在内的国际全货机航线 30 条，2020 年全货机国际航线总计运量约 9 万吨。预期顺丰 2021 年会加速推进国际化战略，完善货运代理及国际网络的战略布局，并通过网络布局、航空货运资源互补、客户资源互补、科技能力互补等协同发展，进一步夯实顺丰的物流基础及业务资源。

　　第五，供应链业务作为顺丰重磅加码的业务之一，在 2020 年供应链业务实现不含税营业收入 71.04 亿元，同比增长 44.45%。新夏晖、顺丰 DHL 与顺丰大网的资源实现快速融通，持续深化数字转型，优化供应链平台，快速向 B 端业务迈进，实现了在快消零售，鞋服美妆，高端工业制造等行业的世界 500 强企业和成长型企业快速推广。

　　值得一提的是，面对工业 4.0 和全渠道新零售时代的快速到来，顺丰着力打造方案 + 服务，以科技和数据为驱动力，打造数字化、模块化的一站式智慧供应链管理平台。

　　持续科技投入，打造"物流科技综合体"。随着业务量的急剧增长，顺丰对基础设施的投入也加大了力度。在 2020 年第四季度快递业务高峰期，顺丰加大了陆运网络资源投入，扩大陆运网络产能。此外，顺丰预期未来各业务板块仍将保持高速增长，因而在场地升级、自动化设备改造等关键资源方面做前置布局。虽然这些投入短期内会有成本压力，但伴随业务量逐步增长、网络规模扩大，规模效益经历一定的爬坡期后在未来逐渐释放和显现。

　　顺丰在科技方面的投入也保持了增长态势。2020 年度，顺丰在科技方面的投入为 42.73 亿元，比 2019 年增长 16%。顺丰在人工智能、大数据、机器人、物联网、物流地图等科技前沿领域进行了前瞻性的布局，多个领域处于行业领先地位。

　　总的来看，依托于在科技领域持续多年的积累和沉淀，正让顺丰向一家独立第三方行业解决方案的数据科技服务商不断演进，从单一的快递物流服务公司到多元化的综合物流服务公司。

　　一方面，新科技可以将整个物流供应链条的每个阶段都实现场景的数据化、数据的网络化、网络的智能化；另一方面，基于物流科技打造的产品，聚合了行业资源后，最终会形成一个"综合体"生态，一个能覆盖"国内＋国际""ToC＋ToB"、打通上下游的"商品＋服务"的供应链生态。

科技能力和基础设施在这其中起到至关重要的作用。因为这其中会用到很多新兴技术、人车场的基础设施以及社会的物流资源。在科技能力的赋能下，物流企业通过自己的品牌、网络优势（空运、人车场的资源）、基础设施优势所打造涉足物流多细分领域的"综合体"未来存在很大的想象空间。这个"综合体"不但可以在物流每个细分市场建立较大优势，而且还能基于"新基建"为其他相关行业提供服务。

三、结论

顺丰曾一度面临着其他快递联合竞争的危机，同时在国家推动电子发票之后，顺丰最好的"文件速递"这块业务急剧萎缩，让人对顺丰产生担心。但是依靠早年的布局和持续的科技投入，在疫情中顺丰抓住了"人不动货更快"的需求，持续发展自己，做大做强。

（资料来源：顺丰官网、《经济参考报》、《中国交通报》）

6.2.3　电子商务物流的问题

电子商务物流相对于传统的物流配送模式来说，有以下四大优势。

1. 电子商务物流解决了传统物流配送的大面积囤货问题

电子商务系统中，配送体系的信息化集成可以使虚拟企业将散置在各地分属不同所有者的仓库通过网络系统连接起来，使之成为"集成仓库"，这样货物配置的速度、规模和效率都能大大提高，货物的高效配得以实现。

2. 能够实现配送的实时控制

传统的物流配送过程是由多个业务流程组成的，各个业务流程之间依靠人来衔接和协调，不可避免地会出现一些人为的时滞现象。电子商务物流配送模式借助于网络系统可以实现配送过程的适时监控和适时决策，更好地控制物流的配送。

3. 物流过程更简化

传统物流配送的整个环节由于涉及主体的众多及关系处理的人工化，所以极为烦琐。而在电子商务物流配送模式下，物流配送中心可以使这些过程借助网络实现简单化和智能化。例如，计算机系统管理可以使整个物流配送管理过程变得简单和易于操作；网络平台上的营业推广可以使用户购物和交易过程变得效率更高、费用更低；物流信息的易得性和有效传播使用户找寻和决策的速度加快、过程简化。很多过去需要较多人工处理、耗费较多时间的活动都因为网络系统的智能化而得以简化，这种简化使物流配送工作的效率大大提高。

4. 为供应链提供决策支持

电子商务物流由于可以让用户通过网络了解订单的处理情况，并可以随时提出建议和意见，而且配送业务人员可以直接接触消费者，进行面对面的交流，能真实感受用户的感受和意见，因而得以为供应链上各个环节的决策提供大量的支持信息。

电子商务物流虽然为电子商务的顺利发展奠定了重要基础，发挥了不可磨灭的作用，但是电子商务物流在发展的过程中也面临着一系列的问题。

1. 工业化滞后信息化

物流基础设施主要包括仓储、运载设施，以及计算及信息通信设备等。物流基础设施主要满足传统运输作业的要求，经济的飞速增长使现有的物流基础设施得到充分的利用，不少设施处于超负荷状态，能力远远满足不了需求。道路、港口、机场、园区、仓库等物流基础设施整合力度不够，还没有形成快捷、畅通、高效的物流基础设施网络。

2. 与电子商务相协调的物流配送基础落后

虽然基于电子商务的物流配送模式受到越来越多的关注，但由于观念、制度和技术水平的制约，我国电子商务物流配送的发展仍然比较缓慢，与社会需求差距仍然较大。目前，高速公路网络的建设与完善、物流配送中心的规划与管理、现代化物流配送工具与技术的使用、与电子商务物流配送相适应的管理模式和经营方式的优化等，在一定程度上都难以适应我国电子商务物流配送的要求。

3. 物流配送的电子化、集成化管理程度不高

电子商务物流配送之所以受到越来越多企业的青睐，是因为电子商务迎合了现代顾客多样化的需求，网络上的大量定制化越来越多地出现，电子商务企业只有通过电子化、集成化物流管理把供应链上各个环节整合起来，才能对顾客的个性化需求做出快速反应。但从我国的实际来看，企业的集成化供应链管理还处于较初级阶段，表现在运输网络的合理化有待提升、物流信息的速效性不高等方面。这与我国物流业起步较晚，先进的物流技术设备，例如全球定位系统、地理识别系统、电子数据交换技术、射频识别技术、自动跟踪技术等还较少应用有关。没有先进的技术设备作基础，电子商务物流配送企业的集成化管理就难以实现；而集成化管理程度不高，电子商务物流配送企业的效率就会大打折扣。

4. 专业商务电子商务物流配送人才匮乏

由于电子商务物流配送在我国的发展时间较短，大多数从传统物流企业转型而来的企业在人才的储备和培育方面显然还不能适应电子商务时代的要求，有关电子商务方面的知识和操作经验不足，这直接影响企业的生存和发展。与国外形成规模的物流教育系统相比较，我国在物流和配送方面的教育还相当落后，尤其在电子商务物流配送方面的教育。由于实践中运行成功案例的缺乏以及熟悉电子商务物流配送的人才匮乏，制约了电子商务物流配送模式的推广，也影响了电子商务物流配送的成功运营。

6.3 互联网对电子商务物流的改变

互联网对电子商务物流的影响是非常大的，可以这么说，没有互联网，就没有电子商务物流。首先，互联网能增强企业间的沟通，迅速响应客户的实时需求，将交易过程大大简化。其次，互联网促进物流各节点的紧密合作。互联网把各个分散的节点连接为一个紧密连接的有机体，每一个节点都在发挥着自己的作用，使整个有机体在较为广阔的范围内发挥作用。再其次，互联网通过信息流通，合理优化资源配置。随着计算机的普及和互联网技术的飞速发展，互联网在电子商务物流中引导和整合资源配置的功能越来越强大，互联网始终贯穿着电子商务物流的始终，引导着电子商务物流的发展。最后，互联网带给电子商务物流无限的开放性和拓展能力。由于互联网具有无限的开放性和拓展能力，所以通过互联网相互连接的节点数量较庞大，一个节点出现问题，其他替补节点迅速补充，这样就给予了整个物流系统无限的开放性和拓展能力，大大提高了物流效率。

但随着信息技术的发展，互联网还会带给电子商务物流巨大的变化。

6.3.1 互联网提高了电子商务物流的效率

1. 电子运单加快发货效率

电子运单（e-waybill），又称"电子运单"或"标签式详情单"，发端于国际航协的"电子货运"计划。电子运单按照所用纸张分为两类：一类是热敏运单，需通过热敏打印机打印在热敏标签上；另一类是普通电子运单，可通过激光打印机等普通打印机打印在普通纸上。在国内，电子运单应用较晚且仅为热敏运单。目前，热敏运单用量和传统运单相比，占比不断攀升。

在效率上，电子运单打印速度是传统运单的4~6倍，需要的操作人员更少、成本低且节能环保。客户可自行通过客户端软件或快递网站在线下单，相较于传统的四联单上门收取然后人工录入系统，快递公司可以提前安排货运资源并可省去人工录入信息的工作，提高配送反应速度，降低失误率。运用电子面单时，寄件客户联与取件联可用电子存根代替，取件、中转时均无须撕下包裹上的相应联单，上门取件直接扫描配送即可，平均每单打印只需花费1秒，比四联单快四倍，高效率的打单大大缓解了电商客户的大批量打单压力。

2. 完善数据链减少过度运输

互联网的发展推动了大数据的发展，完善了物流的数据链。通过物流网络数据平台和大数据的结合，通过开放的数据信息来指引客户选择合适的速递提供商，合理分配网络内闲置的物流资源，减少了过度运输。

3. 仓库前置提升时效

仓配领域是物流行业的最关键环节，如何利用互联网对仓配进行改造，是物流行业科技进步的核心。互联网推出了综合消费趋势和大数据计算的新型仓配网络，做到了订单未动，物流先行，并通过大数据智能分仓，将库存前置，提高了时效。

4. 货不动数据动，减少物流成本

新型仓配网络的建立使商品不动，而物流数据产生变化，有效减少了物流的成本。

"电子商务物流与互联网金融"专栏二
菜鸟网络：数据驱动、社会化协同的物流及供应链平台

一、菜鸟网络介绍

菜鸟网络科技有限公司（以下简称"菜鸟网络"）成立于2013年5月28日，由阿里巴巴集团、银泰集团联合复星集团、富春集团、申通集团、圆通集团、中通集团、韵达集团等共同组建。

菜鸟的愿景是建设一个数据驱动、社会化协同的物流及供应链平台。它是基于互联网思考、基于互联网技术、基于对未来判断而建立的创新型互联网科技企业。它致力于提供物流企业、电商企业无法实现，但是未来社会化物流体系必定需要的服务，即在现有物流业态的基础上，建立一个开放、共享、社会化的物流基础设施平台，未来可实现中国范围内24小时内送货必达、全球范围内72小时送货必达。

二、菜鸟网络的竞争优势：大数据驱动 + 社会化协同 + 大物流

菜鸟网络自从建立以来，目标就非常明确：以数据为核心，通过社会化协同，打通了覆盖跨境、快递、仓配、农村、末端配送的全网物流链路，提供了大数据联通、数据赋能、数据基础产品等。菜鸟网络还打通跨境、仓库、配送链条，将不同服务商串接在一起，为商家提供了仓配一体解决方案、跨境无忧物流解决方案等服务，商家可以专心进行营销，仓储物流解决方案菜鸟一站式解决。

基于此，在组建"菜鸟网络"的同时启动"中国智能骨干网"项目建设，这是智能大数据、物联网、云计算以及自动化技术等技术在国内的大规模商业实践（见图6-15）。

菜鸟在全国打造搭建形成一个网状的物理的智能骨干体系（CSN），把它做成一个平台，目前来看已经完成。

在近期，基于这个物理网络继续完善物流信息系统，并向所有的制造商、网商、快递公司、第三方物流公司完全开放。

在中期，"中国智能物流骨干网"将通过信息系统深度融合和处理，整合社会第三方物流企业，建立一个支撑日均300亿元网络零售额的物流网络。

在远期，CSN将不断完善其物流信息系统，并向制造商、电商、第三方物流开放，可以基于大数据和云计算等技术，建立服务于整个"生态系统"的供应链管理体系，整合商流、物流、信息流，实现大物流发展战略。

图 6 - 15　菜鸟网络的战略

菜鸟网络的核心是"地网" ＋ "天网"：

菜鸟网络由物流仓储平台（俗称"地网"）和基于大数据的物流信息平台（俗称"天网"）构成。

菜鸟仓储由八个左右大仓储节点，若干个重要节点和更多城市节点而成。大仓储节点将针对东北、华北、华东、华南、华中、西南和西北七大区域选择中心位置进行仓储投资。其中，华东最大仓在金华都市新区，华南在广州萝岗区，华北节点最大仓落户天津。未来更会向全球拓展。

菜鸟网络本身的工作更基于大数据的中转中心或调度中心、结算中心。其打通阿里内部系统与其他快递公司系统，通过转运中心，买家从不同卖家购买的商品包裹可合并，节省配送费用。这样，物流成本降到最低，时间做到最快。阿里既掌握了信息流，又掌握了物资流，并制定了规则。由此基础上，菜鸟推出了其自身特有的菜鸟电子运单，做到了物流信息的统一标准。

首先是需求预测，通过大数据对某个片区市场的需求进行预测，客户下单之前就可以在附近区域仓储节点铺货；其次是库存计划，利用大数据，基于商家的需求，科学进行库存计划。这两者将是智能骨干网的关键（见图6－16）。

截至目前，菜鸟网络不仅覆盖全国，还覆盖世界上绝大多数的国家。

自新冠肺炎疫情以来，各国企业对物流更加重视，特别是参与国际贸易的中小企业。菜鸟全球包裹网络的物流产品"5美元10日达"，以极致的性价比助力跨境商家更快触达海外消费者，并推出了"2美元20日"，进一步降低物流成本。国际物流正在加速实现数智化，而数智化的物流网络，不仅能够提升消费者体验，助力实体经济的降本增效，还能让物流全链路实现可视化，以及更加绿色和低碳。疫情期间，菜鸟还通过其国际医药冷链的温控和全球定位技术为疫苗运输保驾护航，实现了疫苗运输过程的温度和轨迹实时监测可查。自疫情发生以来，菜鸟累计向全球150多个国家和地区运送了超过2.5

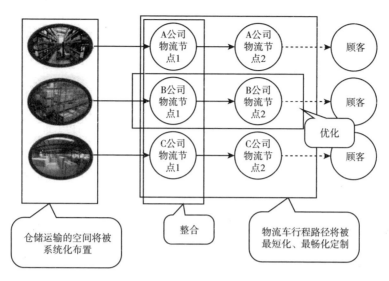

图 6 – 16　菜鸟网络的核心价值

亿件医疗物资，并已经顺利完成对圭亚那、巴巴多斯、苏里南、萨尔瓦多、特立尼达和多巴哥、赞比亚、科威特等国家的中国新冠疫苗运输。

三、菜鸟网络面临的挑战

1. 库存管理

菜鸟网络的仓储是开放的，但菜鸟网络的库存不属于阿里，而是各地卖家，如何系统对接、信息流共享、商品结算以及库存管理都将面临挑战。

2. 仓储管理

仓储管理本身一直是物流园区非常犯难的一点，而面对一个全国性的网络，要管理不同供应商的货物，菜鸟是否有能力来管理这样的仓储，提供这样的服务，仍是一个问题。

3. 利益协调

物流行业的整合才刚刚开始，菜鸟网络几大合作伙伴，尤其是快递公司之间的竞争依然存在，同盟之间的协调管理，同样是一大难题。所以引用某位物流仓储行业人士的话，"菜鸟网络是个很宏大的项目，但要实现起来最大的阻力不是钱，而是参与这个项目地产公司、快递公司、投资方等各方利益的平衡"。

四、结论

秉承和发扬开放、透明的互联网文化，菜鸟网络通过开放的平台，与合作伙伴建立共赢的体系，服务整个电商生态圈内的所有企业，支持物流行业向高附加值领域发展和升级，最终促使建立社会化资源高效协同机制，提升中国社会化物流服务品质。

（资料来源：菜鸟官网、《中国物流采购》、《新闻记者》）

6.3.2　互联网改变了电子商务的流通体系

大力发展物流流通体系基础设施建设，打通大数据物流信息平台是促进物流服务水平显著提高，行业环境和条件不断改善的必然要求。在这一过程中，互联网对电子商务流通体系的改变极为重要。

1. 塑造资源汇聚度更高的新型流通生态和组织模式

第一，资源、服务的网络集散门户和新型集聚形态形成。电子商务平台将流通市场的各类资源、服务汇集在网上。平台以第三方经营的模式，整合流通交易的供应方、需求方和其他第三方服务商。电商平台可以聚集各种流通过程中的交易、金融、物流、信息服务，是传统集贸市场、超市、百货商店在互联网上的存在形式。电商平台可以成为各类市场主体的统一入口，具有流量汇聚、资源汇聚和服务汇聚的作用，比传统集市型流通资源整合模式更加高效，是综合门户型实体流通模式在互联网上的表现形式。电商平台可以通过信息模块延伸的方式，低成本地添加各种价格比对、零售消费信贷、店铺转换、支付以及物流服务商挑选等配套服务，还能集成通用积分、各类折扣券、社交代付、打赏等创新型流通要素和功能，实现了各类流通资源在互联网上的新型产业聚集形态。

第二，第三方中立平台模式改善信息不对称问题。电商平台是市场交易的中立第三方，以交易制度维护和环境营造者的身份出现。与传统的实体市场平台不同的是，依托信息技术的进步，电商平台掌握着每笔交易的具体数据，同时可以实时接受消费者的评价和投诉。传统市场单次交易形成的商家逆向选择和消费者道德风险问题都可以通过交易评价体系成为下次交易的口碑和声誉，可以被实时的、近乎零成本地查询，因而在一定程度上解决了交易信息不对称引起的产品质量问题。

第三，流通市场的极致细分化与专业化水平提升。流通市场可以更大程度地满足长尾化、定制化的客户需求。反馈评价机制、销售量等大数据的获取，可以使各种需求变化信息更快捷地被供给方获取，使供应链的敏捷性大大提升。专业化、创新型的营销、物流、导购、金融服务不断出现。

2. 关系型销售网络和共享经济得到快速发展

互联网也在改变人类社会的组织和生存模式。以互联网社交平台为代表的线上交流互动正在改变传统的社交模式。由这种新兴社交模式衍生出的部落化社群商业业态也在改变着电子商务流通体系。

第一，集体订单、分享专业产品知识等形式快速发展。微信群、QQ群等社群电商以集体订单、分享专业产品知识的形式，提升了流通渠道的定制化和专业化程度。网络社交平台上的社群通过将有共同爱好的人聚集在一起，形成了有类似收入、兴趣的消费群体，容易开发社群团购和C2B反向定制生产，经过社群充分讨论的产品，一般具有极高的定制化程度。这种社群电商充分发挥了关系型网络的优势，有助于产品创新、迭代和升级。

第二，社区化众包成为新兴共享经济模式和业态。社区化众包也是利用移动互联网实现基于社区关系的交易渠道、共享经济模式和业态。社区化众包是利用社区居民的聚集性，开展产品本地化销售和本地化物流的"众包"模式。例如，"趣活网"平台立足于本地化的O2O和社会化营销，以3千米，30分钟保温速递送餐，同时对送货员采用类似"人人快递"的本地社区众包模式进行整合，实现了渠道和配送，提升了 O2O 渠道"最后一公里"服务的社交属性。

3. C2B 定制进一步重塑我国未来流通体系

随着互联网技术的应用发展，以及互联网技术与大数据、3D 打印、云计算等技术的结合，未来的流通环节将更加扁平，C2B、C2M（从消费者到商家，从消费者到制造企业）的理念将重塑流通体系，流通渠道的概念内涵将极大丰富。

第一，C2B 定制带来流通渠道的"泛在化"。未来的商业区与旅游区融合，除了一些私人定制性、试穿试用性很强的商品（时尚、美妆）保留专门的门店外，传统商场、商城可能转化成为休闲旅游和享受面对面服务（咨询、治疗等）的场所。又如，物联网带来网络终端平台的泛在化，手机、汽车（车联网）、冰箱（智能家居）、可穿戴设备等都将具备上网购物的能力，成为随时随地可以获得的"流通渠道"。

第二，推动流通渠道自身迭代更新的速度加快。互联网流通渠道让产品信息和消费者反馈透明化，大量用户评论 UGC 内容让产品质量、性价比等内容实现实时传播，产品创新和迭代的速度都将不断提升，产品流通模式和流通渠道的生命周期也将缩减，新的流通载体也将不断涌现。

"电子商务物流与互联网金融"专栏三

嘉城国际：跨境电商物流龙头

一、嘉城国际介绍

广州市嘉诚国际物流股份有限公司成立于 2000 年，总部设于广州，2017 年 8 月 8 日在上交所主板上市。公司是一家为客户提供定制化物流方案及全程供应链一体化综合物流的服务商。公司创新全程供应链一体化管理业务模式，将物流服务嵌入制造企业生产经营流程中，贯穿制造企业原材料采购、产品开发与生产、仓储、配送、产品销售以及售后服务全过程，同时，公司还为电子商务企业提供个性化的全球物流解决方案及一体化的全程物流服务。目前，公司主要客户有松下、万力轮胎、广州浪奇、浙江菜鸟以及唯品会等国内外知名企业。

二、嘉诚国际的业务

业务层面，公司主营业务分为综合物流与供应链分销执行两个部分，主要面向制造业与跨境电商企业两类客户。一方面，公司为制造业客户提供定制化物流解决方案及全程供应链一体化综合物流服务的业务，涵盖制造业企业的原材料物流、生产物流、成品物流等供应链运作的全过程，充分发挥物流业、制造业、商贸业三业联动的优势，缩短制造周期并削减物流成本；另一方面，公司为跨境电商企业提供个性化的全球物流解决方案以及包括干、仓、关、配在内的全链路物流服务，利用多项技术手段提升电商物流作业的运行效率与精确性，实现全流程自动化引导操作（见图 6-17）。

三、嘉城国际的跨境物流

公司为部分制造业客户提供国际海运、货运代理、保税物流等服务，并凭借 TOB 供

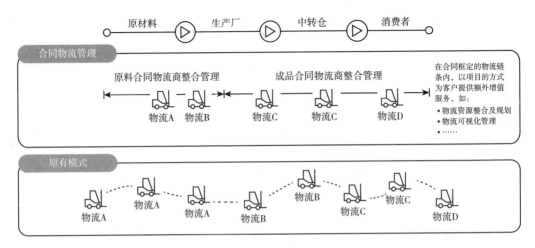

图 6 - 17 合同物流提升全球效率

应链经验切入跨境电商物流，通过自动化物流设备和先进的物流信息管理系统，为阿里系跨境电商平台及各卖家提供个性化的全球物流解决方案及包括干、仓、关、配在内，集货代、仓储、报关服务及运输一体化的全链路物流服务。在进口跨境电商市场中，公司主要利用位于南沙综合保税区的天运国际物流中心提供保税仓服务，接收来自各国的进口货物，在国内消费者下单后再将货物交由本地快递平台进行配送；而在出口跨境电商市场中，公司主要利用嘉诚国际港提供本地集货仓的服务，作为物流中转节点收集、分拨货物，并以中国香港地区及东南亚为主要市场出口。随着进口市场在短期内受制于海外疫情承压，但长期需求韧性持续；出口市场电商消费习惯渗透叠加品牌出海趋势赋予增长良机，公司跨境电商物流业务或紧抓市场成长空间并成为业绩重要增长点。

公司跨境资质赋予全程物流能力，简化流程降本增效。公司拥有承接跨境电商物流服务的全部经营资质包括但不限于关务资质，具备全链路全程物流服务能力。对比行业，公司跨境电商服务资质具备一定门槛，主要系从事跨境电商物流业务有着极高的准入门槛及资质要求：进境业务需要持有电子商务及注册地在海关特殊监管区域的物流企业的准入资质；需在跨境电商试点城市的海关特殊监管区（B型以上）拥有智能仓储资源；需要海关批准方可从事该项业务；需要有先进的信息化系统包括但不限于仓储管理系统及关务系统，并且具备与海关总署系统及中国电子口岸对接的能力；需要具备智能仓储管理能力及包裹处理生产能力。整体上看，得益于资质赋予的壁垒，公司在跨境电商物流上的优势得到一定程度的保护。

得益于公司资质，天运国际物流中心享受自贸区贸易、海关监管服务、检验检疫、金融等制度创新下的优惠政策，并可作为香港机场异地航空货栈楼，利用自贸区境内关外的优势可实现海外仓的功能，在进行货物分拣等物流作业时，解决传统B2C跨境电商模式"订单驱动"、分拣效率低等弊端，打造跨境电商"备货先行"、集中分拣的经营模式，提高跨境电商运营效率，并节约物流成本、提高通关效率。得益于公司与海关持续多年的合作关系，公司通关表现稳定，水平领先行业。

自有高标仓产权赋予经营稳定性，大幅扩容营造增长弹性。在具备跨境资质的同时，公司核心仓储产能具备自有产权，包括用于汽车制造业物流的汽车零部件智慧物流中心

（位于嘉诚国际港内）、用于跨境电商物流的天运国际物流中心与嘉诚国际港、用于免税业物流的海南多功能数智物流中心等。随着嘉诚国际港完全起用，部分用于制造业物流的租赁仓库将被置换，自有仓库占比将获得进一步提升。同时，公司天运物流中心与嘉诚国际港仓库均为高标仓，具备空间利用率高、项目选址优越、自动化水平先进和合规属性强等特点，能有效提升企业供应链效率，可帮助强化公司货物处理能力并巩固优势。

四、结论

公司在跨境资质以及高标仓性质加持下，公司仓储产能价值得到凸显，随着嘉诚国际港完全投产，公司跨境电商物流仓储产能将在天运国际的 12 万平方米基础上，新增分配嘉诚国际港超 70%（35 万平方米以上）仓储空间用于出口跨境电商物流服务，公司的业绩将持续增长。

（资料来源：嘉城国际官网、《商业经济研究》、《现代物流报》）

6.3.3　社会化物流与智慧物流是电子商务物流趋势

社会化物流与智慧物流是电子商务物流的发展趋势，这是物流自动化、信息化的一种高层次应用。

物流作业过程大量的运筹和决策，例如库存水平的确定、运输（搬运）路径的选择、自动导向车的运行轨迹和作业控制、自动分拣机的运行、物流配送中心经营管理的决策支持等问题都需要借助于大量的知识才能解决。因此，智慧化物流成了其发展的必然趋势（见图 6-18）。

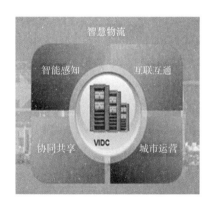

图 6-18　智慧物流的表现

大数据的发展为社会化物流和智慧物流奠定了技术基础，物流业必须大力促进信息的数据化，并且数据要实现云端共享，为产生充分优化的物流路径做铺垫。

6.4　互联网金融简史

1998 年，斯坦福大学校友创立了互联网支付平台贝宝（PayPal），开启了互联网金融新篇章。2003 年"非典"期间马云在西子湖畔成立淘宝。为了解决淘宝上买卖双方互相不信任的问题，马云创立了第三方担保支付机制——支付宝；同期，易宝支付成立，开始了中国支付结算的行业支付新模式。2005 年在英国，一个叫作"ZOPA"的公司实现了理财的互联网化。2009 年，美国的众筹平台（KickStarter）开始资本市场的互联网化，同年比特币诞生，颠覆了人们对于货币的理解。2013 年，马云把支付宝的资源和一个货币基金产品结合起来，推出余额宝，在不到一年时间内，余额超过了华夏基金，成为中国最大的货币基金，再次挑战了传统金融。2014 年 10 月，蚂蚁金服成立，宗旨是向小微企业和个人消费者提供普惠金融服务。

1. 原始阶段：金融产品网上销售

金融产品网上销售这一阶段是在 2005 年以前。在这个阶段，互联网与金融的结合主要体现为互联网为金融机构提供技术支持，帮助银行"把业务搬到网上"，还没有出现真正意义的互联网金融业态。这是互联网金融最初切入人们生活的形态，例如最开始各大银行的网上银行，后来的网上交易，再后来的网上理财类产品购买，以及保险类的网上投保等，这些早期的形式都是互联网金融的基础形态。

这些早期的互联网金融产品的特点是金融机构的互联网化，其产品机构及形态都处在国家金融监管的红框之内，安全性有保障，但信息化的程度还不够高，虽然在一定程度上使资金的流通突破了时间和地点的限制，但整个互联网金融应该发挥的效用还远不止这些。

2. 初级阶段：互联网企业涉足金融

2005 年后，网络借贷开始在我国萌芽，第三方支付机构逐渐成长起来，互联网与金融的结合开始从技术领域深入金融业务领域。这一阶段的标志性事件是 2011 年人民银行开始发放第三方支付牌照，第三方支付机构进入了规范发展的轨道。

互联网公司的金融化（如阿里的阿里小贷、京东的供应链金融等），就是指一些互联网公司在拥有了足够的用户和信息积累后，利用其大数据的优势和互联网的属性，涉足金融领域。

3. 现阶段：规范发展 + 强监管时代

互联网金融虽然起源于 2012 年，但 2013 年被称为"互联网金融元年"，是互联网金融得到迅猛发展的一年。从这一年开始，第一家专业网络保险公司获批，一些银行、券商也以互联网为依托，对业务模式进行重组改造，加速建设线上创新型平台。同时，政府部门也开始关注互联网金融的规范发展问题，在 2016～2019 年整个期间，政府对互联网金融的乱象进行了监管，大批业务不合规的互联网金融公司出现问题，整个市场被强监管，同时互联网金融的业务也更加规范。

4. 高级阶段：互联网银行、网络货币

互联网银行（internet bank or e-bank）是指借助现代数字通信、互联网、移动通信及物联网技术，通过云计算、大数据等方式在线实现为客户提供存款、贷款、支付、结

算、汇转、电子票证、电子信用、账户管理、货币互换、投资理财、金融信息等全方位无缝、快捷、安全和高效的互联网金融服务机构。互联网银行是对传统银行颠覆性的变革，是未来金融格局的再造者，简单来说，就是把传统银行完全搬到互联网上，实现银行的所有业务操作。互联网银行有以下特点：互联网银行无须分行就能服务全球，业务完全在网上开展；互联网银行拥有一个非常强大安全的平台，保证所有操作在线完成，足不出户，流程简单，服务方便、快捷、高效、可靠，真正的 7×24 小时服务，永不间断；互联网银行通过互联网技术，取消物理网点和降低人力资源等成本；互联网银行以客户体验为中心，用互联网精神做金融服务，共享、透明、开放、全球互联是未来银行的必然发展方向。

网络货币是以公用信息网（internet）为基础，以计算机技术和通信技术为手段。以电子数据（二进制数据）形式存储在计算机系统中，并通过网络系统以电子信息传送形式实现流通和支付功能的货币。具体而言，网络货币就是采用一系列经过加密的数字，在全球网络上传输的可以脱离银行实体而进行的数字化交易媒介物。现今主要形式为电子钱包、数字钱包、电子支票、电子信用卡、智能卡、在线货币、数字货币等。

与传统货币相比，网络货币的发行机构多元化，既包括中央银行，也有一般的金融机构甚至非金融机构。网络货币由于发行机构多元化，因而风险较之于传统货币会更大，而其担保则依赖于各个发行者自身的信誉和资产。网络货币还兼具存款特性，这是由于网络货币可以按照客户指令在不同账户上转账划拨，使网络货币成为各种存款的生息资产。

6.5　互联网金融的概念

所谓互联网金融就是传统金融行业与互联网精神的结合。互联网金融借助于互联网技术和移动通信技术实现资金融通、支付和信息中介等业务。它既不同于商业银行间接融资，也不同于资本市场直接融资。我们所说的网络小贷公司、第三方支付公司以及金融中介公司是互联网金融的三种企业组织形式。

互联网金融模式有三个核心部分：支付方式、信息处理和资源配置。

互联网金融模式下的支付方式以移动支付为基础，是通过移动通信设备、利用无线通信技术来转移货币价值以清偿债权债务关系。目前，以支付宝与微信支付为代表的移动支付虽能解决日常生活中的小额支付，但还不能解决企业之间的大额支付。

信息是金融的核心，构成金融资源配置的基础。金融信息中，最核心的是资金供需双方信息，特别是资金需求方的信息（如借款者、发债企业、股票发行企业的财务信息等）。互联网金融模式下的信息处理主要包括三个组成部分：社交网络生成和传播信息，特别是对个人和机构没有义务披露的信息；搜索引擎对信息的组织、排序和检索，能缓解信息超载问题，有针对性地满足信息需求；云计算保障海量信息高速处理能力。在云计算的保障下，资金供需双方信息通过社交网络揭示和传播，被搜索引擎组织和标准化，最终形成时间连续、动态变化的信息序列。

资源配置的特点是资金供需信息直接在网上发布并匹配，供需双方直接联系和交易，不需要经过银行、券商或交易所等中介。在移动支付、社交网络、搜索引擎和云计算等现代信息科技推动下，个体之间的直接金融交易焕发出新活力。在供需信息几乎完全对称、交易成本极低的条件下，双方或多方交易可以同时进行，信息充分透明，定价完全竞争。这种资源配置方式提高了效率，使供需双方均有透明、公平的机会。

1. 传统金融特点

金融服务实体经济的最基本功能是融通资金，是将资金从储蓄者转移到投资者手中。资金供需双方的匹配（包括融资金额、期限和风险收益匹配）通过两类中介进行：一类是银行，对应着间接融资模式；另一类是股票和债券市场，对应着直接融资模式。这两类融资模式对资源配置和经济增长都重要作用，但传统金融本质上属于离散金融，也即几乎所有的金融工具的服务功能都是不连续的，它们之间在功能上难以自动或不可能无成本转换，消费者要使用这些功能就必须付出一定的成本，这些成本正好构成了传统金融的利润。

与传统金融不同，互联网金融是一种连续金融。互联网金融的所有工具创新都源于客户的需求而不只是自身利益的需求。互联网金融的工具可以自由通畅转换，没有障碍，没有沟壑，甚至没有成本。

2. 互联网金融特点

互联网时代的到来，也让金融行业有了越来越广泛的发展，随之而来的互联网金融有很多，但最重要的四点在于金融服务基于大数据的运用、金融服务趋向长尾化、金融服务高效便捷化以及金融服务低成本化。

第一，金融服务基于大数据的运用：数据一直是信息时代的象征。金融业一方面是大数据的重要产生者，同时金融业也是高度依赖信息技术，是典型的数据驱动行业。在互联网金融环境中，数据作为金融核心资产，将撼动传统客户关系及抵押制品在金融业务中的地位。大数据可以促进高频交易，社交情绪分析和信贷风险分析三大金融创新。无论是互联网金融领域的哪种业务模式及产品交互，都体现对大数据的合理运用。

第二，金融服务趋向长尾化：与银行的金融服务偏向"二八定律"里的20%的客户不同，互联网金融争取的更多的还是80%的小微用户。这些小微用户的金融需求既小额又个性化，在传统金融体系中往往得不到满足，而在互联网金融的服务中小微客户有着得天独厚的优势，其可以高效率地解决用户的个性化需求。

第三，金融服务高效便捷化：互联网金融带来了全新的渠道，为客户提供方便、快捷、高效的金融服务，极大地提高了现有的金融体系的效率。互联网金融门户的"搜索＋比价"带来的金融产品服务让网贷从复杂变得简单。

第四，金融服务低成本化：互联网金融的低成本化的特点体现在两个方面。一方面体现在交易成本上，例如阿里金融单笔贷款的审批成本与传统银行相比大幅降低，其利用了大数据和信息流，依托电子商务公开、透明、数据完整等优势，与阿里巴巴的B2B、淘宝网、天猫数据贯通、信息共享，实现金融信贷审批、运作和管理，与金融机构传统的"三查"相比较，成本低、速度快。

3. 互联网金融：融合、创新

国务院出台"互联网＋"的顶层设计《关于积极推进"互联网＋"行动的指导意见》，提出加快推动互联网与各领域深入融合和创新发展，在"互联网＋"普惠金融领域，鼓励互联网与银行、证券、保险、基金的融合创新。此指导意见为"互联网＋"背景下的互联网金融指明了发展趋势——融合和创新。

互联网金融是传统金融与互联网创新的融合。互联网金融是对传统金融的沿袭。在互联网金融中，金融的核心功能不变，股权、债权、保险、信托等金融契约的内涵不变，金融风险、外部性等概念的内涵以及金融监管的基础也不变。

互联网金融的创新主要是由于互联网技术的渗入，主要包括移动支付和第三方支付、大数据、社交网络、搜索引擎、云计算等。互联网技术的引入能显著降低交易成本和信息不对称，提高风险定价和风险管理效率，拓展交易可能性边界，使资金供需双方可以直接交易，改变金融交易和组织的形式。

4. 互联网金融定义

互联网金融是指传统金融机构与互联网企业利用互联网技术和信息通信技术实现资金融通、支付、投资和信息中介服务的新型金融业务模式。互联网金融（ITFIN）不是互联网和金融业的简单结合，而是在实现安全、移动等网络技术水平上，被用户熟悉接受后（尤其是对电子商务的接受），自然而然为适应新的需求而产生的新模式及新业务，是传统金融行业与互联网技术相结合的新兴领域。

互联网金融并不是简单的"互联网技术的金融"，而是"基于互联网思想的金融"，技术则作为必要支撑。互联网金融是一种新的参与形式，而不是传统金融技术的升级。互联网金融的特征如下。

第一，成本低。互联网金融模式下，资金供求双方可以通过网络平台自行完成信息甄别、匹配、定价和交易，无传统中介、无交易成本、无垄断利润。一方面，金融机构可以避免开设营业网点的资金投入和运营成本；另一方面，消费者可以在开放透明的平台上快速找到适合自己的金融产品，削弱了信息不对称程度，更省时省力。

第二，效率高。互联网金融业务主要由计算机处理，操作流程完全标准化，客户不需要排队等候，业务处理速度更快，用户体验更好。例如阿里小贷依托电商积累的信用数据库，经过数据挖掘和分析，引入风险分析和资信调查模型，商户从申请贷款到发放只需要几秒钟，日均可以完成贷款 1 万笔，成为真正的"信贷工厂。"

第三，覆盖广。互联网金融模式下，客户能够突破时间和地域的约束，在互联网上寻找需要的金融资源，金融服务更直接，客户基础更广泛。此外，互联网金融的客户以小微企业为主，覆盖了部分传统金融业的金融服务盲区，有利于提升资源配置效率，促进实体经济发展。

第四，发展快。依托于大数据和电子商务的发展，互联网金融得到了快速增长。以余额宝为例，余额宝上线 18 天，累计用户数达到 250 多万人，累计转入资金达到 66 亿元。

第五，管理弱。一是风控弱。互联网金融还没有接入人民银行征信系统，也不存在信用信息共享机制，不具备类似银行的风控、合规和清收机制，容易发生各类风险问题。二是监管弱。互联网金融在我国处于起步阶段，还没有监管和法律约束，缺乏准入门槛和行业规范，整个行业面临诸多政策和法律风险。

第六，风险大。一是信用风险大。目前我国信用体系尚不完善，互联网金融的相关法律还有待配套，互联网金融违约成本较低，容易诱发恶意骗贷、卷款跑路等风险问题。二是网络安全风险大。我国互联网安全问题突出，网络金融犯罪问题不容忽视。一旦遭遇黑客攻击，互联网金融的正常运作会受到影响，危及消费者的资金安全和个人信息安全。

"电子商务物流与互联网金融"专栏四

云闪付：移动金融支付"国家队"

一、公司介绍

云闪付是一个App，是一种非现金收付款移动交易结算工具，是在中国人民银行的指导下，由中国银联携手各商业银行、支付机构等产业各方共同开发建设、共同维护运营的移动支付App，于2017年12月11日正式发布。

云闪付App具有收付款、享优惠、卡管理三大核心功能，云闪付App与银联手机闪付、银联二维码支付同为银联三大移动支付产品。

二、云闪付功能介绍

"云闪付"App的周边优惠功能可基于地理定位，实时查看身边的优惠，厉害的是各银行优惠都能知道！App还可以实时查看活动剩余名额，优惠不扑空。只要在"云闪付"App内绑定银行卡，就可以一站式查询，选择银行和卡级别就能马上了解该卡权益，是机场免费停车，还是新西兰便捷签证，自动带出、一目了然。云闪付最主要的功能有三个。

第一，实体门店。首页默认展示线下实体门店的优惠，用户也可通过"筛查"——"实体门店"来查找线下优惠商户。基于LBS定位，线下优惠商户按照距离远近进行排序，且实时显示优惠剩余名额，确保优惠名额真实可用。

第二，线上电商。点击"筛查"——"线上电商"即可查看当前线上电商平台的优惠活动，用户通过商户优惠详情页可直接查看优惠时效、剩余名额等信息。

第三，银行权益。在"筛查"里选择相应银行选项即可查看用户拥有银行卡所能享受的优惠信息，用户绑定银联卡后，无论是线上、线下优惠还是银联卡权益信息都可通过云闪付App全权掌握。

三、云闪付的优势

作为银行业统一App，"云闪付"App拥有强大的跨行银行卡管理服务，目前云闪付App已支持国内所有银联卡的绑定，一次性可管理15张银联卡。"卡管理"频道内打造了银行卡闭环服务，用户可在云闪付App内完成申卡、跨行银行卡交易管理、余额查询、账单查询、信用卡还款以及记账等专业金融服务。

主要的优势在：（1）借记卡余额一站式查询。使用云闪付App能够一站式查询所有绑定借记卡的余额信息。（2）转账0手续费。支持转账到银行卡、转账到云闪付App账户、扫描个人收款码面对面转账等多种形式的转账，所有形式的转账均免收手续费，并在转账后可以抽取红包。（3）信用卡账单查询。用户点击任意绑定的信用卡，即可显示"还款日""本期剩余应还""最低应还"等账单信息。当绑定的信用卡账单变动时，云闪付App会进行实时提醒。（4）信用卡还款0手续费。云闪付App已支持各主流银行信用卡还款，还款时可自动填充还款金额。通过云闪付App进行的信用卡还款均不收取手续费，基本实现还款实时到账，避免逾期风险。（5）公共缴费等场景全覆盖。"云闪付"App实现老百姓衣食住行线上、线下主要支付场景的全面覆盖，可在铁路、民航、全国10万家便利店商超、30多所高校、100多个菜市场、300多个城市水电煤等公共服务行业商户使用，并在不断拓展应用场景。

"云闪付"App的银联二维码扫码支付已在新加坡、中国澳门地区、中国香港地区商家实现受理，后续将向东南亚、中东等地区拓展；银联手机闪付已可在境外超过60万台POS终端使用，覆盖中国港澳地区、东南亚、澳洲、俄罗斯等10个国家和地区。

四、结论

现金支付的时代仿佛已经过去很久了，现在人们出门很少会在兜里放上现金，取而代之的是手机上的"电子钱包"，也就是我们常说的"移动支付"的手机端——微信和支付宝。在移动支付风生水起的时候，这一块巨大的市场，所有银行都不想轻易放弃。早在2017年，中国银联就联合各大银行开发"云闪付"，以年轻的姿态进入移动支付市场。3年内，云闪付就收获了超过3亿个用户，并且以每年1亿个的速度快速增长，云闪付几乎从诞生之日起就没有遇到过什么困难，银联为了推广不惜投入巨额的资金，在全国范围内进行发展。致力于安全和便捷的云闪付能够支持国内所有银行，这也离不开银联对它的帮助，这一点也为它吸引来大量的客户。

（资料来源：云闪付官网、《经济日报》）

6.6　互联网金融提供的服务

互联网金融围绕企业的融资服务需求，丰富金融服务模式，实现金融服务创新，为部分企业融资难问题提供了切实可行的解决方案，其普惠性、便捷性等特点，使企业的融资模式得到完善和创新，拓展了企业的融资渠道。互联网金融服务具有形式多样、审批简单、融资快速、成本低等特点，极大地降低了企业的融资门槛。互联网金融主要表现为第三方支付、众筹等，不同类型的互联网金融平台提供不一样的互联网金融服务。

1. 第三方支付

第三方支付属于由互联网企业主导的金融业务，是第三方机构为了保证电子商务的顺利进行，为买方和卖方提供的资金结算担保系统。第三方支付包含的金融业务不仅局限于单纯的结算，第三方支付企业可以无偿使用暂时停留在其账户里的客户备付金。对于业务量较大的第三方支付企业来说，客户备付金是一笔相当可观的资金。第三方支付企业可以利用这笔资金进行金融运作和投资，从而获得丰厚的投资收益。但是如果投资失败，也有可能产生大面积的违约事件，造成支付系统的瘫痪，产生巨大的系统性风险（见图 6 - 19）。

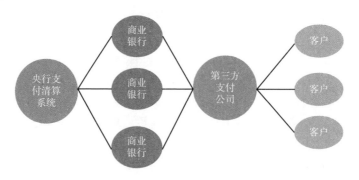

图 6 - 19   第三方支付模式

2. 众筹

众筹是大众筹资的简称，是互联网金融的一种，指的是通过互联网方式发布筹款项目并募集资金。该业务在欧美较为发达，在我国仍处于起步阶段。与其他互联网金融业务相比，众筹的起步相对较晚。我国最大的众筹网站"点名时间"开始于 2011 年。就资金的提供方式来看，在全球层面众筹业务有三种模式。

第一，团购 + 预购模式。这一模式就其机理而言，属于网购业务，即由众多的消费者通过团购的形式，预购未来的某一商品和服务。交易的标的是特定的商品和服务，因而其回报不能是现金或金融资产。鉴于以上特征，该交易是购买行为，而不是投资行为，该业务具有网购的性质，而不是典型的金融业务。

第二，股权投资模式。在这一模式下，投资者购买的是创业者和筹资者的股权，因此，其性质属于个人风险投资。

第三，债券投资模式。该模式属于债券投资，到期需要还本付息。这一模式具有多对一的形式，由分散的投资者对单一项目或创业公司提供融资。

"电子商务物流与互联网金融"专栏五

百行征信：信用大数据共享时代

一、公司介绍

百行征信有限公司成立于 2018 年，是一家从事个人征信、企业征信及相关产业链开发的信用信息产品与服务供应商。专注于征信、信用评估、信用评级、数据库管理等业务。2020 年 7 月，百行征信完成了企业征信业务经营备案，成为国内唯一拥有个人征信和企业征信双业务资质的市场化征信机构。

二、百行征信的征信数据平台

数据中台是一个数据集成平台，它不仅仅是为数据分析挖掘而建，它更重要的功能是作为各个业务的数据源，为业务系统提供数据和计算服务。数据中台的本质就是"数据仓库＋数据服务中间件"，数据中台是建立在分布式计算平台和存储平台，理论上可以无限扩充平台的计算和存储能力，为各行各业服务。

百行征信是在人民银行指导下，由芝麻信用、腾讯征信、前海征信、考拉征信、鹏元征信、中诚信征信、中智诚征信、华道征信八家市场机构与市场自律组织共同发起组建的一家市场化个人征信机构，与人民银行征信中心运维的国家金融信用信息基础数据库形成错位发展、功能互补的市场格局。

央行副行长陈雨露表示，人民银行牵头的征信体系建设，主要功能就是通过信用信息的共享来优化营商环境，警示信用风险，降低国家发展的成本。2017 年以来，为了满足互联网金融领域里面的信息共享需求以及个人征信的有效供给，人民银行批准了我国首个市场化的个人征信机构，"百行征信有限公司"的股东发起人全部都是民营资本。

在数据库建设上，百行征信按照中国人民银行关于构建"政府＋市场"双轮驱动征信发展模式的总体部署，开业之初先集中精力面向互联网金融和新金融客户收集信贷信息，在基本实现非传统金融数据全覆盖的基础上，同步面向消费金融、传统金融和金融替代信息源进行业务拓展（见图 6 - 20）。

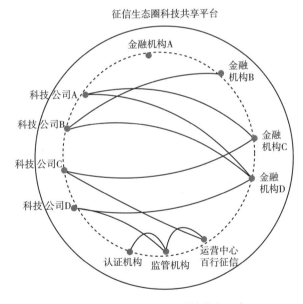

图 6 - 20　征信生态圈科技共享平台

截至 2021 年年中，百行征信在数据库建设方面，累计拓展法人金融机构 2 160 家，基本完成与主要金融机构的渠道搭建，已与 1 338 家机构签署了数据共享协议和产品服务协议，个人征信系统累计收录 2.2 亿人，较 2020 年底增长 36%；替代数据源渠道基本实现个人征信和企业征信业务中公安、司法、工商、电力、税务、电信运营商、银联、航旅等基础数据源的广泛覆盖，以及数据的深度应用；企业征信库收录小微企业超 380 万户，并在监管指导下，积极融入"长三角征信链"和"珠三角征信链"建设。在产品开发方面，新推出客户白名单、普惠评分等 8 款产品，迭代优化 10 余款老产品推出新版本，累计面向市场推出产品达 28 款，另有 16 款产品正在研发中。在产品服务方面，百行征信基础征信产品日均调用量较上年末增长85%，累计调用量3.5亿笔；增值产品日均调用量增长60%，累计调用量5亿笔；总产品日调用量峰值近700万笔，所有产品累计调用量突破8.5亿笔，半年产品调用量超过去年全年规模。在跨境征信合作方面，适应粤港澳大湾区金融市场互联互通建设与发展，与香港诺华诚信正式签署合作协议，并即将推出跨境身份信息核验产品。

百行征信基的业务覆盖了20余类合作机构，涵盖小贷公司、消费金融、融资租赁、民营银行、村镇银行、城商行、农商行、全国性股份制商业银行等；而在未来，"将面向C端推出App服务，正式面向社会公众推送个人信用报告；面向G端（government），与中国人民银行成都分行、深圳市福田区政府、江苏省联合征信有限公司等开展了有益的合作尝试，正在有条不紊地扩大G端服务领域"。

三、结论

首先百行征信有明显的优势，因为它有央行背景，具有一定的社会公信力，对于个人征信服务来说，是民营征信机构所无法比拟的。其次互联网金融领域的征信服务目前基本是空白，百行征信的未来业务开展有很大的空间。同时百行征信的企业定位，也会在市场化的道路上走得远一点。

但百行征信的未来仍存在很多挑战：一是能否制定长效的商业机制，例如不完全利用央行的行政权力把数据收集上来，用商业的力量让不太成熟的新金融机构积极参与信息共享。二是能否充分利用市场化的激励机制，让征信系统更加有效率，能够及时开发出一些更加满足实际需要的产品。三是结合大数据、人工智能和区块链等先进的信息技术做一些创新，满足未来飞速发展的中国互联网经济的需要。

所以未来"百行征信"在创新能力方面、在竞争能力方面需要提升，才能够让市场征信服务这个"轮子"越来越强、越来越大，为我们金融基础设施的高质量发展助推我国高质量发展做出更大的贡献。

（资料来源：征信、《中国金融》、《金融电子化》）

3. 无线支付：以消费者为中心的支付

无线支付指的是经由移动通信网络进行的关于货币价值的任何交易。更确切地说，无线支付指的是基于无线的电子支付，使移动终端能够支持一切销售活动。

支付场景指的是用户完成支付行为的各类场景，例如商场购物、旅游订酒店、餐饮消费等都是支付场景。无线支付，尤其是手机支付的发展，使支付场景的范围大大增加，用户可以通过不同的方式进行近场支付或者是远程支付。近场支付是指消费者在购买商品或服务时，即时通过手机向商家进行支付，支付的处理在现场进行，并且是在线下进行的，不需要使用移动网络，支付完毕，消费者即可得到商品或服务。近场支付中经常会用到的一种技术就是NFC技术，NFC是"near field communication"的缩写，是一种短距离的高频无线通信技术，允许电子设备之间进行非接触式点对点数据传输（10厘米以内）。远程支付则是指消费者用手机进行支付时，支付的处理是在远程的服务器中进行的，支付的信息需要通过移动网络传送到远程服务器中才可完成支付过程。我们平时经常用到的支付宝支付和微信支付就属于这种类型。

无线支付最核心的地方就是以消费者为中心。无论是公交投币、超市购物还是医院看病，支付场景的渗透已使这些纷繁复杂的过程变得更为简便，这也是无线支付得以越来越受关注的重要原因。

4. 面向低收入人群的普惠金融

普惠金融，就是能够有效、全方位地为社会所有阶层和群体提供服务的金融体系，主要任务就是让农户、贫困人群及小微企业，能及时有效地获取价格合理、便捷安全的金融服务。

2005年，联合国提出普惠金融（inclusive financial system）的概念，希望推动建立为社会各阶层所有成员提供公平、便捷、安全、低成本服务的金融体系。普惠金融的实质就是将需要金融服务的所有人纳入金融服务范围，让所有人得到适当的、与其需求相匹配的金融服务。由于商业规则和运行平台的约束，传统金融难以实现普惠性理念。

互联网金融十分有效地弥补了传统金融的内在缺陷。它以互联网为平台，以信息整合和云数据计算为基础，开创了一个自由、灵活、便捷、高效、安全、低成本、不问地位高低、不计财富多少、人人可以参与的新的金融运行结构。在这里，小微企业可以获得相应贷款，低收入群体可以享受财富管理带来的喜悦，消费者可以体验快捷支付带来的时间效率。需要资金周转的小微企业可以找到手持盈余资金但却投资无门的投资者，虽然他们可能面临比传统金融更高的风险。这些被传统金融所忽视的企业、个人终于在互联网金融上获得了适当的金融服务。

当前，普惠金融的内涵更为丰富。首先，客户覆盖面更广，服务对象从低收入群体扩展到城市白领、小微企业、弱势产业以及欠发达地区。其次，产品和功能更加多样，除了存款类产品，还提供更为广泛的诸如信贷、支付、结算、租赁、保险、养老金等服务，模式也由单一的线下拓展为线下、线上并行，网络化、移动化特征明显。最后，理念发生了重大转变，普惠金融不再是政府扶贫，它不同于政策性金融，也有别于普遍服务，而是既要履行社会责任，又要遵循商业可持续原则。

5. 移动支付：降低实体交易成本

移动支付主要指通过移动通信设备、利用无线通信技术来转移货币价值以清偿债权债务关系。移动支付存在的基础是移动终端的普及和移动互联网的发展，可移动性是其最大的特色。据调查，在中国，35岁以下的城市青年中有60%的人开通网上银行支付功能，用于网上购物。移动互联网和多网融合将进一步促进移动支付发展。随着Wi-Fi、3G等技术发展，互联网和移动通信网络的融合趋势已非常明显，有限电话网络和广播电视网络也会融合进来。在此基础上，移动支付将与银行卡、网上银行等电子支付方式进一步整合。未来的移动支付将更便捷、人性化，真正做到随时、随地和以任何方式进行支付。随着身份认证技术和数字签名技术等安全防范软件的发展，移动支付不仅能解决生活中的小额支付问题，也能解决企业间的大额支付问题，完全替代现在的现金、支票、信用卡等银行结算支付手段。

无论是地铁站里的微信购物机，还是超市收银台前的支付宝支付、微信支付等，这些都是移动支付的表现。移动互联网基础设施的完善使用户使用移动支付的成本大量下降，表现为终端成本、流量费成本、应用内容获取成本及接入成本的下降，用户只需扫描二维码或是提供支付二维码就可以轻松完成支付任务。手机从通信终端转向多元终端，令更多的用户展开了移动支付业务。

"电子商务物流与互联网金融"专栏六

东方财富：互联网证券先行者

一、东方财富介绍

东方财富是深证成分指数、创业板指数、中证 100 指数、沪深 300 指数和深证 100 指数的样本股。2019 年 5 月，东方财富成为创业板股票中首批入选明晟（MSCI）指数体系的 18 只股票之一。2020 年 9 月，富时 A50 指数调整，将东方财富新增纳入。

东方财富旗下拥有证券、基金销售、金融数据、互联网广告、期货经纪、公募基金、私募基金、证券投顾等业务板块，向海量用户提供金融交易、行情查询、资讯浏览、社区交流、数据支持等全方位和一站式的金融服务。

二、东方财富成长"密码"

作为互联网证券第一股，东方财富的商业模式就是流量获客。东方财富主要依托自身的互联网平台（如东方财富网、股吧等）积攒客户流量并通过用户运营积极转化客户，最终凭借拥有的证券、基金等牌照，在证券业务与基金代销业务上实现变现。因此，东方财富由于互联网流量平台天生自带的获客优势，客户增长速度更为迅速，在 2020 年新冠肺炎疫情的冲击下，线上用户增速远超线下用户，东方财富的客户数量以及股基成交额高速增长；同时由于互联网券商获客的边际成本低、规模效应强的特点，东方财富在证券市场的份额持续提升，流量变现能力持续得到强化。

东方财富的客户属性自带"长尾"。东方财富更吸引"长尾客户"（即个人所拥有的、能够支配的资产规模较小，但是该群体总数庞大）东方财富对线下固定成本投入少，凭借股吧、财经网站等互联网平台的长期运营积累客户流量，因而具有"客户黏性、成本优势"等两大核心竞争优势，低成本带来的低佣金容易吸引具备一定投资经验的普通投资者以及"投资小白"等长尾用户。

从经营数据来看，"三低一高"持续留客。互联网基因赋予了东方财富低营业成本、低佣金、长尾效应以及导流效应，能够不断强化其流量体系，持续实现流量变现。从东方财富的数据看以下四方面。

第一看营业成本：2020 年东方财富营业成本低。可以看到，东方财富的营业成本是在 2018 年开始得到显著改善，原因在于在互联网扩张模式下，前期渠道、平台、系统等投入成本较大，边际成本较小，在市占率不高时整体成本率偏高。需要市场占有率越过临界点（即市场占有率对应的营收可覆盖母公司系统/平台的固定投入成本）时，业绩才会进入规模效应区间，此后营业成本率就会迅速下降。

第二看佣金水平：东方财富低于行业平均水平。根据证券业协会公布的数据，2016～2020 年，行业经纪业务的净佣金率分别为 4.21‰、3.78‰、3.76‰、3.49‰、2.63‰，行业佣金率整体下行趋势明显。东方财富在 2019 年净佣金率为 2.3‰。

第三看两融利息率：东方财富低于平均水平。行业平均水平约为 6.5%，2019～2020年东方财富两融利息率分别为 6.42%、5.6%。东方财富的两融利息低于行业平均水平。

第四看客户数量：东方财富高于平均水平。根据易观千帆数据，2020 年东方财富 App月活在 1 300 万～1 500 万人，2020 年其他证券"涨乐财富通"平均月活数为 889.66 万人，在传统券商中排名第一。凭借互联网属性，东方财富的用户月活数显著高于其他证券。

综上所述，东方财富凭借互联网属性带来的低成本与流量优势，拥有较低的两融利息与扎实的客户基础，实现了证券经纪业务以及两融业务市场占有率的稳定上升。

三、结论

商业模式方面，东方财富通过互联网平台流量变现，客户属性方面，东方财富客户定位主要为长尾客户，业绩周期性方面，东方财富基金代销业务占比较高，对业绩平滑效果更加明显。今后，东方财富将凭借大数据在业务、用户开发上精耕细作，以实现线上第一证券商的精准服务优势。

（资料来源：东方财富网、《中国经营报》、《江苏商论》）

6. 支持小微企业融资，支持创新

小微企业对扩大就业、促进市场融合、完善产业链条等具有重要作用。但小微企业的特点（信用缺失、固定资产等抵押担保品少、财务信息不透明等）决定了其普遍存在融资难、融资贵、融资慢问题，银行难以做出有效的信用评估，这些问题随着互联网金融的兴起有望逐步得到解决。

互联网金融使不同运营主体基于自身优势搭建小额资金融通的媒介或流转平台，极大地降低了小微企业投资门槛，拓展了融资来源渠道。其运营主体主要包括：一是传统金融机构，它们或自建平台，或与互联网企业合作，开展新型金融业务普惠小微企业，例如平安银行"橙 e 平台"；二是互联网企业，包括电商企业及其他互联网公司，它们基于平台、用户规模等优势为小微企业提供融资微贷产品，例如阿里巴巴"阿里小贷"、腾讯"微众银行""拍拍贷"；三是传统工业企业、一些大型工业集团纷纷为产业链上的小微企业打通融资渠道，打造互联网金融产品，例如宝钢"宝融通"。

互联网金融适应了小微企业额度低、种类多、时间短的融资需求。互联网金融能够利用互联网平台集聚社会闲散资金，进行重新排列组合，使之适应小微企业融资需求，大大丰富了小微企业融资方式。互联网金融的信息更加对称、资金配置边际成本更低、金融服务效率更高，有效地对应了小微企业碎片化的融资需求；丰富了小微企业融资渠道，改善了小微企业信用评级和贷后管理，减少了融资环节，在支持小微企业融资方面具有独特优势。

7. 面向个人的网络征信

征信主要是根据客户的财务状况、行为特征、行业环境、信用记录等信息对客户的贷款能力、还款意愿进行评估。互联网金融的广泛性和大众化，对个人信誉提出了更高的要求。

目前在网络征信做得最好的应属阿里集团，阿里集团凭借出色的品牌优势积累了庞大的客户群，通过阿里巴巴、淘宝、天猫、诚信通、支付宝等电商平台记录了每位客户的每一笔交易信息，信息主体在网络上留下的任何信息都会被阿里自动收集，包括信息主体没有义务披露的信息，从而积累了大量的网络交易支付数据。这些数据能为阿里在进行其他的互联网金融业务时提供重要依据，例如个人是否能够办理蚂蚁借呗业务，其额度又是多少。

网络征信能有效降低需求方的风险，也能在一定程度上约束个人的网络行为，是互联网金融持续发展的必然要求。

6.7 互联网金融发展的困惑

互联网金融作为一种新生物，为消费者带来了很多的便利，也拓宽了金融市场的界限。但是随着互联网金融的发展，其发展过程中的一系列问题也暴露出来。互联网金融面临着一定的发展困惑。

1. 盈利模式不清晰

目前，大多数互联网金融企业过度依赖银行等外部金融机构，大多采取向银行收取佣金的方式来获利，相当于把对利润来源的控制权直接交给银行；贷款审批和发放的流程是由银行来完成的，主动权掌握在银行手中，难以获得较大话语权；而正规金融机构对互联网借贷行业采取的是压制策略，导致互联网金融凭条盈利明显不足。

我国大多数金融企业或传统金融企业向互联网金融企业转型，或者是互联网企业布局互联网金融业务。对于传统金融企业来说，它们难以像电商一样拼价格、拼流量，只能使用企业在资本、技术、支付、信用等方面的优势，逐步渗透和接入新经济领域。而互联网企业在做互联网金融时，不仅缺乏金融专业资源、风险控制能力，靠"烧钱"撑起的创新金融平台也难以持续。此外，专业背景和服务的缺乏，流量用户转化为理财客户的能力也成为互联网企业布局互联网金融的关键。

2. 立法滞后

一方面，由于互联网金融在中国乃至世界都是基于传统金融活动制定，这些法律法规暂不适应电商金融等互联网金融产品的发展，而且在互联网金融市场准入、交易主体身份认证、电子合同的有效性确认等方面尚无明确而完备的法律规范，容易造成交易主体之间的权利与义务不明确。另一方面，互联网金融还涉及消费者权益保护法、隐私保护法等法律，对消费者的保护还处于缺位状态，当交易双方发生经济纠纷，由于法官或仲裁必须依据现有的法律法规来进行判断，可能引起有争议的判决，造成当事人的权益不能得到有效保护，从而增加交易成本，不利于互联网金融的进一步发展。

3. 监管跟进

互联网金融使用混业经营模式，而我国采取"分业经营，分业监管"的管理模式，且表现在相关的法律法规中。

目前，我国在监管制度及法律规范方面尚不存在专门针对互联网金融业务的内容。监管往往落后于市场发展，行业自律也极为松散，仅有少量机构加入中国小额贷款联盟。但联盟也仅在 2013 年 1 月 25 日颁布了《个人对个人小额信贷信息咨询服务机构行业自律公约》，没有发挥刚好的行业自律作用。相关公司信用信息交换较困难，违约成本低。目前，互联网金融公司尚无法接入人民银行征信系统。各公司之间也不存在信用信息共享机制，对借款人的信用审核完全依赖各公司自身的审核技术和策略，独立采集、分析信用信息。由于信用信息交流存在难以逾越的障碍，无法形成有效的事后惩戒机制，借款人违约成本较低，对行业的长期健康成长极为不利。此外，信用信息缺乏交流还可能导致互联网金融公司在独立获取客户信用信息和财务信息的过程中时滞较长，从而诱发恶意骗贷、借新还旧等风险问题。

网络信息技术的发展进一步加剧了金融市场的不稳定。互联网金融资金的大规模快速流动，且互联网金融服务的延伸，也使金融监管的范围变得更广泛，在某种程度上削弱了监管程度。

4. 运营粗放

运营粗放问题突出表现在以下三个方面：首先，依托电子商务发展产生的大数据而出现和发展起来的大数据金融，最初是由电商平台与商业银行合作实现的，而后两者逐渐分立演化出电商大数据金融和商业银行自建电子商务平台，开展大数据金融两种形式。而对于商业银行自建电子商务平台，由于商业银行并不熟悉电子商务平台的运作模式，故其发展前景堪忧。其次，互联网理财在近两年时间里的井喷式发展，对传统银行存款业务和理财产品形成了冲击，甚至通过影响货币乘数影响了我国货币政策的实施效果和金融体系的稳定性。

【章末案例】

飞马国际的供应链模式

深圳市飞马国际供应链股份有限公司成立于 1998 年。公司于 2006 年完成股份制改制，并于 2008 年在中国深圳证券交易所上市。公司主营业务为供应链管理服务，包括综合供应链服务、煤炭供应链服务、塑化供应链服务和有色金属供应链服务。

通过不断强化和提升供应链技术与运作能力，飞马国际为客户提供其核心业务以外的集商流、物流、资金流、信息流为一体的供应链外包方案与运营。并依托完善的网络布局、独特的供应链服务模式、优质的服务品质、功能强大的信息系统，以及勤勉敬业的专业团队和不断创新的供应链产品，赢得了国内外客户的广泛赞誉。

一、公司优势

第一，综合服务平台优势。公司依托能源资源行业，打造了集商流、物流、资金流、信息流为一体的供应链管理综合服务平台，具备资源整合能力和客户需求匹配能力，可持续积累客户和供应商，并进行业务领域的拓展和服务链条的延伸。

公司的供应链管理服务平台在长期的业务发展过程中积累了大量的客户和供应商，

发展了包括世界500强在内的众多跨国公司客户和国内知名电力和煤炭客户，同时，鉴于中小企业无法满足能源资源行业上游供应商较高的资质要求，也通过综合服务平台优势发展了一批中小企业客户。公司专注于提供细分行业的供应链管理服务，深入了解客户需求，对服务行业有深刻的理解，在长期的供应链运营中积累了丰富的专业运营经验、行业需求数据以及客户合作关系。在贸易执行服务中，公司在确认客户需求后，可通过供应链管理综合服务平台积累的客户资源及信息优势，可快速找到供应商，快速匹配及满足相关客户需求。

公司通过供应链管理服务平台持续拓展业务领域。公司自2008年上市以来，综合物流服务及塑胶物流园经营服务稳定发展，同时不断进行业务创新和拓展，利用服务平台优势，大力发展能源资源行业贸易执行服务，分别于2009年和2011年先后拓展了煤炭行业和有色金属行业，能源资源行业贸易执行服务业务实现了快速发展，并成为公司营业收入和利润增长的主要来源。目前，公司在主要服务于能源资源行业的同时，拟加大IT、电子行业的开拓力度，拓展建材行业供应链。

公司通过供应链管理服务平台持续延伸服务链条。公司在提供供应链管理服务过程中，逐步延伸服务链条，丰富服务平台的内涵，持续增加新的收入增长点。例如在贸易执行服务过程中，公司逐步发展了多样化的支付方式、代收代付款、分批提货分批付款等服务，以解决上、下游企业的资金和库存压力。综合服务平台将发行人服务行业各环节的参与者聚集在一起，实现资源共享，共赢发展，而基于该服务平台，公司可以深度挖掘各方需求、延伸服务链条、拓展业务领域，并开拓潜在客户、挖掘潜在需求、创新盈利模式。

第二，资金及配套结算优势。公司具备强大的资金实力。供应链管理服务行业作为资本密集型行业，资金周转需求较大，尤其是公司大力发展的能源资源供应链服务领域，需要匹配大量的资金。公司与众多银行结成战略合作伙伴关系，拥有充足的银行授信额度，可满足公司日益增长的支付结算需求。随着公司业务规模的快速增长，公司获得银行授信的利率、手续费等成本也有所降低，公司也可根据收付货款通过操作远期外汇合约进行组合外汇支付业务获得组合外汇支付业务收益。

公司发展了多样化的配套支付结算方式。鉴于公司能源资源供应链服务领域的上游供应商通常为国际或国内著名企业，其对客户资格存在较高的要求，公司可凭借快速发展的业务规模和品牌影响力，与上游供应商除了以电汇方式进行业务结算之外，逐步通过开立信用证、银行票据等方式支付货款，以较少的自有资金支持业务的快速发展。

第三，运营网络优势。公司根据业务发展的特性，进行合理的区域布局，以华南地区为能源资源行业供应链业务管理平台，并辅以华北、西北、西南、华东等地区的业务操作平台。公司在上海自贸区、深圳前海设立业务操作平台，以进一步完善运营网络。另外，公司进行国际化网络布局，完善海外供应链服务水平，设立飞马香港、合冠国际、新加坡恺恩等以搭建国际业务操作平台。合理的区域布局、规划，可为客户提供全方位、多功能、跨区域的供应链一体化运作的能力，有利于公司业务的持续发展。

第四，优质的客户资源。公司已与多家国内、国际知名的公司建立了紧密的合作关系，为包括世界500强在内的众多跨国公司提供供应链管理服务，这些优质而稳定的客户群经济实力强、信誉良好，业务发展迅速，可使公司的业务稳健发展，且发展潜力巨大，业务风险相对较小。同时，这些客户也为公司开拓行业内的潜在客户奠定了良好的基础，扩大和强化了公司的品牌优势。

第五，专业团队优势。公司培养了一个运作经验丰富、市场开拓能力强的管理团队，核心管理团队成员大多在30~45岁，年富力强，具备专业的供应链管理行业经验。公司根据供应链管理服务的行业设立了包括有色金属、煤炭、IT、电子等行业多支行业供应链服务执行团队，以及长期从事综合物流服务的专业团队。公司建立了完善的薪酬考核体系，在不断引进外部人才的同时，采用内部培养、逐级晋升的方式扩充人才队伍。

二、飞马国际的综合供应链服务

飞马国际的综合供应链服务包括进出口通关物流、采购执行、销售执行、精益物流、保税物流、大型及特种设备的国际供应链服务、集团采购，标案执行七个板块，这七大模块有效地保障了飞马国际的运行。

公司具有丰富的进出口通关物流的经验与能力，可在全国各主要口岸、特殊监管区为客户提供全方位的进出口通关物流服务，帮助客户提高进出口采购效率，降低运营成本，快速响应市场需求。

采购执行（国内·国际）是对传统渠道采购方式的革新。该模式融合了物流服务、商务订单服务、信息服务以及资金服务，真正实现了供应链的四流合一。针对制造商向原材料供应商或渠道经销商向产品制造商采购，可提供国内、国际采购执行服务。采购执行服务能有效地提升原材料供应、品牌制造商和经销商的采购效率，降低库存占用，加快资金周转，使企业更专注于其核心竞争力的构建。

销售执行（国内·国际）是对传统渠道销售方式的革新。该模式融合了物流服务、商务订单服务、信息服务以及资金服务，真正实现了供应链的四流合一。针对原材料供应商向下游制造企业的销售或产品制造商向市场渠道或终端的销售，采用销售执行服务。销售执行服务能有效地提升原材料供应商、品牌制造商和经销商的销售效率，降低库存占用，加快资金周转，使品牌商及其销售代理商更专注于其核心竞争力的构建（见图6-21）。

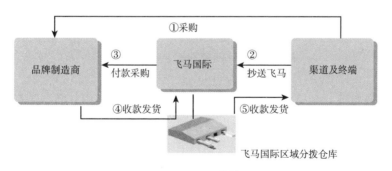

图6-21 飞马国际的销售执行

公司依托强大的信息管理系统、完善的保税及非保税物流网络、丰富的通关经验以及专业的团队，围绕计划、采购、生产、发运和退运，提供制造业供应链精益物流VMI及DC服务（见图6-22）。

公司已相继建设上海外高桥保税物流园区、外高桥保税区、上海洋山保税港、苏州内陆综合保税港、深圳福田保税区、深圳盐田保税物流园区以及天津保税物流园区等保税物流平台，可提供以下服务：保税加工制造货物内销集货功能；境外货物进入国内市

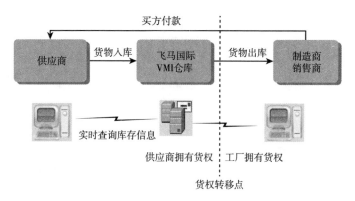

图6-22 飞马国际的精益物流

场销售的缓税集货功能；境内外采购的集货功能；国际中转运作功能；转口贸易功能。

公司为客户提供特种设备的国际供应链综合服务。包括设备采购咨询、供应链整体方案设计、生产监造、运输监理、运输商选择、进出口通关、仓储服务以及国际及国内运输服务等。

协助知名品牌商竞投国内外大型企业、政府机构等的采购招标项目，并执行采购。完成订单集成、境外集货、进出口清关、仓储配送、安装以及外汇结算等服务，从而降低客户的采购成本，提高货物交付时效（见图6-23）。

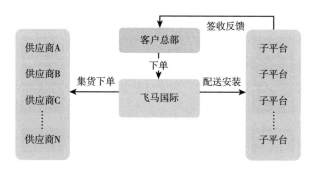

图6-23 飞马国际集团采购·标案执行

三、结论与启示

作为一家从运输业起航的公司，飞马国际逐步向物流业发展，并逐渐发展出自己的优势，形成独具特色的供应链管理体系。凭借自身的平台优势、资金优势、网络优势等，飞马国际的供应链管理服务发展迅速，现阶段已在有色金属供应链服务、综合供应链服务、煤炭供应链服务和塑化供应链服务上开辟了道路。

2015年，公司充分发挥综合服务平台优势、资金优势、运营网络优势、客户优势和管理优势，进一步深耕有色金属、煤炭等资源能源供应链领域，拓展数码电子、塑化等供应链领域，实现供应链业务模式全面升级。

未来，飞马国际将继续大力拓展具有高附加值的新业务领域，形成"一体两翼"（以资源能源等大宗商品供应链为主体，以数码电子、塑化供应链为两翼）的业务格局，构建集交易、物流、仓储、信息等功能于一体的供应链服务生态圈，朝着中国企业100

强的目标奋勇迈进！

　　紧跟时代，飞马国际为客户提供集商流、资金流、物流、信息流为一体的综合服务，这也是现在电子商务企业发展的方向。飞马国际领先市场一步，抓住这一契机。在电子商务发展越来越普遍时能迅速从中获益，这也正是飞马国际得以持续发展的重要原因。

　　（资料来源：飞马国际官网、《中国物流与采购》、《证券时报》）

【本章小结】

　　电子商务的发展推动了电子商务物流的迅速发展，也推动了互联网金融的迅速发展，物流公司和各种各样的互联网金融机构如雨后春笋般迅速出现在大众的视野内。本章重点介绍了什么是电子商务物流；电子商务物流现状；互联网对电子商务的影响；互联网金融提供的各种服务以及其面临的问题。互联网时代新诞生的企业大多与电子商务物流和互联网金融有着千丝万缕的联系，把握好其中的内在关系对企业的健康发展具有重要的意义。

【问题思考】

1. 电子商务物流发展的大背景是什么？
2. 为什么电子商务物流是基于供应链的改变？
3. 互联网是如何改变电子商务物流的？
4. 简述互联网金融的各种形态。
5. 如何解决互联网金融发展过程中面临的问题？
6. 电子商务物流与互联网金融有什么关系？
7. 以案例的形式，分析和阐述一个中国的电子商务物流公司。

第7章 跨境电子商务

【本章要点】

☆ 掌握跨境电子商务出口的流程；

☆ 了解传统外贸与跨境电子商务的区别；

☆ 掌握跨境电子商务的生产、销售、物流、支付模式；

☆ 掌握跨境电子商务进口的流程；

☆ 了解跨境电商面临的问题。

【开章案例】

生意宝："小门户＋联盟"的电子商务新发展模式

一、公司介绍

浙江网盛生意宝股份有限公司（股票代码：002095，以下简称"生意宝"）是一家专业从事互联网信息服务、电子商务、专业搜索引擎和企业应用软件开发的高新企业。公司总部位于"电子商务之都"杭州，从化工行业 B2B 起家，目前已发展成为国内最大行业电子商务运营商和领先的综合 B2B 运营商。

生意宝及其旗下子公司现有员工 1 000 余人，拥有一支由博士、硕士、学士组成的层次合理的运营团队，并先后在北京、上海、青岛、济南、南京、无锡、成都、广州、郑州、石家庄、沈阳、武汉、太原、长沙、厦门、韩国首尔、美国西雅图、荷兰等地设立了分支机构，形成遍布全国、辐射全球的市场营销与服务体系，是当今国内屈指可数的大型互联网企业。

公司早期创建并运营了中国化工网、全球化工网、中国纺织网等多个国内外知名的专业电子商务网站，以及国内最大的专业化工搜索引擎"ChemIndex"。公司旗下的中国化工网是国内第一家专业化工网站，也是目前国内客户量最大、数据最丰富、访问量最高的化工网站，是行业人士进行网络贸易、技术研发的首选平台。

生意宝公司先后承担全国电子信息推广应用项目、浙江省软件发展专项资金以及浙江省信息服务业发展专项资金等，被浙江省科技厅认定为"浙江省高新技术企业"。

2006 年 12 月，生意宝在获中国证监会审核通过后顺利实现 IPO，受到证券市场的热烈追捧，被载入我国互联网产业与资本市场的发展史，是中国近几年少有的几家民族开创性的上市互联网企业之一。

二、转型发展

上市后，网盛生意宝团队开启了第二次创业。公司团队依靠着自己的努力克服了一个个困难，基本完成公司新战略的布局，即电商、数据、金融三大战略。

电商战略。电商战略即"小门户＋联盟"的生意宝平台（www. toocle. cn）和旗下行业网站集群（如中国化工网、中国纺织网、医药网）。目前已实施 6 年，积累了千万家企业买卖家数据库，涵盖三个国际站，打开了 B2B 海外市场。

电商战略发展现状：生意宝网站涵盖了约 100 家自营与战略合作子站，约 200 家二级行业电子商务门户，约 3 000 家联盟网站成员的国内最大专业电子商务产业集群。每天发布 150 万条商机、建立了 2 000 余万家企业资源数据库，3 万多个 SNS "生意人脉圈"，100 亿条左右的网页商务搜索内容，2 000 多万条国际买家库等服务信息。公司旗下化工网市场占有率为 78.3%。

数据战略。基于公司旗下化工网、纺织网和医药的数据资源，公司打造了数据服务平台生意社。现在已建成覆盖国民经济最上游的能源、化工、纺织、有色、钢铁、橡塑、建材、农副八大领域数百个大宗商品的数据库群，成为跟踪、分析和研究大宗商品的数据机构。把日/周/月价格、国/内外价格、现/期货价格全部采集监控起来，编制了很多非常准确的指数。在数据业务拓展上，已与期货、证券、银行等诸多行业机构展开了初步合作探索。

数据战略发展现状：目前此平台跟踪了 500 多个大宗商品，包含能源、化工、橡塑、有色、钢铁、纺织、建材以及农副八大行业，覆盖 8 000 多家原材料生产企业、20 000 多家流通企业和 12 万家下游企业的市场情况，同时覆盖纽约商品交易所、上海商品交易所等全球 20 多个期货市场以及国内 200 多个电子交易市场的情况。通过 50 多位行业专家，200 多名资深编辑、分析师，并借助 500 多位数据师的力量，每日可提供涉及现货、期货、证券和电子盘数据的信息以及相关动态。

金融战略。为此，生意宝已在 2012 年新成立两家"亿元级"的新公司。一家是第三方支付公司浙江生意通科技有限公司，建设"B2B 互联网支付平台"项目，经营非金融机构互联网支付业务，为 B2B 平台提供支付结算服务。这也是目前国内首个由上市公司打造的 B2B 大额支付系统项目。另一家是拟注册 1 亿元的浙江网盛融资担保有限公司，为参与 B2B 交易的会员提供交易、融资等网络金融服务。

因为生意宝出色的工作，公司先后承担了"国家发改委化工行业电子商务应用工程""浙江省经贸委推进流通企业电子商务进程项目"等一大批国家省市级重点项目。享受国家发改委电子商务专项资金。

三、生意宝的跨境电商

生意宝的数据战略和金融战略是依附在电商战略上的，其电商战略的"小门户＋联盟"的电子商务发展新模式，经过几年的实践呈现出强劲有力的发展势头。

"小门户＋联盟"是以专业网和综合网共同组成的平台体系为基础，而诞生的一种创新型的电子商务服务模式。其在精准锁定用户群体的基础上，同时有机贯通产业链，大大提升用户做成生意的概率。

随着跨境电子商务的蓬勃发展，生意宝已经走出中国，把"小门户＋联盟"的模式复制到亚洲其他国家、欧洲、美洲、大洋洲……做天下人的生意——生意宝的电商战略其重点是跨境电商。

2014 年 5 月，生意宝就和谷歌（google）在关键词广告（Google AdWords）、外贸出口、跨境电商等方面有深度合作，共同帮助国内外贸企业发展跨境电子商务。

2014 年底，生意宝通过自建平台的方式完成了跨境电商的 B2B 布局，从全球化工网到韩国化工网成立、推出生意宝国际版、网盛欧洲子公司成立、携手美亚保险（AIG）等一系列的动作，迅速完成跨境电商 B2B 的落地。

2015 年 6 月，生意宝与英国的知名电商公司红步（Red Step）宣布，在中欧跨境电商领域开展密切合作，帮助经过生意宝认证过的优质中国供应商，通过与 Red Step 公司跨境电商平台拥有的超 40 万个海外采购商展开贸易对接，从而走向欧洲乃至全球市场。双方将借助在各自领域及国家的品牌及资源优势，利用 Red Step 公司跨境电商平台共同帮助中国的卖家与英国的买家进行贸易对接。借助其成熟的交易平台和近千万个企业注册会员，生意宝公司负责认证中国供应商的出口环节，Red Step 公司负责国外采购商的进口环节，双方此举将帮助更多的中国供应商更好地开拓海外市场。Red Step 公司在英国有着良好的品牌资源，是由英国政府和欧盟所支持的电商营销国际公司。致力于帮助中国企业在英国进行营销与品牌的建设，并最终达成交易。该公司能够通过电子邮件直邮营销对客户进行目标定位，帮助客户寻找及确定新客户，并开发了 StEPS@ 平台，以最合适的方式展示卖家产品。

2015 年 12 月，生意宝战略投资浙江万事通供应链管理有限公司，此举意味着生意宝全面进军供应链 B2B 跨境电商，这也意味着进一步加速生意宝大宗商品供应链生态圈"闭环"构建，并将迎来全面"合龙"阶段。万事通供应链是以贸易金融服务为核心的跨境产业链综合服务商，提供针对性金融优化方案。目前涉及的行业包括化工、纸浆纸张、棉纱等大宗货物；涵盖金融产品包括：进口代理、境内外货权质押、贴现业务、海外保险、贸易融资等。自 2012 年公司前身成立以来，销售规模累计超 200 亿元人民币。

至此，生意宝跨境电商 B2B"领头羊"的格局悄然形成。随着战略布局的落地，生意宝的盈利能力也越来越强，其主要的盈利模式来自它的服务和技术。

生意宝已从当初的化工行业专业网站发展为包括化工、纺织服装等众多行业网站在内的 B2B 综合平台，盈利来源也从最初的收取会员费到会费、广告、会员的网站建设与维护、会员资讯服务、新增业务行业网站联盟"生意宝"网站（Toocle.cn）以及生意通电子商务服务多头并举。

第一，广告费收入。网盛生意宝公司虽然为垂直型电子商务，但其所属网站依然为企业提供网络广告服务，并于近期推出生意广告联盟业务。

第二，搜索引擎收入。这部分收入主要来自中国化工网所拥有的专业化工搜索引擎。网站采用竞价排名方式赢利。而全新上线的生意宝网站同样提供行业搜索引擎业务，这也是网盛生意宝未来的另一个收入来源。

第三，线下服务。欧盟 Reach 法规认证包括预注册、正式注册、维护三个阶段。生意宝对于正式注册服务制定了"跟随策略"，将根据市场状况及时跟进；维护阶段将向客户收取一定比例的维护费用。化工、纺织、医药等垂直门户根据客户的需求，安排一些线下的会展服务来增加收入点、扩大网站的影响力、提高客户的黏滞度。

第四，会员年费。B2B 网站现阶段的主要收入来源依然是会员年费。注册成为网盛生意宝旗下网站的会员一般是免费的，但对于一些服务内容网站对于免费会员是限制使用的，只有申请网站的收费会员才能开通限制类服务。除此以外，网盛生意宝还有其余收入来源，例如软件服务（生意通等），另外还有投资收入，这里不做详细介绍。

第五，网页设计服务。网盛生意宝为其所服务的行业企业提供网站设计服务，即为企业单独设计拥有独立域名的公司主页。

第六，提供成熟的技术解决方案。生意宝还从事企业软件开发业务。主要提供电子商务网站建站、服务；从事数据安全以及服务器安全相关方面的工作。

四、结论

不可否认，网盛生意宝是成功的。2010 年，公司做出了转型的策略，而 2016 年，一切都显示了公司顺势而为，转型成功。几年前公司确立的"小门户＋联盟"战略，不仅让公司突破了传统行业网站垂直发展的模式，还开始横向拓展，生意宝已然成为跨境电商 B2B 的"领头羊"，后又成立"网盛会展"，携手中国电信组建"网盛电信"进军农村信息化领域等，这些重大举措，无疑更让公司拥有了更多的傍身技能和盈利模式。看更为重要的是：生意宝已经成为一个综合性的生意人平台。

分析人士指出，网盛生意宝其基于"小门户＋联盟"的转型策略之所以能够成功，一是在于电子商务行业巨大的成长空间；二是其差异化的商业模式与理念，行业、区域联盟的模式业内独创，产品价格模式多样化，客户对专业化平台的需求，也是其成功的保证。

（资料来源：生意宝官网、《管理现代化》、《中国产证》）

7.1　跨境电子商务概况

随着经济的全球化，各国跨境电商日渐风靡。目前主要跨境电商企业已经开始了国际化进程，例如美国 eBay、亚马逊、中国阿里巴巴、日本乐酷天等在本国站稳脚跟后迅速向海外扩张势力。2020 年是极不平凡的一年，新冠肺炎疫情催化中出现的经济新常态，对消费环境和消费行为产生了重要影响，极大地推动了全球电商的发展，也为跨境电商带来了新的机遇与挑战。

面对快速发展的国际跨境电商，我国跨境电商也发展迅速。回顾中国电商行业发展历程可以发现，跨境电商是从传统外贸发展到外贸电商，在进一步发展成为跨境电商的，跨境电商发展至今，也不过二三十年的时间，借助于互联网技术的快速提升，跨境电商呈现出爆发式增长。总体来看，大致可将跨境电商的发展历程划分为三个阶段（见图 7-1）。

跨境进口电商兴于代购，2015 年，政策疏导海淘阳光化，实现爆发式增长；在 2020 年新冠肺炎疫情冲击下，跨境电商又实现了新一轮增长。2021 年受疫情影响，线下消费受到抑制，为线上消费带来了全球性的机遇。与此同时，国家政策的支持，促进了跨境电商快速发展。2020 年中国跨境电商市场规模达 12.5 万亿元，较 2019 年的 10.5 万亿元同比增长 19.04%。2021 上半年中国跨境电商市场规模 6.05 万亿元，预计 2021 年市场规

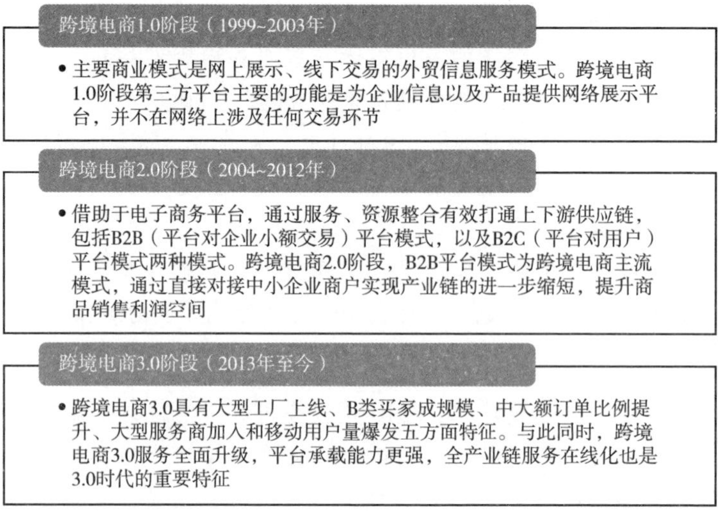

> **跨境电商1.0阶段（1999~2003年）**
> - 主要商业模式是网上展示、线下交易的外贸信息服务模式。跨境电商1.0阶段第三方平台主要的功能是为企业信息以及产品提供网络展示平台，并不在网络上涉及任何交易环节

> **跨境电商2.0阶段（2004~2012年）**
> - 借助于电子商务平台，通过服务、资源整合有效打通上下游供应链，包括B2B（平台对企业小额交易）平台模式，以及B2C（平台对用户）平台模式两种模式。跨境电商2.0阶段，B2B平台模式为跨境电商主流模式，通过直接对接中小企业商户实现产业链的进一步缩短，提升商品销售利润空间

> **跨境电商3.0阶段（2013年至今）**
> - 跨境电商3.0具有大型工厂上线、B类买家成规模、中大额订单比例提升、大型服务商加入和移动用户量爆发五方面特征。与此同时，跨境电商3.0服务全面升级，平台承载能力更强，全产业链服务在线化也是3.0时代的重要特征

图 7-1　跨境电商发展的三个时期

模将达 14.6 万亿元。

目前跨境电商的产业链正在形成中。跨境支付和跨境物流都是投资的热点，跨境供应链的服务和整合能力是未来跨境电商的竞争点。随着政策的支持力度以及人民对生活品质要求的提高，消费者对跨境网购的认可，未来中国跨境电商必定跨入高速发展时期。

7.1.1　跨境电子商务定义

跨境电子商务简称"跨境电商"，是指分属不同关境的交易主体，通过电子商务平台达成信息或是商品交易的国际商业活动。目前根据跨境电商模式的不同，平台提供支付结算，跨境物流送达、金融贷款的服务内容均有不同。

海关总署将其分为四种模式：一般出口、一般进口、保税出口、保税进口。简单来讲，就是跨境电商出口和跨境电商进口。跨境电商出口主要是为了解决电商出口企业退税和结汇问题，目前国内运行较好的有杭州和广州。由于出口不涉及税收政策的突破，只是涉及监管、商检、结汇、退税具体操作办法调整问题，所以海关总署核准相对宽松。

7.1.2　跨境电子商务市场发展规模与趋势

2019 年，我国跨境电商交易规模达 10.5 亿元。为促进我国跨境电商的快速发展，国家层面频频颁布鼓励政策，2020 年 1 月，商务部、发改委、财政部等六部门共同发布《关于扩大跨境电商零售进口试点的通知》（以下简称《通知》），《通知》共选取了 50 个城市（地区）和海南全岛纳入跨境电商零售进口试点范围，为未来跨境电商的发展创造了良好的发展机遇。

中国跨境电商步入成熟期在疫情期间逆势增长。回顾全球跨境电商行业发展历程可以发现，跨境电商是从传统外贸发展到外贸电商，再进一步发展成为跨境电商的，跨境电商发展至今，也不过二三十年的时间，借助于互联网技术的快速提升，跨境电商呈现出爆发式增长。我国跨境电商在 20 年间从无到有、从弱到强，经历了从萌芽到成长、从扩张到成熟的四个阶段。当前，我国跨境电商产业正在加速外贸创新发展进程，已经成为我国外贸发展的新引擎。

跨境电商东南亚市场快速崛起。尽管欧美仍是目前跨境电商最主要的市场，但东盟已经成为我国最大的贸易伙伴，接近 40% 的受访企业已经进入东南亚，超过日韩和俄罗斯。此外，进入非洲、拉美、中东等市场的企业均不足 20%，未来将有极大的拓展空间。2019 年，我国与"一带一路"沿线国家的进出口总值达到 9.27 万亿元，增长 10.8%，高出外贸整体增速 7.4 个百分点。

除入驻大型 B2C 平台外独立站正在兴起。跨境电商企业在亚马逊、阿里巴巴国际站和速卖通的入驻率排列前三，虾皮（Shopee）、来赞达（Lazada）两个面向东南亚市场的平台也成中国跨境电商企业"出海"的重要选择。此外，入驻新蛋（Newegg）等海外国家本地平台的企业占比 14.4%，中国的跨境电商企业正在深度融入全球市场。

2013 年以后，跨境 B2C 市场的平台型电商可谓强势崛起，易贝（eBay）、亚马逊、速卖通、维士（wish）等第三方电商平台逐步成为主流。跨境电商已经进入立体化渠道布局阶段，25% 的企业已经开设独立站。新冠肺炎疫情进一步推动了这一趋势，另有 25% 的企业表示正在筹划建立独立站。

独立站的兴起一方面是因为第三方平台运营成本增加、头部效应越来越明显，且常出现罚款或封号等问题，让一部分中小卖家开始向独立站迁移。另一方面是独立站建站工具开始普及，除了一些海外的服务商（Shopify、Bigcommerce）等大力开展中国业务，本土的独立站服务商也在崛起，这将独立站的门槛大大降低了。

由此大部分处于正常经营状态的卖家，在第三方平台的业务做到一定程度后，都希望开拓更好的渠道，实现多渠道运营。独立站似乎成为必须，也成为卖家向品牌化转型的一个重要手段。

中国跨境电商商品以个人、家庭消费品为主。针对个人和家庭消费，经营家居家具、服装鞋帽、数码 3C 类目产品的商家占比均超过 40%，成为跨境电商的核心类目。

政策助力，中国跨境电商发展前景巨大。2020 年 6 月，海关总署发布《关于开展跨境电子商务企业对企业出口监管试点的公告》，增设"跨境电子商务企业对企业直接出口 -9710""跨境电子商务出口海外仓 -9810"代码。在疫情影响之下，发展跨境电商是做好"六稳"工作、落实"六保"任务的重要举措。2020 年上半年，利好政策连续出台，点明了国家对跨境电商的一贯支持态度。

每日经济新闻数据显示，2010 年以来，我国跨境电商行业的交易规模几乎保持了 20% 以上的增速，2019 年，据中国电子商务研究中心的统计数据显示，我国跨境电商交易规模达 10.5 亿元，同比增长 16.7%。根据中国企业的出海基本面以及国外对我国零售商品的依赖度，前瞻初步估计未来 6 年我国跨境电商仍将保持 12% 的年均复合增速，到 2026 年交易规模达到 26 万亿元左右。近年来，中国跨境电商出口规模不断扩大，2020 年我国跨境电商出口额占跨境电商进出口总额的 66.27%。与此同时，上市公司总市值大幅增长，2021 上半年 10 家跨境电商上市公司总市值 1 010.57 亿元，占电商上市公司总市值的 0.96%。相较于 2020 上半年七家跨境电商上市公司总市值 278.42 亿元，同比增长 262.96%。其中，安克创新以市值 679.93 亿元排名第一，占跨境电商上市公司总市值的 67.28%。

7.1.3 跨境电子商务市场格局

近年来，跨境电子商务零售逐渐成为新的外贸增长点，大中华区涌现了各具特色的跨境电商零售出口中心。位于东部沿海的出口中心包揽大中华区跨境零售出口总交易额前八席，依次为广东、香港地区、上海、浙江、北京、台湾地区、江苏和福建，其中，福建、浙江和江苏分别以 76.1%、56.1% 和 52.0% 的增速成为发展最快的跨境出口中心。

随着越来越多大中华区企业和个人通过互联网，突破传统外贸销售模式所受到的制约，将产品直接销售给全球消费者，成长为对外贸易的新锐力量，并推动跨境电子商务零售出成为新的外贸增长点。在"跨境交易"与"电子商务"双引擎的拉动下，经过数年的跨越式发展，大中华区涌现了各具特色的跨境电商零售出口中心。随着卖家不断深挖本地优势资源，开拓特色品类，大中华区跨境电商零售出口产业已经步入"全面增长、专业发展"的新阶段。

快捷安全的支付方式、合适的产品、强有力的平台、高性价比的物流解决方案，被大中华区卖家视为开展跨境电商零售出口业务的主要推动力。其中，超过 94% 的中国大陆卖家认为"强有力的平台"至关重要，这一比例高于香港地区和台湾地区的卖家。

作为我国对外贸易的一个新增长点，电子商务降低了中国企业，特别是中小企业进行跨境贸易的门槛，为他们提供了一个更具成本效益的、能直面全球买家的国际化平台。跨境电商市场格局呈现以下特点。

第一，沿海卖家领跑、内陆地区崭露头角：以珠三角、长三角和环渤海为主的沿海经济带仍发挥领军作用，引领大中华区跨境零售出口产业的发展。同时，制造业向中西部迁移及电子商务意识的普及使内陆地区开始涌现一批业绩优秀的跨境零售出口电商。随着专业化运作的发展，一些沿海跨境零售出口电商将运营中心搬迁至内地，也带动了当地零售出口产业的发展。

第二，新兴市场机会增多：大中华区跨境电商零售出口产业市场多元化的成效正逐步显现，新兴市场的发展给卖家带来可观的增长机遇。eBay 内部数据显示，伴随着 eBay 和 PayPal 在全球新兴市场的开拓和发力，大中华区跨境零售出口电商在以阿根廷、以色列、巴西为代表的新兴市场取得了显著增长。

第三，销售品类更加丰富：除电子、时尚等传统品类外，随着物流解决方案的持续创新和大数据技术的不断应用与发展，大中华区卖家也将业务拓展到更多新的品类，例如家居类和汽配类产品。这将持续提升大中华区跨境零售出口电商在全球跨境贸易中的重要性。

第四，移动终端融合线上、线下商机：移动终端可充分利用消费者碎片化的时间创造新的购物需求，为卖家提供更多商机。有 46% 的受访卖家表示，eBay 在移动领域的投资是他们业务提升的推动力。

7.2　跨境电子商务的演变

跨境电商在中国的发展不是一蹴而就的，确切地说，是互联网与外贸的结合，催生了蓬勃兴起的跨境电子商务。借助互联网、现代物流与支付等信息经济基础设施，以网络方式进行交易和服务的跨境贸易活动，逐渐形成跨境电商。跨境电商推动传统外贸商业活动各环节的网络化、数据化和透明化，具有面向全球、流通迅速、成本低廉等诸多优势。

7.3　跨境电子商务在中国的发展

1999～2003 年，是中国跨境电商的 1.0 时代。这一时期中国外贸出口进入高歌猛进的爆发期，除了经济复苏带来的国际市场采购需求猛增外，中国的劳动力和生产资料红利也为外贸出口高速发展提供了核心动力。这一时期以阿里巴巴国际网站"中国供应商"为代表的 B2B 网站电子商务产品大行其道，这是中国外贸人第一次真正意义上认识电子商务的重要性。大家发现，除了习以为常的广交会参展，通过 B2B 电子商务网站开拓国际市场，同样可以达到立竿见影的效果，于是中国 B2B 网站的春天开始了。同时，B2B 网站迅猛发展，又反向推动中国制造的外贸出口，这样高速的发展一直持续到 2007 年。

这一时期跨境电商最大的特点就是 B2B 网站的崛起。不过 B2B 这个商业模式来源于美国，但中国的 B2B 电子商务模式不同于美国，美国的 B2B 主要服务于大企业，阿里巴巴把 B2B 这个电子商务模式引入中国后，结合了中国企业的实际情况，主要为中小企业服务。在很长一段时间里，阿里巴巴几乎用一个公司的力量推动了中国跨境电商的市场应用。

2004～2012 年，是中国跨境电商的 2.0 时代。2008 年开始的全球金融危机，让整个世界经济陷入困境，经济乏力让国际采购需求急剧下降，冲击最大的自然是中国制造业的最对外出口。这个时期，很多中国制造业主都被大额订单客户抛弃。但经济低迷，也让各国的个人买家更加积极地从中国这样产品价格较低廉的国家进行国际网购。其实在 2008 年以前，国际 B2C 这样的小额外贸出口模式一直存在，但是直到世界经济危机，外贸传统渠道出现困境，才真正把小额外贸推上了中国外贸的历史舞台，最终发展成为驱动中国外贸发展的新动力。

与传统的大额外贸出口订单模式相比，小额外贸是小批量、多频率、支付、物流、仓储等均通过在线方式实现的。很多贸易型、平台型的企业正是在这样一个小额外贸发展的特殊红利时期，抓住了市场机遇，在竞争不激烈的前提下迅猛发展。小额外贸互联网渠道的发展与国内在线零售发展一样，也分为自建平台型和进驻平台型。

这一时期跨境电商最大的特点就是小额外贸的兴起。小额外贸虽然有非常优越的在线条件，但它的发展也经历了报关、国际物流、假货、对外结汇、国内国外税收等问题的困扰。但随着跨境电商发展越来越迅猛，国家和政府慢慢开始重视这个中国外贸的蓝海市场，跨境电商的发展会越来越规范。可以说，现在如火如荼的跨境电子商务 B2C 模式的前身就是小额外贸。

"跨境电子商务"专栏一

兰亭集势：疫情下再出发

一、公司介绍

兰亭集势成立于 2007 年，注册资金 300 万美元，截至 2010 年是国内排名第一的外贸销售 B2C 网站。公司成立之初即获得美国硅谷和中国著名风险投资公司的注资，成立高新技术企业，总部设在北京，在北京、上海、深圳共有 1 000 多名员工。兰亭主营业务大体可以概括为：通过自有电商平台以及在 eBay、亚马逊等开店，将中国商品卖到海外市场，成立初期主打婚纱产品，随后品类扩充到服装、3C 零件配件、家居园艺等。先后获得共计约 6 000 万美元融资额后，2013 年 6 月，兰亭集势挂牌纽约交易所，成为中国跨境电子商务上市第一股。

二、兰亭集势的发展

兰亭集势的创始人郭去势拥有非常傲人的互联网职业背景，曾经是谷歌和亚马逊的高管，他对中国外贸市场变化的判断是敏锐并且精准的：经济危机让低成本规模化生产的旧外贸时代终结，世界消费者需要个性化的网络零售服务市场。正是基于这样的市场判断，兰亭集势于 2007 年正式上线，成立之初它在中国跨境电商市场是一枝独秀，它把品类选择放在电子等最热销的产品上，一开始主要的市场是在欧美发达国家，2009 年兰亭集势又引入跨境电子商务最火的品类婚纱产品，同时又上线法语、西班牙语、德语和意大利语版本。但这个时期兰亭集势背靠中国制造廉价的产品优势，加之整个市场同质化竞争对手少的条件，企业发展非常迅猛。

兰亭集势影响中国跨境电子商务业绩最为标志的事件是它作为中国跨境电商第一股在海外上市。兰亭集势的上市事件，对中国整个跨境电子商务市场的影响是历史性的，它引发了中国社会对于小额跨境电子商务的关注。

兰亭集势是中国跨境电商早期的 B2C 开拓者和领头羊。它涵盖了包括服装、电子产品、玩具、饰品、家居用品、体育用品等 14 大类，共 6 万多种商品。它的基本商业模型是跨国 B2C，用谷歌推广，用 Paypal 支付，用 UPS 和 DHL 发货。其实，就是通过自有电商平台，也通过在 eBay 和亚马逊等海外电商平台上开店的方式，将中国商品卖到海外市场，主要是北美和欧洲市场。

兰亭集势创始之初，很长一段时间内把挣到的所有钱全部投入购买 Google AdWords（俗称"Google 右侧广告"，通过关键词搜索而展现在右侧的链接广告），购买了大约 30 万个英文关键词，很快在半年内把销售额做到 200 万美元。对于兰亭集势来说，Google AdWords 和 SEO（即搜索引擎优化是一种利用搜索引擎的搜索规则来提高目的网站在有关搜索引擎内排名的方式）是其主要推广方法，公司主要通过搜索时提供的赞助商链接来获取用户注意。

但是兰亭集势的成长也伴随着一些不好的关键词，"LightInTheBox Fake"就是其中最显著的标志，假货赝品等成为它主要销售的产品。这个道路，既为当时的兰亭集势赚取了巨额的利润，也成为后来制约其发展的掣肘。

三、新冠肺炎疫情下再出发

为了扭转之前持续亏损的局面，兰亭集势做了积极的改革。

一方面，兰亭集势在 2018 年和 ezbuy 合并后，在供应链、物流、仓储和市场推广方面的整合效应非常显著，形成具有国际市场影响力和竞争力的平台。兰亭集势将欧洲、美国、加拿大、澳大利亚等发达地区作为平台发展的重点市场，并跻身法国、意大利、荷兰当地最受欢迎的电商网站 Top3，同时发力东南亚、中东等潜力无限的新兴市场。

另一方面，兰亭集势在过去两年专注于"效率"和"聚焦"，业务从营收到利润等方方面面都取得了显著进步。2021 年第一季度继续实现了营收同比翻倍，现金流同比显著增长，为接下来的"发展期"战略实施奠定了坚实基础。兰亭集势坚持用技术赋能用户体验改善，供应链优化和效率提升，以持续提升客户满意度。

2021 年，跨境电商在全球趁势掘金，是大势所趋但也是大浪淘沙。兰亭集势借着跨境电商先头部队的优势，以继续保持增长态势的第一季度"开门红"实现了 2021 年的稳定开局，未来，兰亭集势将立足增长战略，继续完善供应链管理与产品组合，持续研发投入，专注长期增长与全方位提升客户购物体验。公司将继续加强与拥有稳定生产能力的供应商合作，特别是在发展重点类目中推行智能化采购流程，结合持续优化的平台基础架构，不断升级客户在平台网购中各个环节的消费体验。以客户刚需把控产品质量，以技术创新驱动服务水平，兰亭集势在 2021 年，将继续巩固"出海老兵"的国际化前排地位，持续提升品牌影响力和客户满意度。

（资料来源：兰亭集势官网、《中国企业家》）

2013 年开始，中国跨境电商正式进入 3.0 时代。2016 年外贸形势空前严峻和复杂，"跨境电商"成为中国 2016 年首次国务院常务会议的关键词，2016 年 1 月 6 日国务院常务会议指出，在东部、中部、西部选择一些基础条件较好、进出口和电子商务规模较大的城市新设跨境电子商务综合实验区，这是中国政府从国家最高层面释放出利用新模式，加快外贸增长的明确信号，帮助中小企业降低成本，推动创业创新。跨境电商之所以会成为这几年外贸领域最热的话题，究其本质是传统外贸的持续低迷，而跨境电商模式冲击传统外贸市场。许多传统大额采购商纷纷通过在线互联网的小额跨境 B2B 模式采购，因此，传统外贸的商业模式和渠道模式的没落在所难免。

7.4　跨境电子商务与传统外贸的区别

虽然现今如火如荼的跨境电商 B2B、B2C 模式都是从传统外贸演化而来，但是跨境电商与传统外贸毕竟有很大的区别。

第一，跨境电商成本低。传统的跨境贸易大部分由一国的进/出口商通过另一国的出/进口商集中进/出口大批量货物，然后通过境内流通企业经过多级分销，最终到达有需求的企业或消费者。进出口环节多、时间长、成本高，而跨境电商的出现，直面最终消费者，大大降低了企业"走出国门"的成本。

第二，跨境电商速度快。只要海外采购商在平台上下订单，强大的物流体系可以使货品在 1~2 周内就可以到达买家手中。

第三，跨境电商易上手。只要商家客户通过跨境电商平台就可以方便地购物交易。从图 7-2 和图 7-3 中可以简洁明了地了解两者之间的区别。

传统外贸：对外贸易整体流程单一复杂，步骤多、周期长...

中国生产商/制造商—中国出口商—外国进口商—外国批发商—外国零售商—外国消费者

图 7-2 传统外贸流程

跨境电商：灵活多变的对外贸易形势，省去了大量的多余环节...

模式a. 中国生产商/制造商—网商—跨境电商平台—外国网商—外国消费者

模式b. 中国生产商/制造商—跨境电商平台—外国网商—外国消费者

模式c. 中国生产商/制造商—跨境电商平台—外国消费者

图 7-3 跨境电商流程

7.4.1 生产模式：小批量、高频次

跨境电商订单的特点是小批量、高频次、直接化。而这些特点正好迎合了我国国内海量的中小外贸企业的碎片化优势。跨境电子商务成为它们开辟海外市场的有力武器。数不胜数的小微企业能够提供充足的货源，直接支撑起了我国的世界级跨境电商供应链。

跨境电子商务通过电子商务交易与服务平台，实现多国企业之间、企业与最终消费者之间的直接交易，由于是单个企业之间或单个企业与单个消费者之间的交易，相对于传统贸易而言，大多是小批量，甚至是单件。而且一般是即时按需采购、销售和消费，相对于传统贸易而言，交易的次数和频率高。

7.4.2 销售模式：线上撮合 + B2C

一般我们所说的跨境电商是指广义的跨境电商，不仅包含 B2B，还包括 B2C 部分，不仅包括跨境电商 B2B 中通过跨境交易平台实现线上成交的部分，还包括跨境商 B2B 中通过互联网渠道线上进行交易撮合线下实现成交的部分。所以跨境电子商务的销售模式是线上撮合 + B2C。

出口电商 B2C 服务模式是指通过出口企业与海外最终消费者之间通过第三方跨境电子商务平台进行信息发布或信息搜索完成交易。根据平台运营方式，可分为开放平台与自营平台。

自主销售式 B2C 主要是产品销售相关各环节由运营商完成，而开放式平台式是指提供交易对接平台，并不负责销售相关环节，淘宝 B2C 商城属于后者。

7.4.3 物流模式：快速高效

对于跨境电商的卖家来说，首先，应该根据所售产品的特点（尺寸、安全性、通关便利性等）来选择合适物流模式，例如大件产品（如家具）就不适合走邮政包裹渠道，而更适合海外仓模式；其次，在淡旺季要灵活使用不同物流方式，例如，在淡季时使用中邮小包降低物流成本，在旺季或者大型促销活动时期采用香港邮政或者新加坡邮政甚至比利时邮政来保证时效；最后，售前要明确向买家列明不同物流方式的特点，为买家提供多样化的物流选择，让买家根据实际需求来选择物流方式。

因此，快速高效的物流配送模式能够减少一些不必要的中间环节，节省卖家的交易成本，并且增加海外买家对卖家的满意度和信任度，让客户拥有满意、方便的购物体验，从而使卖家产品的销售量大幅度提升，收益颇丰。所以每个企业要根据自身的资金实力、产品性质选择最合适的物流模式。

7.4.4 支付模式：线上支付，数据 + 信用

国家支付是出口电商服务的重要组成部分，国际支付因涉及资金的国际结算和不同

币种之间的兑换，安全性一直是商家关注的重点，另外支付的便利性也是用户体验的重要环节。

目前，中国跨境电商支付的主要方式包括 PayPal、Moneybooker、MoneyGram 等在线支付。这些线上支付方式的运行需要良好的信用和大数据作为支持。

7.4.5 企业形态：小而美 + 研、产、销

小而美的电商崛起让卖家类型更加多样化。淘宝的数据显示，在经营类目方面，兼职卖家和专职卖家差异显著。专职卖家主要经营服饰美容，然后是经营休闲文化和家居用品、汽车配件，而兼职卖家则以二手闲置、其他、个性创意、投资收藏品类所占比例相对最高。因此，专职卖家往往主要满足大众化的需求，而兼职卖家经营的商品更加小众，有更多的个性创意的商品。

跨境电商的企业形态是将产品进行研、产、销相结合，也就是企业拥有自有工厂 + 自有品牌 + 已有固定线下渠道。这样不仅能减少一些不必要的中间环节，节约成本，提高企业的办事效率，还能增强企业的竞争力，能够让企业灵活应对市场的基本变化。

"跨境电子商务"专栏二

敦煌网：跨境服务商老树发新芽

一、公司介绍

敦煌网成立于 2004 年，是中国第一个 B2B 跨境电子商务平台，致力于帮助中国中小企业通过电子商务平台走向全球市场。敦煌网开创了"为成功付费"的在线交易模式，突破性地采取佣金制，免注册费，只在买卖双方交易成功后收取费用。敦煌网一直致力于帮助中国中小企业通过跨境电子商务平台走向全球市场。作为中国 B2B 跨境电子商务平台的首创者，敦煌网致力于引领产业升级。敦煌网作为中国最领先的在线外贸交易品牌，是商务部重点推荐的中国对外贸易第三方电子商务平台之一。工信部电子商务机构管理认证中心已经将其列为示范推广单位。

二、新冠肺炎疫情下的再创新

敦煌网面向海外新微商打造新生态平台。数据显示，从 2020～2021 年全球 B2B 电商交易规模复合增长率为 17.5%。全球主要电商国家，B2B 增长强劲。另据 Forrester 预计，2023 年，美国 B2B 电商规模会突破 1.8 万亿美元，在 B2B 总销售额中占比升至 17%，年复合增长率超过 10%；欧洲的德国、法国、意大利、西班牙和英国五国，2024 年 B2B 电商规模将突破 2.8 万亿美元。

在敦煌网认为，"新微商们"（即海外小 B 分销商）大多不具备完整的电商能力，要作它们身后的"赋能者"，需要提供一整套的解决方案。它们只要导入流量，有粉丝下单，MyyShop 的履约系统就会把商品直接送达它们的粉丝们。

针对上游供应端卖家的痛点，敦煌网也发布了"四新"套餐。

据悉，在"新产品"方面，敦煌网将针对品牌卖家推出佣金低至 1.5% 的优惠政策；

针对类目专业卖家支持最短 T + 1 的提现周期；针对工贸一体卖家推出专属客户经理。同时，敦煌网平台还将支持一件起售，提供包括 Seller Coupon、卖家联盟、站内广告在内的站内营销工具组合。

在"新市场"方面，敦煌网未来会进军以摩洛哥为代表的非洲市场，并将搭建法国本土团队，在西班牙、美国西语区以及墨西哥市场完善西语站服务。另外，爱尔兰、荷兰、波兰、日本、瑞典等新站点均已在筹备中。

在"新技术"方面，敦煌网将基于跨场景大数据及 AI 人工智能，推出"智能选品""智能营销""智能撮合"三项智能应用。智能选品能够通过 AI 算法实现推荐选品，智能营销则通过 AI Coupon 帮助卖家设置最适合买家情况的优惠券，智能撮合对应个性化商品推荐实现"货找人"。

而在"新服务"方面，敦煌网将推出 FBD（fulfillment by DHlink）业务，持续强化物流科技及 IT 整合能力，甄选整合全球优质仓储和配送资源，打造全流程仓配一体化管理平台 + 物流发货服务。目前三大线上物流直发服务已经上线：特惠宝（30 日达）、准时宝（20 日达）以及急速宝（10 日达）。

三、结论

敦煌网对于中国跨境电子商务的发展具有里程碑的意义，正是因为敦煌网的开拓创新和布道式的教育普及，中国很多出口制造企业主才投身跨境电子商务。

敦煌网在创立之初就确立了"促进全球同上，成就创业梦想"的使命，立志成为新时代丝绸之路上最重要的驿站，帮助中小企业在平台上"买全球，卖全球"，所以起名为"敦煌网"。

类似敦煌网这样有理想、有情怀，又知行合一、踏实勤奋的中国互联网企业人有很多，正是他们兢兢业业的工作才造就了中国现在跨境电商的崛起之势。

（资料来源：敦煌网、《中国贸易报》、《科技促进发展》）

7.5　跨境电子商务出口业务及平台

我国跨境电商贸易以出口为主，跨境电子商务近年作为新兴业态发展迅猛，其高效的商业模式为出口企业创造了巨大经济价值，所以要尤其重视出口业务及出口流程，更要注重电商视角下的出口平台。

7.5.1　跨境电子商务出口主要模式

在整体跨境电商中，出口电商占比较大，未来仍将扮演主要角色。发展模式呈现 B2B 和 B2C 协同发展的新业态，但 B2B 电商难代替传统线下外贸商，实现纯线上化。

中国出口电商产业链包括：上游卖家（包括生产制造商/品牌商）、下游终端/消费者、中游渠道（平台电商：B2B 平台、B2C 平台，信息服务平台，开放平台、交易平台、自营平台以及自建电商网站）（见图 7 - 4）。

中国出口跨境电商行业主要模式			
商业模式	平台分类	模式关键词	典型企业
B2B模式	信息服务平台	交易撮合服务、会员服务、增值服务 竞价排名、点击付费、展位推广	Alibaba.com Tooocle.com Made-in-China.com globalsources
	交易服务平台	佣金制、展示费用、按效果付费 交易数据、线上支付、佣金比例	OSELL大龙网 TRADETANG DHgate.com
B2C模式	开放平台	开放平台、生态系统、数据共享 平台对接、仓储物流、营销推广	ebay amazon AliExpress wish
	自营平台	统一采购、在线交易、品牌化 物流配送、全流程、售后保障	Lightinthebox.com 环球易购 Milanoo DX

图7－4 中国出口跨境电商行业主要模式

资料来源：中国电子商务研究中心。

B2B 模式包括信息服务平台和交易服务平台。

信息服务平台模式：通过第三方跨境电商平台进行信息发布或信息搜索完成交易撮合的服务，其主要盈利模式包括会员服务和增值服务。会员服务即卖方每年缴纳一定的会员费用后享受平台提供的各种服务，会员费是平台的主要收入来源，目前该种盈利模式市场趋向饱和。增值服务即买卖双方免费成为平台会员后，平台为买卖双方提供增值服务，主要包括竞价排名、点击付费以及展位推广服务，竞价排名是信息服务平台进行增值服务最为成熟的盈利模式。代表企业有阿里巴巴国际站、生意宝国际站、环球资源以及焦点科技。

交易服务平台模式：能够实现买卖供需双方之间的网上交易和在线电子支付的一种商业模式，其主要盈利模式包括收取佣金费以及展示费用。佣金制是在成交以后按比例收取一定的佣金，根据不同行业不同量度，通过真实交易数据可以帮助买家准确地了解卖家状况。展示费是上传产品时收取的费用，在不区分展位大小的同时，只要展示产品信息便收取费用，直接线上支付展示费用。代表企业有敦煌网、大龙网和易唐网。

B2C 模式包括开放平台和自营平台。

开放平台模式：开放平台开放的内容涉及出口电商的各个环节，除了开放买家和卖家数据外，还包括开放商品、店铺、交易、物流、评价、仓储、营销推广等各环节和流程的业务，实现应用和平台系统化对接，并围绕平台建立自身开发者生态系统。开放平台更多地作为管理运营平台商存在，通过整合平台服务资源同时共享数据，为买卖双方服务。代表企业有亚马逊、全球速卖通、eBay、Wish。

自营平台模式：平台对其经营的产品进行统一生产或采购、产品展示、在线交易，并通过物流配送将产品投放到最终消费者群体的行为。自营平台通过量身定做符合自我品牌诉求和消费者需要的采购标准，来引入、管理和销售各类品牌的商品，以可靠品牌为支撑点凸显出自身品牌的可靠性。自营平台在商品的引入、分类、展示、交易、物流配送、售后保障等整个交易流程各个重点环节管理均发力布局，通过互联网 IT 系统管理、建设大型仓储物流体系实现对全交易流程的实时管理。代表企业有兰亭集势、环球易购、米兰网以及 DX。

7.5.2　跨境电子商务的出口业务流程

跨境电商出口业务流程如图 7-5 所示，其服务对象为在中国境内注册的，有出口业务需求的电商平台、境内垂直行业电商平台、跨境电商海淘平台、全球品牌制造商。

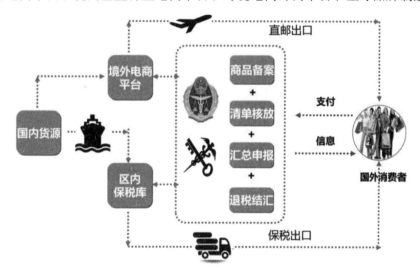

图 7-5　跨境电商出口解决方案

服务流程：

第一，协议签订：签订跨境电商委托协议。

第二，企业备案：提供企业及商品备案资料（含监管部门要求的授权及其他许可证等），申请备案。

第三，发布商品信息：电商企业将相关商品信息放到销售网站平台上。

第四，商品申报出仓：电商企业提供网络订单信息，申报商品出口。

第五，交易信息传递：电商企业将订单支付信息传送到监管部门及跨境电商公共服务平台。

第六，申请审批放行：跨境电商平台向监管部门申请商品进入货运中心，海关审批放行后，商品入仓。

第七，境外发运：监管部门核实商品信息，准确无误后放行，电商企业进行装载出仓及发货。

第八，汇总申报：电商企业进行汇总报关单。

第九，出口退税：电商企业凭汇总报关单、增值税发票等材料办理出口退税。

总之，跨境电商出口解决方案是利用信息化手段，优化通关流程，通过"清单核放、汇总申报"的业务模式，解决小额跨境贸易电子商务企业存在的难以快速通关、规范结汇以及退税等问题。

跨境电商出口业务场景如图 7-6 所示。

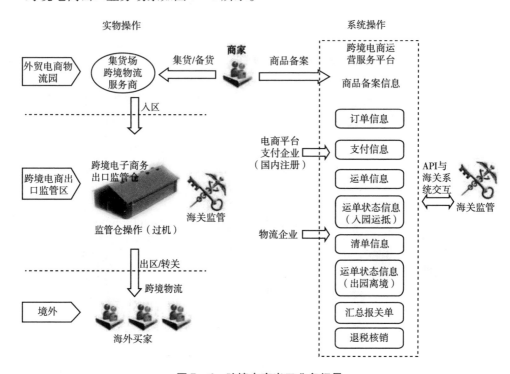

图 7-6　跨境电商出口业务场景

跨境出口业务，通过"清单核放、汇总申报"的方式，解决了电商企业原有以邮件快件出境无法办理退税的问题。跨境电商服务平台代理电商企业申请清单核放汇总申报工作，电商企业凭报关单及相关文件申请出口退（免）税。退税流程如图 7-7 所示。

7.5.3　跨境电子商务的出口业务平台

目前，中国的外贸人选择的跨境电商平台是 Amazon、速卖通、ebay 和 wish，这些主流的跨境电商平台各有特点，对于跨境电商从业者来说如何选择符合自己特点的跨境平台是必需认真思考的事情。

新人往往有这样的想法，只要在主流的跨境电商平台全部上架开店，这样机会就最大，收益也会最大。其实这个观点是错的，对于新人，因为经验、资源、精力有限，专注永远比广撒网更有效率，选择一个适合特点的跨境平台，投入资源，好好经营店铺，这才是跨境新人正确的第一步，如果四大平台全部投入，顾此失彼最终往往竹篮打水一场空。

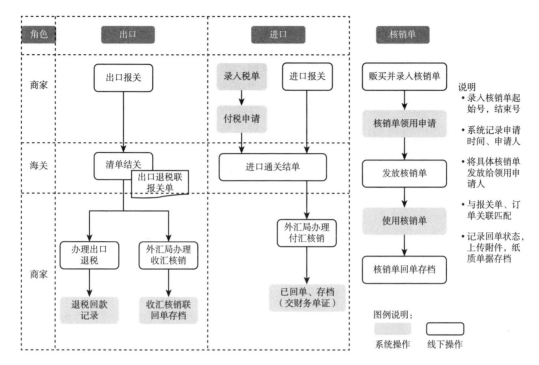

图 7 - 7　跨境电商进出口业务报税流程

Aliexpress：2009 年 9 月 9 日正式上线的速卖通平台已经成为目前全球最活跃的跨境平台之一，速卖通依靠阿里巴巴庞大的会员基础，已经成为目前全球产品品类最丰富的平台之一。

速卖通的特点是价格比较敏感，低价策略比较明显，这也与阿里巴巴导入淘宝的卖家客户策略有关联，很多人现在做速卖通的策略就类似于前几年的淘宝店铺。速卖通市场的侧重点在于新兴市场，特别是俄罗斯和巴西。对于俄罗斯市场，截至 2013 年 3 月底，速卖通共有超过 70 万个俄罗斯注册用户，占平台所有注册用户约 9%，现在的注册数据应该更加火爆。速卖通页面操作中、英文版简单整洁，适合新人上手，阿里巴巴一直有非常好的社区和客户培训传统，通过社区和阿里的培训，跨境新人可以通过速卖通快速入门。

小结：适合产品符合新兴市场的卖家（俄罗斯、巴西等），产品有供应链优势，价格优势明显的卖家，最好是工厂直接销售，贸易商基本上没戏。

Amazon：阿里巴巴和亚马逊有很多相似之处，都已经打造了庞大的客户群和数据基础设施，亚马逊对于卖家的要求还是比较高的，特别是产品品质，对于产品品牌也有一定的要求，手续也比速卖通等平台复杂。

新人注册亚马逊账号以后，后期收款，银行账号需要是美国、英国等国家。对于成熟的亚马逊卖家，最好先注册一家美国公司或者找一家美国代理公司，然后申请联邦税号，关于新人注册成为亚马逊的供应商一般需要注意以下五点。第一，有比较好的供应商合作资源，供应商品质需要非常稳定，最好有很强的研发能力，做亚马逊产品要切记这点。第二，接受专业的培训，了解开店政策和知识，亚马逊的开店复杂并且有严格的审核制度，如果违规或不了解规则，不仅会有封店铺的风险甚至会有法律上的风险，所以建议大家选择一家培训公司先培训在做。第三，需要有一台计算机专门登录 Amazon 账号，这个对于 Amazon 的店铺政策和运营后期都非常重要，一台计算机只能登录一个账号，不然会与规则有冲突。用座机验证注册新用户最好。第四，也是最重要的事情是做亚马逊需要一张美国的银行卡，Amazon 店铺产生的销售额是全部保存在 Amazon 自身的账户系统中的，要想把钱提出来，我们必须要有美国本土银行卡。解决这个问题也比较简单，其实作为外贸人我们一般都有一些海外客户资源，包括客户、海外的朋友，通过他们解决这个问题也不是特别困难的事情，国内也有一些代理机构做这样的服务。第五，流量是关键，亚马逊流量主要分内部流量和外部流量两类，类似于国内的淘宝，同时应该注重 SNS 社区的营销，通过软文等营销方式也比较有效果。

小结：选择亚马逊平台，一般建议是有很好的外贸基础和资源，包括稳定可靠的供应商资源，美国本土的人脉资源，卖家最好有一定的资金实力，并且有长期投入的心态。

eBay：对于 eBay 的理解大家基本上可以等同于国内的淘宝，对于国际零售的外贸人来说，eBay 的潜力还是巨大的，因为 eBay 的核心市场在美国和欧洲，是比较成熟的市场。

相对于亚马逊，eBay 的开店手续也不是特别麻烦，但是 eBay 有一个严重的问题就是 eBay 的规则严重偏向买家，如果产品，特别是销售后问题严重的话，很容易出现问题，对于做 eBay 最核心的问题应该是付款方式的选择，大家现在选择的一般都是 paypal 这个付款方式，但这个付款方式也有一定的风险，特别对于 eBay 来说，因为特别偏向买家，经常有这样的实际案例，遇到买卖争议时候最终偏向买家，卖家损失惨重。eBay 成功的关键是选品，eBay 主要的市场是美国和欧洲，所以做 eBay 前最好做个市场调研，我们一般可以通过以下三个方法做调研：进入 eBay 总体研究一下整个市场的行情，结合自己的供应链特点深入分析对于美国欧洲市场的文化、人口、消费习惯、消费水平的研究，从而选择潜力的产品做 eBay。选择一些 eBay 的热销产品，从产品渠道、产品价格仔细研究，分析自己如果做那么优势在哪里。对于优势热销产品，我们应该去研究市场优势和未来的销售潜力，这最重要，因为当你一旦投入精力和资本，我们选择一个产品需要一个长期周期的考虑。对于产品在美国欧洲市场的利润率和持续性的考虑，深入研究产品品类。

eBay 的几个特点：eBay 的开店门槛比较低，但是需要的东西和手续比较多，例如发票、银行账单，所以需要对 eBay 的规则有非常清楚地了解。eBay 开店是免费的，但是上架一个产品需要收钱，这跟国内淘宝还是区别很大。eBay 的审核周期很长，一开始不能超过 10 个宝贝，而且只能拍卖，需要积累信誉才能越卖越多，而且出业绩和出单周期也很长，积累时间有时候让人受不了，只能慢慢积累。如果遇到投诉最麻烦，店铺封掉是常有的事情，所以质量一定要过关。

小结：对于 eBay 的选择我们应该有产品的地区优势，例如产品目标市场在欧洲和美国，eBay 操作比较简单，投入不大，适合有一定外贸资源的外贸人做跨境电子商务。

Wish：Wish 主要靠物美价廉吸引客户，在美国市场有非常高的人气和市场追随者，核心的产品品类包括服装、珠宝、手机礼品等，大部分都是通过中国发货，Wish 的主要吸引力就是价格特别便宜，但是因为 Wish 平台个性的推荐方式，产品品质往往比较好，这也是平台短短几年发展起来的核心因素。

Wish 97% 的订单量来自移动端，App 日均下载量稳定在 10 万次，峰值时冲到 20 万次，目前用户数已经突破 4 700 万人。就目前的移动互联网优势来看，笔者个人认为，

Wish 未来的潜力是非常大的，大家可以先注册一个 Wish 进行操作。我简单介绍一下 Wish 平台的几个核心特点。Wish 利用智能推送技术，为 App 客户推送他们喜欢、收藏的产品，真正做到点对点地推送，所以说客户下单率非常高，而且满意度很高，而且 Wish 有一个优点就是它一次显示的产品数量比较少，这样对于客户体验来说是非常不错的，因为可以不用花太多时间在他们不喜欢或者不需要的产品，这点国内的淘宝需要学习。通过主要的精准营销，国内的卖家短期内销售额暴增。

小结：其实 Wish 最初仅仅是一个收集和管理商品的工具，就是基于 App 的火爆，最终发展成为一个交易市场，并且越来越火爆，对于中小零售商来说，Wish 的成功，会让大家明白移动互联网的真正潜力。所以移动电商将来会成为跨境电商出口的王者。

"跨境电子商务"专栏三

跨境电商 B2C 零售巨头：天猫国际

一、天猫国际介绍

天猫国际（Tmall Global）是阿里巴巴旗下的进口零售平台，致力于为中国消费者提供全球的进口好物、直达海外生活方式，同时也是帮助海外品牌直接接触中国消费者、建立品牌认知和消费者洞察的首选平台。截至目前共有全球 87 个国家和地区的 29 000 多个海外品牌入驻天猫国际，覆盖 5 800 多个品类，其中 80% 以上品牌首次入华。作为阿里巴巴全球化战略之一，天猫国际将和海外品牌一起，让中国消费更便利、高品质地"买全球"，发现更多全球新趋势。

二、天猫国际——我的全球新发现

2019 年，跨境电商迎来大爆发，为响应国家大进口战略，满足不断增长的用户需求，天猫国际宣布将持续加大投入，在 5 年内实现超过 120 个国家与地区的进口覆盖，商品从 4 000 个品类扩充到 8 000 个品类以上。

天猫国际在全球商家大会上发布了 2019 年三大重点战略：第一是升级直营业务，与平台业务一起组建"双轮驱动"模式赋能全球品牌；打造海外仓直购新模式。第二是为海外"小而美"品牌构建全球供应链网；与淘宝直播、微博、小红书等多渠道联合，扩宽内容触达渠道。第三是与多机构建立达人机制，为全球品牌打造内容化营销阵地。品牌构建全球供应链网；与淘宝直播、微博、小红书等多渠道联合，扩宽内容触达渠道，与多机构建立达人机制，为全球品牌打造内容化营销阵地（见图 7-8）。

在 2020 年天猫国际把用了 6 年的标语（slogan）换了，"原装进口全世界"被"我的全球新发现"替代，在圈内掀起一阵波澜。天猫国际本次的品牌升级事件，我们不难看出，海淘市场的升级革命也在悄然而至。

天猫国际此次从"产品角度"到"用户角度"的升级，从原装进口全世界到持续为用户带来全球新发现的极致体验。6 年时间，我们看到的不仅是品牌的成长与用户的成长，更是一次品牌战略的转变。平台的品牌化升级是品牌从弱小到壮大的必然趋势，同时，也是在新消费的背景下，对用户消费体验的一种尊重和认同。

回归行业，当价格战、正品战已经打到"天花板"，过度恋战，其实是对用户的一

图7-8 天猫国际进口

种无视，而天猫国际及时调转码头，修炼自身，寻求品牌、用户体验感或者更高远意义上的升级，这就是"不战而屈人之兵"的道理，相信这也是天猫国际的格局与眼界。

三、总结

天猫国际正在以惊人的速度发展着，未来天猫国际将会在 B2C 领域中有更好的成绩，也会给平台用户打造极致的体验，在电子商务迅猛发展的当今世界中占有自己的一席之地，打造出一个国际性的便捷购物平台。

（资料来源：天猫国际官网、《互联网周刊》、《现代营销》）

7.6 跨境电子商务进口业务及平台

为了适应国内消费者消费升级的需求，2014 年下半年国家出台了相关政策，肯定了跨境电商的合法地位，同时鼓励跨境电商发展。众多企业借着政策的东风涌入跨境进口零售电商行业，促使跨电商进口业务迅速发展。2015 年跨境进口零售电商行业交易规模达到 1 184.3 亿元，较 2014 年同比增长 111.9%，在进口电商中的占比达 13.2%。未来几年，在政策保持利好的情况下，跨境进口零售电商市场仍将保持平稳增长。

7.6.1 跨境电子商务进口主要模式

相比较传统海淘和代购，跨境电商有太多的好处。传统海淘和代购的痛点如图 7-9 所示。

从 B2C 和 C2C 结构来看，目前 C2C 模式占比较高，B2C 模式增速更快。在 2014 年以前，进口零售电商以淘宝全球购等 C2C 网站为主。随着政策的放开，大量 B2C 网站在

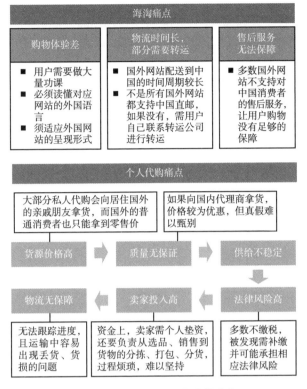

图 7 – 9　传统海淘和代购的痛点

2014 年下半年开始出现，2015 年市场规模达 544.2 亿元，同比增长超 3 倍，份额占比达到 46%。进口零售电商中的 B2C 模式目前仍处于发展早期，未来有较大的发展空间。

　　从平台和自营的结构来看，目前市场以平台类为主，自营类占比逐渐增大。由于平台类企业起步较早，且更容易形成规模，目前份额占比达 74.5%。未来随着自营类企业数量增加，并逐渐扩大规模，自营类占比将有所增加。平台类优势在于库存进出最小计量单位 (SKU) 丰富、选品灵活。自营类优势在于货源稳定、服务到位。从运营模式来看，跨境进口零售电商可划分为垂直自营类、综合平台类、综合自营类以及垂直平台类四种类型。其中，部分自营类电商逐渐由垂直向综合发展，平台类以综合类为主（见图 7 – 10）。

　　平台模式的运作模式较轻，重点在于售前的引流、招商、平台管理，售后方面在一定程度上介入物流和服务，以补充商家不足。其优势集中在 SKU 丰富，能够解决用户多元化、长尾的需求，且选品灵活。劣势则是根据卖家不同，在商品质量、价格、物流、服务方面参差不齐。

　　自营模式更类似于传统零售商，需要介入售前的选品、供应商管理、运营，并深入管理物流与服务。优势在于商品质量有一定保障、服务到位、用户体验较好；劣势是 SKU 有限，且品类、品种拓展难度较大（见图 7 – 11）。

　　在税收上，直邮、保税、集货模式均按行邮税率纳税，企业以拆单和低价商品规避税费。

　　物流模式分为直邮、保税、集货，主要差异在于下单顺序和运输规模。跨境进口零售电商的物流模式主要分为直邮模式、保税模式、集货模式三种。其中，直邮模式

图 7-10 跨境电商进口模式

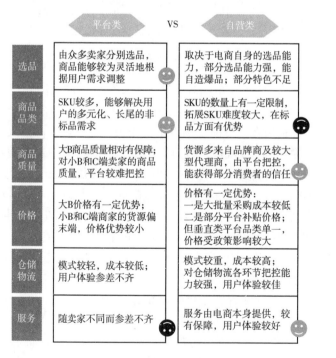

图 7-11 跨境电商进口模式中平台类和自营类优劣比较

和保税模式是最基本的两种。两者的主要差异在于下单顺序和清关方式。在流程上，保税模式先入境，用户下单后才清关。直邮模式用户下单后才开始递送，在入境时即需清关。集货模式相当于直邮模式的升级版，以集运代替零散的运输，以获得成本的节约（见图 7-12 和图 7-13）。

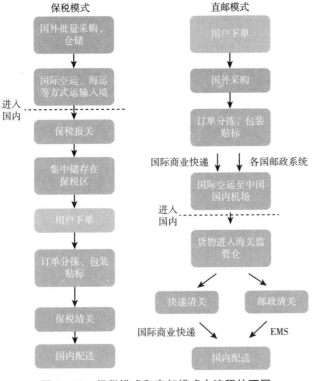

图 7 - 12　保税模式和直邮模式在流程的不同

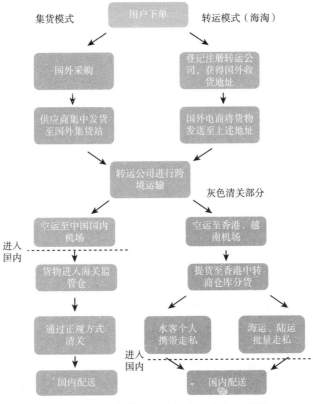

图 7 - 13　集货模式和海淘在流程上的不同

在清关缴税上：保税、直邮、集货模式按行邮税规则缴税，以拆单和低价商品规避税费。

直邮、集货模式一直以来是以个人快件或邮政包裹递送，按个人行李物品清关，所以一直按行邮税纳税。保税模式下的进口商品虽然是按货物清关，但根据优惠的税收政策，也按行邮税率纳税。相比一般贸易进口需要缴纳的关税、增值税和消费税，行邮税有着明显的税费优惠。

在此基础上，企业还通过对大额订单拆单、销售价格较低的商品等方式，使商品税额低于免征额，从而完全避税，进一步减少税费成本。对于直邮、集货模式，由于不是所有包裹都报关，在海关抽查监管的情况下，还有一定的规避缴税的概率。国家的优惠税收政策确实使跨境电商企业降低了成本，从而有力地推动了行业的发展（见图7-14）。

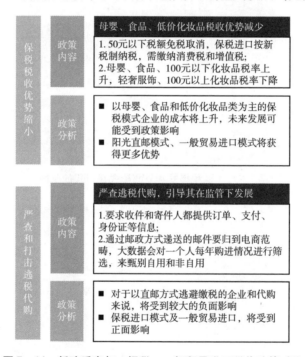

图7-14　新政后直邮、报税、一般贸易进口税收政策对比

跨境电商进口外来最大的变化在物流。跨境物流将进一步信息化、多功能化、低成本化。未来，跨境物流将不断优化。流程方面，物流信息将更加全面地对接到系统，使电商平台、海关、用户实现物流信息共享，以便于海关监管并提高用户体验。模式方面，与物流仓储相关的配套设施将逐渐健全，保税物流中心在仓储配送外，还将提供商品分拣、贴标、融资、质押监管以及退换货等多项增值服务，以及联合商家开展保税商品线下展示体验，形成O2O闭环以促进用户购买。在成本方面，各电商企业将加大海外建仓力度，以大宗运输代替小包，促进跨境物流成本不断下降。

7.6.2　跨境电子商务的进口业务流程

第一，提前备案：跨境电商企业通过事前备案，将企业信息商品信息进行备案。

第二，联网申报：当境内消费者成功支付订单后，跨境电商企业将订单信息发送至服务平台进行申报；支付企业将订单支付信息发送至服务平台进行申报；跨境物流企业在成功预订舱单信息后，将对应的跨境贸易相关的舱单信息（含运单信息）发送至服务平台进行申报。

第三，服务平台集齐三单信息后自动生成清单，供有关报关、报检资质的企业进行申报。

第四，清单经海关、检验检疫审核后，若无异常则放行进入终端配送环节。

总之，跨境电商进口解决方案是通过"直邮进口"和"保税进口"的模式，以"快速通关、便捷服务"为目标，引导境内消费者通过"阳光"通道进行跨境网购活动，全程电子化管理实现商品追溯（见图7-15）。

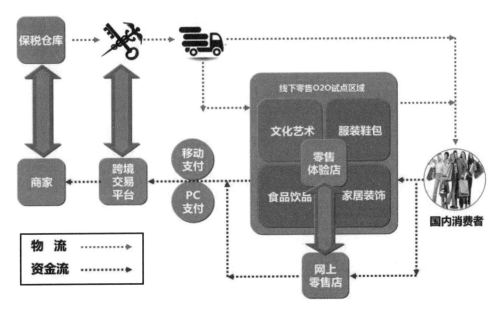

图7-15 跨境电商进口流程

保税进口服务主要为跨境电商平台提供从国外运输，国内保税区备货，保税仓储，并在订单产生时直接从保税仓通关、分拣包装并发货的一体化服务。保税进口服务按照"整批进、分散出"的形式进行；"整批进"就是整批进口货物通过海外通综合服务平台向海关备案并申报进入海关保税区；"分散出"就是跨境电商将个人网购后产生的订单传送至跨境电商综合服务平台，平台立即向海关申报，实现自动化电子清关，清关成功后将根据订单分批运出保税仓并安排派送。服务对象为有进口保税仓储需求的境内垂直行业电商平台、跨境电商海淘平台以及海外电商产品供应商。

服务流程如图7-16所示。

直邮进口服务主要为跨境电商企业、平台提供从国外收货、国际运输，国内报关清关，国内派送的一体化服务。服务对象为中国境内或境外独立电商平台企业、综合性电商平台商家、品类较分散的代购平台。

服务流程如图7-17所示。

· 235 ·

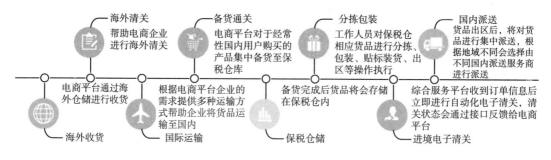

图 7-16　保税进口服务流程

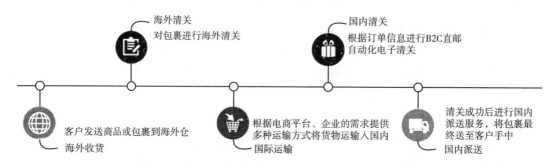

图 7-17　直邮进口服务流程

7.6.3　跨境电子商务的进口业务平台

跨境电子商务进口平台，是指不同国家和地区的交易主体（个人或企业）通过互联网等其他信息平台实现把其他国家和地区的商品进口至本国的贸易方式。通常来说就是帮助国内消费者实现海外购物的网络平台。跨境电子商务进口平台经营主体大致可分为三类：一是自建跨境电子商务销售平台开展进口业务的企业；二是利用第三方跨境电子商务平台开展电子商务进口的企业；三是为电子商务进口企业提供交易服务的跨境电子商务第三方平台。跨境电子商务进口平台主要有快件（含邮政快件）和批量两种模式。这两种模式均为主流的跨境电子商务进口贸易的渠道。批量模式有满足监管部门监管需要、加快物流配送时效、降低物流成本等诸多优势，但大多数国外大型电商平台出于物流、成本、经营模式以及本国法律等方面的考虑，目前没有参与批量模式。而快件模式，消费者可以在全世界数以万计的购物网站中去选择，其优势也是显而易见的。

目前，跨境电子商务进口平台模式主要有 M2C、B2C、C2C，结合我国的实际情况，跨境电子商务进口平台模式可以详细划分为以下十类。

模式一：M2C 模式。平台招商，开放平台让各类国际品牌入驻。这类模式的特点是"直销、直购、直邮"。平台帮助国外的零售产业与国内的消费者对接，就是海外零售商直销给国内消费者，国内消费者进行直购，商品海外直邮到国内。此类模式需要商家拥有海外零售资质和授权，并且提供本地退换货服务，这使用户的信任度极高，具有品牌优势。

模式二："保税进口+海外直邮"模式。实行该模式的平台通过与自贸区合作，在境内保税区建立跨境物流仓，全面铺设跨境网点。这类模式一方面获得了法律保障，规避了法律风险；另一方面极大缩短了消费者从下单到收货的时间，大幅降低物流成本，提高物流效率，给消费者带来更具价格优势的海外商品。

模式三："自营＋招商"模式。这类模式的特点是通过自营最大限度地发挥企业的内在优势，在缺乏优势的方面则通过招商模式来弥补不足。

模式四："直营＋保税区"模式。这类模式除了拥有自营模式本身具有的优点，还因为采取保税物流模式极大地缩短了消费者下单到收到商品的时间，并且保证快递信息全程可跟踪。

模式五："海外商品闪购＋直购保税"模式。该模式采用了目前海关管理模式中级别最高的"三单对接"标准。所谓的"三单对接"指的是将消费者的下单信息自动生成为用于海关核查备案的订单、运单以及支付单这三张单证，并实时同步给电商平台供货方、物流转运方、信用支付系统三方，形成四位一体的闭合全链条管理体系。

模式六："自营跨境 B2C 平台"模式。此类模式主要通过在自贸区设立仓库，以自贸模式（即保税备货），将商品销往国内，这类模式可以极大地改善跨境网购的速度体验，该模式的劣势主要是初期占用的资金量大，货源组织要求严格，比其他模式更加注重对消费者需求的掌控这三个方面。

模式七："导购返利平台"模式，此类模式的平台是针对国内消费者进行海外网购的返利网站，其返利商家主要是国外的 B2C 或 C2C 网站。该模式与其他平台模式相比特点在于运作流程分为引流与商品交易两个部分。技术要求不高，入门的门槛也相对较低。但长远来看平台模式无特色，缺乏核心竞争力。

模式八："垂直型自营跨境 B2C 平台"模式。此类模式的特点是平台选择自营的品类比较单一集中。在特定领域里以低于市场价的折扣力度来吸引消费者。这类模式的消费者回购率较高。但品类不如其他平台模式丰富且前期投入资金较多。

模式九："跨境 C2C 平台"模式。该模式是比较早期的代购模式，走跨境 C2C 平台路线。这类网站进口商品品类全，消费者可选择商户范围广，满足消费者细致化、多样化、个性化发展的需求。但该模式下难以建立完整的跨境供应链体系，不具备物流优势。

模式十："内容分享/社区资讯"模式。这类模式是伴随着新媒体运营发展迅猛而兴起的比较新颖的平台模式，通过分享资讯和内容的方式来推荐商品，吸引用户浏览最终达到销售意图。该模式依托新媒体运营传播快，拥有海外品牌培育基地。但该模式兴起的时间较短，想要发展需有完善的供应链体系。

以跨境电商进口平台来阐述，可以选取部分典型案例。

天猫国际的"保税进口＋海外直邮"模式。在 2016 年跨境进口新政实施之前，天猫国际通过与保税区合作，在各地建立保税仓库，并且在宁波、上海、重庆等跨境电商试点城市，全面铺设跨境电商网点。天猫国际从上线以来，就以 100% 海外商家，100% 海外正品，100% 海外直邮模式吸引大量的中国海淘消费者。2016 年天猫国际宣布平台已经拥有来自 53 个国家和地区的 5 400 种品牌产品，其中，有 4 300 个品牌从未在中国市场销售过。天猫国际毫无疑问是国内跨境电商进口平台的巨无霸。

苏宁海外购的"自营＋招商"模式。苏宁海外购最开始的跨境电商模式就是"自营＋招商"模式，选择这种模式在最大限度上发挥了苏宁作为传统渠道"老大哥"的自然优势、供应链优势和资金量优势，同时利用全球招商也弥补了苏宁在品牌多样性上的不足。

2016 年苏宁的张近东提得最多的就是跨境 O2O 的电商模式，要通过前店后仓的 O2O 商业一体化，实现体验、提货一站式的服务，充分利用线下店铺公共展示来体验服务的优势，选择一批平台型的企业，把保税仓建立在店内，把门店仓库作为保税区进行监控管理，实现展示、体验、销售、支付一条龙服务。

京东全球购的"自营＋平台"模式，京东全球购业务提供日本、美国、澳大利亚、英国等国家的进口商品，首批上线的商品有 15 万多种，品牌数量 1 200 多个，店铺 450 多家。京东全球购目前采用的模式是"自营＋平台"招商模式，自营模式是京东自己采购，并且有保税区的企业提供服务和支持，平台模式则类似于天猫国际。

聚美优品海外购"直营＋保税区"模式，聚美优品最强大的品类就是化妆品等热销产品，聚美优品在用户、品类、品牌等方面都具备很强大的优势，而且作为一个美国的上市公司，聚美优品一直拥有非常大的客户流量优势。未来聚美优品的自营业务会加大，因为这样的模式更容易管理供应链，企业通过直接参与采购、物流、仓储等流程，让客户有更好的体验，提供更好的服务。聚美优品非常有忧患意识，认为市场红利期结束后，更多地要靠模式的变化，创造更好的客户体验来赢得市场。

唯品会的"海外商品闪购和直购保税"模式。目前唯品会的跨境电商保税区模式占其 90% 以上的市场份额，而且仅仅用了 1 年时间，唯品会的日均订单就增长了 100 倍。唯品会拥有非常坚实的客户资源，而且具备非常强的客户黏合度，即使提高产品单价，它们的价格仍然会有非常大的优势。对于唯品会跨境电商的未来，公司表示，会在跨境电商投入更多资源和资本，因为未来中国中高端的消费市场空间非常大，而且国家对跨境电商扶持政策力度也会越来越大。

"跨境电子商务"专栏四

致欧科技：卡位跨境电商，打造家居龙头

一、公司介绍

致欧家居科技股份有限公司（以下简称"致欧科技"）业务起源于德国汉堡，于 2010 年正式成立。致欧科技自 2010 年成立以来一直专注于为消费者提供优质的家居产品，旗下拥有 SONGMICS、VASAGLE、FEANDREA 三大自有品牌，其产品包括家具系列、家居系列、庭院系列以及宠物系列等品类。

二、依靠亚马逊平台高速发展

自 2020 年以来，受到新冠肺炎疫情的影响，物流运输业快速发展，消费逐步由线下转移到线上，人们的生活方式和消费理念经历了巨大变革，消费者普遍更加注重产品的品牌形象、创新设计、产品品质以及消费体验，对家居行业提出了更高的要求。为了更好地服务海外用户，致欧科技做了以下布局。

第一，专注于为消费者提供优质的家居产品。致欧科技以发展自有品牌为战略，通过建立一套适合线上销售快速响应的前端产品研发和信息系统的开发体系，以及协同高效地覆盖中后端跨境产品采购、仓储物流等环节的供应链体系，两者相辅相成，以达成持续、健康、稳定的发展。

第二，以发展自有品牌为战略。致欧科技成立以来追求以良好的用户体验赢得用户的口碑。产品先后进入西欧、北美、日本等超过 50 个国家和地区市场，2018 年，公司已经成为欧美市场备受欢迎的互联网家居品牌之一。

第三，致欧科技从诞生开始，就和亚马逊共成长。从销售模式来看，致欧科技旗下产品主要是通过 B2B 和 B2C 模式。其中，利用亚马逊、Cdiscount、ManoMano、eBay 等海外线上 B2C 平台直接销售给消费者的模式收入占比最大，高达八成以上。

第四，注重研发。在研发能力方面，致欧科技在长期研究及实践探索的基础上，通过自主研发等方式积累了多项核心技术，先后设立郑州、洛杉矶和深圳设计研发中心，汇聚全球设计人才，自主研发的技术成功应用于主营产品及经营活动。截至 2021 年 3 月 31 日，公司已经获得超过 290 项专利。致欧科技凭借卓越的产品创新设计能力，对自有产品不断进行推陈出新，将产品品类向全屋场景拓展，形成了多材质、多场景的产品矩阵，为全球家庭提供更高品质的家居产品。致欧科技的产品设计也获得了多方认可，荣获"中国设计智造大奖佳作奖""当代好设计奖"（contemporary good design award）以及意大利 A'Design Award 设计奖等奖项。

第五，致欧科技为优化物流配送，在西欧、北美、日本以及中国多地设立物流配送中心，总面积超过 17 万平方米。在公司自主研发的数字化管理系统支持下，物流体系可以高效覆盖主要市场。在供应链端，致欧科技利用新业态、新技术改造中国的传统制造业，将数以百计的中国中小企业融入自身价值链，对接全球用户需求，为其打开新的发展空间。

三、结论

疫情之下，家居消费渠道由线下加速向线上转移，且由于海外生产线受阻，欧美多地的家居产品销量暴涨，让原本火爆的家居市场更是火上加火。对于致欧科技而言，这是一个巨大的商机，将进一步带动其营收及利润规模增长。不过，致欧科技营收主要来源于海外市场，而且亚马逊是公司最主要的线上 B2C 销售平台，2020 年收入占主营收入达到 72%，占比较高，一定程度上反映出公司对其议价能力较弱。一旦致欧科技与亚马逊平台的合作关系发生变化或平台费率出现较大调整，可能对公司的经营活动造成一定冲击。因此，致欧科技如何拓展销售渠道，减轻对亚马逊的依赖是未来发展的关键。

（资料来源：致欧科技官网、《中国经营报》、《国际经济评论》）

7.7　跨境电子商务面临的问题

跨境电子商务这些年虽然发展得十分迅猛，交易额、成交量占外贸的比重越来越高，但是，在形势一片大好之下，还是面临着不少问题，主要有税收问题、信用与支付问题、售后问题和物流问题等。

7.7.1　税收问题

第一，税收法规落后于跨境电子商务的发展。我国目前是严格按照《中华人民共和国海关法》（以下简称《海关法》）来实施征税的。《海关法》第53条规定："准许进出口货物、进出境物品由海关依法征收关税。"但对跨境电子商务这一新兴贸易业态的税收征管问题并未涵盖，法律的滞后给税收征管带来诸多困难。

第二，税收管辖权的界定困难。电子商务是基于虚拟的计算机空间展开的，丧失了传统交易方式下的地理因素，电子商务中的制造商容易隐匿其住所。这种远程交易的发展，给税收部门制造了许多困难。税收权力只能严格地在一国范围内实施，网络的这种特性为税务机关对超越一国的在线交易行使税收管辖权带来了困难。

第三，交易界定困难。目前我国跨境电子商务以货物进出口为主，增值税是跨境电子商务的主要税种，交易价格也就成为征税的重要依据。跨境电子商务实现了从生产者到消费者的直接联系，中间环节大大减少。交易主体往往在一瞬间完成货款支付，并且大多数情况下并不会留下任何书面依据。这使税务机关难以监管商品真正的交易价格，给增值税的征收带来很大的困难。

第四，征税手段难以确定。小额电子商务交易支付都是在互联网上完成，一般情况下消费者收到货物时，交易就算正式结束。在这个过程中，没有人主动去税务机关申报纳税，也没有所谓的代扣代缴义务人。整个征收链条的不完整性导致难以确定合理的征税手段。

但现在国家正在进一步规范跨境电商的税收。2016年3月24日，《关于跨境电子商务零售进口税收政策的通知》正式发布，史称"海淘新政"。这次新政的主要内容涉及：2 000元以内进口跨境电商零售进口商品，关税税率暂设为0，进口环节增值税、消费税取消免征税额，暂按法定应纳税额70%征收。如果商品超出免费限额则全额征收关税，超过单次限值、累加后超过个人年度限值的单次交易，以及完税价格超过2 000元限值的单个不可分割商品，均按照一般贸易方式全额征税。行邮税收也一并调整并进行提高。

7.7.2　信用与支付问题

第一，信用评价和标识亟待统一。电子商务具有虚拟的特点，它不仅具有传统商务活动的风险，而且还具有自己独特的开放性、全球性、低成本、高效率特点。交易双方的行为、市场中介的行为等都具有极大的不确定性，不守信用的行为在电子商务领域中更加突出。而建立电子商务信用保障体系还存在着许多制约因素，例如缺乏信用意识和信用道德规范、企业内部电子商务信用管理制度不健全、信用中介服务落后、缺乏有效的法律保障和奖惩机制等。跨境交易更加要求完善的、跨区域、跨文化、跨体制的信用体系来支持更加复杂的交易环境，对当事人的商业信用提出了更高的要求。

第二，电子支付面临制度困境和技术风险。跨境电商支付涉及国际贸易、外汇管理等环节，复杂程度较高。跨境电商第三方支付行业发展迅速，支付宝、易宝支付、钱宝、京东网银等22家第三方支付公司已经获得跨境电商外汇支付业务试点资格，拥有跨境支付牌照，被允许通过银行为小额电子商务交易双方提供跨境互联网支付所涉及的外汇资金集中收付和相关结汇服务。但是第三方支付还是面临不少现实困难。通关、退税等跨境业务复杂，在一定程度上制约跨境支付的推进。境外买家支付美元不能直接到国内兑换成人民币，企业资金回笼面临外汇兑换问题。目前缺乏统一的法律法规制度对跨境支付加以规范，支付信用安全风险、跨境消费者和商户身份认证技术性风险高，跨境交易资金流向监管难。

7.7.3　物流问题

第一，我国跨境电子商务物流政策支持不足。跨境电子商务在我国起步较晚，但是发展速度惊人，例如最具有代表性的阿里巴巴。但我国还没有出台扶持相关企业的具体政策，对零售出口企业在海关、检验检疫、税收等方面遇到的问题暂时没有具有针对性的措施。另外，国家在近年建立了基础信息标准和接口的规范准则，目前只有一小部分地区实现了海关、出入境检验检疫、税务、外汇管理等部门与电子商务企业、物流配套企业之间的标准化信息流通。与发达国家相比较，我国的政策支持尤为不足，这在某种程度上阻碍了跨境电子商务企业以及物流企业的快速发展。

第二，当前国际物流发展速度与跨境电子商务需求不匹配。我国跨境电子商务发展速度是十分惊人的，2014 年约为 3.75 万亿元，2015 年约为 5.3 万亿元，与之相对应的物流企业，从事跨境电子商务的物流公司比较少，大多数是由国际快递公司完成物流配送服务。如此大的物流量，仅仅靠国际快递企业是远远不够的，尤其是在购物旺季，经常会出现快件积压、爆仓等现象，这给跨境电子商务的发展带来了巨大障碍。

第三，我国物流基础设施不完善。物流在我国出现的时间比较晚，整体物流环境相对比较差，连接不同运输方式的交通枢纽比较少，各种配套设施也有待完善，由于跨境电子商务涉及跨境的仓储、配送、运输、报关、核税等一系列问题，为了使运输过程损耗尽可能减少，且速度更快、成本更低，需要建立合理高效的物流体系，并且需要更先进和完备的物流设施。然而，目前国际快递的运输时间长、手续多、成本高违背了跨境电子商务物流快捷和便利的特点，严重制约了跨境电子商务的进一步发展。

7.7.4　售后问题

第一，售后服务观念淡薄，服务流程不规范。有些跨境电商企业面对激烈的竞争压力，为了提高销售额并迅速占领市场，往往采用重销售前、轻销售后的服务模式。对销售后的资金投入不足，没有形成完善的售后服务管理体制，未对服务人员进行系统的培训和教育，整体业务素质较低。售后服务能力差，缺乏服务精神，售后服务人员水平不一，服务意识淡薄，缺乏良好的售后服务心态。

第二，忽略售后服务过程中的信息反馈。目前大多数电商企业建立了产品售后信息收集平台，例如允许客户在购买产品后对所购产品或购买过程中进行评价，客服人员也专门做一些客户回访。但是中小企业没有过硬的技术以及足够的投资，因而没有充分利用和挖掘售后信息所隐藏的内部消息资源，使售后信息的收集流于形式，对很多客户反映的问题得到及时、有效的回馈，最终对潜在客户购买决策的制定造成很大的负面影响。

第三，售后服务形式单一。电子商务为消费者提供了更为广阔的购物平台，也为许多电商企业提供了前所未有、广阔的营销渠道。但很多电商企业在提供售后服务时，没有充分利用互联网的优势，忽略了在线技术咨询、产品升级等网络手段的便利性，依然采用传统的服务方式例如技术人员上门服务等，这些方式成本高且局限性较大，难以解决一些客户特别是数字产品用户的真正问题。

"跨境电子商务"专栏五

SHEIN：跨境服饰领域内的黑马

一、公司介绍

SHEIN 是一家成立于 2008 年的跨境 B2C 互联网企业，主要经营女性快时尚领域，为全球消费者提供高性价比的时尚产品。公司依托中国供应链优势，不断整合行业资源，建立从设计开发到纸样打版、从面料采购到成衣制造、从电商营运到售后服务的完备的供应链体系，实现产、研、销一条龙。在全球建立了五个客户服务管理中心，快速解决客户购买过程中与售后过程中的问题。依托自有的强大 IT 技术实力，运用 IT 技术提升业务效率，结合跨境电商的特点，不断优化业务流程，使各个业务环节无缝链接。公司产品拥有良好的市场发展潜力，并致力于通过品牌经营的不断优化成为跨境精选时尚零售市场的领先者。

二、SHEIN 的核心竞争优势

第一，SHEIN 本身拥有极致的性价比以及超高频的品类上新。打开 SHEIN 的官网会发现，一件衣服原价大概只要 10 刀，裙子只要 20 刀。在此基础上，SHEIN 还会再打个 8~9 折。结算的时候，用上满减优惠、新人折扣等各种优惠券，一件衣服最终到手价竟然低至 3 刀。同时在官网内数据可以看到当天服饰的上新品类，平均折算下来一周可以做到上新 2 万件，并且能够在速度快的同时做到款式更多样化，通过细微之处的改变，SHEIN 迎合和满足了不同国家地区、不同肤色、不同身型和喜好的人群需求。为其国际销售奠定的一定的基础。

第二，SHEIN 能够做到精准化运营，精准地把握早期流量，深耕私域流量生态。公司 10 余年成长过程中，紧跟海外互联网营销趋势变革，充分享受早期互联网搜索引擎到社交平台兴起、网红流量的几轮红利。并成功搭建起独立站平台，构建起流量壁垒，加上借助互联网和社交引擎精准营销，做到时刻顺应变化。借助丰富的算法、多元化的营销方式，从传统的 Facebook、Google 等广告投放作为基础，再向 Instagram、Twitter 等社交媒体流量传播迈进。鼓励用户推广产品，结合站内、站外数据进行定向再营销，并利用海外 KOL 与明星带货推广。同时借助自身强大的算法体系，捕捉 Google Trends 趋势，不断紧跟潮流，持续实现高效的营销投入转化。并且因为本地化运营，能够把握当地消费者喜好和风格。公司从一个国际站逐步扩张至各个区域站点，并将不同地区的站点充分融入当地文化和消费者审美风格，更灵活地满足当地市场需求。

第三，SHEIN 拥有出色的供应链管理体系。公司通过供应链管理系统、经营管理经验赋能供应商。公司借助国内优秀的服装供应链产业集群，给供应商最好的账期优惠和打款速度，同时自身爆款命中率高、订单充足、滞销少，吸引第一批供应商。同时与国内中心仓、海外中转与运营仓紧密合作，直面全球市场。SHEIN 采用集中建仓与海外中转运营仓配合模式运营。国内中心仓设在广东佛山，周围有几个卫星仓。并且本地电商

具有配送时效优势，新兴市场中 SHEIN 时效领先。在东南亚与中东等新兴市场，由于当地物流配送与基础设施建设水平欠完善，交付时效不高，除本土电商外，各国际品牌普遍送达时间在 5 天以上。

三、结论

SHEIN 成功实现从中国制造向中国创造的跨越，且印证了跨境电商仍有众多新兴模式，面对千禧一代与 Z 时代消费力的崛起，价格和用户体验在这类消费主力军中仍处于不可或缺的地位。能够激活这一类群体同样需要在未来创造出更多新颖的电商跑通模式。

尽管"网红经济"是否能够长期生存目前来说还是值得商榷的，但就现阶段而言，抓住这一流量商机还是值得一试的。像 SHEIN 那样通过与当地市场的 KOL、KOC 等进行合作，把"网红经济"玩出了水平，获得消费者们的认可与喜爱。

（资料来源：SHEIN 官网、《对外经贸实务》、《经营与管理》）

7.8　跨境电子商务在中国的未来

跨境电商在中国的未来就是现在发展进行中的跨境电商 3.0 时代。跨境电商 3.0 时代将会发生巨大的变化。

7.8.1　跨境电商出口方面

第一，价值链格局会改变。中国传统外贸出口的增长更多是建立在劳动力红利、生产资料红利的基础上。海外采购商选择中国供应商，更多是因为中国供应商的产品价格低廉，而类似于沃尔玛这样的国际采购巨头更是通过超大额的订单，把中国生产商的剩余价值压榨到极限，可以说，中国传统外贸很长时间内赚到的钱不是赚出来的，而是省出来的。

这个现象的根源就是我国传统外贸出口长期处于价值链的最底端。在传统外贸出口时代，很多优质的外贸企业也开始进行自我品牌化和海外渠道拓展，但是都付出了高昂的市场成本。因为在海外品牌运作、海外本土化市场拓展中，中国的外贸中小企业在人才和资本资源上都处于劣势。而现在互联网跨境电商在一定程度上打破了这样的瓶颈，中国供应商可以直接对接海外零售终端客户，推广互联网营销，建立推广自己的品牌，开拓自己的市场，通过参与价值链的前端销售环节，中国供应商不仅可以赚到生产利润、销售利润，而且可以赚到个性化定制、品牌溢价带来的增值利润。

第二，外贸销售流程的变革。在传统外贸出口模式下，外贸出口流程是"中国供应商—进口商—进口批发商—进口分销商—终端零售商—消费者"。这样的外贸出口流程存在着效率低下，利润被层层盘剥的劣势。跨境电商的销售流程效率更高且扁平化，在跨境电商平台上，中国供应商直接与海外采购商对接，大大提升了效率，减少了流通环节带来的利润损耗。

第三，商业模式的颠覆。相对于单一的传统外贸出口模式，跨境电商具有多模式、多渠道的优点，跨境电商企业可以根据自己的企业特征，选择符合自己发展利益的商业模式，目前主流跨境电商的商业模式有跨境电商 B2B 模式、跨境电商 B2C 模式、跨境电商 O2O 模式、跨境电商 B2B2C 模式、跨境电商 C2B 模式等。商业模式的丰富，让跨境电商企业在市场竞争中更灵活，更能展现出符合自己出口利益的优势，这样才能真正有利于跨境电商企业发展和成长。

第四，倒逼中的创新和变革。在传统外贸出口模式下，中国制造企业更多选择的是OEM 模式，这种方式造成中国很多外贸出口企业长期缺乏创新和变革意识，最终导致企业生命力弱小。在跨境电商模式下，中国的供应商直接与海外终端零售客户对接，如何更好地满足客户持续的需求，如何更好地提升海外客户的体验感，是跨境电商企业每天必须思考的问题，因为只有满足客户的需求，企业才可以发展，订单才可以增加。这种模式，倒逼着中国企业去创新与研发，而在跨境电商时代，中小企业研发创新环境更好，因为可以利用大数据的优势，利用社交媒体的客户评论，让客户参与产品设计，这样设计出来的产品更具市场活力，企业的竞争力也更强。

第五，小而美取代规模化。对于中国制造业的未来，小而美的模式会越来越流行。小而美的公司特征是轻资产，不需要靠生产规模去盈利，互联网优势明显，它们通过跨境电商可以实现国际化、全球化的销售，产品科技含量高。同时小而美的公司更多专注于满足客户的个性化和定制化需求，通过产品品牌附加值赚钱，这样小而美的模式才是中国制造的发展之路。

第六，跨境电商拉动服务贸易发展。2016 年 3 月 30 日，一达通以出口规模超过 150亿美元成为全球最大的跨境电商综合类服务平台，这使阿里巴巴在 2016 年成为中国跨境电商综合服务平台最耀眼的明星。一达通通过外贸全交易链在线化、数据化的方式，建立了一个外贸出口的生态圈。随着这个生态圈越来越繁荣，类似的生态圈越来越多，它们会给中国的外贸领域提供越来越多的市场机会和就业机会。这类生态圈的发展会涌现包括跨境物流在线体系、跨境金融服务、跨境电商培训、跨境电商运营、知识产权保护、客户成长服务等综合类贸易服务。通过生态圈的发展，中国外贸会更加繁荣，效率更高，最终推动中国外贸出口繁荣增长。

第七，中国制造 2.0 时代。中国制造的未来模式应该用以下关键词描述："互联网 +全球化 + 智能化 + 品牌化 + 个性化定制"。跨境电商给中国制造带来的是全球化的机会与资源，通过跨境电商，中国的商品可以用零售的方式货通全球。通过跨境电商全球化营销推广，中国制造的海外品牌会变得越来越强，最终通过品牌化战略实现企业的腾飞。

第八，"蚂蚁"和"大象"共舞。通过跨境电商，中国制造的未来应该是"蚂蚁"与"大象"共同繁荣的状态。品牌企业靠客户体验，通过海外仓、目的国本土运营、海外品牌化战略等，让企业越来越强大。而小而美类似的创业企业会更关注海外市场个性化需求的满足，更关注高门槛的科技项目，通过跨境电商的方式成为世界商店。在这个系统里，既会有小而美类似的公司，也会有超级强大的品牌企业，彼此共荣，共同发展，生生不息。

7.8.2 跨境电商进口方面

第一，跨境 O2O 模式受到推崇。跨境 O2O 模式，既能让国内消费者不出国门享受海外产品和服务，又可以带动国内制造业转型升级，把海外消费留在国内，给国内企业增收。跨境电商O2O模式成为一个热点，主要原因还是跨境电商3.0时代，客户对跨境电商商品有更高的品质要求，同时希望拥有更好的跨境购物体验。

　　跨境电商O2O把offline放在国内，跨境电商先在国内建立一个跨境商品的体验店，用来展示跨境商品，因为很多跨境电商的目标买家获得的产品资讯不多，需要一个实体店铺便于消费者体验商品，但购买还是在跨境电商在线平台上发生，只是消费者可以在跨境电商O2O店铺内直接实现提货。这种方式大大增加了用户体验，提升用户满意度。

　　第二，跨境进口电商对产品品质要求更高，企业要赢在供应链。跨境进口电商供应链是最核心的环节，供应链的效率和优势直接决定着跨境进口电商企业的生存和发展。2016年4月实施的进口跨境电商新政规定，进口商品50元起征税全面取消，改为实行跨境电商综合税，所以跨境电商传统保税区模式的优势就没有了，跨境电商的直邮模式会变得更加重要，而且海关对直邮的监管会变得越来越严格。

　　进口跨境电商税收新政是对跨境进口电商一次彻底地调整和清理，"税改"新政实施后，如何通过供应链获得正品是考验每一个跨境电商进口商家的关键。只有专业跨境供应链服务公司，才能做到产品原产地可以追溯，每个细节可以追溯，每个节点可以追溯，从源头到代理商，到海关，到保税区，到商检，每一环节通过系统和数据能让消费者看得明明白白，保证正品。如此，用户对产品信任度就会提升，用户体验会提高，跨境电商企业的竞争力才会增加。

　　第三，跨境电商的物流时效会大大提升。跨境进口电商，特别是中小跨境电商最大的问题就是产品到消费者手中的时间难以把控，跨境进口电商的时效性非常差，造成消费者购物体验差。例如从美国进口的商品，需要超过10天才可以送达消费者手中。大企业要充分利用自己的采购体系，清关和报关都由自己完成，缩短物流时间，同时在保税仓建立自己的跨境物流体系。

　　无论是进口跨境电商还是出口跨境电商，未来如何提高跨境电商的物流水平，如何解决时效性问题，都是需要跨境电商企业不断探索、不断提升服务的。

【章末案例】

从"跨境通"看跨境电商平台的品牌化演变

　　互联网向来第一稳坐，第二至第N从头至尾不断厮杀，轮流更替。要做到这个第一，首先要有独特门槛优势；其次要有自身不断"换血"的能力。

一、企业介绍

　　上海跨境通国际贸易有限公司（以下简称"跨境通公司"）于2013年9月10日成立。作为中国（上海）自由贸易实验区首批25家入驻企业之一，跨境通是自贸区内一家从事跨境贸易电子商务配套服务的企业，专注于在互联网上为国内消费者提供一站式国外优质商品导购和交易服务，同时为跨境电子商务企业进口提供基于上海口岸的一体化通关服务。

　　跨境通秉承正品保证、税费透明、售后保障、价格适中、物流便捷、支付方便的经营宗旨为消费者营造良好的购物体验。跨境通的合作商户和所卖商品都经过了海关、检验检疫部门的备案，避免了消费者买到假货的风险，所有出售的商品都有相应的售后服务保障机制。跨境通网站上的每件商品都以中文进行说明，克服了海淘中遇到的语言障碍，并清楚地标明商品本身的价格、进口关税和物流费用，使消费者对支付的价格结构有清晰地了解，而且消费者只需支付人民币，省去了海淘中兑换外汇的麻烦，完成订单后跨境通网站还会提供缴纳进口关税的缴税凭证；线下，跨境通于浦东机场自贸区内搭建了跨境贸易电子商务的专业仓储设施，为合作商户各类商品的进境流程提供仓储服务和报关报检服务，并与国际、国内知名物流企业开展合作，确保快递配送服务质量。

跨境通公司的合作商户来自全球各地，它们在跨境通网站平台上主要经营进口食品、母婴用品、保健食品、鞋靴箱包、护肤彩妆、时尚服饰配饰、3C电子产品，以及生活家居八大类商品。

目前平台为入驻商户提供以下服务：备案服务；商品交易、导购和推广服务；通关服务；跨境资金结算服务。

二、跨境通着意打造优质跨境电商平台

作为上海自贸区最早入驻的企业，跨境通一直以来致力打造品牌跨境电商。为此跨境通做了不少努力。

第一，建立品牌电商，先深挖消费需求。

就目前层出不穷的跨境电子商务而言，跨境通品牌独特优势在于集合了海关、商检、外管等监管政策特点，不断扩容线上电商平台及线下仓库运能，这是品牌发展的基础。企业通过在跨境通平台上备案获得优质的平台服务，而国内消费者足不出户即可便捷地买到与海外同质同价的商品，品牌建设的发展初期绝对要抓住消费者的购物习惯和购物需求，解决有海购需求的消费者之所急，才能走向长远的发展。

第二，电商角逐时代，做精产品和服务。

电商混战时代，其最重要的内功依然是把地基打好。跨境通首先对平台销售的每一件商品负责，可追溯源头；其次对每一个消费者和商户负责，让所有在跨境通平台上的消费者和商户感到行业带来的便利和行业发展的势头，通过不断地现场交易，实现良性口碑宣传，从而带动消费者在跨境通平台上从初期模糊消费到成熟信赖消费的转变。

目前，跨境通已经分别在上海浦东机场综合保税区、外高桥保税区、洋山保税区、松江出口加工区、嘉定出口加工区等地给数百家企业和数百万消费者提供了稳定高效的服务。这也是迅速打好平台地基，做好产品内容的内在功夫，做好内在功夫，消费者才会真正放心买单。

跨境通有非常好的购物体验，很实惠的商品价格，支持人民币付款等多种支付方式，超短快递周期，已经打通了跨境购物整个生态链，全面提升跨境品牌服务内容。跨境通App上线一个月，就实现每日25%的用户增长量，说明消费者对跨境通团队服务是认可的（见图7-18）。

第三，沟通潜在消费，爆发口碑式营销。

促销方式各有特色，目前跨境通崇尚简单易用，使消费者能够以更简单的方式进行参与，譬如优惠券方式，加购、买赠等活动，活跃商品活跃用户。

从2015下半年开始，跨境通品牌通过线上、线下的实战，不断提升行业影响力，在

图 7-18　跨境通的购物模式和国内网购一样

线上平台定期推出品牌化的品牌大促活动，通过"双 11"、黑色星期五、"双 12"等海购狂欢节，为消费者提供优质低价的进口商品；线下跨境通服务团队配合上海海关和上海国检为上海口岸放行了数十万计的包裹，各项交易指标频创历史新高。在 2016 年推出的年末圣诞、元旦活动是跨境通历史上跨度最长，优惠力度最大，消费种类最为齐全的海购大促，通过实行自贸满 88 元包邮活动，圣诞进口礼包，抢红包、抢福袋、整点秒杀、+1 元换购、9.9 元进口专区等活动持续与消费者互动，让消费者的潜在购买欲转化为真正的购买行为。

这些虽然都是最基本的营销方式，但是很好地激发海购消费者的购买冲动，从而提高转化率。跨境通始终秉承最成功的营销方式是把网站的产品内容做好，把售后服务和购物体验做好，让每一个消费者从进入网站开始都能有效地转化为跨境通的营销口碑，这是极具优势的营销模式。

第四，降低采购门槛，实现双方共赢。

跨境通入驻的商户分别有品牌方、厂家、品牌授权的经销商等。其中有很多国外品牌一直想入驻中国市场"分蛋糕"，可惜在监管政策上没有得到相应的支持，而现在上游渠道的境外商户可以通过跨境通向监管部门备案，商品可以按照境外商品检验标准转入网络上售卖，国内消费者通过跨境通渠道购买以往出境才能购得的进口商品，并且还能享受各种免税的政策，供需双方各取所需，跨境通平台有效建立了供需双方的桥梁。

三、结论

跨境通作为首批上海跨境电子商务创新产业探索企业之一，从创立初期就坚持从跨境行业长远发展角度出发，积极承担了行业发展巨额的开拓成本，降低了跨境电商行业的准入门槛，使境外商户获得跨境通的优质服务，同时满足了国内日益高涨的消费升级需求。

跨境通的品牌意识如今已经取得初步成果，越来越多的海外品牌认准跨境通，在第一时间入驻跨境通。跨境通将继续承担境外品牌入驻中国市场试验田的职责，服务好国外的品牌商，服务好国内的消费者，把跨境通打造成国内一流的、品质服务取胜的、让商家和消费者都满意的跨境电商平台。

（资料来源：跨境通官网、《南方日报》、《世纪商业评论》）

【本章小结】

借助互联网、现代物流与支付等信息经济基础设施，以网络形式进行交易、服务的跨境贸易活动，就是当前蓬勃发展的跨境电子商务。

本章首先以生意宝的案例让大家能够了解跨境电商的基本情况；其次讲述了跨境电商在国内的概括和发展；再其次介绍了跨境电商与传统外贸的区别，介绍了跨境电商的进出口流程以及各自的平台；最后分析了跨境电商所面临的一系列问题，并对跨境电商的未来进行了展望。这其中我们精选了兰亭集势、敦煌网、天猫国际、致欧科技、SHEIN 五个代表性的案例让大家能更好地学习、研究跨境电商，并能在将来学以致用，付诸在实践中。

【问题思考】

1. 在中国，跨境电商崛起对企业有何影响？
2. 传统外贸与跨境电商有何区别？
3. 介绍跨境电商进、出口流程。
4. 如何解决跨境电商当前所面临的一系列问题？
5. 以案例的形式，分析和阐述一个中国的跨境电商企业。

第8章 兴趣电商与分享经济

【本章要点】

☆ 理解兴趣电商的概念；
☆ 掌握兴趣电商的发展与模式；
☆ 理解分享经济的概念；
☆ 理解分享经济的概念与模式；
☆ 理解传统企业向分享经济转型；
☆ 了解分享经济发展的路径演进。

【开章案例】

辅仁药业：借助分享经济，探索创新新路

作为一个立足百姓的本土医药企业，似乎与创新研发有些距离，更是对国际先进技术望尘莫及，然而辅仁药业集团（以下简称"辅仁"）并没有因而故步自封，而是用探索的精神和立竿见影的行动力逐渐与国际接轨，并勇于探索出平台模式，在共享经济模式下，为医药行业探索出一条创新之路。

一、企业介绍

1998 年成立的辅仁药业集团有限公司，是一家以药业、酒业为主导，集研发、生产、经营、投资、管理于一体的综合性集团公司。辅仁药业集团一直遵循"济世药为辅惠民志在仁"的企业理念，以"专门、专业、专注"的产业发展方向，构建了一个合理的产业体系。

该体系囊括河南辅仁堂制药有限公司、河南辅仁怀庆堂制药有限公司、开封制药（集团）有限公司、开封豫港制药有限公司、河南同源制药有限公司、辅仁医药科技开发有限公司、辅仁药业集团医药有限公司、辅仁药业集团熙德隆肿瘤药品有限公司、北京远策药业有限责任公司、河南省宋河酒业股份有限公司以及上市公司辅仁药业集团实业股份有限公司等多家全资、控股子公司。产品涵盖了中西药制剂、生化制药、生物制药、原料药等多个门类，2010 年，"辅仁"商标被认定为中国驰名商标。

2005 年，随着河南辅仁堂制药有限公司成功实现上市，资本的力量不仅把辅仁推向一个飞速发展时期，其行业地位也逐步提升：在国家工信部公布的《2013 年度中国医药工业百强》中，按主营业务收入排序，辅仁位居全国综合类制药企业第 26 名。

二、企业的早期发展战略

辅仁先确立了"百姓药、辅仁造"的企业使命，提出"全球通用名药中国制造商"的初期企业定位。建立了以"多品种为核心、大产能为基础、大营销做支撑，带动辅仁大品牌的建立"的主导赢利模式。辅仁药业集团的飞跃，正是打造了这样一个以大品牌、大产能、大网络为核心的成熟平台，这个平台吸引了大量的医药研发单位加盟；建成了从研发到生产、销售的高效快速运作体系。借助这个平台，专利技术医药产品得以迅速问世，大幅降低经营运作成本，成为让百姓买得起、愿意买、买得到、疗效好的产品。

本着"和而不同、共赢天下"的经营理念，辅仁药业在分享全球化带来的利益时，强化企业的战略构想与对未来的把握。辅仁药业对外保持品牌个性共融，在市场发展大局下，又采取了不相同的品牌优势竞争策略，形成了共赢与共同发展。辅仁药业以国内非专利药最大供应商为基础发展目标，确立研发专利化、生产规模化、产品品牌化、管理创新化、市场国际化；以和而不同的理念发展公司个性，建立竞争力保障体系；建立科学系统的人力资源体系；建设研发体系。保证了旗下各品牌的自主竞争力。

"品种为核心，并购为主线"的早期发展战略最终让辅仁的产能和产品线在很短时间内飞速发展。企业使命结合新的市场环境迅速提出"大品种主导、利润导向和产品结构支撑"的经营指导思想，践行"聚焦品类、单点突破"的营销法则，始终贯彻"产量让位于质量、成本让位于质量"的质量管理方针，再加上"和而不同、共赢天下"价值理念，使早期的辅仁药业飞速发展。

三、借助分享经济，专注转型

飞速发展的辅仁药业没有骄傲自满，在发展中及早洞察了阻碍发展的行业短板：即创新能力的不足。创新能力不足是制约中国医药行业发展的瓶颈。随着国家以创新驱动为导向的发展战略的提出，近 5 年来，国内厂家创新药研发、申报数量激增，但是，每年批准的这类药品也还是凤毛麟角。另外，就仿制药研发方面，一种新药被批准以后，国内很快就会出现很多厂商仿制申报，20～30 家同时申报的情况很正常，甚至最多的可能会有上百家企业申报，这造成了药品研发资源的严重浪费。产生这些结果的最重要原因是我国缺乏创新药研发的历史积淀，缺乏高端人才资源，缺乏创新药物筛选及发现平台。

辅仁认为，医药企业可以通过共享经济思维，把研发产业链上的各资源方汇集在一个平台上，使资金、需求、技术、产品、人才等更好地配置与共享，这样研发资源的利用率与研发行为的效率会大大提高，而且研发机构的课题会有更广泛的筛选来源，更具有可选择性、针对性和方向性，能满足需求方的个性化需求。这种运用共享经济思维搭建起来的研发平台不是传统意义上的研究所和研究院模式，而是类似于阿里巴巴的互联网模式，把整个药品研发产业链全部建立起来，形成一个分享价值、协同发展、共赢互利的药品研发生态圈，促进药品研发的快速发展。

在平台建设上，辅仁比其他企业早走一步。辅仁自创立之初，就把研发创新作为企业发展的引擎，把兼并重组作为企业规模扩张的发展路径。在并购的同时，辅仁已经早一步开始创新平台建设。早在 2003 年，辅仁就成立了以研发创新为主要业务的辅仁医药科技开发有限公司。之后的十几年里，辅仁不断在研发创新上发力：2006 年，辅仁药业技术中心被国家发改委等五部委联合批准为"国家认定企业技术中心"，同时经人社部批准设立"博士后科研工作站"；2007 年，被河南省科技厅批准设立"河南省中药药物制备工程技术研究中心"；2011 年，与郑州大学联合成立了国家级重点实验室；2012 年，辅仁药业集团被河南省发改委、科技厅等部门授予"河南省十佳科技创新型领军企业"称号。辅仁药业集团目前被工信部中国医药工业信息中心评为全国十佳产品研发线工业企业之一。

在垂直价值链时期，在辅仁早期发展战略里，就率先提出"无围墙研究院"的研发战略，通过企业并购合作等形式，走大产能、多产品路线，成就了今天的"辅仁 1 000 剂"，奠定了立足百姓的大普药格局。

在新药快速仿制创新阶段，辅仁致力于如何通过对全国乃至世界各种医药资源的重组整合来发展中国的医药产业。2009 年，辅仁与专门从事基因药物开发及生产的北京远策药业签订战略合作协议，并对其实施资产重组。作为病毒生物技术国家工程研究中心的关联企业，远策药业在生物制药领域的研究在国内乃至全世界处于领先水平，辅仁开始在生物制药领域占据一席之地。

2012 年，辅仁与印度最大的抗肿瘤和抗艾滋病药物大型跨国制药企业熙德隆公司开始战略合作，合资成立辅仁药业集团熙德隆肿瘤药品有限公司，把高端抗肿瘤药品和抗艾滋病药品的研发、生产引入国内，弥补辅仁在抗肿瘤、抗艾滋病药物研发、生产领域的不足。

从 2014 年开始，辅仁对"无围墙研究院"研发战略进行升华，把研发思维由最开始垂直价值链转变为双边市场思维，真正做到医药研发机构的"去边界化""去中心化""去中间化"。通过搭建协同、共赢的研发平台，使之能够形成一种虹吸力，进行资本、产品、技术、人才等多方面资源的协同，实现共享经济模式。目前辅仁正在上海建设中的新药创制科技园是一个立足中国、放眼世界的研发平台，未来它将形成一个新药研发创新创业的孵化基地，为世界各地的新药研发团队提供项目研发孵化服务。可以说，这是辅仁药业在共享经济思维下的平台战略。

这一战略计划中，辅仁计划吸引 100 个国外医药研发领域的"海归"博士或者机构入驻平台。同时辅仁还将为这个研发基地配置 2 000 位研发人员，以解决药品研发创新所需的高端人才问题，来进行后续程序化的工作，例如药物发现、药物设计、临床前研究、临床研究以及最终药品的国际注册等。在这个平台上只需项目带头人发现、确立新项目，并进行突破，辅仁可以直接为它们的新药研究成果打通各个环节，实现产品的产业化和商业化，通过共享经济思维模式，建立具有虹吸力的产业化价值链，推动研发平台的协调创新。

四、结论与启示

截至目前，辅仁已形成拥有水针剂、粉针剂、冻干粉针剂、胶囊剂、片剂、颗粒剂、口服液、滴剂、胶剂等 20 多个剂型，近 1 000 个品种，剂型及品种数量位居全国前列。年可生产水针剂 52 亿支，粉针 12 亿支，冻干粉针 2 亿支，片剂、胶囊剂 150 亿片（粒），颗粒剂 6 亿袋，胶剂 1 000 吨，大输液 5 000 万袋，口服液 10 亿支，原料药 2 500 吨，制剂综合生产能力居全国前列。

在最新公布的 307 个《国家基本药物目录》中，辅仁入选 170 个品种，占目录总数的 55%；在《国家基本医疗保险、工伤保险和生育保险药品目录（2009 年版）》（以下简称《目录》）中，辅仁入选 413 个品种（含独家品种 3 个），其中，甲类品种 255 个，乙类品种 158 个。成为中国制药企业中，入选 2009 版《目录》品种最多的制药企业。

相信在共享经济模式下，开放的企业研发平台与创新管理机制是医药企业快速发展的关键，在这个过程中，营造宽松的创新环境和制度是企业的创新之要，它需要体制机制的推动和人文精神的滋养，同样也需要企业自身的坚持。纵观辅仁的发展史不难发现，辅仁在坚持做让老百姓买得起、愿意买、买得到、疗效好的百姓药的同时，始终把创新当作信仰来坚守，在生产、营销、研发等各个方面，不断地投入人力、物力，并在保持清醒的前提下果断前行。

（资料来源：辅仁药业官网、《合作经济与科技》、《市场观察》）

8.1 分享经济概述

生活在当下，无论是在人潮汹涌的公交、地铁，还是在川流不息的商场、餐厅，随处可见一批"低头族""拇指族"，他们或在刷微信朋友圈，或通过 App 浏览新闻，或用手机玩游戏。外出用车时，他们不再站在路边与很多人争抢一辆出租车，而是通过滴滴、Uber 提前预约，有快车、出租车、专车、顺风车等多种方式可供选择，既舒适又节约；和朋友聚会、与客户聚餐、喝醉酒时可以叫代驾，服务贴心入微；择外出订房时，人们不再打电话或上携程网预订酒店，而是通过 Airbnb、途家、蚂蚁短租等提前预约，这些预约对象包括公寓、别墅和民宿；如果我们有闲置，还可以通过"闲鱼"进行二次售卖或者交换，这也是分享。可以说，分享经济使人们的生活方式发生着根本性的变化，人们不仅在分享汽车、分享家庭，还分享知识、分享技能，分享经济模式已经渗透我们衣食住行的方方面面。

不仅如此，党的十八届五中全会及其通过的《中共中央关于制定国民经济和社会发展第十三个五年规划的建议》提出了全面建成小康社会的新目标，首次提出"创新、协调、绿色、开放、共享"五大发展理念。这也向人们再次预示了分享经济时代已经到来。

2008 年的金融危机，给了分享经济一个绝好的发展契机。受金融危机的影响，美国经济呈现出缩减开支和节约成本的趋势，普通人民开始寻找第二职业或者兼职以补贴家用，在这种大环境下，分享经济的代表公司 Uber 和 Airbnb 迅速发展，成为创业公司中的"独角兽"，它们开启了分享经济的时代。

8.1.1 分享经济改变了世界

你可能不知道什么是分享经济，但你是否曾利用 Uber、滴滴、神州等打车软件乘车过；你是否上 Airbnb、途家、蚂蚁短租住宿过；你是否上美团、大众点评、百度糯米等团购过——其实这些都是分享经济的表现，分享经济以"共享"为特征，正在改变我们早已熟悉的商业运行规则，正一步步地改变我们所生活的世界（见图8－1）。

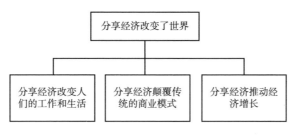

图8－1　分享经济改变了世界

第一，分享经济改变人们的工作和生活。分享经济通过合理配置闲置资源，实现利益最大化。几乎任何人都可以随时参与，并受益其中。许多人除了有一份朝九晚五的正式工作之外，还会参与分享经济的实践中。你可能同时是 Uber 司机、Airbnb 房东、Insta-carter 买手。通过这些分享经济平台，你可以灵活地交换时间、技能和金钱，找到最适合自己的生活方式，甚至还可以从中交到不同圈子的朋友，获得新的技能和职业机会。面对充满不确定性的未来，分享经济能够提供多元化的职业道路，抵御潜在的失业风险。

随着分享经济日益普及，生产和消费紧密结合，工作将日渐成为生活方式的一种。当工作成为一种分配时间、置换资源的方式，我们或许可以用一份工作来满足自己的爱好，通过另一份工作交朋友，再用第三份工作来挣钱。分享经济恰好是帮我们实现这些目标的不二选择。

第二，分享经济颠覆传统的商业模式。分享经济，席卷全球的颠覆性商业革命。作为分享经济基础的互联网技术，大大减少了微观主体间的信息不对称，也大幅降低了由信息不对称造成的搜寻、谈判、监督等方面的交易成本。对于生产者来说，市场交易成本的降低导致传统企业边界收缩，带来个体经济的强势回归。而对于消费者，由买变租增加了消费者的福利。传统企业边界的收缩，使"劳动者—企业—消费者"的传统商业模式逐渐被"劳动者—共享平台—消费者"的共享模式取代。

首先，分享经济是对闲置资源的再利用，其实质就是重构连接——让原本闲置的供给和潜在的需求相匹配，形成一种生态的产业环。每一个个体或企业都可以成为产品或服务的供给方或需求方，在产业环的外围和中心任意转换。这也是分享经济交易市场外延无限的根本原因。

其次，分享经济的理念是对传统产权观的一种革新和颠覆。"不求拥有，但求所用"是分享经济的典型特征。分享经济不同于传统产权中归属权和使用权的统一，将支配权与使用权分离，侧重于对使用权的最大利用。以"不使用即浪费"和"使用所有权"为基本理念，倡导"租"而非"买"，鼓励人们彼此分享暂时闲置的资源，从而达到资源的最大化利用。

最后，分享经济时代的到来，还为个体间的关系开启了一个新的通道。共享模式赖以生存的一个重要条件是情怀，只有出于对社区邻居的信任，用户才会选择"回家吃饭"，也只有出于对司机的信任，用户才会选择"滴滴出行"。这种社区情怀，深刻地改变了社会个体间的关系，一种被称为信任的情愫在逐渐滋养。

第三，分享经济推动经济增长。分享经济将闲置的资源重新分配及应用，让资源可以充分被利用并产生经济效应。2015 年，全球分享经济的经济规模达到 150 亿美元。而据普华永道会计师事务所研究报告指出，这一数字在 2050 年将增加到 3 350 亿美元。分享经济逐渐成为经济增长的重要组成部分。国家信息中心发布的《中国分享经济发展报告 2016》显示，2015 年我国分享经济规模约为 19 560 亿元，具体如图 8 - 2 所示。

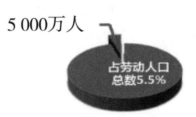

2015年现状

市场规模 ≈ 19 560亿元

=

交易额 + 融资额
（18 100亿元） （1 460亿元）

参与总人数 ＞ 5亿人

参与提供服务者 5 000万人

占劳动人口总数5.5%

图 8 - 2   2015 年我国分享经济发展状况

分享经济推动社区信任的建立。共享始于技术，终于信任，分享经济的一个重要特征就是通过本地服务建立人与人之间的信任。无论是租车还是租房，这些平台都是利用网络社区营造本地服务理念，线上互动线下服务，希望车主与乘客、房东与房客成为朋友，并通过朋友间的信用评价来实现资源利用的最大化。

"电子商务与分享经济"专栏一

方太直播：爱我就来看我，一起玩

一、方太介绍

方太集团（以下简称"方太"）创建于 1996 年。作为一家以智能厨电为核心业务的幸福生活解决方案提供商。目前，方太在全国设立了 117 个分支机构，并建立了涵盖专卖店、家电连锁、传统百货、橱柜商、电商、工程精装等全渠道销售通路系统。方太致力于打造符合用户购买体验的高端电子商务模式，天猫平台 DSR 评分连续 6 年（2015 ~ 2020 年）居行业翘楚地位。

二、方太：年轻人的玩法

2020 年 4 月，厨店家具方太连续三天分别在苏宁、国美、五星进行了三场直播，发布了全新品类的集成式烹饪中心 Z 系列，这三场直播流量总计高达 769.3 万人次。

方太的这场直播，虽然时长只有一个半小时左右。但确是一个内涵极其丰富的案例，方太创新了"整合营销＋沟通产品"的模式，整合了策略、电商、直播、体验、视频、用户运营等元素形态，用高效的策划组织形成了营销闭环。

首先，这是一场发布会，方太的新产品集成烹饪中心 Z 系列隆重登场。从产品的开发初衷到实现路径，讲解得非常清晰自然，PPT 水准一流。方太并没有因为线上活动，减弱了现场效果，大舞台＋大屏幕，加之录制水准极高，让所有观众在视频前也可充分感受。发布会之前，方太投放了大量高品质的短视频和海报，把媒体、经销商和海量精准用户在这个时间点吸引到线上观看，可谓弹药充足，一点即燃。

其次，这是一部大片。围绕产品核心卖点，方太在发布会中通过精美的情景视频、现场美食制作、果壳实验室现场验证效果等元素，让每一位观众深刻地理解了方太开发产品的情怀、初衷，应用效果以及其实现路径，力图摆脱冰冷的参数罗列和结论告知，让受众从感性和理性上深度认同。因为内容精彩丰富，有大片的既视感，也让本场发布会的用户留存率高。

最后，这是一场粉丝狂欢节。不止于产品发布以及核心利益点的传播，方太从直播平台选择，到销售利益点，再到节奏明快的"宠粉"抽奖等，从流量池搭建到最终圈粉形成下单购买，整个逻辑清晰又自然。全年保价、爆款首发、限时抢购、免单大奖，超多的玩法，让消费者应接不暇。

方太的这场直播，囊括了新思维、新体验、新传播、新营销，是从单一产品发布升维到品销合一的系统性营销战役，从千篇一律升维到耳目一新的全新体验，从单向传递信息升维到互动沟通双向传播，在线上实现了更多信息触达、更多自主分享，实现裂变式扩散，并通过紧密的利益点吸引，最终直达销售标的，打造闭环。

三、结论

"变革不只是改变自己。这意味着将自己转变为一种全新的体验和感知维度"。——Jaggi Vasudev。

与很多小家电与消费电子产品不同的是，厨电毕竟是大件耐用消费品，安装复杂且价格不菲。虽然直播本身是一场纯粹的线上流量活动，但是场景营造深度地结合了线下渠道的优势。可见方太对于厨电行业后疫情时代的销售场景有着清晰的认知。渠道也乐于在线下客流量没有恢复的背景下，给予最大限度的配合和支持，从而实现双赢。其实，所有对传统的变革都不可能简单地与传统一刀两断，不可能彻底地否定传统，不可能虚无地从零开始，而是在传统的承续中变革，并成为传统的一部分。

（资料来源：方太厨具官网、《宁波通讯》）

8.1.2　分享经济概念

分享经济（sharing economy）是指将社会海量、分散、闲置资源、平台化、协同化地集聚、复用与供需匹配，从而实现经济与社会价值创新的新形态。分享经济强调的两个核心理念是"使用而不占有"（access over ownership）和"不使用即浪费"（value unused is waste）。

分享经济可以从分享的标的物、分享实现的方式、分享实现的结果来观察。

一是分享的标的物。主要是闲置资源，包括闲置物品、碎片时间、认知盈余（未被充分使用的知识与专长、技能和经验、关系与服务）和资金盈余、闲置空间与公共服务。海量指资源的广泛性及其庞大的数量，分散指多数来自未被整合协同的个人资源或是信息不对称的沉没资源。

二是实现的方式。基于互联网、ICT、云计算、大数据等，构建平台，形成规模与协同，以更低成本和更高效率实现经济剩余资源智能化的供需匹配。这是分享经济 2.0 的核心。

三是实现的结果。分享经济平台可以使前述闲置资源实现经济价值与社会价值的创新。过去大量的资源并未进入价值创造的体系，同时分享经济可以在可持续发展、生态、就业、协作、文化等方面产生积极正面的影响。此外，分享标的具有私权或公共服务属性。

分享经济的特征可以归纳为五大驱动、三大基石、四低四高。

五大驱动是指用户驱动、信任驱动、平台驱动、数据驱动、价值驱动。

用户驱动：消费者主权得到体现，分享经济由用户意愿、用户需求、用户选择、用户体验、用户价值以及用户分享所驱动。

信任驱动："互联网 + 分享经济"重构了连接、交互、关系和信任。

平台驱动：社会化资源借助互联网搭建平台，解决信息不对称和资源集聚，实现供需匹配和交易为分享经济提供支持，例如网约车平台、腾讯开放平台、公共技术服务平台。

数据驱动：第一个阶段（开创阶段）是信息化、数据化；第二个阶段是聚类、结构化，进行用户画像；第三个阶段是预测、智能化。例如滴滴出行已进化到第三阶段，可以预测某时段、某区域的用车需求，甚至预判用户的目的地，为车辆调度、供需匹配、路线优化的精准化提供支持，为利用动态价格机制缓解拥堵提供支持。

价值驱动：闲置资源、过剩产能可以参与价值创造，认知盈余、闲暇时间可以价值化，连接本身就具有价值，可以使交互更具意义。

共享经济的三大基石是指信息对称、游戏规则透明公正、参与者协同协作。

信息对称：降低信息不对称，对资源的聚集、资源配置、供需连接、用户体验、主体协同都会带来正面影响，也会促进交互的有效性。

游戏规则：规则的设计与动态调适对大众参与分享经济模式至关重要。规则的公平、透明、均利是基本原则，让用户、伙伴通过特定的方式参与游戏规则设计也值得尝试。

协同协作：参与者彼此依赖，与平台方共建共享；形成协同消费、协同创新。

分型经济在交易过程中，呈现"四低四高"的特征。四低是指低交易成本、低信任成本、低门槛、低碳。四高是指高渗透率、高效能、高估值与高留存。

还要注意的是"共享经济"和"分享经济"是"shared economy"的两种译法，前者的词性相对狭义，指的是产权与使用权分离的物资共享，例如 Uber、Airbnb 等，后者为广义性质，把闲置物品的分享交易也归纳了进来，例如 Nextdoor、Esty 等。本教材所指的"分享经济"是广泛意义上的分享经济。

8.1.3　分享经济发展史

分享经济在全球范围内，于 2008 年前后开始快速发展，2011～2014 年出现井喷，目前仍保持着稳步增长的态势。

第一，萌芽期：2006 年以前。在互联网商业化发展初期，分享经济原型企业出现，例如，在线二手交易平台 eBay 于 1995 年成立、在线影片租赁网站 Netflix 于 1997 年成立、在线雇佣网站 Elance 于 1999 年成立。2000 年汽车分时租赁鼻祖 Zipcar 成立。随着 2004 年 Facebook 社交网络的出现，人们开始习惯线上与陌生人分享。

第二，高速成长期：2007～2014 年。美国金融危机催生了分享经济发展的浪潮，分享经济平台迎来了爆发期。出行巨头 Uber 于 2009 年成立，短租巨头 Airbnb 于 2008 年成立，跑腿网站 TaskRabbit 于 2008 年成立，办公共享巨头 WeWork 于 2010 年成立，同城快递 Postmates 于 2011 年成立，食品共享网站 GrubWithUs 于 2010 年成立。其中，分享经济的初创企业在 2011～2014 年进入爆发期，保持着同比近 50% 的增速发展。

第三，平稳期：2015 年至今。经过爆发式发展，海外分享经济于 2015 年进入平稳发展期，新增企业数量稍有回落，相比金融危机之前，仍保持着快速增长态势。

8.1.4　中国：正在进入井喷期

分享经济在我国的发展晚于海外。随着 2010 年中国智能手机和 O2O 普及，许多分享经济企业于 2011 年前后开始创建，历经几年发展，从 2014 年开始爆发，目前处于分享经济发展的黄金期（见图 8-3）。

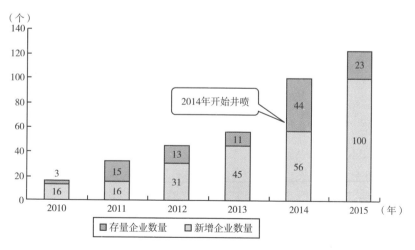

图 8-3　2010～2015 年中国典型分享经济初创企业数量及新增企业数量

第一，2010 年前，分享经济企业零星萌芽：猪八戒网成立于 2006 年；273 二手车成立于 2003 年。

第二，2011 年，我国分享经济企业起步：途家、蚂蚁短租、游天下等短租平台创建，短租行业格局出现。国内医疗知识分享代表春雨医生成立。音频自媒体蜻蜓 FM 成立。远程外教 51Talk 成立。2012 年，现象级企业滴滴成立。2013 年，全国首家众包快递企业人人快递成立。文字自媒体平台百度百家成立。众包家政服务 e 袋洗成立（见表 8 - 1）。

表 8 - 1   分享经济各行业里的代表性企业

分享经济行业	准独角兽
金融	积木盒子、天使汇、投哪网、理财范等
出行	易到用车、e 代驾、嘀嗒拼车、凹凸租车等
自媒体	龙珠直播、36kr、虎扑体育网、蜻蜓 FM 等
教育	51talk、轻轻家教、阿凡题、跟谁学等
二手	百姓网、人人车、273 二手车、瓜子二手车等
物流	罗计物流、爱鲜蜂、物流 QQ 货车帮、宅米等
长租/短租	住百家、小猪短租、蘑菇租房等
专业/个人服务	河狸家美甲、荣昌 e 袋洗等
医疗	春雨医生、杏仁医生等
办公空间	优客工场等

第三，2014 年，分享经济领域的新增企业数量同比增长 3 倍，分享经济在我国步入爆发期。在多个领域全面铺开：滴滴专车上线，拼车、租车多家企业创建，回家吃饭、觅食为代表的私厨起步，股权众筹起步，C2C 二手车增加，办公共享增加，个人服务您说我办、河狸家等成立。2015 年，分享经济继续保持着高速的发展，分享经济在我国正处于发展的黄金期。滴滴顺风车、巴士和代驾上线，网购二手交易应用淘宝闲鱼、58 转转、京东拍拍二手上线，在行的达人分享模式出现，百度外卖、美团外卖上线众包物流等。

"电子商务与分享经济"专栏二

今日今日：你关心的，才是头条

一、公司介绍

哔哩哔哩（bilibili）是中国年轻人高度聚集的综合性视频社交社区，被用户亲切地称为"B 站""小破站"。根据艾瑞咨询的报告，2020 年 B 站 35 岁及以下用户占比超 86%。截至 2021 年第二季度，B 站月均活跃用户达 2.37 亿人。

围绕用户、创作者和内容，B 站构建了一个源源不断产生优质内容的生态系统。中国最优秀的专业创作者都聚集在 B 站创作内容，涵盖生活、游戏、时尚、知识、音乐等数千个品类和圈层，引领着流行文化的风潮，成为中文互联网极其独特的存在。目前，B 站 93% 的视频播放量都来自专业用户创作的视频。在此基础之上，B 站提供了移动游戏、直播、付费内容、广告、漫画、电商等商业化产品服务，并对电竞、虚拟偶像等前沿领域展开战略布局。

二、兴趣：哔哩哔哩的 ACG 到多元文化

哔哩哔哩最为著名的承诺是 "B 站看视频永远无广告"，B 站早期是一个 ACG（动画、漫画、游戏）内容创作与分享的视频网站。经过十年多的发展，围绕用户、创作者和内容，构建了一个源源不断产生优质内容的生态系统，B 站已经涵盖 7 000 多个兴趣圈层的多元文化社区，曾获得 QuestMobile 研究院评选的 "Z 世代偏爱 App" 和 "Z 世代偏爱泛娱乐 App" 两项榜单第一名并入选 "BrandZ" 报告 2019 年最具价值中国品牌 100 强。公司于 2018 年 3 月登陆美国纳斯达克，并于 2021 年 3 月在港交所二次上市。

B 站的起源就是源于个人兴趣。B 站其前身为视频分享网站 Mikufans，该网站由网友徐逸于 2009 年 6 月 26 日创建。他曾是 A 站忠实粉丝用户，但是无法忍受 A 站因为疏于管理而导致的不定期崩溃，于是出走，成立了 B 站的前身 Mikufans。网站于 2010 年 1 月 24 日改为现名。

其实从创立一直到现在，B 站的核心产品框架都没有多少改变：UP 主投稿→用户观看→视频里有弹幕→用户可以发弹幕，它凭什么成为互联网用户的超级产品？B 站缘何如此受欢迎不过是因为：在所有国内主流内容社区当中，B 站的社区氛围是非常好、非常友善、非常健康的。

B 站的用户黏性很高，正式会员（通过会员答题的用户）的 12 月留存率在 80% 以上。融入 B 站的门槛或许很高，但是你一旦融入了，就不想离开。因为在这里你可以有情绪的共鸣，有一群人与你一起对抗孤独。

因为兴趣，所以 B 站的社区属性极强，这是哔哩哔哩相对比其他软件平台无法逾越的壁垒。用户的迁移成本高，而且因为具有 "社区氛围" 的因素，使 B 站的忠诚用户远远比使用微博等的多。而这一属性从 "弹幕文化" 就能看出，虽然现在新浪、知乎的视频都有了弹幕，但对比完全同一个视频的弹幕，就能看出差异巨大。

B 站的文化捆绑。B 站初期深耕二次元，在 ACG 产业链投资了众多公司，包括动画制作、漫画、虚拟偶像、内容平台、二次元游戏开发、线下漫展活动服务等多家企业。2018 年 10 月，B 站与腾讯在 ACG 产业链达成战略合作，合作内容包在版权方条件许可的情况下互相开放动画片库、在动画项目的采购、参投、自制方面，建立深度联合机制、同步 ACG 行业新投资机会，积极促成共同投资。

早期的 B 站主要是从搬运盗版国外的番剧开始的，B 站要想做大，一直做盗版平台是不可能的，后于 2014 年购买了第一部正版番剧《浦安铁筋家族》，并以此吸引了大量用户。后来，B 站一步步走向规范化，盗版与违禁的番剧也逐渐被删除，取而代之的是渐渐增加的正版番剧。随后在近几年慢慢地购买纪录片、综艺、电影等其他正版版权，进入正版版权时代。

哔哩哔哩从内容破圈到现如今的多元化融入，不仅是国外视频的搬运，也离不开哔哩哔哩对于正版版权视频的坚持，以及原生 PUGC 视频、付费课程、正版番剧、纪录片、电视剧的支持。原生 PUGC 视频内容的井喷式增长，优质内容推动下用户从广度和深度两个方面的增量效应逐步显现。B 站的各种运营策略也都是以 UP 主的粉丝为标准对 UP

主进行分层管理的。针对底层 UP 主打造 bilibili 创作学院，UP 主培训体系，开设线上线下创作、运营培训课程，提升新人创作力。

除深耕二次元领域外，B 站也正"出圈"发展成为主流文化的视频社区。B 站在2014 年正式开始公司化运作，开启游戏联运代理业务；此后业务逐步覆盖漫画、直播、电商服务等。B 站已经从二次元聚集地发展成为一家 MAU 达到 1.28 亿人，覆盖视频、游戏、直播、电商等服务，涵盖 ACGN、音乐、舞蹈、科技、数码、生活、时尚、娱乐、纪录片等多元化内容的年轻人聚集的泛娱乐社区。

三、结论

得年轻人者得天下。如果说抖音的日活量比 B 站多好几亿人，但 B 站日活的 3 亿人则都是以年轻人为主。而年轻人不仅是当下各个领域的主消费群体，将来更会成为这个社会的话事人。

宠年轻人，就是宠爱自己。

（资料来源：哔哩哔哩官网、《工厂日报》、《文汇报》）

8.1.5　分享经济的内容

分享经济模式是眼下最热门的话题。2016 年初，该词语被正式录入牛津英文字典，将其定义为在一个经济体系中，通过免费或收费的方式，将资产或服务在个人之间进行共享。信息一般以互联网的方式进行传播：多亏了分享经济，你可以在自己的需求得到满足的情况下，将闲置的资产，例如汽车、公寓、自行车，甚至 Wi-Fi 网络出租给他人。

分享经济，也被称为分享经济、点对点经济、功能经济、协同消费等。分享经济指的是利用互联网等现代信息技术整合、分享海量的分散化闲置资源，满足多样化需求的经济活动总和（见图 8-4）。可以说，分享经济就是将你闲置的资源共享给别人提高资源利用率，并从中获得回报，它是共同拥有而不是占有。分享经济的本质在于互助互利。我需要帮助，你共享出来你的东西来帮助我，即为互助。互助带来互利，即互相帮助，相互获利。

图 8-4　分享经济（共享经济）定义

分享经济鼻祖罗宾·蔡斯在她的作品《分享经济：重构未来商业新模式》中指出，分享经济由三种要素构成：产能过剩＋共享平台＋人人参与，她鼓励资源在更多的使用者之间共享，鼓励产品生产者与消费者直接对接；鼓励组织和个人合作，以提升经济配置效率；鼓励人与人以互信的方式共处、生活。分享经济在对产权更灵活配置的背后，事实上是对经济、社会运行本质更深入地追索，即信用，通过对信用的管理和承诺，促进市场实现更多潜在交易。分享经济涉及三大主体，即需求方、供给方和共享平台。也即分享经济以互联网为平台，参与者以不同方式付出或受益，更加平等、有偿地共享一切社会资源。

分享经济以用户体验为中心，以信息技术为支撑。分享经济得以实现的首要条件是资源的闲置，个体之间的相互信任则构成了分享经济的基础。分享经济实现的具体关键要素如图 8－5 所示。

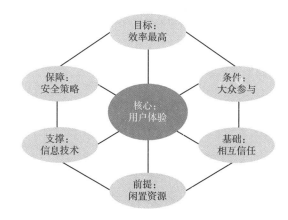

图 8－5　分享经济的关键要素

分享经济是一种全新的经济形式，主要有三大特点，即借助网络作为信息平台、以闲置资源使用权的暂时性转移为本质、以物品的重复交易和高效利用为表现形式，如图 8－6 所示。

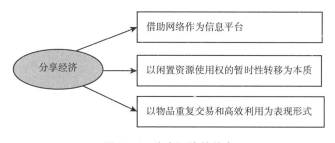

图 8－6　分享经济的特点

第一，借助网络作为信息平台。正是因为有了互联网，尤其是智能终端的迅速普及，才使海量的供给方与需求方得以迅速建立联系。网络平台并不直接提供产品或服务，而是将参与者连接起来。员工不仅能访问企业内部数据，还可将计算机、电话、网络平台全部连通，让办公更便捷。智能终端便携易用、性能越来越强大，让用户使用这些设备来处理工作的意愿越来越明显。

第二，以闲置资源使用权的暂时性转移为本质。"共享型经济"将个体所拥有的作为一种沉没成本的闲置资源进行社会化利用。更通俗的说法是，分享型经济倡导"租"而不是"买"。物品或服务的需求者通过共享平台暂时性地从供给者那里获得使用权，以相对于购置而言较低的成本完成使用目标后再移转给其所有者。

第三，以物品的重复交易和高效利用为表现形式。分享经济将所有者的闲置资源频繁易手，重复性地转让给其他社会成员使用，这种"网络串联"形成的分享模式把被浪费的资产利用起来，能够提升现有物品的使用效率，高效地利用资源，实现个体的福利提升和社会整体的可持续发展。

分享经济源自人类最初的一些特性，包括合作、分享、仁慈、个人选择等。分享经济改变了人们对"产权"的观念，节约资源的同时还能提高生活质量。具体来说，分享经济主要作用如表8-2所示。

表8-2　　　　　　　　　　　　　分享经济的作用

序号	分享经济的作用
1	扩大交易主体的可选择空间和福利提升空间
2	改变人们的产权观念，培育合作意识
3	改变传统产业的运行环境，形成一种新的供给模式和交易关系
4	改变劳资关系，促使社会合约化
5	协助解决政府城市管理难题
6	推动生态发展

第一，扩大交易主体的可选择空间和福利提升空间。在传统商业模式下，客户主要是被动地接受商家提供的商品信息，个别人对商品的体验评价被压缩在熟人圈子，而基于网络平台的分享经济模式却使供求双方都能够通过互联网发布自己能够供给的分享物品或需求物品，增加了特定供给者或需求者可选择的交易对象，并具备了掌握交易对象更多信息的可能，这就避免了欺诈性不公平交易和交易成本，从根本上提高了交易质量，有利于促进双方福利的增加。

第二，改变人们的产权观念，培育合作意识。分享经济将更多的私人物品在不改变所有权属的基础上让更多的人以较低的价格分享，从而压缩了个人用品中私人专用物品的相对空间，扩充了公共物品概念的内涵。借助网络平台，出租或借用东西给自己不认识的人，从根本上扩大了人们分享的人际圈，教会人们如何分享，互相丰富生活，使分享成为社会交往中不可逃避的重要因素。

第三，改变传统产业的运行环境，形成一种新的供给模式和交易关系。传统生产方式是企业家组织生产要素提供产品，在生产环节的组织化程度很高，消费者主要是分散的顾客。而网络平台提高了消费者的组织化程度，将每一个顾客的消费需求变得更加精确，"柔性生产"和"准时供给"成为普遍性的生产方式，预示着精细生活时代的到来。而从整个社会供给来看，分享经济减少了社会供给总量，开启了新一轮产业革命，将成为过度消费的终结者。

第四，改变劳资关系，促使社会合约化。分享经济改变了企业的雇佣模式和劳动力的全职就业模式，给那些富有创造力的个人提供一种全新的在家谋生方式，人们可以自由选择自己感兴趣和擅长的任务、工作时间和工资。事实上，大多数参与分享业务的人，都拥有自己的本职工作，只是将这些分享服务看作额外的收入。从公司的角度来看，这种模式能够保证公司自身灵活地调整规模，免去了裁员和招聘的痛苦，也不用考虑职工奖金、保险、退休金以及工会之类的烦琐事务。这种工作模式，对于个人和公司都是非常有利的，从而使社会成员成为自由职业者和兼职人员的混合体，使全社会成为一个全合约型社会。

第五，协助解决政府城市管理难题。交通拥堵、生态资源紧张、劳资矛盾、收入分配不公、邻里冷漠是制约多数城市发展的普遍难题。在分享经济理念下，地方政府间可以开展广泛的发展合作，通过城市间信息共享、政策协调、人力资源共用，有助于缩小城乡差距和区域不平衡问题。共享自行车和汽车改变了城市旨在改善交通的政策，共享汽车还能减少尾气排放，共享私人住宅还能平衡城市住房供需关系，分享经济甚至还可以通过稳定社会网络来解决城市犯罪问题。共享模式切入公共事务管理，成为民主化进程的重要促进因素。例如，很多国家流行的参与式预算管理，就是一个城市或社区的所有居民共同参与城市预算管理，讨论并决定公共开支项目。

第六，推动生态发展。分享经济的核心就是使资源利用效率最大化，是符合绿色发展理念的新经济模式，是绿色消费的具体体现。分享经济充分利用了闲置的资源，优化了资源配置，减少了大量的重复投资，创造了有价值的服务形态。在美国有 1/5 的家庭生活用品从以前的购买转向租用，平均每年减少近 1 300 万吨的使用量，从而降低了 2% 的二氧化碳排放量。在分享经济充分发展的情况下，服装、汽车、家具、电话、电视、玩具、体育用品以及园艺工具等都是可分享的物品，可以减少 20% 的碳排放量。美国分享经济协会数据显示，每分享 1 辆汽车，可以减少 13 辆汽车的购买行为。滴滴出行发布的《中国智能出行 2015 大数据报告》报告显示，仅快车拼车和顺风车两个产品一年下来能节省 5.1 亿升汽油燃烧，减少 1 355 万吨碳排放量，相当于多种 11.3 亿棵树的生态补偿量。Uber 提供的资料显示，其在杭州的拼车出行减少的碳排放相当于每三天增加一个西湖面积大小的森林。这些数据无不显示了分享经济对生态发展做出的巨大贡献。促进分享经济的发展，对于在全社会牢固树立绿色消费观念，实现生产方式和生活方式绿色化，加快建设资源节约型、环境友好型社会，早日迈进生态文明新时代，具有重大的现实意义和深远的历史意义。

8.2　分享经济的基础

分享经济的概念，源于 20 世纪 70 年代的协同消费，但在当时并未流行起来，最近几年分享经济迅速风靡全球，并渗透多个领域，分享经济的兴起与发展，是技术、经济、文化等多种因素综合作用的结果。

8.2.1　分享经济的技术基础

移动互联网的便利。移动互联网不仅使人类社会的各个方面发生了许多颠覆性变化，而且改变了人类世界的空间轴、时间轴和思想维度，为开创"互联共享"时代奠定了技术基础。而移动支付随着移动互联网的应用而普及，支付的全面应用成为保证分享经济平台的便利性、中介性的最重要条件。因此，云计算、大数据、宽带网络和智能终端这四种东西是分享经济的技术基础。

首先是成熟的技术基础设施。

第一，智能手机普及。例如手机约车，就与智能手机的普及有很强的相关性。其实约车很早就有了，但过去手机上网没有那么方便，智能手机还没有普及，这个平台就做不起来。

第二，移动在线支付。移动在线支付为交易提供了条件。人们熟悉的腾讯的微信支付和阿里的支付宝，都是以支付平台为核心，与各个行业构建起产业链。围绕着这个核心，从线上到线下的 O2O 交易得以实现。因为移动支付的便利性，使实时交易成为可能。移动支付用户也随着智能手机的普及快速发展，使线上信息分享拓展到线下服务分享，使分享从网络分享的公益行为具备成为商业行为的条件。

第三，大数据和云计算。基于大数据和云计算形成的信息枢纽，使供需方的海量碎片化资源进行高效整合和精准匹配，使分享经济向平台化规模化发展。滴滴的苍穹大数据平台：每天 10 太字节的数据量，高峰时期一分钟 200 万次匹配量，每天上传连续定位数据 50 亿次，每天数据计算 10 亿次，有效推动了滴滴的动态定价和线路匹配，为城市交通共享做出了巨大贡献。

其次是新兴技术的引领。

第一，虚拟现实。虚拟现实技术让用户身临其境，在游戏等娱乐产业已崭露头角。目前在分享经济所涉及的自媒体视频直播领域，已有萌芽。

第二，数字货币。随着区块链技术发展，央行未来推出数字货币，支付手段更加便捷和安全，分享经济发展将得到进一步规范。

第三，社会征信。全面社会场景下的信用数据高效互通和整合，使信任关系基于有效数据实现理性信任。

8.2.2 分享经济的社会需求基础

第一，用户需求的提升。随着工业化任务基本完成，物质产品极大丰富，消费者需求层次不断提升，生存理念发生了重大变化，人们越来越注重个性化的消费体验和自我价值实现。传统方式无法满足用户日益增加的多样化需求，出现了诸多痛点，例如公司对接不畅、成本高、效率低、效果差、诚信缺失等，分享经济能够有效地化解这些痛点，带来更好的体验，受到用户青睐，并带动了产业的发展。

第二，提高收入的意愿。分享经济的发展，使人们能够将多样化资源或碎片化时间利用起来，通过提供服务获得一定收益，有了更多创造价值、增加收入的机会，这也是 2008 年全球金融危机后分享经济迅速发展的重要原因之一。正如哈佛大学商学院教授克里斯托弗·马克斯所言，最初在 Lyft 和 Airbnb 上登记出租自己汽车或房屋的人，主要是由于对深陷经济危机的绝望，人们不得不寻找其他赚钱的途径以补贴家用。

第三，消费理念的转变。在被物质化、被隔离的工业时代，社会化交往及自我价值实现等精神需求被长期压抑，分享经济借助信息技术，赋予人们以社交化的方式进行交流分享和创造价值的能力。环保意识、节约意识的增强，让人们逐步放弃对过度消费的追求，更加重视节约资源，创造社会价值。在网络中成长起来的年轻一代，有着与其父辈大不相同的消费理念，乐于分享的性格特质使他们成为分享经济的重要推动力量。

第四，灵活就业的追求。工业时代使人像机器一样工作，信息时代是机器像人一样工作。现在的年轻人已经无法适应高度紧张机械化的工作方式，越来越多的人加入自由职业者的队伍。有报告称，2015 年美国的自由职业者已经超过总劳动力的 1/3。在中国，众多分享经济平台的出现，也培育了规模巨大的自由就业群体。相比于正规就业而言，分享经济可以让从业者比较自由地进入或退出社会生产过程，减轻了个人对社会的依赖。人们对灵活就业的追求，大大加速了分享经济的发展。

第五，资本市场的热捧。近年来，分享经济创业企业成为全球资本市场的投资热点。根据统计，2010～2013 年全球流向分享经济的投资累计 43 亿美元，2014 年和 2015 年的投资额分别为 85 亿美元和 142.06 亿美元，总共合计约 227 亿美元，两年内流入分享经济的风险资金规模增长了 5 倍多。在中国，近几年分享领域获得风险投资的企业数量和融资金额也出现了爆发式增长。仅在 2015 年滴滴出行已经公布的融资总额就超过了229.45 亿元人民币，美团网、蚂蚁金服分别获得融资总额 138.6 亿元和 121 亿元人民币。

8.3　分享经济的模式

分享经济，即共享经济，通过分享让大众都参与社会的生产与服务中，不同领域的人分享不一样的资源。有资金的将自己的资金分享出来，于是有了众筹；有学识的将自己的见解分享出来，于是有了知乎、维基百科；能做一手好菜的将自己的特长分享出来，于是有了"好厨师"。社会各界都掀起了分享的风潮，启动共享模式时代。

8.3.1　分享经济演化的商业模式

基于供方和需方的分享主体类型，分享经济可以分为四种基本的商业模式，分别为B2C：以租代售、B2B：从生产到消费的分享、C2C：二手市场以及 C2B：众包和众筹（见图 8 - 7）。

第一，B2C：以租代售。这是指通过所有权和使用权分离，让渡产品或服务部分使用权的方式，符合分享经济的权属关系新变化这一主要特征。企业"以租代售"的战略，颠覆传统面向消费者的卖新和卖多行为，从销售产品向提供租赁服务转型。例如，在房地产行业，主要有长租、短租、共享办公三类。

第二，B2B：从生产到消费的分享。你可以把传统的大型企业看作一把伞，在不同的内部部门下面运行着各种业务功能。B2B 分享经济从根本上改变了"这把伞"，过去企业"拥有"自己的业务服务，但是如今它们倾向于让更多人"访问"自己的服务；过去的那把伞，现在更像是一条流水线。在流水线上的每个工人都代表了一个不同的业务，提供一个专门的业务需要，继而提高了整体效率。企业可以在生产线上选择自己想要的，然后支付对应的成本。

图 8-7 分享经济的四种商业模式

而当所有的需求都解决之后，这条流水线最终仍可以给你一个完整的业务，不过你只需支付自己所需那一部分的成本就可以了。当这条流水线上的每一个人都非常专业，那么成品的质量也一定会很高。

第三，C2C：二手市场。2016 年 1 月，58 赶集推出二手交易 App "转转"宣布将与微信进行更深度的合作，微信的社交关系链将在"转转" App 内体现。

"转转 + 微信"的交易闭环不仅能够带来更为便捷的支付途径，同时，在"朋友圈"背书的情况下，直接解决了二手交易中最关键的"可信度"问题。不难想象，作为 58 同城 CEO 姚劲波最为看好的市场，真实可信的 C2C 二手交易时代正在到来。

可以说，"朋友圈"的社交背书，让二手社交 C2C 两端的人都能够感受到真实感，提升安全感。

第四，C2B：众包。企业借助社会化力量的众包满足对内容、资本，以及劳动力的需求，目前越来越多的企业通过众包向虚拟化运营发展，企业可以运用核心能力，利用外部优势条件，创造出高弹性的运作方式。

通常意义上，众包主要包括内容众包、资本众包和劳动力众包三大模式。内容众包，也称"知识众包"，搜狗输入法的众包是较为典型的案例，用户参与设计了近 2 万种皮肤和 1 万多个细胞词库，这是任何一个公司的员工很难在那么短时间内办到的事情；资本众包，简称"众筹"，2013 年天使众筹平台天使汇在自己的筹资平台启动众筹，为天使汇寻求投资，仅一天时间，天使汇融资总额超过 1 000 万元，创下最高速千万级融资纪录；劳动力众包，是国内目前发展最为成熟的众包模式。猪八戒网临时任务众包平台，以"众包"模式很好地解决了企业弹性的需求，把 C 端用户转变成勤快的"临时工"。

"电子商务与分享经济"专栏三

小米应用商店：分发量破 650 亿次

一、小米公司介绍

小米公司正式成立于 2010 年 4 月，是一家专注于高端智能手机、互联网电视以及智能家居生态链建设的创新型科技企业。

"让每个人都能享受科技的乐趣"是小米公司的愿景。小米公司应用了互联网开发产品的模式，用极客精神做产品，用互联网模式省略掉中间环节，致力于让全球每个人都能享用来自中国的优质科技产品。

小米公司自创办以来，公司保持了较快的增长速度，小米公司在 2012 ~ 2015 年智能手机总出货量为 15 801 万台。其在智能家居产品等领域也颠覆了传统市场。小米公司旗下生态链企业截至 2015 年，已经达到 22 家。

二、小米应用商店的成功因素分析

小米应用商店，是小米科技旗下米柚 Android 系统 ROM 中的一款安卓应用推荐软件。全面支持主流 Android 系统。小米应用商店的宗旨是：发现最好玩的安卓应用和游戏。截至 2016 年 11 月 23 日，小米应用商店的官方微博揭示小米应用商店的 App 分发量已突破 650 亿次大关。小米应用商店从 2012 年 5 月正式上线，2014 年 11 月其平台上 App 下载量突破百亿次大关，随后几年，小米应用商店的下载量呈现出跳跃式快速增长。

小米成功的根本原因在于其独特的商业模式：硬件 + 软件 + 互联网服务。在业务层面，小米不仅向用户销售硬件，还提供软件和服务。在战略层面，小米实施"铁人三项"战略：追求互联网入口价值，用户参与，互联网营销。小米不追求在其中某一项的第一，而追求三项综合得分的领先。其中，软件部分的小米版 App 就是"小米应用商城"（见图 8 - 8）。

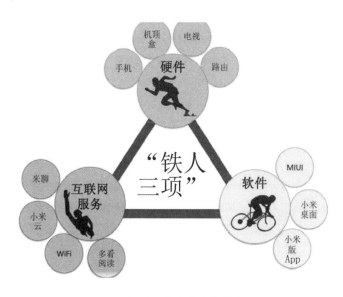

图 8 - 8 小米的商业模式

软件是小米的最强项，其 MIUI 系统是目前国内业界公认非常好的应用层操作系统；硬件是重要的得分项，高配低价的策略为小米聚集了大量粉丝，是小米抢占互联网入口的重要工具，也是小米现金流的重要来源；而互联网服务是小米目前的弱项，目前为止所做的尝试都还未取得突破。用户并未由于互联网服务差强人意而放弃小米，很大程度上得益于"铁人三项"模式的互补效应：用户被小米的软件、硬件吸引，因而也包容了小米互联网服务中等的表现。现在除了拥有超级口碑的 MIUI 系统之外，小米应用商店异军突起，成为小米公司生态圈中潜在的"现金奶牛"。

经过十多年发展，BAT 三分中国互联网，几无变数。百度连接人与信息，阿里连接人与商品，腾讯连接人与人，形成了搜索、电商和社交三大生态帝国。从 2008 年前后的移动浪潮开始，形势正在逐步变化。移动端入口碎片化的存在，内容被分散到不同的渠道。谁掌握用户获得内容的渠道，谁就具备移动端的入口能力。

移动分发的现状打破了传统互联网由 BAT 占据流量的单一市场，实现了应用分发的多元化渠道。截至 2016 年 6 月，安卓系统已经占据全球智能手机市场的 75.6%，这就给了第三方分发渠道机会，小米应用商店正是这分发渠道的后来居上者。

所有被小米检测通过的 App 都被放在小米应用商店上供免费下载使用。小米应用商店的免费商业模式和苹果 ios 商店的收费模式完全不同，简单、好用、有效、免费的下载模式，吸引了大量活跃用户。

小米应用商店面向用户和开发者有两个界面，面向用户的是下载 App 的应用界面，面向开发者的是"小米开放平台"。所有的 App 开发者都可以把自己开发的 App 上传到小米应用商店，如果碰到困难，还可以在小米开放平台上得到帮助，包括技术支持。当开发者开发的 App 进入小米应用商店的平台后，它实际上进入了小米平台的分发渠道。

分发渠道的意义就在于：移动互联网已经成为人们生活中必不可少的部分，既受到年轻消费者青睐，也吸引众多资本涌入，此时扼守 App 分发入口的应用商店，就成了"现金牛"的代表。用户需要借助应用商店获取新鲜有趣的 App，开发者及投资者们也需要借助这个桥梁获得用户和流量，移动分发平台连接两端，这让其成为在移动互联网大爆发中获取渔翁之利的一方。各家互联网公司，甚至是硬件厂商，都希望借助应用商店扼守住移动互联网上游入口。

经过 4 年的经营，随着小米生态链的构成，如今的小米应用商店具有强大的分发能力，到目前为止分发量超过 600 亿次，成为安卓用户总覆盖量渠道的第 2 名，2 亿 MIUI 用户，70% 以上都是年轻人。开发者利用小米开放平台进行 App 开发，可以借助小米应用商店强大的分发能力以及小米账号、小米推送服务等，迅速将技术变现。在开发者分成方面，来自易观智库数据统计，2015 年，小米应用商店开发者分成达到 11 亿元，排名行业第四位。截至 2016 年上半年，应用开发者的分成也已达到 6 亿元。

三、结论

正是得到开发者和用户的大力支持，小米应用商店才能够取得今天的成绩。业内人士表示，小米应用商店与小米音乐、多看阅读、游戏中心作为 MIUI 系统应用，在行业内已占有一席之地，成为垂直行业的领军业务。如今小米已经不仅仅是一个手机制造企业，更是一个敢于突破和创新的移动互联网公司，它们拥有大规模的活跃用户支撑，这正是小米打造手机＋MIUI 的新一代移动互联网平台最坚实的基础。至此，小米的"铁人三项"的共生共荣生态圈已经初具雏形，而小米应用商店和小米开发者平台，正是这共享生态圈中主要的构成部分。

（资料来源：小米官网、《商业经济》、《现代企业》）

8.3.2　分享经济商业模式变迁

在实际的商业运作中，分享经济模式经历了从平台、用户到产品的共享三种形态的变迁（见图 8-9）。

图 8-9　分享经济模式变迁

首先，平台共享。互联网让原本进行一对一生产、消费或服务的经济行为转变为三方甚至多方的交易方式。平台让使用者免费使用搜索引擎、杀毒软件或者新闻门户，但向广告主用户收费，这种使用者免费、利用者收费的平台共享模式实际上是分享经济的初级形态，利用交叉补贴对传统商业进行颠覆。

其次，用户共享。移动互联网加速了分享经济的发展，人们减少对单个平台的依赖，主动性加强，一种因社交建立信任的信任经济让人们更加便利、舒适、快捷并实惠地享用彼此的商品与服务，此时平台不再单纯追求用户量的粗放增长，而是保证用户更加融合交互和连接。例如，微信公众号让企业免费获得用户关注，其自身也在企业与用户的频繁交互中获得价值增长。服务号、订阅号、企业号，尽管形式不同，却都在做着同一件事：平台共享转变为用户共享，企业从单纯的客户角色（多数为广告主）转变为多维用户角色（在平台上既产生内容也消费内容）。用户不再是一家企业的，更不只是平台方的，而是所有互联商户或个人的；每个用户在各种角色转化中从单维身份变成多维身份，在平台内一键完成原来需要多个动作才能完成的事情。用户共享是分享经济的中级状态，是信任经济下互存共赢的联合模式。

最后，产品（或服务）共享。产品（或服务）共享是分享经济的高级状态，包括产品（或服务）生产共享和消费共享。在互联网到移动互联网的过渡中，诞生了一种新的商务模式：众包。这是一种新的社会生产方式，彻底颠覆了以企业为经济主体的工业时代，工人不再只是流水线上的一个"螺丝钉"，而是充分调动潜能并相互协同，以使能力最大化。这一模式下，产品（或服务）在使用消费的过程中不再由单一个体享有，而被他人或机构通过直接或间接的方式享有使用权，例如专车或拼车。

共享模式时代的到来，不仅使原本逐渐稀缺的资源得到充分的利用，更重要的是，还为个体间的关系开启了一个新的通道。共享模式赖以生存的一个重要条件是情怀，只有出于对社区邻居的信任，用户才会选择"回家吃饭"，也只有出于对司机的信任，用户才会选择"滴滴出行"。这种社区情怀，深刻地改变了社会个体间的关系。

"电子商务与分享经济"专栏四

荣泰健康：共享经济销售锦上添花

一、公司介绍

上海荣泰健康科技股份有限公司成立于 2002 年，品牌创立于 1997 年，于 2017 年 1

月 11 日 A 股上市。荣泰专注于时尚健康电器的研发、设计、制造和销售。荣泰健康以科技的力量，成就全球用户的健康生活，坚持使用节能环保的材料，以先进的制造方式，争当业内环境贡献模范企业，为中国节能环保领域做出贡献。目前荣泰企业通过了 ISO9001 质量体系认证、ISO13485 质量管理体系认证、ISO14001 环境管理体系认证，产品获得了 CE、CB、ETL、RoHS、PSE、FCC 等多项品质和安全认证。是中国按摩椅行业首屈一指的龙头企业。

二、荣泰健康的按摩椅产品

荣泰健康旗下主力产品就是其按摩椅系列。以其产品中的筋膜大师按摩椅为例，结合人体工学原理、生活场景、职业特点来进行打造，这是一般外企没有办法触及的优势，采用了三轴联动 3D 筋膜机芯，这款按摩椅采用气囊＋滚轮设计，按摩起来就像在做足底刮痧，促进足底血液循环，保养反射区功能，起到促进睡眠作用，中医与科技的结合也是荣泰一大卖点。

荣泰健康作为国内按摩椅行业的领军企业，产品研发从按摩椅和日常按摩小件齐头并进，不断推出具有变革意义的按摩新品。在工作、学习、生活、健身、旅行等多元化场景中，切实让更多人足不出户，就能享受适合中国人身体的健康舒适按摩体验。

早在 2010 年，荣泰作为第 29 届奥运会的捐赠商和 2010 年上海世博会专项赞助商，入驻南航明珠贵宾厅。与明珠贵宾厅的这次合作不仅展示了品牌形象，体现了产品诉求，更重要的是将中医理论与现代科技相结合，深入宣传了产品理念，更多地体现出人文的关怀，与明珠贵宾厅人性化服务完美融合。

此后，荣泰大量在飞机场、高铁站或商场等公共区域投放共享按摩椅，不仅增加了企业收入，同时也提高了企业知名度，打开市场，荣泰共享按摩椅在各消费场景的广泛投放，在一定程度上也是对公司品牌的大量宣传，无形中增强了荣泰的品牌影响力。

就共享按摩椅布局，对于千万以上票房影院外厅，公司旗下商用共享按摩椅品牌摩摩哒市场占用率超过 75%，占据垄断地位。商场、高铁站、机场目前与其他按摩椅品牌处于平等竞争的态势。

三、总结

共享经济至于荣泰，是时局遇英雄，好的产品遇上了好的销售渠道使品牌受益匪浅，荣泰依靠共享经济将本来小众的按摩椅，潜移默化地深入大众生活中，但是由于新冠肺炎疫情影响，号称一本万利、"躺着赚钱"的共享按摩椅正在遭遇市场"寒流"。从市场现状来看，使用共享按摩椅次数在 5 次以内的用户占比最大，比例远超过半，共享按摩椅并不是刚需产品，对于大多数消费者来说更像是一项偏向于新奇的体验式消费。面对"降温"的共享按摩椅市场，荣泰健康从 2018 年年中起便前瞻性地放缓投放速度，并采取一系列措施改善经营效率。另外，子公司积极拓展在电商平台销售家用"摩摩哒"品牌按摩椅，定位入门级消费者市场。在不同环境下，荣泰健康都及时把握住时局，及时调整定位，共享经济不是荣泰的必需品，它成功利用共享经济为跳板，实现更大的市场扩张。荣泰健康将不断进步不断发展，拥有更好的明天。

（资料来源：荣泰健康官网、《商业文化》）

8.3.3　分享经济下的分享模式

目前以互联网信息技术为基础的分享经济正在兴起，并呈现百花齐放，百家争鸣之势。由于分享的方式、内容的不一样，分享经济表现为不同的分享模式。具体来说，分享模式主要有开放模式、分享知识、分享资源、分享业务以及分享管理，如图 8 – 10 所示。

图 8 – 10　分享模式的种类

第一，开放模式。分享经济的参与者针对的是任何一个拥有闲置资源的机构或个人，机构或个人将自己的闲置资源公布在提供共享的平台上，就决定了其开放性的特质。分享者只有借助分享经济的开放模式，才能让分享经济另一端的参与者参与进来。

第二，分享知识。当遇上自己不了解的专业问题时，除了传统的向身边朋友请教外，很多人似乎都会选择在知乎，或是百度知道，或是果壳网的在行上提问，然后等待平台上的其他用户来回答。一般来说，提问者的问题会得到不同人的回答，回答的内容也可能会不尽相同。回答者在看到提问者提出的问题后，运用自己所掌握的知识来答复提问者，其实就是一个分享知识的过程。

分享知识似乎已经成为现代人的一种生活方式，也逐渐衍生出一种新的经济形态。著名的《吴晓波频道》最近也在微信公众号推出"每天半元钱，听吴晓波说世界万千"的栏目。将自己积蓄的知识，通过大众的平台，以十分优惠的价格推送给期望获取知识的人，这一分享知识的过程不仅仅是知识的传递，还创造了经济价值，受到越来越多人的喜爱，也逐渐诞生了更多相似的平台。

第三，分享资源。分享资源赖以存在的前提是每个人都有一定的资源，但每个人的资源又都会有所区别。家里衣服太多，放着压箱底又不舍得扔掉；房子建的太大人又太少，空间闲置；到处都有 Wi-Fi，每月流量太多，让电信公司占了便宜。这些都造成了资源的闲置，资源的闲置就是浪费。

传统的资源分享只能分享给自己的远亲近邻，而当今的分享借助于互联网这一工具，已经没有了空间的限制。闲鱼，帮助用户将限制在家里的完好无损但无实际应用价值的资源处理掉。妈妈的菜，让北上广漂泊的人们也能尝到隔壁阿姨翻炒的家常小菜。有邻，让生活在一个小区互不相识的人们逐渐回归到旧时北京胡同的那种味儿。分享资源，其实解决的不仅仅是资源分配不均的问题，也带来了一定的经济收入，更有可能架设了一座协助人们走向彼此的桥梁。

第四，分享业务。传统而言，分享业务的存在是因为企业能力，或者说是现有的资源无法满足需求方的要求，而向外界寻求帮助，将自身的业务分享出去。抑或是个人在无法应对某一业务时，寻求能胜任的人的帮助。然而今天的分享业务已经不仅局限于无法满足，借助于互联网平台、企业或个人通过分享业务，可以大大地减少自己的成本，也能充分利用社会上的其他资源。

分享业务的发展使众包再次成为业界热点。传统的众包指的是一个公司或机构把过去由员工执行的工作任务，以自由自愿的形式外包给非特定的（而且通常是大型的）大众网络的做法。众包的任务通常由个人来承担，但如果涉及需要多人协作完成的任务，也有可能以依靠开源的个体生产的形式出现。目前，众包则从创新设计领域切入，成为一种最新的商业模式，被视为将掀起下一轮互联网高潮，并且有可能颠覆传统企业的创新模式。

现阶段，通过众包来分享业务的领域在我国主要表现在物流业务领域，前两年盛行的人人快递就因为采用众包模式而受到热捧，但是人人快递由于涉嫌违法经营已先后被多地叫停。因此，企业在进行业务分享的同时也应该将国家法律作为参考的准绳，以免陷入法律纠纷之中。

第五，分享管理。分享管理，即用分享来管理团队或组织。管理是在特定的环境下，对组织所拥有的资源进行有效的计划、组织、领导和控制，以便达成既定组织目标的过程。管理是一个贯穿组织全程的工作，因此，分享管理不仅仅意味着最终结果的分享，也包括在分享过程的同时也分享成果，分享工作的同时也分享生活。

具体来说，分享管理主要包括分享目标、分享信息，分享权利和分享成果四大块内容，如图 8-11 所示。传统的管理大多仅局限于组织的领导者，组织内的其他人负责执行。因此，分享管理更多的是针对企业管理者而言。管理者的分享首先是与团队成员分享组织的目标；其次根据组织的目标来制订部门目标和个人目标。分享目标，让团队成员能更清晰明确地知道自己在往哪儿走；如若没有达成共同的理解和认识，那么在目标执行的时候，就很难协调一致，导致组织目标流于形式。分享管理离不开对信息的分享。信息的重要性在当今这个时代已经不用多说，信息作为实现目标的媒介，不仅能增强团队成员的参与感，更能为他们顺利进行工作做出指引，让团队工作环境更透明。权利的分享也是分享管理必不可少的一部分，去除原本纷繁复杂的请示汇报程序，转变绝对的上下级关系，充分发挥员工的主动性是现代管理的重要组成部分。但是权利始终还是一

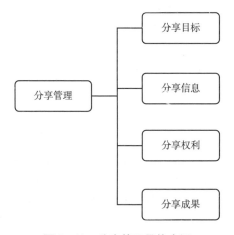

图 8-11　分享管理具体内涵

个比较敏感的话题，管理者应不断寻求最佳的方法来达到分享权利的佳状。最令团队成员感兴趣的恐怕还是成果的分享。因此，当工作取得进展，项目顺利完成时，举行必要的庆祝，或是实物奖励等还是非常有必要的，这不仅仅是让团队成员共享组织的成功，更是管理者和团队成员融洽关系的一剂良药。

总的来说，集中组织内部团队成员的所有智慧，以使组织绩效达到最大化，这是分享管理的最终目的。

8.3.4　分享经济启动共享模式

事实上，互联网行业很早就开始践行分享经济的模式，例如一些免费提供给使用用户的服务，其大多依靠向广告主用户收费来实现盈利，而这种使用者免费、利用者收费的平台共享模式，实际上正是分享经济的初级形态。它在很大程度上，让原本进行一对一生产、消费或服务的经济行为，变成了三方甚至多方交易。

而产品与服务的分享，则是分享经济的高级形态，它是指产品（或服务）在使用消费过程中，不再由单一个体享有，而被他人或机构通过直接或间接的方式享有使用权，专车或短租房都属于此列——特别是移动互联网的高速发展让交易实时变成了可能，更是催熟了这一形态的大面积发展。

得益于信息技术的有力支撑，分享经济不会止步于出租车和房屋短租，而将会朝着"互联网""物联网""大数据"等虚拟互联网共享迈进。同时，随着分享经济辐射面的扩大，原本零碎的市场和需求将逐渐一体化，消费者未来将有望在一个市场中获得自身所需的所有服务，而这些服务的来源就是大众的共享。

分享经济改变了人们对"产权"的观念——以前人们以占有为荣，现在更乐于共享，在共享模式下，越来越多的人觉得自己的价值得到了提升，尤其是资源相对匮乏的一些人，在传统经济形势下，他们只能去索取，而共享模式可以让他们发挥一技之长，去赢得不仅仅是经济价值，甚至是人格上的尊重。市场交易模式与共享模式的比较如表 8 - 3 所示。

表 8 - 3　　　　　　　　　　市场交易模式与共享模式的对比

比较内容	市场经济交易模式	共享模式
边际成本	大于 0	等于 0
边际成本变化趋势	递增	递减趋于 0
供给市场的边界	存在边界，不能任意扩大	不存在边界
企业生产资料	以拥有生产资料以及供应链议价能力为优势	轻生产资料，以互联网平台搭建为主

8.3.5　拥抱分享经济

从 2015 年中央文件首提"发展分享经济"，到 2019 年政府工作报告中的"促进分享经济发展""支持分享经济发展"，不难看出"分享经济"已经上升为国家战略，逐渐成为中国的新经济符号。

以"互联网＋"为依托，以"大众创业、万众创新"为动力，分享经济已经来到时代的风口，正向四面八方辐射变革求新的强大力量。这场已影响数亿人的分享经济风潮，将为我国经济增长注入一股强大的新动能，它有助于中国经济实现"动力转换"，把服务业变成经济增长的"主引擎"。所以无论是传统企业还是个人都应该积极拥抱分享经济，为更美好的明天而奋斗。

"电子商务与分享经济"专栏五

什么值得买：电商原创内容分享平台

一、公司介绍

"什么值得买"网站隶属于北京值得买科技股份有限公司，什么值得买（SMZDM.COM）成立于2010年6月30日，是一家集导购、媒体、工具、社区属性为一体的消费领域门户型网站，因其中立、专业而在众多网友中树立了良好口碑。

二、分享精神帮助网站脱颖而出

早期什么值得买以高性价比网购信息推荐为主，现已有优惠、海淘、原创（主要是购买者的晒物及经验谈）、资讯、众测、百科等多个频道及"鞋码助手"App，其内容大部分来自网友推荐，每天通过网站本身、RSS、各手机客户端以及各浏览器插件推送消费信息。什么值得买围绕品质消费理念，对所有消费场景下的消费者，以一站式入口提供更高效的消费决策，着力打造消费者心目中的"品质消费第一站"。

网购产品信息繁杂、风险难估，什么值得买在帮助网友控制网购的风险的同时，尽可能介绍高性价比、好口碑的网购产品，使网友了解更多购物常识、购物渠道（如海淘等），花更少的钱、更短的时间买更好的东西。什么值得买最终目的是让更多品牌被消费者所熟知、让更多优秀的产品被用户使用、让各种层次的用户享受更好的生活。

什么值得买的内容主要包括优惠精选、海淘专区、发现频道、值客原创（原晒物广场、经验盒子）、资讯中心、消费众测、商品百科等。

优惠精选：每天更新多条促销信息，包括特价商品和促销活动，是网友每天的网购指南。优惠精选栏目每天为网友提供严谨、准确、新鲜、丰富的网购产品特价信息，致力于帮助网友买到更划算、更有品质的产品。优惠信息大部分来自网友爆料，经过编辑审核后的内容将送达用户并得到大量网友的评价，形成口碑沉淀的闭环。这是一个大家帮助大家的互动社区。

海淘专区：专注于在线海外购物领域，中国最大的海淘资讯平台。海淘专区是针对海淘推出的消费频道，包含海淘优惠产品、海淘晒单、海淘经验攻略、海淘消费提示等。

发现频道：优惠信息量更大，内容来自网友爆料，原汁原味、更新快、品类广，是优惠精选的补充及扩展。发现频道是什么值得买网站每天信息量最大的频道；可有效帮助用户筛选信息，节省精力；以用户产生内容为中心，让好产品通过口碑进行传播；用户产生内容，"人海战术"快速发现、发布产品信息。

值客原创：值客原创整合原晒物广场和经验盒子两个频道，汇集商品展示、体验评测、购物攻略、消费知识等不同类型的网友原创投稿。在这里不仅可以与广大网友分享购物经历、交流选购心得，同时也能获得关于网购教程、购物窍门、选品技巧以及生活百科等诸多我们关心的知识和经验。

资讯中心：资讯中心频道关注各行业新品发布、业界动态和海淘情报，呈现时效性和价值性俱佳的精选资讯。

消费众测：消费众测是专注于消费领域的试用平台，在这里网友们不仅能体验新品，更能通过输出真实客观的众测报告来影响产品的研发和改进。

商品百科：商品百科是由什么值得买用户分享与共建的优质商品百科全书。其中收录的是由达人、专家、值友分享与推荐的优质商品。用户在购物过程中遭遇选择困难时，可借助商品百科获得消费购物决策的指引与参考。

什么值得买还有自己的网站应用中心、移动客户端、浏览器插件以及 PC 桌面版。

什么值得买一上线就受到广大追求品质生活网友的热爱，有"张大妈"的昵称。原因在于网站秉承公正的中立立场，推荐任何产品均不以营利为目的，即不以是否营利作为编辑判断信息是否发布的标准，推荐是按照"网友爆料→编辑审核发布→网友打分评论→网友晒单"这样的流程来让推荐做到中立客观、公平公正。

目前，无论是媒体平台还是电商平台，对内容和优秀作者的争夺都达到日益白热化的阶段，因为只有优秀的内容才值得被分享，才会最终被受众接受。而什么值得买是天然带有"分享经济"基因的，随着消费升级、诚信体系不断完善以及人们对绿色生活方式的认同，这些都成为带着"分享经济"基因的什么值得买孕育发展的土壤。

在互联网消费领域，作为集媒体、导购、社区、工具属性为一体的消费决策平台，什么值得买在 2016 年 5 月的首届"值友节"推出了以消费类原创内容鼓励为核心计划的"天琴计划"，打造"首席生活家"，驱动原创内容分享平台战略升级，开启了平台化发展战略的序幕。

最近两年，电子商务稳定增长，C2C 迅速向 B2C 迁移，对品质生活的追求成为推动电商发展重要动力，但是，目前网购用户规模和网购使用率正在逐渐饱和，电子商务将从粗放式的流量运营过渡到精细化的用户运营阶段，网红/达人、自媒体、社群和垂直社区等都是基于内容的新型流量获取方式，将提升企业用户获取的效率和价值。用户开始讲究生活方式，以内容主导的消费模式部分取代了货架式的购买，内容正在重构人与商品之间的连接。内容的价值正在得到越来越多巨头和创业者的重视，新一轮的互联网大战已经在内容领域打响。那么，在这样一个内容得到越来越多重视的时代，什么值得买希望提供的是给内容生产者的一个真正的内容大时代，不是网红，不是"IP"，每个用户都可以是这个时代的参与者。

什么值得买以"天琴计划"为契机，推出消费类原创内容鼓励方案，为原创精华内容的创造者们提供给力的分享和展示平台，把乐于分享好物的原创消费类内容提供者打造成为"首席生活家"。

以鼓励消费类原创内容为目的，天琴计划以优先特权、个人品牌、收益共享三大方面的优势特色，将"首席生活家"与什么值得买平台紧密相连，共同丰富和完善消费数据平台。

在计划中，"首席生活家"将享受包括站内文章优先审核、"首席生活家"众测机会优先获取等众多特权待遇，让个人优势特长获得充分展示的舞台；"首席生活专家"还可以利用什么值得买一流的渠道（如运营位曝光、第三方平台账号等）打造最具影响力和竞争力的个人品牌。平台允许文章中推广它们个人品牌（含微信公众号等），并与维权骑士展开合作，充分保护"首席生活家"的文章版权；另外，以收益共享为合作原则，平台还通过提高金币奖励、额外稿费、广告收益分成等多元化渠道，尽全力打造平台与"首席生活家"双赢的利好格局。

三、结论

在这场围绕原创内容的互联网大战中，什么值得买的"首席生活家"以消费原创内容分享生态系统为核心，给电商流量运营提出了新思路。

（资料来源：情报科学、《每日经济新闻》、《销售与市场》）

首先是传统企业的转型。

以租代售＋二手交易。传统企业顺应分享经济的发展浪潮，主动向分享经济转型，从卖新和卖多向以租代售转型。汽车厂商，包括 BMW、戴姆勒、标致等主流汽车厂商正在从卖车向租车服务转型，其中，在新能源汽车领域的分时租赁业务风靡。除此之外，新车"购买＋共享"的营销模式也大行其道。随着国家对于住房租赁市场的政策倾斜，地产商变身"包租公"推出长租公寓/共享办公去库存的趋势也逐步明显。例如，SOHO中国推出共享办公 SOHO 3Q；万科推出长租公寓万科驿等分享型业务。企业以"二手交易"的策略形成对于传统业务的有效协同。一方面，以环保口碑来形成品牌化效应；另一方面，能够间接推动新货销售量。无论是传统零售商，例如宜家在瑞典推出在线分享平台、巴塔哥尼亚户外用品公司和 eBay 合作建立了"共同衣物纤维伙伴关系"平台，还是淘宝、京东、亚马逊等网络零售商，均纷纷进入这一潜力市场。

以分享经济的思维，借助社会化力量开展企业运营和筹集资金。3W 咖啡通过众筹模式筹集股东会员，Wi-Fi 万能钥匙股权众筹高达 77 亿元认购额。微软通过 Gigwalk 任务众包平台召集 35 个城市的 10 万人，为它提供商户和餐馆的 3D 全景图，融入 Bing 地图数据。

其次是个人的发展。

第一，基于实物的分享。一是在线租赁。个体在线出租闲置资源，是使用权的分享，强调"使用而不占有"。交易形式：出租、订阅、投资、贷款。例如出租车、出租房、出租消费品和众筹等。

第二，在线二手交易。个体在线进行闲置资源的交易，是所有权的交易，延长使用时间和使用价值。交易形式：二手买卖、二手置换。例如二手车、二手消费品交易等。

第三，基于认知盈余的分享。"认知盈余"是新时代网民赋予互联网从业者最大的红利之一。什么是"认知盈余"，克莱·舍基给出的定义很简单，就是受过教育，并拥有自由支配时间的人，他们有丰富的知识背景，同时有强烈的分享欲望，这些人的时间汇聚在一起，产生巨大的社会效应。

第四，在线雇佣。个体在线获取非全职的工作机会，是基于自由支配时间、知识、技能等分享。例如专车司机、代驾、私厨、自由快递人、威客、私人助理、私人顾问、自媒体人等。

"电子商务与分享经济"专栏六

中国铁塔：共享经济践行者

一、公司介绍

中国铁塔股份有限公司（以下简称"中国铁塔"），成立于 2014 年，是在落实"网络强国"战略、深化国企改革、促进电信基础设施资源共享的背景下，由中国移动通信有限公司、中国联合网络通信有限公司、中国电信股份有限公司和中国国新控股有限责任公司出资设立的大型国有通信铁塔基础设施服务企业。公司主要从事通信铁塔等基站配套设施和高铁地铁公网覆盖、大型室内分布系统的建设、维护和运营。

二、中国铁塔：共享经济的践行者

以"创新发展数说未来"为主题的 2019 年数博会于 5 月 26 日在贵阳开幕，为期 4 天。中国铁塔在本届数博会上，重点展示了成立以来的共享发展之路，面向 5G 深化资源共享既经济又高效的建设模式。助力全球最大的 4G 网络快速建成，节省投资上千亿元。

在"中国铁塔共享之路"板块，拼接大屏幕滚动播放着中国铁塔宣传片及各种图片，向人们展示了自 2014 年 7 月成立以来，中国铁塔牢记共享使命，服务国家战略，助力经济社会协调发展的成长之路：4 年多来，中国铁塔累计投资 1 600 亿元，完成铁塔基站建设项目 220 多万个，三家运营商站址数量较中国铁塔成立之初翻了一倍，为建设网络强国提供了有力支撑，推动我国快速建成全球最大的 4G 网络。在高铁、地铁等重大工程中实施"同步规划、同步设计、同步施工、同步开通"的"四同步"模式，确保"高铁开通之日，就是通信畅通之时"，建设无线宽带网络覆盖高铁总里程超 1.8 万千米、地铁总里程 2 887 千米，承建室覆盖面积超 16 亿平方米。4 年多来，中国铁塔新建铁塔站址 70% 分布在农村、乡镇，西部 12 省份的站址增长率长期高于全国平均水平，大大促进了东西部网络均衡发展。新建铁塔的共享水平由过去的 14% 迅速提升到 75%，节省投资 1 148 亿元、节约土地规模约 3 000 个足球场、节约钢材的数量可再造 74 个"鸟巢"。据介绍，在贵州，通过中国铁塔贵州分公司 4 年多的共建共享，相当于减少铁塔建设数量 4.16 万个，减少土地占用 3 150 亩。推进资源大共享，快速经济高效建设 5G 基础设施。

展场内 5G 应用精彩纷呈，吸引了众多参展嘉宾的眼球。5G 展区也是中国铁塔在贵阳数博会的重点展区，中国铁塔以雄安新区、贵阳数博大道等场景 5G 规划建设案例，通过沙盘及灯光演示，向参展观众展示了中国铁塔在 5G 基础设施建设中的地位和作用。据了解，目前，中国铁塔已储备形成千万级的社会杆塔资源站址库，为 5G 规模化建设奠定站址基础。其中，中国铁塔在贵州已储备杆站资源 30 余万个，预计 80% 以上的 5G 地面微站将利用路灯杆、监控杆等社会资源建设，以达到资源节约、环境友好的目的。中国铁塔贵州省分公司在与政府对接中，主动衔接城乡发展规划，将 5G 站址规划纳入政府城乡建设规划中，协助 5G 需求选址落地，保障建设实施可控性。备受关注的雄安新区，市民服务中心的通信覆盖，中国铁塔将同步规划、同步设计的理念植入通信基础设施建设，统筹行业内外多方需求，以大融合、大共享的理念，为"雄安第一标"市民服务中心建成了高速、安全的通信基础设施。据介绍，目前雄安市民服务中心 5G 建设方案已由中国铁塔进行规划、设计，推进实施。据展馆工作人员介绍，中国铁塔贵州分公司在总长 23 千米的贵阳数博大道核心区中，共建设了 48 个 5G 站点，有 46 个是在现有站点资源基础上改造实现，1 个利用了社会塔资源，既经济又高效。

本次展会，中国铁塔还展示了 5G 时代更好融入城市环境、服务智慧城市发展的智慧灯杆。智慧灯杆具有照明、监控、监测、通信、信息发布等多种功能，将是 5G 时代重要的城市基础设施载体，对推动 5G 站址储备有积极作用。据中国铁塔贵州分公司工作人员介绍，具有多种功能的贵州首座智慧魔方灯杆塔成功落地六盘水城市综合体，未来将进一步推动"一杆多用"，实现城市通信基础设施集约高效部署。

5G 网络启动建设以来，中国铁塔又明确提出，要深挖共享潜力，发挥统筹共享作用，充分共享存量站址和社会杆塔资源，承接 5G 基站建设需求，快速经济高效地建设 5G 基础设施。前期，中国铁塔在各地方政府的支持下，与铁路、电网、房地产、交通、市政等各重点部门广泛合作，促成公共资源和社会资源开放共享，储备形成千万元级的社会杆塔资源站址库。同时，公司联合产业链共同推动多杆合一，在确保质量、安全的前提下，预计 80% 以上的 5G 地面微站将利用路灯杆、监控杆等社会资源进行建设，呈现出资源节约、环境友好的态势。

三、结论

中国铁塔是党的十八大后成立的"新国企"、通信基础设施建设的"国家队"、5G 新基建的"主力军"、共享经济和平台经济的"践行者"，是全球数字经济百强中第 71 位、《财富》未来 50 强中第 22 位。全资子公司铁塔智联技术有限公司负责运营站址资源面向社会和行业的对外共享和信息化服务，推动"通信塔"向"社会塔""智慧塔"转换，使共建共享从行业内拓展到全社会，是助力国家现代化治理、服务国计民生、彰显央企社会责任担当的国内一流智慧产业运营商。

（资料来源：人民邮电、《互联网周刊》、《中国电信业》）

8.4　分享经济推动电子商务发展

据阿里研究院的调查，2015 年我国电子商务交易额约为 20.8 万亿元，同比增长约 27%；网络零售交易额接近 4 万亿元，其中，实物商品网上零售额达到社会消费品零售总额的 10.8%。而根据有关规划，到 2025 年，我国电子商务交易规模将达到 67 万亿元。电子商务在中国呈现一片欣欣向荣的情景。

8.4.1　电子商务发展的瓶颈

中国电子商务从 20 世纪 90 年代初起步至今，不仅规模逐年扩张，商业模式也不断迭代，但同样电子商务发展也遇到了瓶颈，瓶颈问题需要新技术、新商业模式去解决，这样电子商务才能跨越自身的发展限制，呈现更加美好的未来。

电子商务的瓶颈表现在以下三个问题中。

1. 日渐高企的资金成本

融到资金的电商拿着钱迅速扩张，争用户、广告、抢流量、拼价格，大家比的就是谁先撑不住。这意味着，由于成本的增加，电子商务平台从自身经营能维持平衡甚至赢利，变成只能依靠融资维持烧钱式生存，靠着烧投资人的钱做着赔本的买卖，恶性竞争的结果是，推高了电商的营销成本、广告成本，不断上涨的配送物流成本压得电商喘不过气。纵观近 20 年中国电子商务行业的发展，淘宝从免费到收费再到免费；京东商城全场免运费到设置全场包邮最低门槛；众多团购网站倒闭裁员；滴滴和 Uber 合并等，都是因为各大电商们遇到了资金成本问题，去采取各种措施缩减成本来应对电商的资本寒冬。就在电商寒冬期蔓延整个行业市场的过程中，需要认识到的是电商资本的寒冬并不等于电子商务行业的寒冬，相反，我国电子商务行业正在步入健康发展轨道的重要拐点，这对于整个电商行业的未来发展至关重要。

2. 同质化的运营模式

行业电子商务平台面临的最重要的瓶颈因素就是商业模式创新难，同质化严重。例如 2010 年左右，团购网站倒掉一大批，那是因为团购网站在商业模式都不清晰的情况下，用反互联网的方式，线下疯狂铺销售团队，碰到问题是必然的。再如垂直 B2C，垂直 B2C 结合互联网，却大多不成功或者没有太大的效益，主要是很多企业，只是把原有销售模式搬到网上，根本没有一个比较清晰的电子商务运营模式。企业结合互联网做电子商务，一定要根据所专注的行业及其自身的特点和优势开展服务，准确定位个性化业务，找到属于自己的独特商业模式才能摆脱电子商务的烧钱模式，真正盈利。

3. 物流体系依旧是需要跨越的瓶颈

物流使电子商务的发展成为可能，但是现在同时也在制约着电商的发展。目前国内外的各种物流配送虽然大多跨越了简单送货上门的阶段，但在层次上仍是传统意义上的物流配送，虽然有了菜鸟、京东、当当、苏宁等公司的自营物流，加强了物流的信息化、现代化、社会化成都，但与飞速发展的电子商务相比，物流服务还是整体落后于前端电子商务的发展，没有办法实现物流的"最后 1 公里"以及人性化、个性化服务。

这三个问题的存在使传统电子商务更多的是一种商品销售的渠道，或者是服务本身的承载者，但其自身的快速盈利能力总是受到质疑。

8.4.2　分享经济和电子商务的关系

分享经济是一种新的经济形态。

分享经济是指用互联网等现代信息技术整合、分享海量的分散化闲置资源，满足多样化需求的经济活动的总和。它是信息革命发展到一定阶段后出现的新型经济形态。互联网（尤其是移动互联网）、宽带、云计算、大数据、物联网、移动支付、基于位置的服务（LBS）等现代信息技术及其创新应用的快速发展，使分享经济成为可能。

分享经济是连接供需的最优化资源配置方式，面对资源短缺与闲置浪费共存的难题，分享经济借助互联网能够迅速整合各类分散闲置资源，准确发现多样化需求，实现供需双方快速匹配，并大幅降低交易成本。

分享经济是适应信息社会发展的新理念。工业社会强调生产和收益最大化，崇尚资源与财富占有；信息社会强调以人为本和可持续发展，崇尚最佳体验和物尽其用。分享经济集中体现了新的消费观和发展观。

从分享经济发展的内在需要来看，闲置资源是前提，用户体验是核心，信任是基础，安全是保障，大众参与是条件，信息技术是支撑，资源利用效率最大化是目标。

电子商务不一定是分享经济，但分享经济一定是电子商务。两者的区别如表 8 - 4 所示。

表 8 - 4   分享经济与传统电子商务的区别

差异点	分享经济	电子商务
技术特征	基于互联网平台	基于互联网平台
主体特征	大众参与	有需求者参与（商家和客户）
客体特征	资源要素的快速流动与高效配置	满足各自的需求
行为特征	所有权和使用权分离	所有权和使用权一致
效果特征	用户体验最佳	满足个性化需求

在技术特征上，分享经济和电子商务都是建立在互联网平台上。电子商务经历了互联网各个发展时期；分享经济的爆发是建立在移动互联网基础上的，尤其是智能终端的迅速普及，使海量的供给方与需求方得以迅速建立联系。互联网平台并不直接产生产品或服务，而是将参与者连接起来，提供及时便捷高效的技术支持、信息服务和信用保障。基于互联网平台的发展，是分享经济和电子商务的共同基础，在分享经济中，信息流、物流、资金流更为活跃，用户体验更好，所以我们说，分享经济一定是电子商务。分享经济要繁荣，前提是电子商务发展到一定阶段，社会物质足够富余，信息交互足够便捷，社会化物流也已经形成，而远距离支付更不是问题，这一切是电子商务发展所带来的结果。

在主体特征上，分享经济强调大众参与，足够多的供方和足够多的需方共同参与，是分享经济得以发展的前提条件。互联网平台的开放性使不同个体只要拥有一定的资源和一技之长，就可以很方便地参与到分享经济中，只要愿意分享，不一定带有交易的目的。而且在分享经济中，参与者往往既是生产者又是消费者。但电子商务强调的是提供商品和服务的商家以及有需求的买家，本质上还是强调交易本身，而且生产者和消费者界限分明。

在客体特征上，分享经济的资源要素实现了快速流动与高效配置，实现稀缺中的富足。但电子商务更多的是交易双方更有效率的实现交易，并不考虑是否让整个市场的资源得到最大化的利用。

分享经济和电子商务两者最明显的区别在权属关系的变化上。分享经济主要通过所有权与使用权的分离，让渡产品或服务的部分使用权实现资源利用效率的最大化。而电子商务交易，商品或者服务的所有权和使用权是一致的，并不分离。

分享经济的最终效果是让用户体验最佳，在信息技术的作用下，分享经济极大地降低了交易成本，能够以快速、便捷、低成本、多样化的方式让消费者满意。电子商务可以满足用户的个性化需求，但它毕竟还是工业化的流程产品，也不是标准的点对点交易，所以在用户体验上，还是分享经济更好。

综上所述，电子商务不一定是分享经济，但是分享经济一定是电子商务，它生来就带有电子商务的基因。

8.4.3　分享经济推动电子商务发展

分享经济作为一种迅速发展的新经济形态，它与电子商务的关系千丝万缕。从发展趋势来看，分享经济带给电子商务发展的机会，推动电子商务发展，使电子商务的发展突破自身的限制。

第一，分享经济重点是社交和分享，交易在其次；而电子商务重点是交易。分享经济带来的社交和分享更符合人类的天性，这种趋势将加快信息流通的广度和频道，能够帮助电子商务发现更多的机会，催生更多的新行业。

第二，分享经济帮助电子商务降低运营和扩张成本。电子商务本身逐渐高企的营销成本已经成为电子商务进一步发展的阻碍。利用分享经济自带的社交和分享属性，可以帮助电子商务降低运营、扩张的成本，并且可以提供更好的服务。

第三，分享经济的出现，有利于电子商务商业模式的创新。分享经济所有权和使用权分开特征，给电子商务商业模式创新提供了很大的空间。新的商业模式可以用更低的成本产生更好的盈利模式，而盈利模式一直是电子商务需要解决的核心问题之一。

8.4.4　分享经济，拥抱未来

分享经济是信息技术革命与人类社会发展需求相适应而产生的必然结果，分享经济加速发展的趋势不可逆转，并将成为人类从工业社会走向信息社会的重要推动力，它对电子商务的改造是具有革命性的，所以电子商务要积极拥抱分享经济，拥抱分享经济就是拥抱未来。

随着分享经济在经济社会各领域的广泛渗透，商业模式的不断创新并走向成熟，其内涵和外延都将发生显著的变化，其影响也将从提升经济效率拓展到推动人类社会发展。电子商务发展天然依赖信息技术，完全可以和分享经济实现共生共长，推动自身不断的发展和螺旋式上升。

分享经济市场潜力巨大，进入门槛低，目前尚未形成稳定的竞争格局，未来几年分享经济领域的竞争将更加激烈。网络经济具有赢家通吃的特点，部分发展较快的领域将有少数企业独占鳌头。而电子商务企业在这方面具有天然的领先优势，要抓住分享经济的机遇，坚持以"用户为中心"，依靠价值创造来获取可持续发展能力。

分享经济在传统企业转型上也可以助一臂之力。传统企业要积极转型，积极拥抱分享经济，电子商务是传统企业转向分享经济的有效桥梁。这本身也是电子商务自身升级、再发展的一个好机会。

【章末案例】

闲鱼：孕育无限机会的下一个"淘宝"?

一、闲鱼介绍

闲鱼原来是淘宝内部交易闲置二手物品的平台，在 2012 年就已经上线，试探性发展两年后于 2014 年 6 月正式推出闲置交易平台 App 客户端——闲鱼。在 2014 ~ 2016 年，闲鱼得到了很大的发展，2016 年 5 月，阿里巴巴把旗下的"闲鱼"和"拍卖"合并，"闲鱼"牵手"拍卖"，两者共同开展并探索闲鱼拍卖、闲鱼二手交易、闲鱼二手车等多种分享经济业务形态。

目前闲鱼已获得红杉中国、IDG 资本等多家重量级投资基金青睐，在 2016 年末被拆分成独立事业部，效仿"菜鸟"事业部的模式引入外部投资。截至 2016 年末，外界对闲鱼的估值已超过 30 亿美元。

二、闲鱼的发展

国人购买力提高之后，随之而来的是家里闲置的增加。闲置的增加甚至出现了"断离舍"一词的流行。所以处理好各类闲置就成为生活中的必需。这背后的规律是：当一个国家人均国内生产总值（GDP）超过 10 000 美元后，政府会鼓励民间旧货中介信息机构，建立网络数据库。

上述规律解决了闲置交易的第一个问题：即多出来的物品从哪里来。同时也解决了流量问题。依托淘宝巨大的流量，闲鱼轻松解决了其他平台"头疼"的流量问题。

闲置交易的第二个问题是：交易人信用。闲鱼依托于淘宝或者支付宝账户，非常好地解决了信用问题。移动客户端"闲鱼"上，阿里和淘宝会员只要使用淘宝或支付宝账户登录，无须经过复杂的开店流程，即可达成包括一键转卖个人淘宝账号中"已买到宝贝"、自主手机拍照上传二手闲置物品，以及在线交易等诸多功能。在交易中，交易双方可以从对方的淘宝、支付宝信用上了解对方的信用度，闲鱼还计划进一步引进支付宝的芝麻信用分来细分用户的信誉。

闲置交易的第三个问题是交易平台。闲鱼 App 界面和淘宝差不多，但更加的简单易用，例如直接可以用语音、扫码和拍照的方式，将物品发布到网站上，闲鱼会为用户统一收揽过来进行展示，有人留言闲鱼就会及时提醒卖家，根本不用担心漏失买家的询问，非常贴心。使用闲鱼 App，个人卖家能获得更大程度的曝光量、更高效的流通路径和更具优势的物流价格三大优势，让闲置的宝贝以最快的速度奔赴天南海北的新主人手中，使其物尽其用。

在闲鱼 App 上，最主要的只有两个功能，其一是物品专卖；其二是"鱼塘"。"鱼塘"功能被视为闲鱼产品演化的重中之重，它开放用户以地理位置或是兴趣文化为"领地"创建"鱼塘"，就像一个围绕交易行为展开的微型群组，由"塘主"自行运营，并衍生出星罗棋布的大小社区生态。闲鱼在杭州西溪园区的主场举办了其历史上的第一次

"塘主大会"，闲鱼希望社区可以促进分享经济成为一种常态化的生活方式。如今，联合"塘主"在全球各地组织集市活动，已是闲鱼的一项例行公事，这既属于推动建立信任关系的行动，也是制造营销事件的恰当时机。

这几年低调发展的闲鱼，其实是阿里内部增长最强劲的业务之一。根据公开的数据显示，因为社区分享的强劲源动力，自 2014 年 6 月闲鱼 App 上线运行以来，在不到两年的时间里闲鱼的用户达到 1 亿个，已成交闲置交易物品达 1.7 亿件，成为国内最大闲置交易平台。在近 15 个月的时间里，其成交更增长了 15.6 倍。

基于其强劲的增长，闲鱼在 2015 年下半年启动了"校招"计划，真正开始为闲鱼的独立融资、运营组建团队。2016 年 3 月，闲鱼宣布正式启动"百城千集"行动：2016 年在交易密度最高的 100 座城市，举办 1 000 场闲鱼集市，并将为闲鱼"鱼塘"的发展先期投入上亿元人民币，让散落在国内外各个城市的"鱼塘"成为分享经济的"驱动据点"，也让更多的人能享受到闲置交易的便利与神奇。

三、闲鱼的未来

这两年，分享经济的概念在国内大红大紫了一番，外卖送餐平台、打车软件平台、二手车交易平台中"独角兽"频现，而随着国际经济大环境的衰退，2016 年二手交易被视为未开发的"金矿"。

然而，在互联网高速发展的这十几年里，国内一直没有出现一个专注于 C2C 二手交易的大平台，尤其是在移动互联网市场。当然，行业的这一趋势也被巨头们看在眼里，阿里巴巴于 2014 年推出闲鱼 App，也是对这一市场的提前布局。截至目前，阿里对闲鱼是纯投入，对闲鱼没有任何盈利要求。

1. 闲鱼不作电商而作社区

首先我们来看一些数字，据官方公布的资料，从成立至今，闲鱼已累计超过 1 亿个实名认证用户，而在近 15 个月的时间里（2014 年 12 月~2016 年 3 月），"社区"也推动闲鱼成交增长 15.6 倍。此外，还有一个较为重要的数据：卖买比保持着 1.05：1，也许这才是闲鱼超高速发展的动因之一。

在传统的电商交易中，买家和卖家各自扮演着不同的角色，卖家的数量要比买家多得多。而在闲鱼，这一模式被打破，每个人即是卖家，也是买家，这就使得卖买比接近 1：1，这也是分享经济的精髓所在：商品的交易不是单纯地为了钱，更多的是一种社交的乐趣。

在此之前，马云也曾在公开场合提出过阿里的"社区"概念，并将其作为与腾讯"社交"概念的区分。很显然，闲鱼也将这一概念作为未来的发展理念。

"鱼塘"是以小区、公司、学校等场所为核心，以一定地理位置划定半径（如半径 1.5 千米）而形成的交易社区；还有一种"兴趣鱼塘"是基于网友兴趣形成的闲置交易圈子，例如苹果鱼塘、"告别前任"等五花八门的鱼塘。目前，闲鱼平台在全国已有超过 12.5 万个鱼塘，最大的是北京天通苑的"中滩村"鱼塘，用户数已达 34 000 人，而上海、广州、深圳、杭州、重庆、天津、石家庄等多个城市都有万人规模的"鱼塘"。目前闲鱼"鱼塘"用户的强互动数量是普通闲鱼用户的 2.2 倍。

闲鱼的另一个社区概念是"集市"，就是把线上的用户组织起来，在线下组织买卖活动。继 2015 年闲鱼在国内数十座大中城市的高校、小区举办了上百场闲鱼集市后 2016

年又把这线下的集市推广到更多的城市。闲鱼认为，集市是人与人的连接点，而这种模式更有助于强化用户间的关系，提升鱼塘的活跃度。有了社区，就一定有管理。2016年开始，闲鱼开启"自治"模式，推动各地"塘主"为"鱼塘"的发展献计献策，通过组建由闲鱼小二和闲鱼"塘主"代表共同成立的"塘务组"，以商讨提议的方式修订"鱼塘"的"基本公约"，让"塘主"也能充分表达自己的心声。在鱼塘社区中，通过线上、线下，"自治"管理，用户被高度黏合。

可以说，目前的闲鱼就是10年前的淘宝——虽然看不到盈利的机会，但是却有无限可能。

2. 闲鱼可能的商业模式

毫无疑问，闲鱼确实是要"再造一个淘宝"的。

而且不仅如此，闲鱼有意无意地，背负起了淘宝当年打算做而机缘巧合未做成的初心。阿里集团成立淘宝之时，当初讲得最多的概念叫作C2C。与所有秉承web2.0精神的中国互联网平台最终都要变成B2C一样，淘宝兴盛于个体经营公司化，从C变成小B，从小B变成大B，然后"出淘"拿融资开独立电商。但阿里一直没有放弃它的初心，而闲鱼最初是无意识地捡起了淘宝不要的这部分业务，做点流量转化。

所有的转机都出现在2015年。一是阿里上市有钱了；二是阿里拾起了积弱已久的社交梦；三是技术进步了。闲鱼成为阿里诸多to C业务中最有潜力的一个。闲鱼把淘宝当年想做但主观客观都做不成的事捡起来再来一遍——C2C。

（1）晒物运营、工匠精神，稀缺货物的拍卖模式：一键转卖淘宝买到的物品当然是个种子用户入口，但闲鱼做了许多运营让用户以发布物品的方式晒物，甚至晒自己。在闲鱼的氛围里，卖不卖反倒是次要的，晒出来更能得到追捧。这给阿里的社交梦带来了一线曙光。晒物运营带来的一大利好是给了一批手艺人炫技的动力。例如，闲鱼上聚集了大批的模型手办制作者，把自己的作品标注天价晒出来，不为交易，只为炫耀，赢得大批追捧者留言点赞。

（2）小而美的特色小店粉丝生意模式：原本被淘宝放逐掉的特色C店，也转战闲鱼，做起了淘宝上做不了的社群粉丝生意，例如机械键盘的创意键帽设计者们。在淘宝只有买流量一条路的情况下，闲鱼给了这些C端用户更多的空间和流量。而这些C端用户的繁荣，也得益于闲鱼的算法匹配机制——闲鱼保留了两个和淘宝一样的展示运营业务，目前还不以营利为目的（积分兑换、编辑审核，而非购买），但要商业化是非常简单的。但更主要的展示，是基于用户的搜索、浏览、购物记录来生成个性化的商品时间轴。这打破了淘宝买钻展和直通车的KPI导向，给运营者，也给闲鱼用户取得了不一样的发展机会。而这项技术的成功实施，是得益于移动互联网的发展和阿里本身的流量地位。在当下的淘宝体系内，要运营好一个小C店的投入都值得去融两轮Pre–A了。闲鱼真正给了非专业卖家和微小个体卖家生存的机会。

（3）无穷无尽的细分市场商业模式：共享经济，最重要的三件事是：用户，用户，还是用户。注意，是用户，而不是用户数。不是一组冷冰的数字，而是一个个鲜活的个性和充满热情的兴趣达人。在做用户这件事上，往细分市场走是无穷无尽的。以闲鱼们的体量，所面向的是全体移动互联网消费者。这意味着有大量的垂直细分空间，留给了创业者们。

例如一个按说不应该被忽略，但实际上确实没有得到足够重视价值被低估的人群——

海淘达人。从实际消费方式上来讲，海淘达人天生就是闲鱼转转们的优质群体。因为海淘不是跟着消费需求走的，而是跟着海外电商网站的打折返现活动而进行的。真正的海淘达人们，需要估算自己的社交圈子能消化掉多少产品，然后在海外网站打折活动中大举出手，这样才能做到买的多赚得多。因为打折活动与自己的需求往往是异步的，实际上大部分海淘回来的产品是在达人们的朋友圈里交易掉了，这与指定品牌的代购或者不指定品牌的微商不一样。它更像是面向专业玩家的闲置交易。可交易的产品并不是二手货。一个在海外网站积分足够高的海淘达人，要靠大批不那么精于海淘的粉丝养活；反过来，他也给他的粉丝们提供了更大的商品眼界和便利。他们不是淘宝大小 B 的长尾，他们是各种 B2C 海淘网站的长尾。

当闲鱼市场聚集了足够多的各个专业领域的"专业玩家"，其粉丝已经到其他二手市场平台轻易挖不走的地步，资本方力挺千金一搏，上市或者高倍溢价卖给大公司都是指日可待的。

基于以上原因，闲鱼再造一个"淘宝"也不是个梦。

四、结论

闲鱼在不引人关注中默默成长，却恰恰赶上"分享经济"的风口。但是搭乘上分享经济快车的闲鱼也有绕不开的痛点，例如二手交易在时间和地点上呈现的零碎化；例如和线上交易面临性质不同的诚信问题；例如线上、线下的沟通、交涉问题等，这些痛点都需要通过时间来解决。但凝聚了大量人气、沉淀了不少专业领域高水平玩家的闲鱼，无疑是未来分享经济的急先锋和排头兵。

（资料来源：闲鱼 App、《民生周刊》、《消费电子》）

【本章小结】

近两年，分享经济在全球形成了风潮，各国政府大力推进相关产业发展。中共中央十八届五中全会公报明确指出"发展分享经济"，意味着分享经济正式列入党和国家的战略规划。而本章正是在分享经济蓬勃发展的背景下撰写的。

本章首先从"辅仁药业"这个案例开始，让大家了解分享经济企业的一些特征和运作模式；其次具体介绍了分享经济演化的四个商业模式和它的技术模式，以及阐述了分享经济持续发展的三大有利条件和它的普世价值观；再其次给大家介绍了分享经济带来的一系列新现象；最后讲述了分享经济发展的路径演进并用中国铁塔等有代表性的案例让大家更全面、清晰地了解和学习分享经济的内容。

【问题思考】

1. 分享经济的含义是什么？
2. 分享经济演化的商业模式有哪些？
3. 分享经济的技术基础是什么？
4. 传统企业和个人该如何"拥抱分享经济"？
5. 在分享经济蓬勃发展的背景下，如何保障参与者的权益？
6. 以案例的形式，分析和阐述一个中国的分享经济企业。

参考文献

［1］［美］班特等．电子商务：管理与社交网络视角（原书第 9 版）［M］．北京：机械工业出版社，2020.

［2］王红红．电子商务经典案例分析［M］．北京：化学工业出版社，2020.

［3］杨兴凯．电子商务概论（第三版）［M］．大连：东北财经大学出版社，2021.

［4］林俊毅．电子商务理论与案例分析［M］．化学工业出版社，2020.

［5］白东蕊，岳云康．电子商务概论（第 4 版）［M］．北京：人民邮电出版社，2019.

［6］李杰，陈维军，杨芳．电子商务环境下的消费者认知与行为研究［M］．北京：科学出版社，2021.

［7］孙伟．乡村振兴：农村电子商务模式·运营·案例［M］．北京：中国市场出版社，2019.

［8］［美］道格拉斯·W. 哈伯德（Douglas W. Hubbard）［M］．邓洪涛，译．数据化决策（精装典藏版）．广州：广东人民出版社，2019.

［9］黄源，蒋文豪，徐受蓉．大数据分析：Python 爬虫、数据清洗和数据可视化［M］．北京：清华大学出版社，2020.

［10］［日］Bernard Marr（伯纳德·马尔）．大数据实践：45 家知名企业超凡入圣的真实案例［M］．电子工业出版社，2020.

［11］余来文等．企业商业模式运营与管理［M］．北京：经济管理出版社，2019.

［12］施志君．电子商务案例分析（第二版）［M］．北京：化学工业出版社，2019.

［13］杨伟强．电子商务数据分析［M］．北京：人民邮电出版社，2019.

［14］余来文等．物联网商业模式［M］．北京：经济管理出版社，2019.

［15］刘侠威等．移动社交电商：电子商务的下一个风口［M］．北京：机械工业出版社，2020.

［16］余来文等．互联网思维 2.0：物联网、云计算、大数据［M］．北京：经济管理出版社，2020.

［17］张亮．从零开始做运营［M］．北京：中信出版社，2019.

［18］王维娜．电子商务环境下物流管理模式的革新［J］．商业经济研究，2019（3）.

［19］高小东．大数据时代下电子商务服务模式的创新探讨［J］．知识经济，2019（3）.

［20］池瑜莉．基于 F2C2B 模式的农产品电子商务平台构建设想［J］．特区经济，2019（1）.

［21］余来文等．企业商业模式理论与实务［M］．北京：经济管理出版社，2019．

［22］张莉．内容为王——互联网运营之内容运营［M］．北京：电子工业出版社，2019．

［23］余来文．大数据商业模式［M］．北京：经济管理出版社，2019．

［24］［德］Gerrit Heinemann. 新在线零售——创新与转型［M］．北京：清华大学出版社，2019．

［25］朱利安．网红揭秘——一个有关电子商务、零售业和社交网络的盈利故事［M］．北京：电子工业出版社，2019．

［26］张陈勇等．零售O2O心法　招法与实践　零售业互联网转型布局［M］．北京：中国经济出版社，2019．

［27］黄成明．数据化管理——洞悉零售及电子商务运营［M］．北京：电子工业出版社，2019．

［28］林鹤．电子商务环境下中国零售业的经济学分析——结合阿里巴巴零售平台的商业模式进行研究［J］．现代商业，2020（5）．

［29］武冬莲．价值创造理念下大型零售企业电子商务商业模式研究［J］．商业经济研究，2019（22）．

［30］魏艺玮．电子商务时代传统零售行业的发展战略——以苏宁电器为例［J］．市场周刊，2019（10）．

［31］马化腾．互联网＋：国家战略行动路线图［M］．北京：中信出版社，2019．

［32］刘润．传统企业，互联网在踢门［M］．北京：中国华侨出版社，2019．

［33］余来文等．云计算商业模式［M］．福州：福建人民出版社，2019．

［34］工业和信息化部信息化和软件服务业司．制造业＋互联网——《国务院关于深化制造业与互联网融合发展的指导意见》解读［M］．北京：电子工业出版社，2019．

［35］吴晓波等．读懂中国制造2025［M］．北京：中信出版社，2015．

［36］张得红等．互联网＋制造：发现工业4.0时代微蓝海［M］．北京：人民邮电出版社，2015．

［37］冯晋中．落地从工业4.0到中国制造2025［M］．北京：机械工业出版社，2019．

［38］何懿文．工业4.0：中国的机遇与挑战［J］．计算机世界，2019（6）．

［39］王德显．德国工业4.0战略对中国工业发展的启示［J］．税务与经济，2016（1）．

［40］卢秉恒．互联网＋智能制造是中国制造2025的抓手［J］．汽车工艺师，2016（1）．

［41］余来文等．企业商业模式：互联网思维的颠覆与重塑［M］．北京：经济管理出版社，2019．

［42］易建秋等．电子商务在旅游酒店业、会展服务业的应用［M］．成都：西南交通大学出版社，2019．

［43］荆林波等．电子商务蓝皮书：中国电子商务服务业发展报告［M］．北京：社会科学文献出版社，2019．

[44] 余来文. 创业型企业商业模式的构成要素研究 [J]. 当代财经, 2018 (12).

[45] 阿里研究院. 互联网+：从 IT 到 DT [M]. 北京：机械工业出版社, 2018.

[46] 姜长云. 服务业大趋势 [M]. 杭州：浙江大学出版社, 2018.

[47] 何传启. 中国现代化报告 2018——服务业现代化研究 [M]. 北京：北京大学出版社, 2018.

[48] 陆仕超. 全能型电子商务企业的供应链金融服务创新 [J]. 改革与开放, 2019 (7).

[49] 高小东. 大数据时代下电子商务服务模式的创新探讨 [J]. 知识经济, 2019 (3).

[50] 庄美男, 赵玉欣, 关蕾. 电子商务服务质量评价模型研究 [J]. 全国商情, 2019 (25).

[51] 余来文等. 互联网金融：跨界、众筹与大数据的融合 [M]. 北京：经济管理出版社, 2018.

[52] [美] 杰克逊. 支付战争：互联网金融创世纪 [M]. 北京：中信出版社, 2018.

[53] [美] Paul Myerson. 精益供应链与物流管理 [M]. 北京：人民邮电出版社, 2018.

[54] [美] Michael Minelli 等. 大数据分析：决胜互联网金融时代 [M]. 北京：人民邮电出版社, 2018.

[55] 坚鹏. 互联网金融 [M]. 北京：北京理工大学出版社, 2018.

[56] 国家发展和改革委经济运行调节局等. 中国现代物流发展报告 2019 [M]. 北京：北京大学出版社, 2019.

[57] 王维娜. 电子商务环境下物流管理模式的革新 [J]. 商业经济研究, 2019 (3).

[58] 武淑萍, 于宝琴. 电子商务与快递物流协同发展路径研究 [J]. 管理评论, 2020 (7).

[59] 陈麟, 谭杨靖. 互联网金融生态系统发展趋势及监管对策 [J]. 财经科学, 2019 (3).

[60] 朱秋成. 跨境电商3.0 时代　把握外贸转型时代风 [M]. 北京：中国海关出版社, 2019.

[61] 陈明, 余来文. 商业模式：创业的视角 [M]. 厦门：厦门大学出版社, 2016.

[62] 速卖通大学. 跨境电商物流：阿里巴巴速卖通宝典 [M]. 北京：电子工业出版社, 2018.

[63] 李鹏博. 揭秘跨境电商 [M]. 北京：电子工业出版社, 2018.

[64] 易传识网络科技. 跨境电商多平台运营 [M]. 北京：电子工业出版社, 2018.

[65] 井然哲. 跨境电商运营与案例 [M]. 北京：电子工业出版社, 2019.

[66] 武亮等. 一本书搞懂跨境电商 [M]. 北京：化学工业出版社, 2019.

[67] 徐建群. 基于电子商务环境下对跨境国际物流模式创新的探析 [J]. 中国商论, 2019 (10).

[68] 周莉君, 陈宗琴. 跨境电子商务物流模式发展契机探讨 [J]. 中国高新技术

企业，2019（6）.

[69] 赵旭明，杨晓涵 . 跨境电子商务发展对我国对外贸易模式转型影响分析［J］. 商业经济研究，2019（8）.

[70] 陈灿 . 互联网：跨界与融合［M］. 北京：机械工业出版社，2018.

[71] 余来文等 . 共享经济：下一个风口［M］. 北京：经济管理出版社，2019.

[72] 马化腾等 . 分享经济：供给侧改革的新经济方案［M］. 北京：中信出版社，2018.

[73] 程维等 . 滴滴：分享经济改变中国［M］. 北京：人民邮电出版社，2019.

[74] 陈鹏全 . 一本书搞懂分享经济［M］. 北京：化学工业出版社，2017.

[75] ［美］蔡斯 . 共享经济：重构未来商业新模式［M］. 杭州：浙江人民出版社，2017.

[76] 郭泽德 . 共享经济：缘起 + 动力 + 未来［M］. 北京：北京联合出版公司，2017.

[77] 李景峰，梁明蕙 . 分享经济时代下基于互联网的人力资源众包模式初探［J］. 经济问题，2018（4）.

[78] 分享经济发展报告课题组 . 认识分享经济：内涵特征、驱动力、影响力、认识误区与发展趋势［J］. 电子政务，2019（4）.

[79] 彭岳 . 共享经济的法律规制问题——以互联网专车为例［J］. 行政法学研究，2017（1）.

[80] 雷颖晖 . 电子商务物流［M］. 重庆：重庆大学出版社，2019.

后 记

"互联互通"是 2021 年的热词，很多年轻人跃跃欲试，他们看到了未来的希望。2021 年的"双 11"，中央电视台为"双 11"晚会做了转播，这说明电子商务已经不是风口，而是日常，是渗透我们生活的点点滴滴。

一方面，中国的电子商务经过近 25 年的发展已经走在世界前列，形成了世界上最大、最具活力的市场；电子商务也更广泛、更深地渗透各行各业；衍生出越来越多的新行业、新业态。电子商务在中国呈现出多样性的发展，欣欣向荣。另一方面，电子商务在中国的发展也不是一蹴而就的，一路走来，电子商务闯过各种风口浪尖，甚至到现在还有电子商务的"务实务虚"之争，尤其新冠肺炎疫情打击下实业零售的不振，更让大家对电子商务有偏见。由此种种，我们深切认识到，静下心来编写一本电子商务和各行业深度结合，能够清晰说明电子商务推动行业发展、促进行业跨界融合、推动社会发展，帮助大家认清电子商务本质的教材是件有意义的事。

同时，我们也发现，市场上关于电子商务的教材却还停留在 5 年，甚至七八年前的思维，呈现的案例要么是国外的案例，要么是国内的但已经落后于现实的老案例。所以我们也感觉到编写一本符合电子商务行业发展现状的，具有一定行业前瞻性的教材是一件迫切的事。

本教材的编写是建立在对电子商务长期跟踪、研究的基础上，是对之前市场上教材的梳理和总结，同时也从理论和实践高度，对电子商务发展做了深入研究。在写作中，我们深刻意识到，电子商务发展之快，跨界之广，应用领域之多，其和各行各业融合之深，使传统行业焕发出新的发展亮点，同时也深深改变了社会形态和人类生活；反过来电子商务的发展也对人类社会的管理、发展等都提出了新的要求，带来了新的问题。本教材试图从电子商务理论发展、电子商务的跨界、电子商务和各行业的融合以及电子商务发展可能呈现的业态做一个梳理。如果读者能够从本书中收获一二，那就是我们最希望也是最开心的事情了。

《电子商务：分享、跨界与兴趣的融合》主要定位读者群：工商管理、创业管理、电子商务、金融、信息管理与信息系统类专业学生、企业经营管理人才、管理咨询顾问、投资人才。可以说，本教材不仅面向经济管理类专业学生的培养和学习，而且还对企业管理人员有一定的参考价值。当然，读者对这一类教材的阅读都应持批评的态度，而非照搬。本教材由范春风、吴良平、蒋明琳、丁嘉编著，承担了从项目策划、拟订大纲及各章节详细的写作思路、内容的审定、提出具体修改意见与执笔修订、定稿等工作。同时，宁波财经学院电子商务系的部分学生也参与了本教材相关材料的收集工作，在此一并表示感谢，也感谢经济科学出版社的编辑们在出版本教材过程中给予的大力支持。

在这里，我们必须感谢本教材参考文献的所有作者！没有你们的前期贡献，就不会有"巨人肩上的我们"。我们还必须感谢本教材案例中的中国企业！没有你们的业界实践，《电子商务：分享、跨界与兴趣的融合》将成为"无源之水"。特别需要说明的是，本教材在编写过程中，学习、借鉴、吸收和参考了国内外众多专家学者的研究成果及大量相关文献资料，并引用了一些书籍、报刊、网站的部分数据和资料内容，尽可能地在参考文献中列出，也有部分由于时间紧迫，未能与有关作者一一联系，敬请见谅，在此，对这些成果的作者深表谢意。

限于编写者的学识水平，书中难免还有瑕疵和疏漏，敬请广大读者批评指正，使本教材将来的再版能够锦上添花。如您希望与作者进行沟通、交流，扬长补短，发表您的意见，请与我们联系。联系方式：fcf@ nbufe. edu. cn。

敬 告 读 者

为了帮助广大师生和其他学习者更好地使用、理解、巩固教材的内容，本教材配课件，读者可关注微信公众号"经科新知"浏览课件。

如有任何疑问，请与我们联系。

QQ：16678727

邮箱：esp_bj@163.com

教师服务 QQ 群：208044039

读者交流 QQ 群：894857151

经济科学出版社

2022 年 1 月

经科新知　　　　教师服务 QQ 群　　　　读者交流 QQ 群　　　　经科在线学堂